中国社会科学院 学者文选

李文治集

中国社会科学院科研局组织编选

中国社会科学出版社

图书在版编目(CIP)数据

李文治集／中国社会科学院科研局组织编选. —北京：中国社会科学出版社，2000.9（2018.8重印）

（中国社会科学院学者文选）

ISBN 978-7-5004-2809-1

Ⅰ.①李… Ⅱ.①中… Ⅲ.①李文治—文集②经济史—研究—中国—文集 Ⅳ.①F129-53

中国版本图书馆CIP数据核字（2000）第43100号

出版人	赵剑英
责任编辑	冯 斌
责任校对	尹 力
责任印制	王 超

出　　版	中国社会科学出版社
社　　址	北京鼓楼西大街甲158号
邮　　编	100720
网　　址	http：//www.csspw.cn
发 行 部	010-84083685
门 市 部	010-84029450
经　　销	新华书店及其他书店
印刷装订	北京市十月印刷有限公司
版　　次	2000年9月第1版
印　　次	2018年8月第2次印刷
开　　本	880×1230　1/32
印　　张	13.375
字　　数	321千字
定　　价	79.00元

凡购买中国社会科学出版社图书,如有质量问题请与本社营销中心联系调换
电话：010-84083683

版权所有　侵权必究

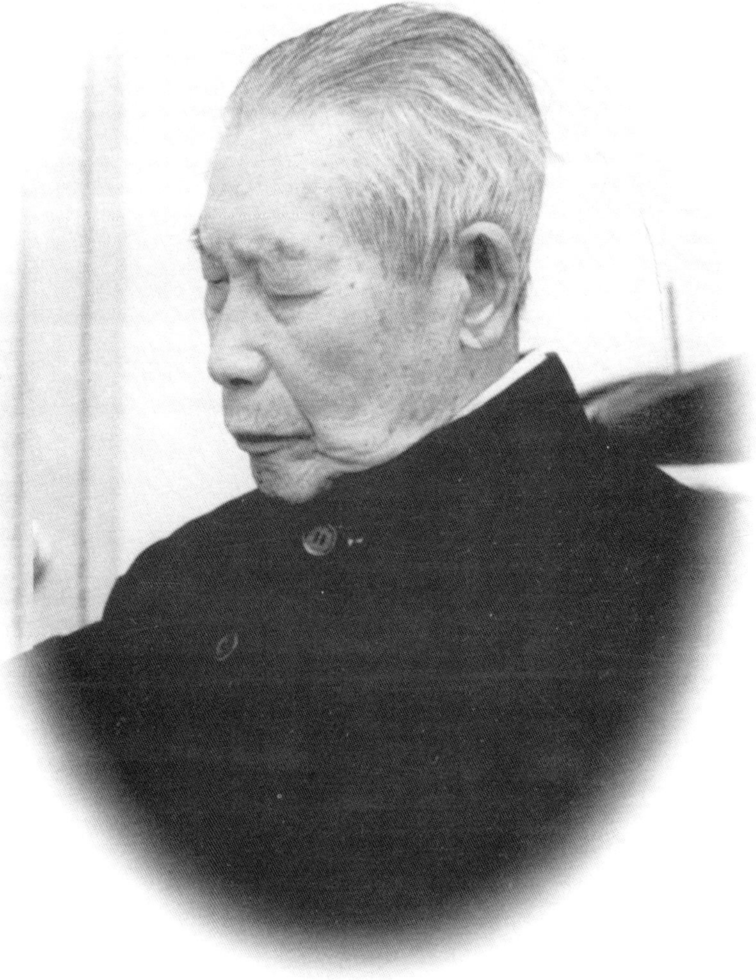

出 版 说 明

一、《中国社会科学院学者文选》是根据李铁映院长的倡议和院务会议的决定，由科研局组织编选的大型学术性丛书。它的出版，旨在积累本院学者的重要学术成果，展示他们具有代表性的学术成就。

二、《文选》的作者都是中国社会科学院具有正高级专业技术职称的资深专家、学者。他们在长期的学术生涯中，对于人文社会科学的发展作出了贡献。

三、《文选》中所收学术论文，以作者在社科院工作期间的作品为主，同时也兼顾了作者在院外工作期间的代表作；对少数在建国前成名的学者，文章选收的时间范围更宽。

中国社会科学院
科研局
1999年11月14日

目 录

"地主制经济"是研究中国封建社会的"牛鼻子"
  （代序言）……………………………… 经君健（1）
李文治先生从事研究工作进展历程
  （代编者的话）………………………… 江太新（28）
地主制经济与中国封建社会长期延续问题论纲 …………（35）
西周封建论
  ——从助法考察西周的社会性质 ………………（61）
论东周时期封建领主制向地主制经济过渡 ………………（81）
论中国封建社会历史时期地主制经济的灵活适应性
  及制约功能………………………………………（117）
一部完整的清代等级制度史
  ——经君健同志著《清代社会的贱民等级》评介……（158）
论明代封建土地关系
  ——从产品分配和集团关系考察明代封建
    所有制中的两个问题………………………（162）
论清代前期的土地占有关系………………………………（181）
论清代后期恢复及强化封建土地关系的政策措施…………（239）

明清时代的地租……………………………………（261）
论明清时代农民经济商品率……………………（292）
论李自成的"均田"纲领口号的时代意义………（336）
明末农民领袖李自成归宿问题考实……………（352）
关于明末农民领袖李自成殉难通山县
　九宫山的一点补充说明…………………………（360）
《水浒传》与晚明社会 …………………………（367）
清代粮船水手与罗教之发展……………………（375）
高尚情操　卓越贡献
　——对梁方仲教授的怀念与回忆………………（394）
李文治写作小传…………………………………（411）
李文治主要著作及论文目录……………………（421）

"地主制经济"是研究中国封建社会的"牛鼻子"

(代序言)

李文治先生是河北省容城县人,1909年旧历九月廿八日生,今年是他的90华诞之年。在此恭祝先生健康长寿!

1937年,李先生毕业于北平师范大学史学系,1940年7月到中央研究院社会科学研究所(中国社会科学院经济研究所的前身)从事学术研究工作,直至退休,笔耕不辍。耄耋之年,受眼疾困扰,仍以顽强的毅力坚持撰写文稿,无时无刻不在思考尚未完成的写作计划。他的工作成果精品迭出,为史学和经济史学做出重要的贡献,也为社会主义精神文明建设做出了重要贡献。李先生的第一篇论文完成于1934年,依此计算,今年乃是他从事科学研究65周年纪念。恭贺先生为我国学术做出了重要贡献!

一

李文治先生对中国封建社会研究的贡献是多方面的。关于农民运动的研究,他的《晚明民变》一书,堪称这方面的经典作品之一。关于李自成的研究，无疑是公认的权威意见之一。有关封建宗法宗族制度的研究，也是非常重要的。至于他编的《中国近代农业史资料（1840—1911）》（第一辑）40年前出版后立即成为研究清代农业史乃至经济史学者案头必备的参考书，至今仍在科研和教学中起着应有的作用。其他几部专著，如《清代漕运》、《明清时代封建土地关系的松解》等书早为史学界和经济史界所瞩目。在这本文集中收入封建经济及土地问题、地主制经济问题、封建社会时期宗法宗族制问题、农民运动与农民战争问题以及其他问题等新文旧作20余篇，大都是中国经济史研究中的精品。他的许多重要观点是先在这些论文中提出的。它们原来散见各处，查找不便，此次集结出版，得于案头参考，学者深感欣幸。

非常惭愧，我虽师事李先生多年，仍没有把握全面、准确地概括他的论点精华，不具备对李先生的学术做全面评价的能力。现只就他对中国封建社会经济这一个问题试做综述。

李先生在广泛、大量、深入地掌握史料的基础上，对中国封建社会经济问题提出的一系列精辟的看法，早为学术界所重视。有关的论点，在专著《明清时代农业资本主义萌芽问题》（1983）、《明清时代封建土地关系的松解》（1993），论文《地主制经济与封建社会长期延续问题论纲》（1983）、《论中国封建社会后期的划分标志》（1986）、《中国地主制经济与历史分期》（1989）、《论明代封建土地关系》（1991）、《从地权形式的变化看明清时代地主制经济的发展》（1991）、《再论地主制经济与封建社会长期延续》（1992），以及他以89岁高龄完成并第一次收入本集的《论东周时期封建领主制向地主制经济过渡》和《论中国封建社会地主制经济的灵活适应性及制约功能》（1998）两篇新作，以及80年代以来所写有关中国宗法宗族制度的多篇论文中。

赶牛而行，既不可拽牛角，也不能扯牛蹄，最有效的办法是加环于鼻，一牵就走。对赶牛来说，最重要的莫过于找到鼻子；研究中国封建社会，同样也要找到"牛鼻子"，即抓住问题的关键。当然，封建社会的"鼻子"远不像牯牛的鼻子那么容易看到了。李先生找到了，那就是地主制经济。他用地主制经济令人信服地解释了中国封建社会几乎所有重要的问题。下面我简单概述李先生有关这个问题的五个论点。

一、中国封建社会长期延续问题实质是地主制经济的长期延续问题

中国史学界、经济史界关于中国封建社会长期延续问题的讨论，大半个世纪以来几乎不曾间断。学者们曾就中国封建社会长期延续的原因从多方面提出了各自的见解。例如，农业与手工业结合所形成的自然经济统治，土地、商业资本和高利贷三位一体的顽强结合，农业生产及商品经济发展的制约，中央集权对土地户口的严格控制，国家对商业手工业所采取的压制政策，榷卖制度对商业资本发展的制约，村社都图里甲、保甲制度对生产力发展的束缚，宗族制度对封建统治的维护，官僚制度的压迫作用，以及封建的上层建筑、意识形态的负面作用等等，都曾得到很好的论证；诸如地理条件、超稳定、生产力等各种理论也都曾有提出。中国封建社会之所以长期延续，原因的确是多方面的，上述任何一条都很重要，不过也都不能说是唯一的。

李先生在同意各种意见的精到之处的基础上提出，中国封建社会长期延续的诸种原因虽然是多方面的，但其中应该有最根本的。这根本的原因，应从经济基础方面去找，它就是地主制经济。他认为，地主经济可以有两种含义。狭义的地主经济是指民田地主所有制，其他各种所有制形式，诸如屯田、学田等各类官

田制，贵族庄田及八旗旗地制，尤其是民田中的农民小地主所有制，这各种类型土地关系的发展变化常由地主所有制所制约。广义的地主经济则泛指以地主所有制为主导的包括各种所有制形式的整个土地制度。地主制经济是封建社会得以存在的基础，也是这个社会的核心所在。

他认为，中国封建社会持续的年代特别长，而资本主义萌芽发生发展过程特别缓慢的现象，都是由中国社会经济结构内部矛盾所决定的，它的最终根源乃是地主制经济的制约。解决了地主制经济为何长期存在问题，也就从最核心方面解释了封建社会为何长期存在。要解决中国封建社会的长期延续问题，最根本的是要弄清中国的地主制经济为什么长期延续；然后再来弄清地主制经济是怎样对中国封建社会长期延续起作用的。根据这一思路，他精辟地指出，"所谓中国封建社会长期延续，实质是指地主经济长期延续问题。"李先生提出并从许多方面论证了这个问题，这是他对中国封建社会研究的重要贡献之一。

李先生认为，对中国地主制经济要进行辩证的考察。在封建社会中期，地主经济已变成为阻碍工农业生产发展的桎梏。但由于地主制经济本身所固有的特点，它能伴随社会经济的发展进行自动调整，以适应工农业生产的发展。因此，中国地主制经济存在的两千多年中，社会经济虽然有时出现停顿乃至倒退，但总的趋势是在不断向前发展，这是地主经济适应社会经济发展的具体反映。关于社会经济的发展，归根结底是生产力和生产关系的发展，生产关系又为生产力的发展所制约。关于中国封建社会时期生产力之所以能长期发展，他着重指出：在农业方面，相对中古欧洲领主制而言，中国地主经济具有一定优越性。第一，由地主经济所形成的小农租佃制，一开始就采行远较领主劳役租为先进的实物租制，宋元以后又出现永佃制，明清时代又出现分成租向定额租制的过渡。这类租佃制，农民在生产方面有更多的独立性和自由。其次，地主经济能适应封建依附关系的变化，由此所形成的租佃雇佣关系也不例外。而这种发展变化乃是地主经济对农业生产力发展的要求具有适应性的具体反映。第三，也是更重要的，是地主经济制约下自耕农始终广泛存在，他们较之租佃农更富有生产积极性。又由于地主经济是非等级所有制，土地可以买卖，具有极大灵活性，它较能适应地权分配和地主身份地位的变化。所有这一切有力地证明，中国地主经济在一定范围内能自动调节生产关系以适应生产力的发展。只看到地主经济对中国社会经济发展的桎梏作用，而忽略它适应社会经济发展的一面，是不符合中国历史实际的。

李先生认为，地主制经济是了解中国封建社会的钥匙，它不仅是解释中国封建社会长期延续的最根本的原因，而且它也可以作为分期的标志，并且可以解释中国资本主义萌芽何以难于发生发展。

李先生还指出，由于地主经济对中国社会经济发展的桎梏作用，中国地主制经济经历了一千多年漫长岁月，一直到明代中叶才出现资本主义萌芽。资本主义萌芽发生以后，又经历了几百年还没有过渡到资本主义。发展如此缓慢，归根结底，也是由于地主经济的制约。由于土地可以买卖，土地财产最为稳妥，地租收入最有保证，土地财产遂具有极大吸引力，因此所有社会财富都向土地聚集，而不转向生产，尤其是工业生产。在这种条件制约下，各类地权遂一再重建。如地主地权，在土地买卖过程中，有些地主没落了，有些地主不断扩大他们的地产，还不断出现新地主。如农民地权，农民战争固然是农民小土地所有制增长的契机，在土地买卖过程中也不断分化出新自耕农。以上各类地权的一再重建，体现为地主制经济的长期持续。

李先生又行指出：资本主义萌芽发展迟缓是中国封建社会长

期延续的一个方面。生产力的发展及封建依附关系松解，为资本主义萌芽的发生发展创造了条件。封建地权、地租剥削又延缓了资本主义萌芽的顺利发展。就农业部门而言，是高额地租阻碍了资本主义雇工经营，仍然是高额地租诱使具有资本主义性质的大经营朝着土地出租的方向倒退。就手工业部门而言，地主掌握的财富固然很少向手工业部门转移，商人所控制的货币也纷纷转向地产，只有很小部分投向手工业生产，就是已出现的具有资本主义性质的工场手工业主，也每将部门产业利润购买土地。正是由于土地（地租）的吸引力，工业才不能把流通领域的货币财富引向其本身的生产领域。当然，在繁重赋税和苛重地租剥削下的农民，购买力有限，而形成顽强的农副结合，尤其是耕织结合，使手工业产品缺乏足够的消费市场，对资本主义工业的发展也产生不利影响，其根源仍在地主制经济。

据此，李先生进一步指出：所谓中国封建社会长期延续问题的两个主要内容，即中国地主经济的长期延续及资本主义萌芽发生发展缓慢，皆源于地主经济的制约。中国地主经济有其适应社会经济发展的一面，最终又成为社会经济进一步发展的桎梏，这就是中国封建社会缓慢发展和长期延续的基本内容。总之，李先生认为，研究中国封建社会的历史，无论有关社会经济乃至政治变迁问题，都应和地主经济体制联系起来，把它作为中心线索进行探索，更有利于掌握中国封建社会的本质，突出中国封建社会的特点。

二、封建土地关系的发展变化是划分历史时期的基本标志

中国封建社会经历了几千年，如何划分前期、中期和后期，

划分历史时期的标志是什么，国内学者曾提出种种不同看法。李先生认为，能作为历史时期划分标志的，必须是既能反映当时社会性质，又能突出时代特征和社会经济发展趋势的事物或现象。因此在封建社会时期，这个标志应从封建经济本身也即封建土地关系的发展变化中去寻找，其他一切问题只能作划分时期的辅助说明。这是由于，只有从生产力出发说明经济基础，又从生产关系出发说明上层建筑，才能比较确切地揭示社会性质及社会历史发展进程。其中生产关系又是最主要的一环，而生产关系又为封建土地关系所制约。

中国地主经济时代虽有各种类型所有制，起主导作用的是地主所有制。地主所有制的两个主要组成部分，一个是封建地权，封建地租是封建地权的体现形式，地租占有农民或全部或大部剩余劳动，地主经济两千年基本不变，一个是封建依附关系，即土地所有者地主和生产劳动者农民的相互关系，它有一个发展变化的过程，而这种发展变化是能突出封建时代特征和社会经济发展趋势，这就是李先生据以划分历史时期标志的理论依据。

李先生指出：中国封建地主所采行的剥削形式主要是土地出租，也有少数进行直接经营，因此封建依附关系的变化又主要表现为租佃关系及雇佣关系的变化。以租佃关系变化而言，马克思曾对欧洲领主经济的封建依附关系作过如下概括：农民不自由的程度，"可以从实行徭役劳动的农奴制减轻到单纯的代役租"。一直过渡到资本主义社会，地权才摆脱了一切政治的和社会的"一切传统的附属物"，即彻底清除封建依附关系的残余。封建依附关系由发生、发展、松解到消亡是必然发展规律，它在封建生产关系不断再生产的历史长河中，伴随着社会经济的发展在不断发展变化，从而显示出封建社会历史发展的阶段性。

据此，李先生把由春秋战国至明清两千多年间以地主制经济为主导的中国封建社会划分为前、中、后三个历史时期。

1. 中国封建社会前期——由秦汉至南北朝。在这个时期中，秦至西汉是地主制经济初步发展期。在这一时期，先是地权相对分散，农民小土地所有制占据较大比重，至汉武帝时，地权逐渐集中，到西汉后期，地权集中高度发展。对此，王莽曾计划改制，因受到权贵地主的反对而失败。东汉时期，门阀权贵地主剧烈滋长，这时的豪族强暴，"膏田遍野，奴婢成群，徒附万计"。徒附主要指租佃农，他们"奴事富人，历代为虏"。此后魏晋南北朝时期，门阀豪族对土地的垄断更加突出，同政权联系更加密切，或以地主身份入仕，高官厚禄；或依势扩大占地规模。这类地主主要是同政权的密切结合，由中央到地方一切政权都操纵在他们手中，不是在社会上形成一种特殊等级门户。由于这种关系，出现所谓士庶之别。这时所谓士即指权贵地主。这时等级关系和阶级关系基本吻合，权贵等级即是大地主，庶民主要是农民下户。士庶等级差别日益加剧，贵贱等级关系尖锐对立，农民社会地位严重下降，封建依附关系日益强化，从此中国地主制经济呈现过去罕见的畸形状态。总之，在封建地主制社会前期，分成两个阶段，由秦至西汉是地主制经济正常发展阶段，由东汉历魏晋至南北朝是地主制经济逆转倒退的阶段。

2. 中国封建社会中期——隋唐至宋元。隋唐时代，地主制经济逐渐摆脱畸形状态进入正常发展轨道。但其间有一个转变过程，唐中叶以前，旧世族地主虽然逐渐退出历史舞台，但它的残余影响仍严重存在，新发展起来的权贵地主仍大讲门第之风，这种现象一直到唐中叶后，才发生较大变化，贵贱等级关系才逐渐削弱，地主制经济才又进入正常轨道。

宋朝最初七十余年间，有"民殴佃客死"者，"论如律"，判田主以命抵的案例，跟凡人之间相犯的处理没有差别，可能正反映了庶民地主有所发展的情况。但此时佃农又被牢牢束缚在土地上。包括江南及珠江流域绝大部分的江淮、两浙、荆湖、福建、广南等路广大地区内，佃客均不得随时离开本土；如要迁徙，必须得到主人的同意，并发给凭由方可。宋代缙绅地主的势力仍是相当强大的。但随着社会经济的发展，社会对劳动力的需求大为增加，要求更多劳动力投入市场，满足工商业发展的需求。同时农民为了摆脱地主人身束缚也进行了不懈的斗争。至宋仁宗天圣五年时，政府为了适应变化了的社会经济情况，制定了佃客离开土地不必取得主人"凭由"的条文之法。这个条文的出现，标志着主佃关系得到进一步的松解。虽然法律在各地的推行并不平衡，也不是一朝一夕之事，因此，该法制定后，也有一些反复情况。但从总的趋势看，主佃关系的松解是历史的必然。

不过，宋元时代，主要是宋代，地主制经济发展较快，农民小土地所有制一度占居很大比重，庶民类型地主大为发展。这类农民，尤其是自耕农能够较大地发挥生产积极性，所以，这时期农业生产相对发展，商品经济也随之有较大的发展。

元代的私田佃客（地客）在很大程度上继续了南宋统治时期所处的状态，在元军占领三四十年后，买卖佃客的情况仍然存在。元代地主和佃户间的法律身份关系不是十分明确的。田主殴死佃客却和良人殴死他人奴婢一样断杖一百七，征烧埋银五十两。就这一点看，佃客的法律地位甚为低下，几近奴婢了。而在司法过程中，有的田主伤害佃客案件所判比律定殴死佃客处分还要重些，佃客的法律地位又不像规定的那样低下。总的说来，元代的舆论和司法大抵是承认"所谓佃客即是良民"的。这比宋代有了较大进步。反映了在主佃关系方面，实际生活中已比僵死的法律条文松弛得多了。

李先生把这一时期划分为隋唐和宋元两个阶段。在第二阶段中，宋代是地主制经济高度发展时期，元代的农业经济也有一定程度的发展。

3. 中国封建社会后期——明清时代。这个时期，地主制经济再次得到高度发展。明清时代地主制经济的发展变化，一是庶民类型地主的较大发展，一是封建等级关系进一步削弱，封建依附关系趋向松解。由于地主制经济进一步发展，农民有较大发展生产的积极性，这种发展为工农业生产及商品经济的进一步发展创造了条件。

但在清代前期，这种关系一度发生逆转。清朝初建，满族将落后的主奴习俗带入关内，这种情形在旗地广泛推行的北方尤为突出，部分农民社会地位下降，有的原来凡人等级的农民沦为具有奴仆性质的贱民，这是历史上的一次倒退，这种现象至乾隆朝才逐渐发生变化，地主制经济又逐渐进入正常发展的轨道。

李先生指出，历史上很早就出现了的庶民地主，在本历史时期又有具有划时代意义的发展。这一发展导致土地关系中贵贱等级关系的削弱及封建依附关系进一步松解。李先生认为，研究明清时代地主阶级问题，用封建等级关系的变化，即封建依附关系的削弱进行分析，比用地主占地多寡进行划分，（即划分为大、中、小地主）更能突出时代特征和点明问题的实质。当然，明太祖朱元璋曾经说过："食禄之家与庶民贵贱有别"，并规定庶民对乡官要"以礼相见"等，但这时的贵贱等级关系与隋唐及以前已经大不相同，尤其是庶民地主和农民阶级所形成的关系已不甚悬殊，封建依附关系趋向削弱以至松解乃势所必然。

关于封建依附关系的松解，以租佃关系而言，明朝建国之初，主佃双方在法权关系方面即以对等的身份出现了。废除了宋元以前佃农和地主之间具有等级性的人身依附关系体制，农民享有随时退佃的自由。明代中叶，雇佣关系也开始发生变化，部分雇工主要是短期雇佣摆脱在法权关系方面对雇主的身份义务关系。清代乾隆年间，部分农业长工在法权方面也得到解放，成为自由劳动者。明清时代，主佃和主雇间在实际生活和法权关系方面的这种变化，是具有划时代意义的重大变化。这时地主对佃雇农虽然具有不同程度的超经济强制，但这时的佃雇农毕竟在身份上已成为自由劳动者。就在此时，中国在农业中有了产生资本主义关系的可能。

李先生关于封建社会历史时期的划分，着重经济关系，尤其是封建依附关系方面的变化，但并不否认工农业生产及商品货币经济作用，只不过认为它难以作为划分历史时期的标志。他也不否认上层建筑的作用，尤其是高度中央集权的封建国家机器，所采行的政策措施，对社会经济的发展变化经常起着决定性作用，但认为它毕竟为地主经济的发展变化所制约。最后，地主经济的发展变化又为工农业尤其是农业生产力的发展所制约。

李先生更强调指出，由于封建所有制主要包括土地产权和封建依附关系两个主要方面，所以农民运动的矛头所向，有时以地主的土地产权为主，有时以封建依附关系为主，有时两者并提。反封建内容的差别，决定于当时封建土地关系的状况，它反映了不同历史时期的封建特征。

他认为，由秦至西汉是地主制经济开始发展时期，地权相对分散，尤其是秦朝数十年间，实行令农民自实田制，农民所有制占统治地位，这时农民所痛苦的不是土地问题，而是国家专制暴政和繁重的赋役，因此陈涉、吴广所领导的农民起义还没把土地问题提到日程上来。西汉末年，土地兼并激烈，赋役繁重，刑罚残酷，连年灾荒，农民饥苦，但这时起义农民没有提出进行斗争的口号。由东汉历魏到南北朝时期，由于权贵门阀地主的发展，地主制经济出现倒退，贵族官僚地主专政，整个社会陷入一个贵贱等级关系森严的黑暗时代。相对地权和地租剥削问题而言，贵贱等级及人身压迫问题尤为突出，正是在这种条件下，有人把佛教某些教义如"是法平等，无有高下"之说提到日程上来，这是符合广大农民要求的。由隋唐至宋元，地主制经济进入正常发展阶段，封建地权集中分散变动无常，但佃农所遭受的人身压迫仍很严重。在这一时期起义农民斗争的目的反映于所提出的"均平"或"平均"二字，如唐代王仙芝、黄巢等是；"平均"二字可理解为财产上的平均和人身的平等。北宋王小波、李顺以"均贫富"相号召，方腊仍提"是法平等，无有高下"的口号，钟相、杨么则将"等贵贱"与"均贫富"并提，这就把平均地权和废除人身压迫问题一同提到日程上来，这是地权问题更加突出的具体反映。到了明清时代，地主制经济进入高度发展时期，农民运动提出的斗争口号发生了更大的变化。这时佃、雇农的社会地位及法权关系发生较大的变化，身份地位有了具有划时代意义的重大变化，封建所有制两个组成部分中的人身依附关系已不是主要问题，而封建地权变成了主要矛盾，所以李自成提出了"均田"问题。太平天国提出改革土地的《天朝田亩制度》将这个问题又向前推进了一步。明清时代农民战争善于解决土地问题的要求，标志着中国农民战争史进入了一个新的发展阶段。

李先生认为，不同时期农民起义所提的口号，反映了地主制经济的发展变化及其阶段性，也充分说明地主制经济发展变化对农民运动和农民战争性质变化所起的制约作用。不同时期农民运动的不同口号，对中国封建社会的历史分期问题有着重要的参考意义。

三、封建土地所有制基本特征

李先生认为，广义的地主经济是泛指以地主所有制为主导的包括各种所有制形式的整个土地制度。中国封建社会时期的土地所有制，有地主所有制，有农民所有制，也有各种类型的国有制。各类所有制的发展变化皆为地主所有制的发展变化所制约。因此，什么是封建土地所有制的基本特征，以及如何区分土地所有制形式，都是值得探索的问题。

他指出，中国封建地主所有制应该分成为既有联系而又互相独立的两个组成部分：一个是以地租的占有为其实现形式的封建地权；一个是基于实现地租的需要而形成的封建依附关系，即人身依附及超经济强制。人身依附指隶属制度。超经济强制指地主实现地租的暴力手段。封建依附关系是为实现封建地租而产生的附属物。超经济强制以人身依附为条件。但超经济强制和人身依附关系毕竟不是一回事，超经济强制的强弱与人身依附程度不一定保持一致。封建地租的实现，超经济强制作用尤为重要。对封建地主来说，地租剥削是目的，封建依附关系只是实现地租的手段，这个手段是可以改变的。在人身依附关系趋向松解的条件下，地租的实现更多地依靠国家政权的保证。相对私人地主的超经济强制而言，这是一种变相超经济强制。

中国地主制经济，土地可以买卖，遗产继承采行诸子均分制，以及以实物地租制为主。这些制度决定了在封建依附关系方面具有如下两个特点：

第一个特点是，封建依附关系不是封建地权的固有属性。中古欧洲领主制，土地具有主人的阶位，土地显得像它主人的非有机的身体，封建依附关系构成封建地权的固有属性。中国封建制中的尊卑贵贱等级关系，不是同封建土地所有制连生的，对封建地权来说它是外加的，它可以脱离土地关系而独立存在。只有当地权、地主和生产劳动者、农民三者相互结合之时才产生封建依附关系。

第二个特点是封建依附关系松解。欧洲领主制是严格的等级所有制，等级和阶级是一致的，等级是阶级差别的一种形式，阶级差别是按人的等级划分而固定下来的，每个人的等级地位固定不变，阶级地位遂也固定不变。而劳役地租的统治形式又加剧了封建依附关系。领主庄园不只是一个经济实体，而且也是一个政治实体。中国地主制则不然。中国封建社会虽然具有封建等级关系，但没有形成严格等级所有制。贵族官僚占地多寡和他们身份等级并不一致，甚至等级和阶级关系可以互相背离。而且还存在非身份性庶民地主。一个地主不管他占地多寡，他只是一个经济实体。加以地主阶级地位兴衰不定，官绅等级身份变动无常，以及实物地租的统治形式等等，严格而残酷的封建依附关系不容易形成，即使在历史上一度出现也不能持续很久。这反映了中国封建土地制度具有很大的灵活性。李先生认为，基于以上情况，根据经典作家关于中古欧洲领主经济封建依附关系的论断分析中国地主经济的封建依附关系，是不完全符合中国历史实际的。

相对封建依附关系而言，体现封建地权的封建地租更能突出封建所有制的本质。在封建依附关系趋向松解乃至解体的条件下，农民对地主只有单纯纳租义务关系，但只要地主仍继续占有农民全部或大部剩余劳动，则封建所有制仍在延续，而且这时更加赤裸裸地暴露出地租剥削的封建性。

李先生进而指出，以封建地权和封建依附关系作为基本内容的封建经济关系即生产关系，也是鉴别土地所有制形式的标志。

在五六十年代，历史学界曾经环绕中国封建社会时期土地国有和私有问题展开讨论。李先生认为，根据经典作家关于东方地权的论断，或单纯从法权关系出发，或把国家主权和土地所有权混淆起来，论证中国封建土地所有制形式，都是欠妥当的。李先生认为关于这个问题的研究，要撇开法权观点和国家主权观点，而着重于经济关系的分析，才能作出正确的论断。

他认为，所谓经济关系即生产关系，也即前面所说的封建地权和封建依附关系。通过土地关系，生产劳动者农民的剩余劳动归谁所有，他们对谁发生人身依附关系，受谁的超经济强制，谁就是土地所有主。离开人的经济关系，就看不出谁是剩余劳动的主要占有者，看不出农民和地主的封建依附关系，无法区别国家主权和土地所有权这两个不同的概念，当然也就无法区别土地的国有和私有。最后，也无助于揭示封建社会的阶级关系和封建剥削的性质。李先生论断，通过经济关系的分析，很容易划清田赋和地租的界限，划清土地所有权和国家主权的界限，突出阶级关系。至于法权关系，只能作为考察经济关系的辅助说明，而不要为其所困扰。

在土地占有关系中，通过土地关系榨取农民全部或绝大部分剩余劳动的，并和农民发生直接人身依附及超经济强制关系的，如果是封建国家，那就属国有制，如国家屯田、地方学田就是这种情形；如果是私人地主，就属地主私有制，如官绅地主、庶民地主的土地以及勋贵庄田等就是这种情形。单从是否准许买卖这一点，并不能准确地辨别土地所有性质。如勋贵庄田就法权关系而言是禁止买卖的，族田义庄有的也得到国家法令保证而不准买卖，但这并不影响其私有性质。至于自耕农民所耕种的民田，农民所创造的剩余劳动，除其中一小部分以田赋的形式上交国家之外，其余部分则归农民自己所有。因为农民自己占有该剩余劳动产品，当然也就无需乎任何形式的封建依附关系及超经济强制。这种所有制只能是农民小土地所有制。据此分析，不只历代农民通过垦荒、购买、继承所获得的土地是农民私有地，即使是南北朝、隋、唐推行均田制时期由国家分配给农民的土地也属农民私有制。

四、封建等级关系是地主阶级的阶层划分标志

李先生认为，中国封建地主就其占有的土地数量而言，当然存在大、中、小地主的差别，所以人们习惯于用占地多寡把封建地主阶级分为大、中、小地主。这种划分法虽然是有道理的，但也有其不足之处。农民阶级也是可以划分为不同的阶层或等级的。无论地主阶级或农民阶级成员，由于社会地位和经济地位的不同，政治态度和社会经济方面所起的作用显著不同。所以，在研究中国封建社会历史时，如果把阶级分析简单化，仅只停留于地主与农民两阶级的对立，而忽略于两大阶级内部的阶层划分，是不完全符合历史唯物主义基本要求的。

人类自从进入阶级社会以来，每个历史时期的阶级结构各具特点。李先生认为：封建社会是等级社会，用等级关系——贵族官僚等身份性地主和庶民地主对地主阶级进行阶层划分，更能突出时代特征。地主阶级的等级差别，自地主经济制形成开始就已出现，到魏晋南北朝时期更加突出；即使封建社会后期封建依附关系松解之后，等级差别仍在延续。他认为：庶民地主和官僚地主虽同属地主阶级，却属两个不同等级，他们的社会地位有很大差别。当然，贵族官僚等级内部还可因等级高低不同而进行更为细致的划分，但不管其占地多寡或等级高低，总属于贵族等级。一个庶民地主也可因占地多寡区分为大、中、小地主，但毕竟属于庶民等级。

李先生指出：庶民地主所占比重因时期而不同。特别值得注意的是，封建社会后期庶民地主的发展，具有划时代的意义。意义有三：一是庶民地主发展和自由租佃相联系，这种变化兆始于明初，到清代前期有进一步发展。其次，庶民地主发展与自由雇

工相联系。庶民地主很多是从自耕农发展起来的，保持了直接经营的传统，明清时代的经营地主主要是庶民地主，庶民经营地主的发展促成了雇佣关系的变化。这种变化兆始于明代中期，到清代前期有进一步发展。乾隆年间所规定的与雇主共坐共食、平等相称的长工摆脱法律上的身份义务关系，这里雇主中的地主主要是庶民地主。三是庶民地主与资本主义萌芽相联系。不只庶民地主的农业经营具有资本主义萌芽的性质，在广大农村发展起来的酿酒、榨油、制糖、造纸等家庭加工手工业，一开始就摆脱了城市行会的束缚，在工业方面较早地出现资本主义萌芽。这类经营者主要是庶民地主。

由此可见，庶民地主的发展不只促成等级关系的变化，也促进阶级关系的变化。因此李先生认为，对封建社会时期的地主阶级的阶层划分方法，用身份等级关系，比用占有土地的多寡更能突出时代特征，更符合历史唯物主义。

五、自由劳动与资本主义萌芽

中国资本主义萌芽也是一个非常复杂的问题，学术界已有大量的研究成果。如前介绍，李先生认为中国封建社会长期延续，实质是地主制经济长期延续；同样，中国资本主义萌芽之所以难以发展，也是地主制经济制约的结果。他对明清时代的土地关系松解作了大量论证研究，指出土地制度的封建宗法关系松解的因素，如地权分配及地主身份地位的变化，土地买卖关系的迅速发展，使中国以地主经济为主体的土地关系具有孕育农业资本主义萌芽的可能。

李先生认为，中国自秦汉以后的封建社会，地主制经济之所以能起到如此作用，一是因为它能够较大限度地适应封建土地关系的变化，此点已如前述；二是因它能够较大限度地适应商品经济的发展。地主制经济不但不因上述发展变化的冲击趋于削弱，而且能适应上述变化和发展，在整个封建社会时期，工农业尤其是农业生产还有所发展，从而构成为具有中国特色的封建主义经济。

在这方面，李先生特别着重研究了地主制经济与商品经济的相互关系问题。他指出，明清时代，商品经济在相当广大地区有了进一步的发展，商业资本积累相当可观，从这方面说已为资本主义经济发展提供了前提。但商业资本本身并不能产生新的生产方式，只有产业资本才能决定生产方式的资本主义性质。当商人在营运方面将所积累的资本从属于资本主义生产，或者直接投向工农业生产转化为产业资本时，才能改变商业资本的性质。明清时代，商人资本的发展趋向，或从事于封建性的盐业、典当高利贷活动，或继续停留于流通领域，或购置地产进行土地出租，或用于控制生产继续进行商业资本剥削，很少转向工农业生产。这时商品经济发展所冲击的主要是农村的自然经济，广大农民的经济生活为商品经济所浸润和渗透。商人资本向生产领域转移，不但为数甚少，而且进展十分缓慢。

与前者相适应，在政治方面，官僚地主依恃权势从事商贾，富商大贾步入官场，商官一体，更加强了商品经济对封建势力的依附性，不能产生独立的市民阶级，从而商品货币关系对封建经济和封建政治的冲击力十分薄弱。地主制经济又从适应生产及商品经济发展变成为社会经济发展的桎梏，资本主义经济发展异常缓慢。

当然，地主制经济的长期持续又是同历代封建政权的维护作用分不开的。也就是这个缘故，中国封建社会时期的农民战争常把进攻的矛头指向封建土地关系及封建政权。封建王朝一个个垮台，地主所有制也暂时削弱，但以地主制经济为主导的整个封建体制仍在持续。经过一个时期的发展变化，地权又逐渐集中，削弱的地主所有权又行恢复。由这种发展变化更体现了地主制经济体制的顽强性。

李先生认为，资本主义萌芽能否产生，要看当时社会经济是否已经具备其产生的条件，即当时的社会生产水平和商品经济发展程度是否已具备萌芽的条件。在这些条件已经具备的情况下，还要看是否在生产中已经出现自由雇工，是否已突破封建行会的束缚。

李先生指出：明代中叶，在不少地区，工农业生产有进一步发展，商品货币经济有进一步增长。对资本主义萌芽来说是具备了一定条件的。关键是是否存在自由雇工，以及自由雇工何时开始和资本发生联系。在中国历史上，雇工和地主经济几乎是同时出现的。至于他和资本的联系，李先生认为，最根本的条件是劳动力变成商品，即货币持有者在流通领域购买到自由劳动力，榨取他们的剩余劳动以实现价值的增殖。所谓资本就是用于剥削雇工而带来剩余价值的价值，它体现着资本家和自由雇工之间的剥削和被剥削的生产关系。因此，自由雇工的出现是一个关键性问题。明代中叶，与工农业生产发展相适应，雇工经营有所发展，雇工队伍进一步扩大，就在这种条件下出现了封建雇佣向自由雇佣的过渡。清代前期雇工律例一再修订，根据乾隆五十一年定例，长工基本解除了法律上的身份义务关系，变成自由雇工了。

此外还有封建行会问题。按明清时代的行会主要通行于工商业，农业从不受行会的干扰。据此，李先生认为资本主义萌芽很可能是在农业生产部门首先发生的。这时雇工经营的，有富裕自耕农，有庶民经营地主。在地旷人稀地租偏低的地区，以及经济作物区，还出现富佃经营。在这类地区，除去地租及经营开支之外，还能获取部分利润。应该承认，所有以上各种类型雇工经营，在使用货币购买劳动力榨取自由工人剩余劳动并扩大再生产的条件下，经营者投入的货币已经变成为资本。

李先生还认为，工业资本主义萌芽也有可能是在地主和富裕农民兼营的农产加工手工业中首先发生的。诸如酿酒、榨油、制糖之类。这类经营遍布广大农村，一开始就摆脱封建行会的束缚。而且这类工业发生较早，他们有就近收购原料的便利，在农村有广阔的销售市场。最后才是商人包买主和独立的工场手工业经营者。工场手工业主虽然和农业部门一样已和自由雇工发生联系，但摆脱封建行会束缚还需要一个历史过程。

他特别指出：商品流通和商业资本积累二者本身并不反映封建或资本主义属性，要看其从属于何者，而关键是生产，要看其是从属于资本主义性质的商品生产，还是旧封建性生产的延续。他并不否认明清时代已出现资本主义萌芽，但从进入流通领域的大量商品看，诸如粮食布匹之类，主要由个体农民所生产，其他经济作物产品也不例外。生产者农民基本仍停留于交换价值形态的自给自足，乃是封建经济的延续。关于商人所拥有的大量商业资本也非建立在资本主义生产基础之上，而是建立在剥削个体小生产基础之上，通过贱买贵卖从中渔利而积累起来的，从而也基本不具备资本主义经济的属性。商人资本对农业及手工业生产的控制，而较少直接向生产领域转移，商人这种活动对资本主义经济发展迟缓产生了严重影响。在资本主义农业经营和独立的资本主义农产加工手工场未普遍出现以前，各种商人通过买卖借贷关系控制生产的活动，也对资本主义经济的发展产生不利影响。尤其严重的是很多富商同封建统治发生直接联系。因此明清时代商品繁荣主要是在地主制经济高度发展制约下出现的封建性的繁荣。

既然是萌芽,雇工队伍的人数多寡不是重要问题,关键问题要看货币是否转化为资本。明清时代商品经济的发展,在地主制经济制约下,积累来的大量商业资本,主要倾向也不是向资本主义经济转移,而是同封建经济各种表现形态间的互相渗透,给新生产方式的发展壮大造成极大障碍。

总之,中国资本主义萌芽发生以后,仍带有严重的封建残余。但事物的性质毕竟已经发生变化。资本主义萌芽尽管进展十分缓慢,乃至有的个体经营一再夭折,但就萌芽整体而言,总是日益增大,后来居上。

二

如前所述,李先生数十年的学术业绩是多方面的,其中之一是土地问题和农民战争问题。可以说,李先生毕生的史学研究是从这里开始的。他在大学时代(1934—1936年)就已写了5篇有关唐宋土地问题和农民战争的论文;到中央研究院社会科学研究所后,1940—1943年间写成著名的《晚明民变》一书。[①] 也在这一时期,李文治还写了几篇同类的论文。40年代末他还完成了《清代漕运》书稿。总之,从30年代直到解放前夕的十多年间,他的研究重点主要是力图通过史学研究去揭露封建社会的黑

---

① 附带提及,关于《晚明民变》一书,解放后史学名家谢国桢先生在其所著《增订晚明史籍考》一书中称之为在当时国内乃系"首创"。这一评价是准确的。不过谢老文中又说:此书"作者盖受郭沫若先生《甲申三百年祭》之影响",则是个误会。因为《晚明民变》一书虽然出版于1947年,但在该书结论中已经说明,这本著作乃定稿于1944年秋,盖与郭老大作皆成于甲申,是在同年。可见书中观点都是作者的独立见解。如果说二书观点有相近之处,也只能说是英雄所见略同吧。

暗面。

沿着这一思想脉络，李先生在全国解放后继续就中国封建社会的土地关系及阶级关系问题深入研究，又写出了《晚明封建地主掠夺土地的几种方式》等一系列论文。1953年李先生参加由严中平先生主编的《中国近代经济史统计资料选辑》一书中地租部分的编写工作；1954—1956年李先生编辑了《中国近代农业史资料》（第一辑）。这两部书出版四十多年来，为史学研究工作者、教学工作者以及许多实际业务部门工作者提供了重要的也是最基本的参考资料，从中受益者何止一代学人。

李先生不仅是一位学者，还是一位革命者。他从来不把自己仅仅困囿于书斋，而是紧密关注社会，随时代的脉搏而呼吸。1932年，他在河北省容城县教育局任督学兼容城师范校长时，在中共地下党的领导下，带头参加代表农民利益的反对官产局征收旗地地价的斗争。斗争取得成功，但他却被当局通缉。此后，他开始关注农民问题的研究。可见，他在学术研究方面所取得的业绩，是和他对农民和农村的深入了解，以及他对农民深切感情分不开的。

李先生在研究实践中很好地贯彻了实事求是，一切从实际出发的原则。他建立了自己的一套关于中国封建社会研究的方法论。他比较彻底地、正确地运用马克思主义关于经济基础和上层建筑、生产力和生产关系的辩证关系的理论，从经济角度考察中国封建社会经济形态的基本内容，对中国封建社会提出一整套精辟的见解。他的论著的特点是立场鲜明、方法科学、资料丰富，其学术贡献是系统而卓越的。因此，他在中国史学和中国经济史学论坛上独树一帜，蜚声国内外。

李先生这一系列研究课题中经常涉及的一个重要的理论问题，即如何看阶级斗争的历史作用，和一个重要的研究方法，即如何进行阶级分析。由于众所周知的原因，这两个问题在建国后的 30 年间被强调得过头了。李先生向我谈及他从事历史研究的历程时，感慨万分，认为他当时也不能摆脱这种历史局限性，对两方面的理解都不够全面和深刻。但自 70 年代末以来，他逐渐形成了自己如下的看法。

关于阶级分析法他采取肯定态度，而且认为从事历史科研首先要掌握阶级分析法。因为社会发展的基本矛盾表现为阶级对抗和冲突，如封建社会时期表现为地主与农民两大阶级的对抗；整个封建国家机器都具有强烈的阶级属性，它只能是地主阶级利益的政治代表。所有重大历史事件，只有通过阶级分析才能作出正确的科学论断。但是进行阶级分析需要和当时社会物质生产状况联系起来进行考察。根据历史唯物主义基本原则，是社会存在决定社会意识，不是社会意识决定社会存在。人类社会物质生产是一切历史的基本条件；社会生产关系是随生产资料、生产力的变化、发展而变化、发展的。和阶级斗争相比，生产斗争是更根本的条件。就中国地主经济封建社会时期而言，封建依附关系有一个发展、强化、削弱和松解的发展过程，阶级关系的这种发展变化，归根结底乃是由于生产发展的结果。没有农业生产和商品经济的发展，农民和地主之间的相互关系的变化是不可能发生的。进行阶级分析还要和当时历史条件联系起来考察，如评历史人物和历史事件就要将其置于当时社会条件下进行衡量，采取历史唯物主义态度。过去在对历史人物评价中出现的贬低功绩、夸大过错，或者相反，膨胀成就、文过饰非的倾向，除去为了达到某些目的的主观因素而外，从方法论来讲，没有掌握好历史唯物主义阶级分析法是一个重要原因。当然，阶级分析法也有它的局限性。历史研究范围广泛，社会现象分歧复杂而丰富多彩，类似的历史过程在不同时期、不同地区有不同的具体内容，其形成和发展也各有其不同的具体情形,并不能单靠阶级分析一法就能解释一切事物的发展变化过程。

关于阶级斗争的历史作用问题,李先生认为是和阶级分析法紧密联系在一起的。他认为阶级斗争对社会历史发展的促进作用应该肯定,但须和生产斗争联系起来考察。一定的阶级斗争是在物质生产一定程度发展的条件下出现的,是物质生产一定程度的发展促进社会生产关系的变化,而这种变化又返转来促进社会生产的发展。从人类社会历史实际考察,由一种生产方式向另一种生产方式过渡,虽然通常要经过阶级斗争,但最终根源是物质生产发展的结果。李先生又指出,考察生产斗争和阶级斗争的相互关系,要采取辩证的观点。生产斗争、阶级斗争和封建社会相始终,何者起主导作用,则因时期不同而各异。以中国地主经济社会而论,在每个封建王朝前期,农民小土地所有制广泛存在乃至占据统治地位,这时阶级矛盾缓和,而以生产斗争为主,物质生产发展比较迅速。每个封建王朝中期,地权逐渐集中,阶级斗争逐渐剧烈,出现阶级斗争与生产斗争两种矛盾并列的形式。封建社会后期,政治腐败,地权高度集中,物质生产的发展受到严重压抑,农民生活困难,相继爆发抗租、抗粮斗争乃至武装起义,这时以阶级斗争为主。经过农民大起义,生产关系发生一定程度变化,为工农业生产稳步发展开辟了道路,只有这时才显示出阶级斗争的动力作用。任何一个封建王朝,其前期都是物质生产发展在推动社会历史向前发展;末期则是农民战争打破束缚生产发展的桎梏,而为物质生产发展准备条件。在任何情况下都用"以阶级斗争为纲"的观点研究历史,显然是无法正确认识历史的。

基于以上认识,80年代以来,李先生发表的有关明清时代的中国农业资本主义萌芽问题、土地关系的变化问题、中国封建社会长期延续问题、农业经营问题、封建土地关系的政策措施等等论著，更多地注意了经济关系问题。正是在这样的认识基础上，李先生提出了如上节所述的一系列重要论点。

李先生一贯坚持严谨的学风，正视现实，从不掉在故纸堆里于繁琐考据。他通过长期的科学研究实践，形成了自己一套科学的史学方法论。

李先生认为，历史研究具有一定的社会功能，即具有社会价值。但对"为现实服务"的理解不应是狭义的，而应该是多方面的。古代史和今天距离甚远，直接为现实服务的内容不多，时间越古越是如此。古代历史事件虽然有的可供借鉴，作到"古为今用"，但这只是古史研究的一个方面。历史科研为现实服务，更重要的应该是贯彻马克思主义哲学，通过历史研究成果去宣传、丰富和发展马克思主义，同时批判形形色色的唯心主义。这应该是它的最主要的基本内容。这种要求无论是对近现代史或古代史研究都不例外。各朝历史尽管在时间上有古今的差别，和现实的联系情况或程度不完全相同，但可通过马克思主义哲学把它们和现实斗争紧密联系在一起。

李先生认为，历史科研要实现社会功能，它的论断必须建立在掌握丰富而可靠的资料基础上，要对资料进行考订，去伪存真。从这方面说，继承和进一步发扬严谨学风，在当前有特别重要的意义。为此需要我们掌握历史文献，诸如目录学、版本学、校刊学、训诂学，要掌握史学方法，诸如形式逻辑、数量统计、比较法，以及其他相关的知识和研究手段。他认为，新时代赋予我们的使命是把严谨学风和正确理解、掌握科学理论很好地结合起来，即用马克思主义哲学进行综合，把历史学发展为科学。

李先生指出，中国学者实现历史研究为现实服务，是有有利条件的，比如古人给我们留下了丰富的文献记载和历史文物，这在世界其他国家是很少有的。这笔宝贵的精神财富，使我们建立具有中国特色的马克思主义史学有着足够的资料依据。中国又是一个历史悠久而具有典型性的封建社会，也为建立具有中国特色的历史科学开辟了广阔的场所。李先生指出，中国历史研究的任务，是通过马克思主义哲学，对中国史发展过程进行全面分析，建立具有中国特色的中国史学；通过总结中国历史发展的特点和规律，宣传、丰富乃至发展马克思主义。这样才能实现为现实服务的目的。

李先生通过自己的长期研究实践成为成熟的马克思主义学者。

三

李先生为人正直，疾恶如仇，谈及某些腐败现象，愤懑之情常常溢于言表，使我感到他身上始终迸发着一位正直的共产党员应有的正气。

李先生是一位忠厚长者，生活极为俭朴，洁身自好，处处自律，总为他人着想。他自认为是私事的事，尽管很大，他也不找我们帮忙。事后得知，我作为学生常感惭愧而自责。

但对后学，李先生则谆谆善诱，在学术上提携、关怀无微不至，是难得的良师楷模。对此我的感受极为深刻。每就学术问题向他请教时，即使我只是一点不成熟的想法，只要他认为正确，总是热情鼓励，充分肯定，从资料到观点毫无保留地给以帮助。我有幸师从李先生学习并共同工作达45年之久，时常领教，获益良多。50年代末，当我读到他所编的《中国近代农业史资料》（第一辑）时，曾向他请教其中有关明清"雇工人"资料时，他认为对这个问题应该给以足够的重视，并鼓励我就此深入跟踪下去。我正是在他的启发之下，1958年，跟随经济史组各位师友一道，在中央档案馆（现在的第一历史档案馆）的三个月清代档案查阅工作中，找到有关条例修改的资料，开始了这个方面的研究，进而深入到清代等级制度的研究中去的。李先生亲切教导，我铭心感激，没齿不忘。

最后，再次衷心祝愿李先生身体康健，益寿延年！

经君健
1999年2月

李文治先生从事研究工作进展历程

（代编者的话）

过去我和李文治先生一起从事清代漕运、明清时代宗法宗族制及中国地主制经济等问题的研究多年，对李先生的学术观点比较熟悉。现值李先生90岁寿辰，拟出版李先生的论文集，决定由我主编。李先生除发表专著外，又先后发表论文共约50篇，约百万字，从中选择一部分编入文集，是一个难题；其间虽然困难重重，但又义不容辞。我以主编的身份，对李先生从事研究工作的进展历程及所写论文作一简要概括。

李先生从1935年发表第一篇文章开始，至今从事学术工作已经65年了；从1940年到前中央研究院社会研究所专门从事研究工作算起，到现在也达60年之久。在这长达半个多世纪年月里，先生始终辛勤劳动，从无懈怠，取得丰硕成果，作出卓越贡献，深得中国经济史学界赞誉。

先生的写作是从历史上的农民运动问题开始的。之所以从农民运动问题开始，是由于先生经历了家乡——河北省容城县反官产局运动得到启示。

1932年，先生任容城县教育局督学期间，地方政府为了搜刮民财，强令过去租种旗地的农户补交地价，为此将这类土地划为"官田"，其实这类土地已行按亩交税制。官产局的官吏们，为了从中贪污，抬高地价，强迫农民交纳，广大农民为此愤愤不平。1932年，在党的领导下，李先生等人发动了一场规模浩大的反官产局运动，参加运动的农民至少在千人以上。经过这次农民运动，官产局撤销了，农民补交地价的问题也随之停止。通过这次运动，先生深深体会到，农民反官产局腐败斗争的积极性。

由于受参加农民运动的启发，1933年先生考入师范大学历史系以后，即开始注意历史上的农民运动问题。1935年发表《唐黄巢暴动的社会背景》一文，1936年发表了《隋大业民变的经济动力》和《北宋民变的经济动力》。此后还陆续发表一些这类文章。这时所写文章主要是揭露封建社会的黑暗面和农民反封建斗争的愤慨情绪。如《大业民变》一文，所列子目为"土地集中与农民荒废之发生"，"统治阶级享乐之骚扰农村"，"重税苛敛与徭役之频繁"，"统治阶级与民众之对立"等。其间涉及商业资本剥削问题。在封建社会时期，商品经济发展原具有一定进步性，问题是统治阶级利用权势从中渔利。如史所记，隋炀帝大业七年，"每急徭卒赋，有所征求，长吏必先贱买之，然后宣下，乃贵卖与人。旦暮之间，价盈数倍。"[①] 由于统治阶级参与了商业活动，加重了对农民的剥削。

1940年，先生到社会科学研究所工作，所拟题目为明代农民战争，实际是对过去写作工作的继续。

就在这时，先生出现一种设想：撰写一部关于中国封建社会时期农民运动或农民战争史。因此对有关历史上农民运动的史料进行了广泛接触。在接触资料过程中，逐渐发现每个历史时期农民反封建性质逐渐发生变化，如秦代在地权相对分散的情况下，

---

① 《隋书》，卷24，《食货》。

农民运动主要是反秦朝暴政，如苛征暴敛之类。西汉中后期，地权趋向集中，但农民运动没有提出反封建土地关系的明确口号。东汉建制，权贵地主日益突出，民间贵贱等级关系逐渐形成一种制度，到两晋时期达到顶端，农民反抗贵贱等级关系思想也随之日益尖锐。在这种条件下，有人把佛教提出的某些教义，诸如"法平等，无有高下"之说提出来，实际是当时广大农民反封建的思想反映。要求废除贵贱等级差别，主张众生平等。这种说法的出现，实际代表了广大农民的愿望。此后隋唐时代贵贱等级关系旧制虽然仍在延续，和两晋相比已相对削弱，地主制经济逐渐转入正常运转轨道。到两宋时期，伴随农民小土地所有制及庶民地主的发展，地主与农民两大阶级之间的贵贱等级关系进一步削弱，这时农民运动反封建性质也发生变化，逐渐提出"等贵贱，均贫富"之类口号，所说"均贫富"显然指平均地权问题。这时农民运动把地权问题同贵贱等级关系问题并提，是农民运动反封建问题的一次巨大变化。到明清时代，农民运动反封建问题进一步发展，如明末农民领袖李自成先提"均田免赋"，后提"贵贱均田"，把解决土地问题作为重点提出。到清代太平天国领导的农民运动，提出更为明确的"天朝田亩制度"。由以上事例，说明明清时代农民运动反封建性质发生更大变化，把解决地权问题作为主要斗争纲领。

历史上农民运动反封建性质的变化，这个问题早在40年代已在先生脑海中开始萌生。经过一再考虑，先生认为，农民反封建性质变化的形式，最后是由封建土地关系的发展变化所制约的。农民运动如此，其他一些重大历史问题当也不例外。1944年《晚明民变》一书脱稿后，又拟把中国封建社会土地关系变化的研究提到日程上来。

就在这时，指导先生研究工作的梁方仲先生建议他从事清代漕运问题的研究。梁先生过去主要从事田赋制度的研究，对一条鞭法问题作出过巨大贡献，可说驰名中外。梁先生希望李先生继承他的专业。梁先生说：过去在北平（北京）社会调查所时期，在陶孟和先生主持下，全所曾竭尽全力对清档有关田赋方面的资料进行了收集整理工作，这类资料有十多万件，其中漕运部分始终没人整理过，国内在这方面的研究属于空白，建议李先生利用清档从事清代漕运问题的研究。李先生接受了梁先生的意见，从1945年开始收集整理这方面的资料，经过四年的功夫写成清代漕运史初稿。解放后由我加以补充修改。《清代漕运》一书已于1995年由中华书局出版。

1949年新中国建立后，先生原想专事封建土地关系问题的研究。由于上级指示从事集体写作，在严中平先生主持下，先是参加《中国近代经济史统计资料选辑》的工作，接着从事《中国近代农业史资料》的收集整理工作。最后集体写《中国近代经济史（1840—1894）》。以上集体的工作一直持续到1987年。先生负责编辑1840—1911年《中国近代农业史资料》，约75万字，该书于60年代出版。在收集资料过程中，先生特别注意有关土地问题的资料。撰写《中国近代经济史（1840—1894）》时，李先生同章有义先生承担农业经济史的写作，对土地问题十分重视。就在这时还撰写了几篇关于土地制度的论文，诸如《关于研究封建土地所有制形式的方法论问题》、《明清时代的封建土地所有制》、《论清代前期的土地占有关系》等。此后所写其他问题，如《明清时代中国资本主义萌芽》问题，《地主制经济与中国封建社会长期延续》问题，《明清时代的宗法宗族制》问题，《中国封建社会后期划分标志》问题等等，都是同中国封建土地关系的发展变化问题联系起来进行分析。总之，先生的基本观点是：把地主制经济的发展变化作为论证中国封建社会历史时期一些重大问题——诸如商品经济比较发展的社会经济,高度中央集权的政治体制以及以儒家思想为核心的精神文明的发展变化为中心线索。1984年先生所写的《明清时代封建土地关系的松解》一书,于1993年在中国社会科学出版社出版。在该书中先生对自己的观点作了进一步叙述。

关于这个问题,在1989年以前,史学界讨论中国近代社会经济发展变化的中心线索问题时,李先生提出自己的看法,认为近代中国社会经济转向落后,主要由于地主制经济的制约,并就这一问题同章有义先生进行探讨。章先生认为这是导致近代中国经济落后的内因,是主要因素。李先生同意章先生关于"内因论"的论断。

在论述中国地主制经济制约作用问题时,李先生还研究了中国地主制经济与西欧领主制经济的重大区别。李先生认为中国地主制经济较之同时期的西欧领主制经济具有极大灵活适应性,其间最突出的,如土地可以买卖。在这种条件下,地主变动无常,小自耕农有的也可以发家致富变成地主,农民在生产和生活方面有较多的自由,农业生产有较大发展,与之相适应,商品经济也日益发展。又这时地主也可以经商,变成具有封建地主身份性富商;富商多从商业资本转向地产,变成商人地主。总之,土地和商业混合在一起,无论地主和商人总将多余资产转向地产,很少或较少转向工业生产,从而使地主制经济具有顽强生命力,长期持续不懈。由这种关系对生产技术的发展起到一定约束作用,一直到19世纪中期,和资本主义各国相比,社会经济大为落后。先生为了进一步阐明自己的观点,于1992年写了《再论地主制经济与封建社会长期延续》一文。

进入80年代后,先生又进入了一个著作的高峰期,从1981—1994年间,发表的论文多达26篇,占其主要论著的

54%。文章涉及范围广泛，内容十分丰富。如有论及资本主义萌芽问题，土地关系问题，封建社会延续问题，农业经营发展及其社会性质问题，明清时代的地租问题，地价的购买年问题，宗族制与基层政权关系问题，漕运改制问题，以及农民运动问题，等等。这时期发表文章的目录请参见附录，这里不一一枚举。尽管这时发表文章面很广，但都是围绕探讨地主制经济这一中心线索展开的。

经过长期探索，尤其是80年代深入研究，先生对地主制经济已有更多认识和更深理解。为了论述中国地主制经济的制约作用，1995年，先生提出与我合作写一部完整的中国封建土地关系史，由西周封建领主制开始，经东周时期向地主制经济过渡，经过对秦汉至明清封建土地关系的发展变化，写一部完整的历史，书名暂定为《中国地主制经济论》。在长期探索中，先生深深体会到，中国由秦汉历隋唐宋元明清两千多年间，一切政治经济的发展变化，乃至以儒家为主的意识形态的发展变化，地主制经济的发展变化起着极大制约作用。先生的基本思想是研究中国封建社会历史时期问题，要把中国地主制经济的发展变化作为中心线索进行考察，可以作出接近符合历史实际的结论。先生同我一再研究，并说明如何划分历史时期，如何进行分工等。先生克服眼疾所带来的许多困难，已写出了到宋元时期的书稿。1998年，先生为对新中国建立50年作出奉献，在视力稍有好转的情况下，又先后完成两篇大作：一篇是《论东周时期封建领主制向地主制经济的过渡》，一篇是《论中国封建社会地主制经济的灵活适应性及制约功能》。这两篇论著一并收入文集发表。

先生各个历史时期发表的主要著作，请参看本书附录部分。

从李先生研究工作进展历程看，无处不显示出先生勤学、慎思、探索、求新精神。这是一笔十分珍贵的精神财富，将激励更多后人奋进。在庆祝先生从事研究工作 65 年暨庆祝先生 90 华诞之际，我衷心祝福先生健康长寿！并为中国经济史发展再作贡献。

*　　　　*　　　　*

由于受篇幅限制，本书最后定稿时又作了压缩，第一部分抽出《再论地主制经济与封建社会长期延续》一文；第二部分抽出《明清时代的封建土地所有制》、《从地权形式的变化看明清时代地主制经济的发展》、《论徽州府地租由分成制向定额制的过渡及剥削率的增长》、《论清代鸦片战前地价和购买率》四篇文章。所以一、二部分构成显得不够完整。如读者需要看抽出的文章，请参看书后索引，找原文阅读。由此给读者带来不便，敬请见谅。特此说明。

江太新
1999 年 2 月 9 日于北京

地主制经济与中国封建社会
长期延续问题论纲[*]

一、实质是地主经济长期延续

地主经济可以有两种含义。狭义的地主经济是指民田地主所有制，其他各种所有制形式，诸如屯田、学田等各类官田制，贵族庄田及八旗旗地制，尤其是民田中的农民小土地所有制，这各种类型土地关系的发展变化常由地主所有制所制约，广义的地主经济则泛指以地主所有制为主导的包括各种所有制形式的整个土地制度。

从春秋战国时期开始，中国逐渐由封建领主经济过渡到地主经济。所谓中国封建社会长期延续是指整个地主经济时代，实际是地主经济长期延续问题。其中又包括以下两方面内容：（一）中国地主经济持续的年代特别延长。欧洲某些国家，地主经济阶段经历的年代较短，中国地主经济时代却经历了两千多

---

[*] 这是为参加"中国封建社会经济结构学术讨论会"写的一篇论文。为了阐明自己的观点，作了一些说明式的注释。本文只是一个"论纲"，文中所引用者又多系常见资料，为了缩短篇幅，不另注出处。

年。（二）中国资本主义萌芽发生发展过程特别缓慢。欧洲某些国家由资本主义萌芽开始发生到进入资本主义时代，只经历了两百多年。中国资本主义萌芽的上限如果划在明代中叶，到清代后期，凡经历了四百年，还没有进入资本主义社会。中国封建社会发展历程和欧洲某些国家相比，为什么会出现这种差别呢？

中国封建社会历史进程有自己的发展规律。根据经典作家论断，社会经济结构是形成现实的基础。我们认为这是一条指导研究社会经济发展史的基本原则。据此，中国封建社会长期延续，也只能由中国社会经济结构内部矛盾所决定，而它的最终根源则是地主制经济。明清时代出现的资本主义萌芽，发生、发展过程的缓慢，是中国封建社会长期延续一种表现，这也是由中国封建社会经济结构内部矛盾所决定的，它的最终根源仍然是地主制经济。

中国封建社会长期延续是多种因素造成的。国内学者为了解决这个问题，从各个方面进行了探索。如农工结合所形成的自然经济统治，土地、商业资本、高利贷三位一体的顽强结合，农业生产及商品经济发展状况等等，对封建社会的长期延续都会产生不同程度的影响，但所有这些方面的发展变化都为地主经济所制约。在上层建筑领域方面，如中央集权对全国土地户口的严格控制，国家对工商业所采行的压制政策，村社中都图里甲、保甲制、宗族制等基层组织对封建统治的维护，国家在封建思想、宗法观念等方面的宣传、统治，以及由以上诸因素所形成的政治、思想意识方面的高度统一等等，对封建社会长期延续所起的扶持作用也不容忽视。尤其是封建国家在维护封建剥削关系和等级制度以及扶植小农经济等方面所采行的政策措施等，起着更为巨大的作用。但所有这种种政策措施的最终根源也都是地主制经济。

关于中国地主经济的作用，国内不少学者一再进行精审论述。① 这里要着重指出的是，地主经济为什么能长期延续？在整个地主经济时代包括封建社会后期，地主经济对中国封建社会长期延续是怎样起作用的？

我们认为，对中国封建社会长期延续，地主经济是从以下两个方面发挥作用的，一是在封建社会前期和中期，相对欧洲领主经济而言能较大限度地适应社会经济的发展，尤其是农业生产力的发展，从这方面反映了地主经济的生命力；一是在封建社会后期，相对欧洲某些国家由封建经济向资本主义过渡时期而言，能较大限度地吸引社会财富转向土地，从这方面反映了地主经济的顽固性。

二、地主经济能较大限度地适应社会经济的发展

前面所说社会经济结构主要指生产方式，其中包括生产关系和生产力。在整个封建社会时期，社会经济不是固定不变的，而是逐渐向前发展的，这种发展主要表现为封建生产关系的松解及生产力的发展。中国封建社会长期延续就在于地主经济能较大限度地适应这种发展变化。

在封建社会中，农业是基础，封建土地所有制是封建生产关系的核心。就每个封建国家而言，在社会经济方面既具有共同的一般规律，又有不同的封建土地所有制形式，从而产生了各自

---

① 王亚南同志所著《中国地主经济制度论纲》，傅筑夫同志所著《中国社会经济史论丛》，胡如雷同志所著《中国封建社会形态》，还有傅衣凌等同志，都曾经论及地主经济在中国封建社会时期的重大作用。

的特点。中国地主经济之所以能较大限度地适应社会经济的发展，是由于中国自己所固有的封建地权形式所决定的。① 和欧洲领主制相比，中国地主制的土地关系有两大特点，一是土地买卖频繁。② 在整个封建时代，除个别时期外，土地买卖在社会经济中一直在发挥着巨大作用。除占比重较小的国家屯田、地方官田和贵族庄田外，占主导地位的民田都可以买卖；而且到封建社会后期的明清时代，伴随着商品货币经济的日益发展，地权转移日益加剧，这时连国家禁止买卖的土地也在私相典卖，乃至向民田转化。二是与前者相联系，封建等级关系比较松散。在地主阶级中虽然有身份性贵族、官绅地主和非身份性庶民地主的区别，但由封建贵族、各级官绅到庶民之间，缺乏严格的土地占有等级制度，越是到封建社会后期，这种现象越加明显。

由以上封建土地关系两大特点，即封建地权及封建等级的运动状态，反映出地主阶级在阶级结构和等级结构两方面的灵活性，即具有极大弹韧性。中国和西欧某些国家，基于封建土地关系具体情况不同，决定了两者此后不同的发展历程。

所谓能较大限度地适应封建生产关系的松解，一是能最大限度地适应地权分配的变化，二是能适应地主身份地位的变化，三是能适应封建宗法关系削弱的变化，四是能适应商品经济发展的变化。其中一个根本性问题是能适应封建土地关系的削弱及封建生产关系的松解。在封建土地关系不断变化的过程中，地主经济不但不被削弱，而且得到发展。

---

① 在封建社会时期，有各种不同的典型。西欧某些国家是以领主制为主的典型，中国是以地主制为主的典型。

② 中古欧洲领主制，虽然也有土地买卖，但在法权方面有关于土地买卖的限制，因此土地买卖不似中国之普遍。中国封建社会的土地买卖虽然受到各种封建习俗的限制，但基本是自由的。

所谓最大限度地适应地权分配的变化，指的是地权集中与分散。在每一个封建王朝的中后期，伴随着官绅地主权势的嚣张，土地兼并的剧烈，地权高度集中。在每个朝代初期，经过大规模农民战争的冲击，以及新建王朝采行某些有利于农民取得土地产权的政策措施，地权相对分散，农民小土地所有制有所发展，这种发展变化几乎变成一条规律。就这样，在整个封建社会时期，地权的集中与分散经常在变动；与此相适应，两大阶级的某些成员也在互相转化。但作为封建社会农民与地主两大阶级对立的阶级构成却始终不变。在某一历史时期，农民所有制增长，地主所有制削弱，地权分配的这种变化表明封建土地关系的削弱及封建生产关系的松解。即在这种条件下，地主阶级在整个社会经济生活中的支配的主导的作用始终不变，中国封建社会的地主经济的社会性质始终不变，而且地主经济能继续存在和发展，不过几十年或百多年的功夫，又恢复了地主所有制的统治地位。

所谓能适应地主身份地位的变化，指不因地主身份地位的变化而影响于地主经济的存在和发展。

中国的政治体制和欧洲领主制那种僵化的血统世袭贵族等级制不同，在地主经济基础上形成为独特的官僚政治。官位的获致系通过考选，因而官宦门第经常在变动，即地主的身份地位经常在变动。官绅可以沦落为庶民，庶民也可以上升为官绅。[①] 官绅和庶民两类等级的某些成员可以互相转化，作为封建社会的等级结构却始终在延续。

从中国封建社会各个时期的地主阶级构成考察，庶民地主有

---

① 宋人袁寀说："士大夫试历数乡曲，三十年前宦族，今能自存者有几家。"见《袁氏世范》卷1，《子弟贪缪勿使仕宦》。这种变化，到明清而愈甚。

逐渐发展趋势。① 庶民地主的发展，严重地冲击着贵族官僚等级占有制，使等级界限和阶级界限的差距越来越扩大，越不相吻合。至少到清代前期，更多地主是非身份性地主。庶民地主没有封建特权，庶民地主的发展表明封建生产关系的松解。值得注意的是，宋元以后尤其是清代前期，地主经济不但不因庶民地主的发展而有所削弱，而是如方行同志在《论清代前期地主制经济的发展》一文指出的，反而得到充分发展，如各类官田、庄田、旗地向民田的转化。

所谓适应封建宗法关系削弱的变化，指不因封建宗法关系的削弱而影响于地主经济的存在和发展。

中国封建社会的封建宗法关系的主要内容，一是以血缘纽带为基础的宗法伦理关系，即家族长幼尊卑关系；一是以封建土地关系为基础而加上宗法关系，将封建依附关系和宗法关系融合在一起，如佃农和地主的关系，雇工和雇主的关系，奴仆和主人的关系，双方既是主奴贵贱等级关系，又是长幼尊卑关系。以上这诸种关系，经过历次农民阶级的反抗斗争和商品经济发展的冲击，有逐渐削弱的趋势。至明清而愈加显著。尤其是主佃关系和主雇关系的变化最大。② 在封建宗法关系趋向削弱乃至解除的情况下，地主经济可以照旧延续下来。

所谓适应商品经济发展的变化，指相对欧洲领主经济而言，中国封建社会的商品经济能有较大幅度的发展。

我们并不否认，在广大农村中自然经济的统治地位。但也要

---

① 汉代即有"富者田连阡陌"、"庶人之富者累资钜万"之类记载，系指庶民地主。见《汉书·食货志》。在地主经济制约下，在中国历史上庶民地主出现甚早。

② 我们并不否认主佃间、主雇间的封建宗法关系在有些地区延续的时间比较长久，有的一直延续到民国时期以至解放以前。我们这里所说趋向削弱乃至废除，是指总的发展趋势。

看到，圩集等地方性市场的发展；更要看到，全国出现的不少商业繁盛、人口众多的城市，而且很早就出现了著名商人。明清时代还出现过以地区著名的徽商、晋商、苏商，以专业著名的盐商、茶商、绸缎商等。有些商人不仅活动于城市，而且长途贩运深入农村。我们既要看到这时商品经济对促进封建宗法关系松解的作用，也要看到它与地权相结合而所引起的强化地主经济的作用。总之，它没能导致中国封建制度的崩溃。①

更要注意的是，地主制经济能经得起农民战争冲击的严重考验。在中国历史上发生过多少次规模巨大的农民战争，每经过一次农民战争，即对地主阶级和封建势力进行一次严重打击，地权分配就发生巨大变化，地主所有制受到不同程度的削弱，阶级矛盾得到一定程度的缓和。农业生产虽然暂时受到破坏，经过短时期的休养生息，农业生产又在地权重分配的基础上向前推进一步，取得新的发展。更值得注意的变化是对封建宗法关系冲击的影响，恢复起来比较困难。

以上发展变化——地权分配的变化，地主身份地位的变化，封建宗法关系的削弱，商品经济发展的冲击，尤其是农民战争对封建经济的打击，都涉及封建土地关系削弱及封建生产关系松解。在这巨大变化中，地主经济体制的主导作用并没有改变，地主经济本身则伴随着这种发展变化而不断发展。以上封建土地关系的削弱及封建生产关系的松解，一方面是生产力发展的结果，

---

① 马克思在分析商业对封建社会的解体作用时指出："它对旧的生产方式究竟会在多大程度上发生解体的作用，首先要取决于这些生产方式的坚固性质和内部结构。并且，这个解体过程会导向何处，换句话说，会用何种新的生产方式来代替旧的生产方式，并非取决于商业，而是取决于旧生产方式本身的性质。"（见《资本论》第3卷，第371页）中国封建社会时期，商品经济虽然有所发展，而没能导致封建经济崩溃，关键是由于中国地主制经济。

同时也为生产力进一步发展提供了条件。

在地主经济制约下的小农经济，相对西欧领主制下的小农经济而言，则具有一定灵活性。由于这种灵活性，遂能较大限度地适应生产力的发展。① 中国小农经济，一方面和地主经济是互相矛盾的统一体，同时又有相对独立性，它是在地主经济制约之下存在和发展的。小农经济的灵活性也表现地主经济的灵活性。和中古欧洲领主经济制约下的农奴制所形成的小农经济相比，中国小农经济有以下几大特点：一是农民小土地所有制广泛存在；二是租佃农民具有较多的人身自由；三是自然经济相对松解，以上三者紧密地联系在一起。

中国封建社会时期，在地主经济制约下，两种不同性质的小农经济——自耕农和租佃农每相互消长。值得注意的是自耕农始终占居一定比重。②

自耕农的广泛存在具有一定历史意义。第一，自耕农小土地所有制的发展，表明封建土地所有制的削弱，对封建土地关系而言这是一个巨大变化。其次，自耕农所占比重是一个涉及阶级力量相互关系的问题。在每一个封建王朝的前期，即在地权相对分散的时期，地主绅权相对削弱；到每一个封建王朝的后期，即地权比较集中的时期，地主绅权极为嚣张。这就是说，自耕农所占比重较大时期，相对来说，也是农民阶级遭受地主压迫奴役较轻的时期。这种情形，明清两代都不例外。第二，在中国封建社会

---

① 很多作者在分析中国封建社会小农经济时强调在生产方面的落后性，和资本主义大生产相比，小农经济无疑是落后的。但和欧洲领主经济下的小农经济相比，它又是比较先进的。

② 中古欧洲领主制，有些国家也存在农民小土地所有制。如法国，在12世纪时期，有的地区农民可以通过垦荒和其他办法取得土地。在英国，法律虽然不承认自由地权存在，但仍有一些农民占有小块土地。

时期，自耕农阶层的广泛存在对阶级关系起着一定的均衡、调节作用。封建社会历史实际证明，小农经济的盛衰每影响于整个社会经济繁荣情况和一个王朝的兴衰；而小农经济的盛衰又决定于地权分配状况及自耕农所占比重。自耕农所占比重较大的某些年代，常是社会经济比较繁荣，封建秩序相对稳定的时期。第三，也是更加重要的，是自耕农的发展在农业生产中所起的积极作用。总之，封建社会的自耕农是农民阶级中具有活力的阶层。自耕农的广泛存在，使社会经济具有极大的灵活性。

至于中国的佃农，和欧洲领主严格的等级制下的农奴相比有很大不同。[①] 中国地主制是一种比较松散的等级制。与这一特征相联系，则为租佃农民具有较多的人身自由。由于地权转移频繁，土地经常易主，地主一般不占有固定的佃农，主佃间的封建依附关系逐渐趋向松解，这是历史发展的必然规律。隋唐以前的情形不甚清楚。宋元时代，在某些地区，佃农和地主的相互关系在法律上是不平等的，但同欧洲具有严格身份义务的农奴制相比，仍有很大差别。到明清时代，地主和佃户在法律上处于对等地位，当然在实际生活中双方仍然是不平等的。这种主佃关系只能是一般封建依附关系，作为严格的人身隶属关系已基本不存在（佃仆制等是例外）。

此外，地主身份地位的变化对主佃间封建依附关系的松解也产生一定影响。如果是官绅地主，他们具有不同程度的封建特权，由以形成的主佃关系必然具有比较浓厚的封建性。如果是庶民地主，情形便大不相同，由以所形成的封建依附关系必然趋向

---

① 欧洲领主制，人身互相依赖。农奴和领主，陪臣和诸侯，俗人和牧师，莫不皆然。如马克思所指出的，"人身依附关系构成该社会的基础。"见《马克思恩格斯全集》第23卷，第94页。

松弛。宋元以后,尤其是明清时代,地主身份地位的变化逐渐显著。明代中叶后期仍多官僚缙绅地主,到清代前期则出现较多的庶民商人地主。伴随着地主身份地位的变化,租佃农民的社会地位也逐渐发生变化,封建依附关系更加松弛。

租佃制度的变化,对佃农的人身自由也有一定影响。宋元时代,分租制仍占显然的统治地位。到明清时代,额租制逐渐发展。此外如永佃制的发展,至迟在宋代已经出现,明清时代则迅速扩大。从而佃农经济独立性进一步发展,获得更多的人身自由。

封建社会的小农经济,都是自给自足的自然经济,古今中外概莫能外。但是,我们对自然经济也要加以区别,各国各个时期因社会条件不同,农民自给自足状况遂也不同。中国封建社会的个体农民所形成的自然经济,相对欧洲领主制而言,不是那么僵化的,而是有一定灵活性,或者说是一种比较松解的自然经济。①

总之,中国地主经济制约下小农经济比较能适应商品经济的发展。到封建社会中后期,农工结合虽然未解体,伴随着社会经济的发展,自给自足状况却趋向松解。这时农民的农产品有不少投向市场,他们也从市场上购买部分生产用品和生活必需品。农家的农副产品自由出售,在中国历史上出现很早,这对搞活农村经济有很大影响,对农业生产的发展也具有一定刺激作用。以后随着经济作物的发展,农民经济和市场的联系更加密切。如早在唐宋时代,有的地区出现种植专业化,即为出售而生产。到明清

---

① 欧洲领主制是一种比较严格的自然经济。每一个农户是农工结合的自然体,一个领主的庄园则是一个自给自足、闭关自守的整体。每个封建庄园与外界很少联系,和商品经济是严重对立的。(这种现象到封建后期有些变化)正是这个缘故,欧洲封建后期工商业的发展只能在领主庄园之外,即独立于庄园之外的城市。

时代，出现了不少经济作物区，这些经济作物区的茶农、蔗农、蚕桑农、烟农以及果树农等，需要出售农副产品购买食粮，甚至还出现了种植经济作物的租佃农。有些农民即使不是为卖而买，而是为买而卖，即为购买必需的食粮而种植经济作物，但这已经不是严格意义的自然经济了。

中国封建社会较早地出现比较松散的自然经济，也是和中国的赋役政策有一定联系的。中国地主制经济，国家对全国户口土地实行严格控制，所制定的赋役很早就有一部分以货币形式出现了。农民为了完纳赋役，必须出售部分农副产品换回货币。明中后期的徭役改革，实行一条鞭法，不仅差徭都改折银两，同时还扩大田赋中货币部分所占比重；到清代前期，实行摊丁入地，从而进一步扩大了农民和市场的联系，加剧了自然经济的松解过程。就是说一条鞭法的出现，一方面是商品货币经济发展的结果，同时又返转来促使商品货币经济进一步发展。封建赋役货币化，虽然也会促成工农更加紧密结合，迫使农民为完纳赋役而纺纱织布，但它对自然经济毕竟起了冲击作用。

更值得注意的是，中国小农经济能较大限度地适应农业生产的发展。这也是我们论证小农经济灵活性的主要目的。前面论证地主经济的弹韧性时曾经指出：中国地主经济所具备的某些特征能较大限度地适应封建土地关系的削弱及封建生产关系的松解，这是农业生产得以发展的重要前提。地主经济制约下的小农经济的上述特征——自耕农广泛存在，租佃农人身比较自由，以及农民经济生活的自然经济的松解等，更和农业生产的发展直接相联系。

在两类小农经济中，尤其是自耕农在农业生产方面所起的积极作用更大一些。由于他们摆脱了地租剥削，经济条件比较好一些，具有改进农业生产的能力。还由于他们耕种的是自己的土地，为了提高单位面积产量，肯于在土地上投入更多的工本，千方百计地改进灌溉系统和土壤条件。他们在农业生产方面是自由的，完全自己作主，可以种植产值较高的经济作物。尤其是比较富裕的农民，可以置备完备的农具，积贮更多的粪肥，进行精耕细作，在小块土地上实行集约经营，充分发挥土地的生产功能。从这方面说，自耕农的广泛存在，对社会经济的发展，具有一定的积极意义。

就是租佃农民，由于他们比欧洲农民在各方面都有较多的自由，在农业生产方面也比较能发挥他们的智慧和积极性。中国租佃制和欧洲农奴制有着很大差别。中国佃农交纳实物租而不是徭役租，佃农对地主的封建依附关系比较松弛，和欧洲农奴制相比，缺乏那种造成生产严重低下的诸因素。尤其是到了明清时代，解除佃农在法律上的身份义务关系，这在客观上是符合农业发展要求的。在实行分租的条件下，地主虽然还干预农民的生产，但不像欧洲徭役制那样实行野蛮的暴力驱使。而且租佃制在不断发生变化，如由宋元至明清数百年间定额租及永佃制的发展。在交纳定额租的条件下，农民在交纳租约所规定的租额之外，多生产的部分全归农民所有，因而农民生产积极性较高。在永佃制日益发展的条件下更是如此。因此部分经济条件较好的佃农，在交纳地租之后，除去必要的劳动产品之外，还有可能获得部分剩余劳动产品，用之于改进农业生产。

总之，中国封建社会时期，作为生产主体的自耕农和租佃农，由于具有上述特点，在自然经济相对松解的条件下更有利于发挥生产积极性，中国封建社会农业生产的发展，遂一代超越一代，隋唐超越秦汉，宋元超越隋唐。尤其是到了宋代，在小农经济比较发展的基础上，农业技术达到相当高的水平。明清又超越宋元，经济作物的发展就是农业生产进一步发展的具体反映。

中国农业生产发展趋势，具体反映于历代农业技术的发展。由汉至清两千年间，中国出了不少农学家，写了不少有关农业的科学论著，其中有不少关于改进农业生产的宝贵见解。这些论著是对中国广大劳动人民的生产实践所作的科学总结。

中国农业生产发展水平，具体反映于单位面积产量的提高。以明清之际的农业生产而论，江浙两省产米区，亩产约为一至三石，可以二石代表一般亩产。按一人治田十亩，共产米廿石；此外，春至夏初又种麦一季，亩产约为一石，共计十石。以生产的米麦数量来表示，可估计为米麦三十石。这样计算，单产面积不低，如果没有苛重的地租和捐税剥削，一个五口之家的农户，生活是绰有余裕的。从亩产情况，说明中国封建社会的小农经济，在农业生产方面达到相当高的水平。

以上我们从地主经济的弹韧性及小农经济的灵活性论述中国封建社会农业经济的特点。这两者又是紧密联系在一起的，最后归结为能较大限度地适应封建生产关系的松解及农业生产力的发展，而根源则是地主制经济。这种关系，经君健同志在所著《关于清代民田主佃关系政策的研究》一文曾经进行过详细分析。

我们认为，封建社会生产关系的松解，农业生产力的发展，这两方面的变化是封建社会经济发展的两大标志。归根到底，和欧洲领主经济下落后的小农经济相比，[①] 中国地主经济下的小农经济，不仅能继续进行再生产，而且有发展余地，这应当是中国封建社会得以长期延续的一个主要原因，也是中国封建社会时期

[①] 欧洲领主经济，由于自然经济的统治，农民被严格地束缚在土地上，农民对领主具有严格的人身隶属关系，造成农业生产严重落后。这种关系，经典作家曾经一再指出过。参考《列宁全集》第3卷，第161页；第20卷，第297页；第20卷，第316页。

科学技术、精神文明获得高度发展的基本条件。

在封建社会时期，主要是宋元以前，我们既要看到地主经济能较大限度地适应社会经济发展的特点，同时也要看到仍有不相适应的一面，因为地主经济本身就包含着占有与生产之间的对抗性矛盾。到封建社会后期即资本主义萌芽时期，地主经济虽仍有相适应的一面，但对发展资本主义经济要求而言，矛盾渐变成主要方面，这时由地主经济所形成的生产关系越变成为生产发展的桎梏。关于这个问题这里不拟详加论述。

三、地主经济能较大限度地吸引社会财富转向土地

封建社会后期，商业资本和工业利润向地租转化，贵族官僚把掠夺的大量财富购买土地，富裕农民和经营地主的赢利最后向买地出租的方向蜕变，总之，社会财富纷纷转向地产，而不是沿着资本主义经济的发展方向前进，这是导致中国封建社会长期延续的又一个方面。这种现象的产生，根源仍然是地主制经济。

就资本主义工场手工业的发生、发展而言，到明清时代是具备了一定条件的。第一，伴随封建生产关系的松解，农业生产有较高发展。而农业生产发展是资本主义萌芽发生发展的经济基础。其次，明清时代，商品货币经济有一定程度的发展。这是资本主义萌芽发生发展的历史前提。第三，过去城市手工业中存在的轮班、匠籍制的压迫逐渐废除，雇工也逐渐解除对雇主在法律上的身份义务关系，手工业行会束缚也在商品经济发展冲击下趋向松解。此外还有其他的条件。在这种种条件下，工场手工业应该有较大发展，但事实并非如此，工场手工业并没有得到顺利

发展。

中国工商业资本主义萌芽发生发展过程，和西欧各国相比，我们发现有两个问题特别值得注意：一是明清统治者没有像欧洲君主制初期那样，对工商采行扶植政策，以对抗封建势力的压迫，① 二是工商业者积累的财富转向土地，扩大和强化了封建所有制。后者是起着决定性作用的因素。这就是说，中国的地主经济，相对欧洲领主经济而言，在某一历史时期，对促进工商业的发展虽然曾经起过积极作用；到资本主义萌芽时期，则又产生着抑制资本主义萌芽发生、发展的消极影响。

欧洲某些国家，在由封建经济向资本主义过渡时期，商业资本主要转向工场手工业，工场手工业者则将积累的货币财富用之于进行扩大再生产。欧洲商业资本不只和工业生产联系在一起，而且和农业生产联系在一起。中国情形则不然，不仅由于有土地买卖传统的影响，而且在地主经济条件下，地租剥削率始终保持较高的水平，土地财产和地租收入也更有保证，从而形成了"以末致富，以本守之"的习惯传统。正是在这种情况下，冲淡了人们发展工场手工业的要求。

关于商业资本向土地财产转移，在中国封建社会时期已有两千多年的历史，据说从战国时期就开始了。到汉代有关于富商大贾"无农夫之苦，有阡陌之得"之类记载，晋代有"以货殖为

---

① 西欧在由封建经济向资本主义经济过渡时期，出现"封建君主制"向"君主专制制"的过渡。新兴的专制君主，为了实现统一，反对领主割据，支持新兴的市民等级；市民等级则在经济和政治上支持专制君主，双方形成为反封建的联盟。西欧的这种政权形式有利于工商业的发展。中国资本主义萌芽时期的明清王朝，国家机器则是地主阶级的政治代表，采行维护地主阶级利益的政策措施。又欧洲在资本主义萌芽时期，工商业城市系独立于封建势力之外。中国工商业者尤其是富商，则依附于封建势力。当人们以工商致富之后，或购买土地，或捐纳官衔，和封建经济及封建权势结合在一起。

务，有田万顷"之类记载，这都是商人兼并土地的具体反映。问题的严重性在于，这种现象在明清资本主义萌芽时期，没有伴随着商品经济的发展而得到改变。不但没有改变，而且商人买地活动有增无减，到清代前期达到高峰。如南方的徽商和苏商，在明代后期，由于赋重不甚买田；到清代前期不同了，多热衷于追求土地。北方的晋商，过去多"不事田产"；到清代前期也改变过去不买土地的传统，而"多置田产"了。①

商业资本本身不能创造新的生产方式，只有产业资本才能决定生产方式的资本主义性质。商业资本要发展成为产业资本，就要把资金转向工农业生产。中国封建社会后期出现商业资本，虽然也有的转向工农业生产，但这不是主要倾向，主要倾向是把积累的财富转向土地，分割出租，促成地权集中与分散经营，扩大封建经济关系。这时商品经济不但没能形成为打击封建生产关系的独立力量，发挥"冲击封建经济"的功能，反而在走向它的反面。与此相联系，地主经济"能适应商品经济发展"的灵活性这一特点，也失掉它的历史意义。还由于商业长期寄生于封建经济体系之内，从而也限制了它自身的发展。

这时也出现了一些资本主义性质的手工场，但是没有得到充分发展。由于地主经济的制约，这时不但商业资本不像欧洲某些国家那样纷纷转向工业，就是已经发展起来的工场手工业，场主

---

① 土地、商业资本、高利贷的结合，为中国封建土地所有制的一个特点。商业资本、高利贷利息不断向地租转化，地主也兼放高利贷和商业活动。欧洲在中世纪后期，高利贷"对于古代的和封建的财富，发生破坏的解体的作用"（见《马克思恩格斯全集》，第25卷，第671页。在中国封建社会时期，高利贷则和地权相结合，起着强化封建土地关系的作用。本文主要谈商业资本向地租转化问题，关于高利贷向地租转化问题从略。

也每将部分资金投向地产。这时几乎很多手工业场主都占有大面积土地。

这时地主尤其是官僚地主掌握着大量财富。他们掌握的财富虽然也兼放高利贷，乃至窖藏起来，但主要是购买土地征收地租，很少投向工场手工业。在农村中，也有些地主和富裕农民兼营农产加工的手工作坊或手工场，如榨油、酿酒、榨糖、造纸等等。但是他们的经营多扎根在土地上，最后每又把赢利转向土地。总之，在地主经济制约下，这类工场手工业的发展具有一定局限性。此外，还有富裕农民或经营地主兼营其他作坊或手工场的，如买机织绸、筑窑烧制砖瓦等，当他们的手工业逐渐扩大，赢利渐多，也将部分工业利润转向地产。

总之，中国地主经济虽然能较大限度地适应社会经济的发展，农业生产力达到相当高的水平，劳动人民为社会创造了大量财富，但这部分财富的绝大部分为封建王朝及各类剥削者——地主、官僚、富商等所占有，他们不是用以从事工业生产，而是在供他们家族挥霍浪费消耗之外，大量转向地产，征收地租。这种倾向，所有人都不例外。如清人陶煦所说："上自绅富，下至委巷工贾胥吏之俦，赢十百金，即莫不志在良田。"在封建社会后期，这种现象不能不影响于社会经济的发展。尤其商业资本向地租的转化，工场手工业和地产的紧密联系，其影响于工商资本主义萌芽发生、发展的迟缓更加严重。

我们并不否认，这时有很多因素在阻碍资本主义工场手工业的发展，如封建行会的束缚，国家政策措施的压迫等等，都有不同程度的影响。尤其是农业与手工业的直接结合，所造成的在经济上的极大节约，对工场手工业的发展成为严重障碍。但在中国封建社会时期，农工所以如此紧密结合，根源仍然是地主制经济。①

明清时代，在某些地区，对农业资本主义萌芽的发生和发展也具备了一定条件，如农业生产力一定程度的发展，租佃间及主雇间封建宗法关系的松解，商品经济的增长，经济作物的传播等等。在某些地区也产生了资本主义萌芽，这种萌芽和工商业资本主义萌芽相同，也没有得到顺利发展。

按欧洲各国由封建农业向资本主义农业过渡主要有三种形式，一种是大租佃农场，英国主要是这一种形式；一种是由个体农民分化出资本主义农场主，法国主要是这一种形式；一种是大的封建经营过渡到资本主义性质经营地主，普鲁士主要是这一种形式。以上各国资本主义农业发生、发展过程，在时间上虽有迟早之分，有的还带有不同程度的封建残余，但相对中国而言，发展都比较迅速。中国明清时代农业资本主义萌芽发生、发展过程中，三种形式都曾经不同程度地出现。但发展过程和欧洲诸国不同，呈现迂回状态，发展异常缓慢。

其中第一种形式——大租佃农场，有过个别事例，后来逐渐消声敛迹，没有发展成像英国那样的资本主义租佃大农牧场。这

---

① 马克思在谈到外国纺织业品对农工结合的解体过程时曾经指出："在中国，那就更缓慢了……因农业和手工制造业的直接结合而造成的巨大的节约和时间的节省，在这里对大工业产品进行了最顽强的抵抗；因为在大工业产品的价格中，会加进大工业产品到处都要经历的流通过程的各种非生产费用。"（见《马克思恩格斯全集》，第25卷，第373页）到封建社会后期，中国农村这种高度的农工结合，是由于受地主经济的制约。失地农民不像封建社会后期的欧洲某些国家那样能在城市找到出雇的机会，最后依然回到土地上来。这样，广大农民被迫固着在土地上，租佃农也好，自耕农也好，都离不开土地。有些农民甚至依靠很少的几亩土地，维持全家生计，显然是很困难的，加以苛重的地租和赋役负担，必须仰赖部分副业收入藉资弥补，这就逼使农业与手工业的结合更加紧密。

是由于，大的租佃雇工经营，是为了进行商品生产，实现价值的增殖。因此经营者的利润观念十分清楚，在经营得失方面要实行详细的核算，当他们发现由于地租过高，租地经营不合算时，很快地放弃这种经营，这是不难理解的。

第二种形式——由农民阶级中分化出资本主义性质的农场主，这类事例稍为多一些。又有两种不同类型，一种是雇工经营的富裕自耕农，一种是雇工经营的富裕租佃农。但是两类富裕农民都没有得到顺利发展。影响富裕自耕农发展的，除经济条件的限制和政治方面的压迫以外，更重要的是自发地向土地出租的方向倒退。富裕自耕农当进一步发展经营规模逐渐扩大之后，并不是尽量地利用所积累的资金沿着资本主义农业的发展道路继续前进，而是用来购买土地，扩大耕地面积，兼事土地出租，有的蜕变为地主。

在地主经济制约下，富佃的生命力比富自耕农更为脆弱。新生的富佃虽然不断在出现，旧有的富佃每又在重租压迫之下逐渐萎缩下去。关键是租地雇工经营所得赢利，大大低于社会通常平均利润。这种现象的产生，是由于高额地租吞没了剩余劳动的绝大部分。这也表明，这时富佃所交纳的地租的性质，还没有完全摆脱过去的封建性。

关于经营地主的发展过程，就经营地主整体而言，虽然在不断发展，但就每户经营地主而言，最后很多是朝着土地出租的方向倒退，变成为封建地主，在这一点上和东普鲁士经营地主有所不同。中国经营地主竭力追求的，每不是追加投资，改进经营，而是扩大地产。当占地增多之后，有的先将部分土地出租，由资本主义性质的经营地主变成为经营兼出租的半资本主义半封建性的双重身份地主。有的完全放弃雇工经营，变成为单纯收租的封建地主。经营地主的倒退，再一种情形是由于经营者身份地位的变化，由庶民地主变成为官僚地主。如明代浙江归安茅氏和桐乡庄氏，这两家在当地原来都是以掌握农业技术，善于经营而出名的。后来茅家由于"科名不绝"，而且"广田畴"，逐渐放弃直接经营了。中国地主尤其是官僚地主的子孙，多骄奢淫逸，不事生产，惯于过享乐寄生的腐朽生活。进行雇工经营，不但要求掌握生产技术，而且需要善于计算规划，付出一定劳动。这对四体不勤，五谷不分的富贵子弟而言，是难以做到的。这种变化又总是和地产扩大联系在一起。庶民地主拥有更多地产之后，总是通过各种渠道猎取功名官爵头衔变成为绅衿地主，他们的子弟总是朝着"不习稼穑艰难"的方向转化，在剥削形式方面也逐渐放弃直接经营，改行招佃收租。①

由以上论述可以看出，各种形式的农业资本主义萌芽，其中富自耕农和经营地主，由于一开始就同地权联系在一起，他们追求扩大土地更甚于注意农业经营，从而影响于资本主义农业的发展。不难设想，就是已出现的富佃农也摆脱不掉地主经济的制约，当他们获得更多赢利之时，最后也会朝着买地出租的方向转化。

由此可见，就中国地主经济的弹韧性而言，有利于农业资本主义萌芽发生的一面；但最后又由于地主经济所制约的高额地租，诱使人们追求扩大地产放弃直接经营，从而阻碍了它的顺利发展。中国地主制经济，对资本主义萌芽的这种又适应又矛盾状态，决定着萌芽本身的发展进程。资本主义工商业不能顺利发展，无疑对农业资本主义萌芽发展迟缓也有一定影响，但更重要的是地主制经济本身的制约作用。工商业本身也摆脱不了地主经

---

① 关于这个问题，我另写有《论中国地主制经济与农业资本主义萌芽发展的迟缓》一文，这里从略。

济的制约。这时地主经济反而变成为社会经济进一步发展的桎梏。

以上我们就封建社会后期社会财富转向土地与资本主义萌芽发生发展迟缓关系的问题进行了分析。但迟缓并不是停止,如农业部门,就具有资本主义萌芽性质的每个生产机体而言,常中途变质夭折,乃至朝着封建经济倒退;但就资本主义萌芽整体而言,无论在量和质的方面,都日益发展,后来居上,清代超越明代。工业资本主义萌芽也不例外。按着这种发展规律进展下去,如果没有外国资本主义入侵,中国也将缓慢地进入资本主义时代。

四、关键是地租苛重及封建土地关系的不断重建

我们认为,在封建社会后期,是苛重的地租剥削阻碍着中国资本主义萌芽的发生和发展。在整个地主经济时代,是封建土地关系的不断重建形成中国封建社会长期延续。这种现象产生的根源是地主制经济。关于这种关系,前面业已涉及。为了突出我们的观点,有必要把这两个问题独立出来着重加以分析。

封建租佃表现在两个方面,一是封建依附关系及超经济强制,一是封建地租剥削即地租额及地租率。两者的相互关系,因地区因时期而不同,既可紧密地联系在一起,又可不同程度的分离。

欧洲在封建领主时期,地租剥削也极为苛重。这时农奴为领主提供的劳役租,比较通行的制度是每周劳动三天,叫做"周工制"。此外还要向领主提供其他各项杂役,交纳各种

实物。①劳役租的苛重是和严格的人身隶属关系紧密联系在一起的，是在封建领主直接暴力强制之下实现的。马克思所说人身依赖是封建社会的基础就是指的这种关系。②没有人身依赖，没有暴力强制，如此苛重的地租不可能实现。欧洲过渡到资本主义时期，即在封建的人身依赖关系解除之后，地租剥削率也随着降低。这是合乎历史发展规律的。③

地租轻重可从购买年的长短或地租占地价百分比来表示。英国在18世纪末产业革命时代，地租购买年一般为20—25年，地租占地价的4%到5%。普鲁士19世纪后期俾士麦任首相时期（公元1871—1890年），地租购买年一般为28—32年。地租占地价的3%到3.8%。④ 这时英、普的地租比过去的"周工制"显然要低得多。⑤ 欧洲某些国家，地租剥削率下降大概有一个发展过程，可能是由封建经济向资本主义经济过渡时期开始的，即在封建依附关系松解或解除之时开始的。地租剥削下降，对工商业者而言，买地收租不如把资金用之于扩大工商业更为有利。大概就是这个缘故，这些国家的工商业者遂很少买地收租，而是继续扩大工商业。当然，我们也不否认海外贸易发达的作用，还有其他历史条件以及自然条件的作用。

---

① 据马克垚同志认为（详见本期另文），欧洲领主制下的徭役租，除每周劳动三日之外，在每年八九月份秋收季节，还另加帮忙劳役，这样每周就不止三日之数，而且农奴全家都要给领主劳动。

② 欧洲领主制，人身互相依赖。农奴和领主，陪臣和诸侯，俗人和牧师，莫不皆然。如马克思所指出的，"人身依附关系构成该社会的基础。"见《马克思恩格斯全集》第23卷，第94页。

③ 欧洲某些国家，地租率的下降，和货币地租的发展有着一定联系。在某一历史时期，货币地租是一个固定的数额，当粮价上涨时，地租率无形下降。

④ 据另一记载，普鲁士地租占地价的3%到5%，即购买年为20至33年。

⑤ 法国租佃地，小农租佃占居统治地位，对分制持续的年代很久，地租剥削率变动不大。

中国资本主义萌芽时期，主佃间封建宗法关系也曾经呈现松解趋势。南宋时代，在某些地区仍有关于佃户不准离开土地的规定。① 到了元代，一方面承认"地客即是良民"，同时又规定地主打死佃户只判罚烧埋银若干两，表明宋元时代主佃间在法权关系上还不完全是对等关系。朱明建国，主佃关系只在"乡饮酒礼"中规定佃户对地主行"以少事长"之礼。礼节规定只表明佃农社会地位低下，这和法律条例的性质毕竟不同，说明到了明代，主佃间在法律上已改为对等关系。或者说废除了佃农对地主在法律上的身份义务关系。这是中国历史上的一大变化。到清代前期，主佃关系又有进一步发展，这时已基本不是封建等级关系，而接近于单纯纳租的经济关系，或者说是经济的强制。这时租佃的封建性主要表现于纳租义务。（参考经君健同志《关于清代民田主佃关系政策的研究》原稿）值得注意的是，封建剥削却没有伴随着封建宗法关系的松解而发生相应的变化，地租没有减轻，和欧洲某些国家相比，这是一个很大差别。

这时中国地租剥削率，除个别地区外，仍然维持在占产量的50%左右。若苏松一带，地租额有超过产量60%—70%的。如果按地租购买年及地租占地价百分比计算，中国封建地租的苛重尤为突出。明清时代，关于这方面的文献记载不够具体。据民国时期的调查统计，如江苏各州县，地租购买年约为12年，比18、19世纪的英国和普鲁士缩短两三倍。据1929年调查，地租占地价的百分比，江苏为8%，安徽为10%到15%，山东为18%，比普鲁士高出好几倍。按购买年计算，江苏为12年半，安徽为6、7到10年，山东为5、6年。宋元以来至明清乃至国民党统治时期，中国封建地租剥削率基本没有多大

---

① 北宋时代，令佃农于收获之后，可以离开土地。

变化，用来说明中国资本主义萌芽时期和欧洲某些国家由封建经济向资本主义过渡时期地租剥削方面的差异，是有一定参考价值的。

中国封建社会后期地租的苛重，还反映于农家收支不敷，和农民生活的拮据，在当时文献资料中，有不少关于这方面的记载。在重租压迫下，富佃不容易产生，已出现的富佃每又逐渐缩小经营规模乃至放弃雇工经营是不难理解的。这时富佃比较发展的地区主要是由于地租较轻，如江、浙、皖、赣、闽等省交界的山丘地带，如东北新的垦殖区，就是这种情形。这类地区地旷人稀，这时还谈不上租佃竞争，地租相对低下，租佃经营比较有利。富佃经济是在这种条件下暂时获得发展的。

由此可见，在宋元以前，是严重的人身依附关系及苛重的地租剥削双重压迫在阻碍着农业资本主义萌芽的发生；到明清时代，在主佃间人身依附关系及直接的超经济强制逐渐松解或废除的条件下，高额地租渐变成为阻碍农业资本主义萌芽发生、发展的主要矛盾，是过重的地租剥削在阻碍着富佃的产生，促使富自耕农和经营地主向土地出租的方向倒退，并吸引着商业资本和部分工业利润向土地财产转移。

再看封建土地关系的不断重建。在整个地主经济时期，由于农民战争的一再冲击，在相当广大地区，封建所有制曾不断被摧毁；在剧烈的兼并过程中，封建所有制又不断重建。一般官僚子孙由于奢靡无度，不断在沦落；与此同时，新兴地主又不断出现。这种现象，从战国时期地主经济开始形成，一直到全国解放前夕，两千多年间都没有停止过。

封建土地关系重建是和地权集中紧密联系在一起的。在封建社会时期，地权集中过程，有的通过强占，有的把强占和购买结合在一起，但主要是通过购买。中国地主制经济，任何人掌握货币都可以购买土地。自耕农虽然广泛存在，在某一历史时期并且占居相当大的比重，但是他们的经济地位是不稳定的，天灾人祸，苛捐杂税，都可导致自耕农破产，迫使变卖土地。土地购买者虽然也有部分农民，但主要是地主。整个封建历史时期，随时都有地主富户购置田产的记录。尤其是官僚富商，占地多至几千亩、几万亩，有的多至数十万亩。因此，在某一历史时期，农民小土地所有制占着相当大的比重；在另一时期，自耕农又变成为发展中的地主所有制的补充。在农民丧失土地过程中，一批新地主再次产生出来。就这样，封建土地关系不断地重建。

在地主经济制约下，地权集中与封建土地关系的不断重建是中国封建社会经济发展的自然规律。在封建土地关系不断重建的过程中，以自耕为主的小农经济虽然没落下去，以租佃为主的小农经济则随着扩大。因此，封建土地关系的不断重建也意味着租佃小农经济的不断重建，自耕农则变成为租佃农的补充。封建土地关系的顽强的再生机能是与以小农经济为主要成分的经济结构紧密联系在一起的。封建土地关系的这种一再重建的发展过程，贯串于整个地主经济时期。从某种意义上说，由战国历秦汉至清朝两千多年的中国史，就是封建土地关系不断重建的历史。如前所述，在这整个历史时期，地权不断变动，土地不断变换主人。对每个家族和个人来说，无论是地主还是农民，他们的阶级地位和等级身份经常发生变化，但作为与农民阶级互相对立的地主阶级，则长期延续而不断。这种现象正是封建土地关系不断重建的表现。也正是这个缘故，中国地主经济不像欧洲领主经济，一经崩溃即去而不返。（至于中东欧所谓农奴制再版，对领主经济而言是一种例外）由于封建土地关系不断重建，因而不管封建土地关系如何变化，地主经济体制的主导地位始终不变，以地主经济为主体的封建社会，也伴随着封建土地关系的不断重建而长期延续。总之，中国封建社会长期延续，主要是由中国封建社会内部经济结构决定的，即地主制经济。

以上我们着重从地主制经济方面分析中国封建社会长期延续问题。我们所以着重地主经济的分析，是因为社会经济的发展变化，归根结底，是由生产关系和生产力的相互关系所决定的。我们并不否认上层建筑尤其是中央集权国家机器所采行的种种政策措施在这方面所产生的作用。但是，第一，国家机器是维护地主阶级利益的政治代表，所有主要政策措施都基于地主制经济；其次，上层建筑的作用，相对地主经济本身的作用而言，它毕竟是从属的，第二位的。此外，上层建筑只能在特定时期之内起决定性作用，这种决定性作用不可能贯串于整个封建社会时期。总之，解决这个问题要着重从封建经济结构本身方面进行探索。

(原载《中国史研究》1983年第1期)

西周封建论

——从助法考察西周的社会性质

谨以此文缅怀叔父捷三公百周年诞辰

一、经济关系是论证古代社会性质的基本标志

西周时期，在已发现的铜器铭文中确实有不少关于奴隶的记录，在《尚书》《周书》《左传》中也偶有反映。过去西周奴隶制论者立论依据之一，即这时有关奴隶记录较多，诸如墓葬中殉人，古书中仆隶等。但单纯从奴隶的存在尚难断定一个历史时期的社会性质，更重要的是主要生产劳动者农民的经济状况，尤其是它所反映的生产关系，因为它最能突出社会性质的实质。奴隶制论者也从农民的农业生产及经济状况方面进行论证，但在铭文和《尚书》《周书》中所反映的多不具体，很难据以作出令人信服的结论。西周文献较能完整地反映农民经济生活的首推《诗经》，其中相当大部分篇章完成于西周，材料比较可靠。因此本文取材以《诗经》为主。

西周奴隶制论者，有的扩大了当时奴隶等级队伍。如西周早期由上级赐给各级贵族的臣、鬲，其中并不完全是奴隶，很多属于依附民，类似此后出现的私、徒、属等，主要是贵族属下的依

附民，而不是奴隶。西周的众、众人虽可用作赔偿，但也不一定是奴隶。对以上各类民户，何兹全教授都作了周详考订。有的作者忽略经济关系，对语言辞汇下功夫，甚至把属于自由人或依附民的庶民、庶人论证为奴隶，更是一种误解。以反映农民经济生活较多的《诗经》而论，很多是庶民、庶人类型农民，可列入奴隶等级事例极为少见，这是当时客观实际生活的反映。关于庶民庶人类型农民身份地位问题，我基本同意何兹全教授的分析。①

有的作者倾向从生产力发展水平论证西周的奴隶制。我们也不否认生产力发展水平对生产关系发展变化所起的制约作用，诚如陈振中教授所论，西周时期，青铜器的普遍使用为个体劳动创造了物质条件的基础，使人的劳动能生产出超过劳动力所需要的产品。②但有的作者用中西对比法，把青铜时代同奴隶制划个等号，认为青铜时代必然是奴隶制。其实古罗马奴隶制已进入铁器时代，西欧伴随铁器的出现和使用产生了典型奴隶制；中国西周则在青铜时代已进入较先进的生产关系。这种关系杨生民教授已经论及。③这就有力说明，中国古代和古代罗马的发展历程各有自己的特点，既不能把西欧古史中国化，也不能把中国古史欧洲化。中西之间这种差异的产生是由于各个国家自然条件不同，社会经济发展状况不同，政治体制遂也不同，总之是多种因素造成的。其间生产力发展状况虽有一定影响，但不是起决定性作用的因素。

我们认为，论证一个历史时期的社会性质，既要准确鉴定当时农业战线生产劳动者的身份和社会地位，又不能过分强调生产力发展水平的制约作用，要从经济关系整体出发进行考察，尤其

---

① 何兹全：《中国古代社会》。
② 陈振中：《青铜生产工具与中国奴隶制社会经济》。
③ 杨生民：《汉代社会性质研究》。

是其间的生产关系。只有这样,所作出的结论才能比较接近历史实际。

如何从经济关系整体出发呢?研究古代社会,首先要考察由土地关系制约的生产关系。

关于西周时期的土地制度,孟子向滕文公所论可供参考。他说:"周人百亩而彻,其实皆什一也。"他接着谈到助法:"助者藉也。诗云:'雨我公田,遂及我私。'惟助为有公田。由此观之,虽周亦助也。"孟子把《诗经》所说公田、私田同助法联系起来。据孟子所论,公田和私田是对立统一体,助法是在这种田制下出现的租税制。孟子所论基本符合西周历史实际。孟子为了恢复这种土地租税制,向滕文公建议:"请野九一而助,国中什一使自赋。"①

根据孟子所论,并参酌众说,试对西周土地制度作进一步说明。西周时期,各诸侯国都分成国和野两类地区。国是国人居住区。国人主要是农民,也要按耕地产量向所属诸侯国承担贡赋。他们的社会地位高于庶民。关于国人的身份问题人们很少争议。野是其中的主要组成部分,如古史所说"三其国而伍其鄙"。其实这时鄙野的耕地面积和人口所占比重远不止于占5/8,西周的社会性质主要决定于鄙野所广泛出现的生产关系。这时在鄙野通行助法制,由助法制形成的生产关系是:每个农户都是一个独立的经济实体,每个农户都要助耕公田即承担劳役地租,从而每个农户农民都要对土地所有者发生人身依附关系。以上三要素是紧密联系在一起的,西周属于什么社会性质,对三者进行整体考察更有利于揭示问题的本质。

人们在谈论中国古代社会性质时,每把商、周联系在一起。

---

① 《孟子·滕文公上》。

商代奴隶众多系历史事实，但属于什么性质的社会，是奴隶制还是其他社会，就目前所接触到的资料尚难准确判断。关于西周社会性质记载比较明确，如把鄙野构成部分作为主体，从前面所提三要素所反映的生产关系考察，我倾向于封建制说。

本稿是我们正在进行中的《中国地主制经济论》研究课题的前奏。我们认为东周是中国地主制经济萌生期，到底是由什么社会向地主制经济过渡的，对西周社会性质有进行探索的必要。为此复习了幼年家叔捷三公所讲授《诗经》，同时查看了国内学者关于西周社会性质的论著，提出了自己初步看法。

关于西周社会性质，过去由封建论到奴隶制论，在国内史学界有过一个认识过程。早在1950年以前，封建说一度成为史学界的共识，后来范文澜先生从理论上加以阐扬，国内学者多赞同他的观点。主张西周奴隶制说最早的是郭沫若先生，他在1950年撰写《读了〈记殷周殉人之史实〉》一文，提出"殷周都是奴隶社会"。[①] 从此西周封建制、奴隶制两说并存。影响较大的是郭先生于1972年在《红旗》杂志发表《中国古代历史的分期》一文。[②] 此后国内史学界多信服他的观点。从此西周封建论和奴隶制论虽同时并存，但奴隶制说占了主导地位。

为了阐明西周封建论，拟以各家所公认的助法，及其所制约的三要素——农民独立的个体经济、劳役地租及人身依附关系，作为中心线索进行考察。

[①] 见1950年3月21日《光明日报》。是年7月5日，郭沫若又在《光明日报》发表《申述一下关于殷代殉人的问题》一文。

[②] 载《红旗》，1972年第7期。

二、封建性在农民独立个体经济方面的反映

我们并不否认,奴隶制社会的农民也可以有独立的个体经济,但像西周时期存在的那种男耕女织自负盈亏如此完整的个体经济,同封建经济联系起来更容易理解。

为了论证农民独立个体经济问题,下面先简略介绍一下西周的土地所有制。

据《诗经》《小雅·北山》:"溥天之下,莫非王土;率土之滨,莫非王臣。"对此数语需要正确理解。所说"王土"指所有土地都在周朝统辖之下,并非实际占有。所说"王臣",指所有人民都在王室统治之下,这里的臣包括各种人诸如国人、庶民和奴隶。

这时西周进行分封制。周天子对所辖王畿,实行直接统治,在王畿内并分封卿大夫,封土曰采邑。王畿之外广大地区则分封众多诸侯国。① 在分封之时,将某些土地并附带该地上的劳动农民一同授予,如当时周公分封于鲁时,据《诗·鲁颂·閟宫》所记:"王曰叔父,建尔元子,俾侯于鲁,大启尔宇,为国室辅。乃命鲁公,俾侯于东,锡之山川,土田附庸。"所说"土田"指耕地,"附庸"主要指以庶民为主的农民。

各诸侯国,在封国内也分封卿大夫,封土也叫采邑。各诸侯和卿大夫对所封授土地,实际长期占有,子孙世袭。就这样,如《礼记·礼运》所记:"天子有田以处其子孙,诸侯有国以处其子孙,士大夫有采以处其子孙",形成为以血缘关系为核心的世袭制。

---

① 据《国语·周语》记周襄王语:"昔我先王之有天下也,规方千里以为甸服……其余均分公侯伯子男。"

各级贵族对所辖土地，除自留部分作为"公田"外，其余大部分分授所辖农民作为农民"私田"。贵族公田由所辖农民代为耕种，谓之助耕，产品归各级贵族所占有，是农民所创造的剩余劳动产品。划归农民的"私田"，由农民耕种自给。这种关系如《国语·晋语》所记："大夫食邑，士食田，庶人食力。"所说"庶人食力"，即指农民从事各种生产劳动；其中包括为贵族提供的剩余劳动和维持自家生计的必要劳动。就这样，在助法制制约下，由公田和私田形成为贵族经济和农民经济两种对抗性经济构成的经济统一体，每个贵族庄园是一个独立的经济单位，每户农民都是一个独立的经济实体。

关于公田和私田的紧密联系，在《诗经》中屡有反映。如《小雅·大田》所记："有渰萋萋，行雨祁祁，雨我公田，遂及我私。"[1] 在农民看来，无论"公田"或"私田"都由他们耕种，因而冠以"我"字。据《大雅·韩奕》，描写宣王分封诸侯于北国时有这样两句："实墉实壑，实亩实籍。""实亩"指分授农民的私田，"实籍"指各级贵族保留的公田。[2] 在助法制制约下出现的私田，是这时广大农民形成独立个体经济的基本条件。

农民独立的个体经济，首先反映于生产方面。如《小雅·大田》："大田多稼，既种既戒，既备乃事，以我覃耜，俶载南亩，播厥百谷"，又《豳风·七月》："三之日于耜，四之日举趾"；又《周颂·良耜》："畟畟良耜，俶载南亩"；又《周颂·载芟》："有略其耜，俶载南亩。"以上数诗，形容在农忙季节，农民准备、携带农具，到田场进行生产劳

---

[1] 关于"雨我公田，遂及我私"，据齐思和教授解释，谓公田之公"乃地主之尊称"。私田之私乃"其禾为耕者所私有"。齐教授引《诗·豳风·七月》"言私其豵，献豜于公"句，谓指农民将狩猎所获，小者农民自有，大者献之于地主，很可供参考。

[2] 有的作者把"实籍"理解为助法，即在公田上进行助耕。

动。仍据《豳风·七月》,当农民在田场进行耕锄及收获时,"同我妇子,馌彼南亩"。即农妇亲到田场送饭食。

农家还从事纺织。据《豳风·七月》:"遵彼微行,爰求柔桑";"八月载绩,载玄载黄。"所说即指采桑养蚕纺织。农家还植麻织布。关于麻的种植,《齐风·南山》:"艺麻如之何?衡从其亩。"《秦风·东门》有"绩麻"语,《曹风·蜉蝣》有"麻衣"语,说明农民不只种麻,并纺织为布,缝制为衣。尤其值得注意的还有农家"抱布贸丝"之类记载,说明这时农家的丝麻纺织品,除向领主进行贡纳及供自家穿用外,并部分出卖,以所得购置部分生产资料和生活必需品。

农家个体经济更多反映于农民的经济生活。在劳役地租形态下,农民已开始发生分化。有较少农民经济状况较好,如《大雅·民劳》所记:"民亦劳止,汔可小康";"民亦劳止,汔可小安"。即农民经过辛勤劳动,可以过上小康安定生活。但绝大多数农民经济状况十分困难,表现在衣食住三个方面。据《小雅·大东》:"小东大东,杼柚其空。"形容东方各诸侯国的农民,所生产的布匹被领主搜刮空了。农民沦于"纠纠葛屦,可[何]以履霜?"即穿着单薄的葛鞋如何在布满冰霜的路上行走?又《豳风·七月》:"一之日觱发,二之日栗烈,无衣无褐,何以卒岁。"形容农民缺御寒衣服,过冬困难。关于农民缺食情形,如《小雅·苕之华》所记:"人可以食,鲜可以饱。"农民劳苦终年,饭都吃不饱,因之"心之忧矣,维其伤矣"。关于农民居住情形,据《小雅·鸿雁》:"之子于垣,百堵皆作;虽则劬劳,其究安宅!"前二语指为领主建筑了好住宅。后二语形容农民为领主辛勤建筑,自己却缺乏房子住。

这时农民衣食住条件之所以很差,除沉重的劳役地租之外,还有繁重的徭役。据《小雅·蓼莪》,频繁的徭役打乱了农家的生产，谓"民莫不谷，我独不卒。"由于农田荒废，粮产减少，不能养活父母，而心怀不满："哀哀父母，生我劬劳。"如《唐风·鸨羽》："王事靡盬，不能艺稷黍，父母何怙！"各诸侯国的徭役没完没了，致农民无暇从事生产，无法养活父母，又《小雅·鸿雁》有"之子于征，劬劳于野"语，指丈夫从军打仗，妻子下田劳动。因而发出浩叹："爰及矜人，哀此鳏寡。"由以上事例看出，由于各种剥削苛重影响于农家经济困难，更突出了农民个体经济问题。

由于封建贵族对广大农民的封建剥削过于苛重，而他们自己却过着豪华奢侈生活，招致农民阶级的不满，乃至发出怨言，在《诗经》保存下来大量记录。如《魏风·伐檀》诗，谓领主"不稼不穑，胡取禾三百廛兮？不狩不猎，胡瞻尔庭有县〔悬〕貆兮？彼君子兮，不素餐兮。"如《魏风·硕鼠》诗，把贵族比作贪食禾谷的老鼠："硕鼠硕鼠，无食我黍。三岁贯女〔汝〕，莫我肯顾。逝将去女，适彼乐土；乐土乐土，爰得我所。"这时的农民是贵族的世袭臣民，并没有迁徙的自由，要想自由只有逃亡。西周末年幽王时《大雅·召旻》诗："旻天疾威，天笃降丧，瘨我饥馑，民卒流亡，我居圉卒荒。"民间饥馑，人民流亡，土地荒废，也从另一方面反映农民独立个体经济。

以上是西周时期农民独立个体经济在农民的农业生产及农民的经济生活等方面的反映。农民独立个体经济作为一种普遍的社会形态的发展，是同通行于野的助法制紧密联系在一起的。这一基本特征，与其说同奴隶制相联系，不如说与封建制相联系更具有说服力。

三、封建性在助法——劳役地租方面的反映

助法是助耕公田，公田是农民进行无偿劳役的主要场所。封

建贵族制定公田,是用以剥削农民剩余劳动的手段。统治者授予农民一定数量的私田,是为了实现他们的必要劳动,维持他们的生存,也从而保证了公田上的劳动人手。助法和公私田是紧密联系在一起的。西周奴隶制论或封建制论者,双方意见尽管分歧很大,但关于助法问题有关记载则系大家所公认。

关于"公田",在古籍中屡有反映。其见于《诗经》者,如前引"雨我公田,遂及我私"、"实埸实壑,实亩实籍"等,其间"公田""实籍"都指各级贵族为自己保留的公田。又《小雅·信南山》:"畇畇原隰,曾孙田之;我疆我理,东南其田。"所说"曾孙田之",指所平整的广大地产为周朝王室孙辈所经理占有,实际也系贵族公田。这类公田都由授有私田的农民代为耕种,即农民所承担的劳役地租,亦即古书中所说的助法。

以后东周时期有不少关于助法的记载,可供研究西周公田助法制的参考。春秋中期,据《国语·鲁语》:"季康子欲田赋,使冉有问仲尼,仲尼不对。私于冉有曰:'求来,女〔汝〕不闻乎?先王制土,籍田以力。'"孔子接着说:"若子季孙欲其法也,则有周公之藉矣。"孔子所说的"籍"即助法。如孟子所说"助者籍也",即籍民力助耕公田。在《管子·乘马篇》中也有"正月,令农始作,服于公田"语,均系对西周土地制度的追记,尤其是《诗经》,系当时人记当时事,最有说服力。

关于助法制,以孟子所记最详。如前所述,他根据《诗经》把助法同公田联系起来,指出"惟助为有公田"。这里为了进一步加以论证,更借助于孟子所道及的井田说。孟子谓"方百里而井,井九百亩,八家皆私百亩,同养公田。"① 孟子所说"井田"

---

① 《孟子·滕文公上》。

可能源于当时传闻。① 关于"八家同井"可能出自孟子臆测,这种僵化的豆腐块形的井田不易实行,因此解放前即有不少人提出怀疑。② 但井田类型的公私田结构是存在过的,即当中为公田,四周为私田;私田户数不一定是八家,可多可少;私田和公田亩数也不可能是八与一之比,公田面积所占比重会更大一些。总之,周朝前期曾出现过井田类型土地制是毋庸置疑的。

孟子倡井田说乃有所为而发,乃系针对当时土地兼并向滕文公所提建议,谓"夫仁政必自经界始。经界不正,井田不均,谷禄不平,是故暴君污吏必漫其经界。经界既正,分田制禄,可坐而定也。"③ 孟子针对当时租税过重发表如下意见:"君子用其一,缓其二。"如果租税过重,会导致社会紊乱,即所谓"用其二而民有殍,用其三而父子离。"④ 由以上事例,孟子恢复井田制的意图十分清楚,是想通过推行井田制解决农民耕地问题。如前述"请野九一而助,国中什一使自赋"是。孟子所谈整齐划一的井田虽属臆测,类似井田的土地结构却是存在过的。

关于前述"请野九一而助,国中什一使自赋"问题的国和野前已论及,此乃西周租税制,即国和野实行两种不同的租税制,构成两种不同的剥削形式,⑤ 但其间主要是行于野广大地区的助法。按西周定制,在农忙季节,远郊区农民先助耕公田,然后种植自己的私田,即所谓"同养公田,公事毕然后敢治私事"指

---

① 在殷代已出现过井字,这时的井字主要指灌溉系统中的水渠,与孟子所说西周井田制不同,西周井田制同助法联系在一起,井字已发生质变。

② 如陈伯瀛1934年所著《中国田制丛考》、齐思和1948年所著《孟子井田说辨》皆论之甚详。齐文见《中国史探微》。

③ 《孟子·滕文公上》。

④ 《孟子·尽心下》。

⑤ 这种关系,张广志在所著《从贡彻助研究中的几个问题》曾经论及。见《中国古代经济史论丛》。

此。孟子的设想系源于西周的传说，但这一点是可信服的。总之，西周时期，确实存在过公田私田并存的助法制。

关于农民助耕公田事，在《诗经》中屡有反映：一、公田经营规模较大。据《周颂·载芟》，在农民耕种时，"千耦其耘，徂隰徂畛"。据《周颂·噫嘻》："骏发尔私，终三十里，亦服尔耕，十千维耦。"① 以上皆形容田场面积广大，进行生产劳动者人数众多。《载芟》诗还谈到收获情形："载获济济，有实其积，万亿及秭。"形容积谷成堆，多以亿计。又据《小雅·甫田》："曾孙之稼，如茨如梁，曾孙之庾，如坻如京；乃求千斯仓，乃求万斯箱，黍稷稻粱，农夫之庆。"经营规模之大，收获之多，乃至千仓万箱。二、农民在公田上进行生产劳动情形，以及由田主进行监督等事，在《诗经》中也屡有反映。据《周颂·载芟》"载芟载柞，其耕泽泽"；"千耦其耘，徂隰徂畛"。四语指农民在公田上进行劳动。据《周颂·臣工》"命我众人，庤乃钱镈，奄观铚艾。"三语指田主下令农民准备好农具到田场进行生产。在耕种和收获季节，主人并携带使从躬临田场实行监督，如《小雅·大田》所说"曾孙来止"。又据《周颂·载芟》："侯主侯伯，侯亚侯旅，侯强侯以"等，都指到田场进行监督的各种人员。他们有的同农民共进饮食，如《小雅·大田》所记，农民"以其妇子，馌彼南亩，田畯至喜"指此。有的不仅吃农家送来的饭食，还同农妇调情，如《周颂·载芟》所记："有嗿其馌，思媚其妇。"三、如禾苗长势良好，获得丰收，主人与农民皆大欢喜。如《小雅·甫田》所记："禾易长亩，终善且有，曾孙不怒，农夫克敏"；"我田既臧，

---

① 此诗第一句是"噫嘻成王"，下面有"率时农夫，播厥百谷"语，指成王下令各级领主贵族督率农民下田播种。然后接着说："骏发尔私，终三十里。"这里"骏发而私"的"私"字显然是令农民在公田上尽力发挥其个人生产功能。有的作者把"私"字理解为私田；从前后文考察，此种理解欠妥。

农夫之庆,琴瑟击鼓,以御田祖"等。

公田收入,各级贵族则坐享其成,过着不劳而食的奢侈生活。据《小雅·终南山》:"疆场翼翼,黍稷彧彧,曾孙之穑,以为酒食。"又《周颂·载芟》载,贵族所收获的粮食,"万亿及秭,为酒为醴"。又《小雅·楚茨》载:"我仓既盈,我庾维亿。以为酒食,以享以祀;以妥以侑,以介景福。"总之各级贵族剥削来的剩余劳动产品,尽情享受。也有的封建领主,在农民缺粮的情况下,将多余的食粮分给农民一点,以便他们继续进行生产劳动。如《小雅·甫田》所说:"倬彼甫田,岁取十千;我取其陈,食我农人。"

农民助耕公田之外,还向主人提供各种贡纳。如《大雅·韩奕》所记:农夫"献其貔皮,赤豹黄罴"。如《豳风·七月》所记:"二之日其同,载缵武功,言私其豵,献豜于公。"农民不只将猎获物贡献主人,还将纺织品和皮毛为他们作冬衣。如《豳风·七月》所记:"八月载绩,载玄载黄,我朱孔阳,为公子裳";"一之日于貉,取彼狐狸,为公子裘"。此外还为领主建筑居室。仍据《七月》,"我稼既同,上入执宫功"。即农民先干完私田的农活,然后为领主修建宫室院墙。如《大雅·灵台》诗:"经之营之,庶民攻之,不日成之。"又据《小雅·鸿雁》:"之子于垣,百堵皆作"等。

遇有战争,农民还要服兵役。服兵役一般主要是国人,但在助法剥削下的农民有时也被迫参加。据《小雅·何草不黄》:"何人不将?经营四方。"即哪个人不参加兵役,奔走四方。"哀我征夫,独为匪民。"可怜我们这些出征的,把我们不当人看待。"哀我征夫,朝夕不暇。"成天奔波,没有休停。在《诗经》中,像以上记述甚多,不一一列举。

以上是西周时期劳役地租及各种贡纳的基本情况。这种剥削形式是同助法紧密联系在一起的。在农民具有独立经济的条件下，这种剥削形式是与封建制互相适应的，用劳役租论证封建制较之论证奴隶制更具有说服力。

四、封建性在生产劳动者社会地位方面的反映

论证西周的社会性质，关于农业生产劳动者的身份地位是一个更为重要的问题。从《诗经》所反映的，这时主要是庶民、庶人类型农民。这类农民不是奴隶，前已论及。庶民、庶人类型农民中有自由人和依附民，属于什么性质的农民，当由该农民在经济关系中所处的地位而定，不能简单地单纯从语言辞汇方面进行论证。

我们并不否认西周时期奴隶广泛存在，如前述人鬲、臣、隶等虽不都是奴隶，但其间有的是奴隶。这时各诸侯国的奴隶，有的是过去旧有奴隶的延续；有的是新生的，其间主要来自战俘，如《诗·大雅·常武》记述宣王时事，有"铺敦淮濆，仍执丑虏"语，丑虏指淮水之役所获战俘，这类战俘理所当然的变成奴隶。此后春秋时期，对战俘的处理有的国家仍然如此。如《左传》僖公二十二年，楚伐宋有"俘馘"之类记载；僖公二十八年，晋有"献楚俘"之类记载；宣公二年郑伐宋，"俘二百五十人，馘百人"等。以上所说俘，据一般情况推测皆沦为奴隶。最典型的是宣公十二年所记楚伐郑胜利后郑伯肉袒牵羊请罪时所说，谓"其俘诸江南以实海滨，亦唯命；其翦以赐诸侯，使臣妾之，亦唯命。"这里"臣妾"可理解为奴隶。上述情形系西周时期俘虏为奴习俗的延续。《周礼·秋官司寇》有"蛮隶""闽隶""夷隶""貉隶"等，皆指被俘为奴者。这类战俘动辄数百，他们从事何种生产劳动，史籍不详。其因犯罪而沦为奴者，据《周礼·秋官

司徒》有"罪隶"条,主要指犯盗窃而判罚为奴者,此类罪犯从事农业生产者史籍也不多见。

关于这时的生产劳动者,在《诗经》中间有身份低下的"百僚"和"臣仆"之类。如《小雅·大东》有:"私人之子,百僚是试"语,"百僚"似指各种依附民。《小雅·正月》有"民之无辜,并其臣仆"语,"臣仆"之中包括奴隶,也包括各种依附民。

下面主要谈"庶民""庶人"类型民户。这类民户主要是农民,古史已有记载。按《国语·周语上》"凡民七尺以上属诸三官,农攻粟,工攻器,贾攻货",形成为"庶人、工、商各守其业,从共[供]其上。"说明"庶人"即农民。以后《左传》昭公二年记(纪前530年)"克敌者,上大夫受县,下大夫受郡,士田十万,庶人、工、商遂,人臣隶圉免。"这里把"庶人"与工商并提,也说明"庶人"专指农民。此虽系春秋时期记载,可供研究西周庶人、庶民问题的参考。

关于"庶民""庶人"类型农民在《诗经》中有不少事例。据《小雅·节南山》:"事弗躬亲,庶民弗信。"意思是说,封建贵族对应该作的事不竭尽心力,会失去民众的信任。据《小雅·小宛》:"中原有菽,庶民采之。"指农民到原野采野豆苗。据《大雅·抑》:"惠于朋友,庶民小子;子孙绳绳,万民靡不承。"前二句指成王热爱群臣和庶民子弟;后两句谓领主后世子孙应慎戒自己不要胡作非为,老百姓则无不顺从。据《大雅·灵台》:"经始灵台,经之营之,庶民攻之……庶民子来。"形容老百姓纷纷来参加封建领主居室的建设。庶民有时称为"庶人"。如《大雅·卷阿》记述成王时情形,"蔼蔼王多吉人,唯君子命,媚于庶人。"即这时贵族使从遵从上级旨意,爱护并取悦于百姓。据《大雅·抑》"庶人之愚,亦职维疾",意思是说庶人的愚笨是他们本身所固有的。庶民、庶人有时简称为民。据《小雅·节南山》:"赫赫师尹,民具尔瞻。"目的在提醒执掌兵权的官吏,人民的眼睛注视着你们一举一动,务要循规蹈矩。仍据《小雅·正月》:"民之讹言,亦孔之将。"意思是民众谣言怨语,十分厉害。仍据《正月》:"民今之无禄,天夭是椓。"意思是说,人民没有爵禄收入,还要受摧残剥削。据《小雅·天保》:"民之质矣,日用饮食。"意思是民众质朴,安居乐业。据《大雅·假乐》:"百辟卿士……不解于位,民之攸塈。"即各级领主致力于公事,民众得安居乐业。此外,《诗经》之中谈到"民"之处甚多,不一一列举。

关于庶民庶人,当时还有其他各种称谓。如"农夫",据《周颂·噫嘻》:康王时下令各级官吏统率农民耕种,"率时农夫,播厥五谷。"如"农人",如前述《甫田》诗:"我取其陈,食我农人。"如"众人",据《周颂·臣工》:成王时告诫诸侯各农官,"命我众人,庤乃钱镈,奄观铚艾。"如黎民,据《大雅·云汉》:宣王之时,"周余黎民,靡有孑遗。"又据《小雅·天保》:"群黎百姓,遍为尔德。"有时称"附庸",如前述周王关于鲁国的分封有"田土附庸"语。这里庸与"率土之滨,莫非王臣"之臣同,并没有什么特殊含义。和农夫、农人、众人、黎民同,乃是庶民、庶人之别称。

以上这类庶民、庶人类型农民并不完全一样。他们的身份地位由他们所处的经济关系主要是土地关系来决定。如国人,这时文献在谈及庶民、庶人时,有时把国人涉及在内,他们的身份地位前已论及,基本属于自由人。这里要着重指出的是,通过分封,在庶民、庶人类型中形成的依附民。这类民户系由上级贵族连同土地分授下级贵族而形成的,在庶民、庶人类型民户中,它是主要组成部分,也是决定西周社会性质的基本因素。下面拟专就这个问题进行探索。

经过分封,在广大鄙野地区,出现"公田"与"私田"对立统一体。各级贵族对"公田"和"私田"具有实际所有权,通过所有权对农民实行各种剥削。广大农民对所耕种的"私田"可以长期使用,可称之为"占有权"。农民在具有自己独立经济的条件下,土地所有主要使农民承担劳役地租并提供各种实物贡纳,必须通过超经济强制,因而必须有人身依附关系,从而农民被剥夺了部分人身自由。

这时农民丧失人身自由体现在很多方面,首先是不能离开土地自由迁徙。如前所述,在初分封之时,连同农民一同授予,实际是以法令形式把农民固着在土地上,史书所谓"农之子恒为农"、"农不移"指此。这样,农民被长期束缚在土地上,使封建贵族得以长期保持劳动人手,农民的农奴身份地位永不改变,从而庄园经济得以长期持续。

其次是农民被强制进行劳动。在种植和收获季节,当农民在公田上进行生产劳动之时,贵族领主率同下属亲到田场监督,前述"曾孙来止"、"侯主侯伯"等指此。其他各种实物贡纳也都是强制性的。领主还对农民任意处罚,如前述《甫田》等诗:"禾易长亩,终善且有,曾孙不怒,农夫克敏。"所说乃指由于农民辛勤劳动,获得丰收,避免了领主的怒斥。言外之意,如果没有获得好收成,惹起领主不满,是会遭受惩处的。

由以上事例,在鄙野地区进行生产劳动的农民,社会地位之低下就很清楚了,他们处于依附民地位。但相对奴隶而言他们还是比较自由的,他们虽然丧失了部分人身自由,但仍具有部分人身自由。这种关系,是同具有独立的个体经济而又承担劳役地租互相适应的。

由此可见,关于西周时期的"庶民""庶人"类型农民的身份地位问题的看法不能僵化,其助耕公田的农民和近乎自耕农的国人是不大相同的。

这里要着重论述的是助耕公田的农民。综上所述，这类农民有独立的个体经济，须承担劳役地租，对土地所有主具有人身依附关系，由以上三者深刻反映了西周的社会性质——封建领主制。

五、等级政治结构和典型宗法制与封建领主制的直接联系

关于西周政治体制及宗法制问题有关记载甚多，这里只就封建领主制对政治及宗法制发展变化的制约作用问题作一简单论述，其他从略。

西周国土分成两部分，一部分为王畿，即周王所在地，如今陕西鄠县一带；一是王畿之外的各诸侯国，分布在黄河流域广大地区及长江流域部分地区。诸侯国实际数目不详，或谓封建四百余国，服者八百余国。所封之国大抵多其宗室亲戚，此外有功臣，殷商后裔也在分封之列。

这些封国虽各具有自己特点，就所形成的等级政治体制及典型宗法制而言，其发展变化皆为封建领主制经济所制约大致相同。这种关系，由前引《诗经》及古文献所记各种事例已十分清楚，这时以土地臣民为核心，按宗法关系逐级分封；诸侯建国，卿大夫立家，对土地掌握实际所有权，对所辖臣民实行统治，各形成为一个独立的政治实体。就这样，政治权、宗法制和封建地权紧密结合在一起。

西周政治体制，是嫡长子孙世袭制。周室王位由嫡长子世袭。诸别子和功臣，分封土地和臣民，建立诸侯国。各诸侯君位由嫡长子世袭，诸侯诸别子和诸姻亲分封采地为卿大夫。卿大夫

职位由嫡长子世袭，诸别子分封为士。士职位由嫡长子世袭，诸别子为庶人。就这样，形成为由国王、诸侯、大夫、士依次相隶属的宗法性等级政治体制。

各诸侯国由于对所属土地掌握实际所有权，并统治所属农民，对所辖地区设置一套政治机构，并设置自己的武装，周王不直接干预。诸侯国内的卿大夫由于掌握土地所有权，也形成为独立的政治实体。由诸侯至卿大夫，都有自己的政治组织，如设有宗人、冢宰、司马、工师、贾正等，分别掌握宗族、教育、财政和军事，各自形成为独立的政治实体。就这样，各级统治行世卿、世禄、世业制，每个封建领主都把地权、政权紧密结合在一起。各级贵族领主这种独立的政治实体，封建所有制是它由以形成和持续的经济基础。

又为封建所有制所制约的政治体制，使全国分成为很多等级，其间可概括为三个主要等级，一是土地所有主贵族等级，一是包括农奴在内的庶民等级，一是奴隶等级。三个等级子孙世袭固定不变。

和等级性政治体制相同，这时严格的典型宗法制和当时封建所有制也紧密联系在一起。[1]

宗法制和宗法思想不同。宗法思想是源于血缘关系而形成的意识形态和习惯势力，诸如宗族观念孝悌伦理等。宗法制乃是一种制度。[2] 在西周时期，它的发生发展不仅服从于一定政治需

---

[1] 严格的宗法制肇始于周初。殷人也祀其先王，兄弟同礼，嫡庶不分，叔伯同尊，兄弟等亲，事严父及事嫡兄之观念犹未成立，严格的分封制尚未形成。关键是这时尚不像后来之西周有一套封建领主制。西周兴起的孝悌观念是同宗法制紧密联系在一起的。

[2] 商代也确立父系氏族制，却未建立父系家族制，这时尚无嫡庶长幼之别。西周时代，氏族制过渡到家族制，对子弟按嫡庶逐级分封，形成为严格宗法制。

要，乃至变成为政治结构的一个组成部分。周王位由嫡长子孙即宗子相继承，在血缘关系方面称为天下之大宗，是全国所有贵族的最高家长，也是全国名义上的土地所有主，天下所有臣民都归其统治。国王的幼子、庶子分封为诸侯。诸侯对国王而言是小宗，在本国则是大宗，诸侯职位由其嫡长子孙继承，他在政治上是一国的主宰，对直辖土地掌握实际所有权。诸侯幼子庶子分封为卿大夫，卿大夫对诸侯而言是小宗，在本家则为大宗，其职位由嫡长子继承，对所直辖土地也掌握实际所有权。由卿大夫到士，其大宗小宗的继承制与前同。就这样，天子为周室的宗子，诸侯为一国之宗子，卿大夫为一家之宗子。① 总之，西周典型宗法制，和土地臣民的分封紧密联系在一起，它是以封建领主制为核心的统治机构的一个重要组成部分。

西周这种遵循宗法关系的分封制，在封爵时，分授土地、臣民与立宗三者同时并举，只有封建贵族才能列入宗法体制之内，宗法制只行之于贵族等级，而不行之于庶民，但庶民是被上级大宗宗子赐给下属贵族的臣民。这样，各级贵族所世袭的土地是具有宗法性的地产，各级贵族是具有宗法性的封建领主，所辖农民则是在宗法制压迫剥削下的生产劳动者。

由此可见，西周时期的基层组织，是宗法制控制之下的村社组织，封建统治即通过血缘关系维系，而封建所有制则是典型宗法制得以长期持续的经济基础。

总之，以上西周特殊的政治结构及宗法体制，是同封建所有制紧密联系在一起的，三者是一同形成的，而封建所有制则是它

---

① 西周宗法宗族制，周王嫡长子孙为天下的大宗。诸小宗的宗族结构，其间同高祖者以高祖的嫡长子孙为长，同曾祖者以曾祖的嫡长子孙为长，同祖父者以祖父的嫡长子孙为长，同父者则以诸弟而长兄。就这样，构成为宗法制的基本体系。

的经济核心。没有封建领主制，这种特殊的政治体制和典型宗法制是不可能长期持续的。上述关系也可作为论证封建领主制的辅助说明。

附记：关于这个问题的探索早在1989年就开始了，当时写过一篇关于西周宗法制度的文稿，我认为西周典型宗法制是同封建领主制相联系着的。[①] 最近一年多来，对西周社会性质作了进一步探索，着重从生产关系的三要素进行分析，关于西周封建论的观念也进一步加强。又今年为家叔捷三公百周年诞辰，幼承讲授先秦诸子及《诗经》，此项课题研究主要依据《诗经》，撰写此文，对我而言，是对先人最好的纪念与缅怀。

(原载《中国经济史研究》1994年第4期)

[①] 《西周宗法释义——论西周典型宗法制从属于封建领主制》，见《谱牒学研究》，1989年，第1辑。

论东周时期封建领主制向地主制经济过渡

一、过渡的进展历程

在中国封建社会时期，封建领主制向地主经济的过渡是一次划时代而具有历史意义的重要问题，是封建经济的一次重大变革。

本文所说地主制经济非单纯指封建地主所有制本身，乃是指整个地主制经济体制，即以封建地主所有制为内核而包括农民小土地所有制、各种类型公有制和国有制在内的整个经济体制。这种经济体制，和世界其他各种类型封建经济体制相比，具有一定优越性。这种优越性具体体现于较大灵活性和适应性，因而具有顽强生命力。

东周可划分成为两个阶段，由周平王元年（前770年）东迁洛邑至周威烈王二十二年（前404年）为春秋时代；由威烈王二十三年韩、赵、魏三家分晋至秦始皇二十五年（前222年）统一中国止，在这182年间，齐、楚、燕、韩、赵、魏、秦七国连年战争，史称战国时代。

关于西周封建领主制，我们在《西周封建论》一文中已作了详细论述。西周中叶后,各级贵族领主在占有土地臣民的条件下权势日益扩大。嗣后经过长期战争兼并,很多诸侯国疆土日益扩张,逐渐发展成为独立王国,西周国王逐渐失去对土地臣民的控制权。

西周时期,土地分成两部分,即国、野之分。国指王室及诸侯国君直接统治的近郊区,这类地区的居民特称为"国人";野指四周野郊区,这类地区的居民特称为"野人",其中主要是被征服者。国和野实行两种不同的租税制。在国实行十夫制,国人向贵族交纳的实物租谓之贡。在野则实行助法制,后来孟子所说"请野九一而助,国中什一使自赋",即对西周土地制度的向往。这时的土地主要是野,土田较广,在这类地区,封建领主通过助法,实现劳役租,占有农民的剩余劳动,这时封建领主劳役租的实现依靠封建特权,只有封建贵族才享有这种特权,生产劳动者则变成被他们压迫奴役身份低下的依附农。这种民户,一有独立的个体经济;二对主人提供劳役,即所谓劳役租;三史书称之为庶人、庶民。这类庶人、庶民不是奴隶。从所构成的生产关系考察,这种土地制度具有封建领主的内涵,这种庶人、庶民实际是具有奴隶性质的农奴。西周奴隶制说显然是不正确的。

从春秋时代开始,这种剥削形式逐渐发生变化,一是土地所有主身份地位的变化,出现了各种不同身份的地主;一是地租剥削形式的变化,劳役租改为实物租;一是人身依附关系的变化,生产劳动者由具有奴隶性的农奴转化为具有人身依附关系而又相对自由的租佃农。此外还有小土地所有者自耕农,这类农民在有些地区并占据很大比重。中国地主制经济由以萌生。

封建领主制向封建地主制经济过渡,这种发展变化是多种因素促成的:广大农民的反抗斗争,及诸侯国为鼓励农民生产积极性以增强国力而主动改制,是其中的主要因素。这时工农业主要是农业生产的发展则为这种过渡提供了物质条件；而地主制经济本身的潜在功能则是促成这一改革的最终根源。

关于广大农民对封建领主的反对斗争，在西周时期就已开始了，春秋时代有进一步发展。首先是农民对封建领主苛征暴敛不满而进行诅咒。据《国语·周语》记载，在西周后期厉王时期（前877—842年），邵公对厉王说："防民之口甚于防川，川壅而溃，伤人必多，民亦如之。"民人对周室的不满实际是对封建领主制的不满。其次是农民为发泄自己的怨气在生产方面进行怠工。《诗经·春风·甫田》记述，春秋前期齐襄公时期（前697—686年）情形说："无田甫田，唯莠桀桀"，所说"甫田"指由农民提供劳役租的公田。由于农民在生产方面进行怠工，而公田上长满了野草。关于鲁国情形，据《公羊传》所附何休注云："时宣公无恩信于民，民不肯尽力于田，故履践案行，择其善亩谷最好者税取之。"[①] 这段记述说明统治者由于农民怠工而被迫进行改制。三是农民为逃避剥削而逃亡。春秋初期，据《左传》鲁僖公十九年（前712年）记，梁国君强迫农民大兴土木，"民罢而弗堪"，"民惧而溃"。关于梁国的灭亡，《谷梁传》曾作如下评论："梁国自亡也……大臣背叛，民为盗寇。"所说"为盗寇"即为摆脱封建领主剥削而逃亡他乡。春秋前期，管仲在向齐桓公建议改制时说："相地而衰征则民不移。"所说即指改制可以防止农民外逃。总之，农民对封建领主压迫剥削不满而进行反抗斗争，是促成各国改制的一个重要因素。

各国进行改制，如前所述主要是为了有利于发挥农民生产积极性，实现富民强国的愿望，以利于进行争霸斗争。总之，这时封建领主制已变成束缚农业生产发展的桎梏，要想发展农业生

---

① 《春秋公羊传·何氏解诂》，卷11。

产，增强国力，只有进行税制改革，亦即土地制度的改革才是最有效的办法。

这时各国实行改制有各种名称，因国别而不同，如"案亩而税"，"作爰田"，"初税亩"，"出土田"，"为田洫"等。所说都是通过改制废除西周时期的助法制，改为税亩制。其由农民耕种赖以实现必要劳动的"私田"改为税亩制，即各级贵族领主直接占有令农民代为耕种的"公田"也要向各诸侯国君按亩交税，如谷梁高所记："公之去公田而履亩十取一也"指此。与此同时，国人所占有的土地也改行按亩而税制。

关于改制过程，早在西周宣王时已经萌生，这时助法制的改变是自然形成的，若此后春秋时代的改制，是如前所述，则是在广大农民进行反抗斗争的逼迫下，而革新派为增强本国政治经济力量而采行的改革措施。

春秋时代，改制较早的，若齐晋等国都在春秋前期，鲁楚郑等国则在春秋中期，魏秦等国则在春秋后期，若燕赵等国则拖到战国时代。

关于土地制度的改革，当时齐国管仲所论最为典型，管仲提出："井田畴均"，即将土地均分农民。据管仲《乘马篇》称："不均之为患也，地利不可竭，民力不可殚；不告之以时，而民不知；不道之以事，而民不为。"以上所说指农民在公田上进行生产时的消极怠工情形，因此提出"均"的问题，就是把土地分给农民。管子又说："相地而衰征"，即把土地分给农民之后，按土地肥瘠及产量状况后收田税。关于管仲改制问题，此后王应麟曾作如下论述："管仲改制，改典国之旧。"[1] 管仲的意见是，通过改制，加强农民生产积极性，如《乘马篇》所说："均地分力，

---

[1] 王应麟语见《玉海》卷176，《食货·田制》。

使民知时已"，如此，"民乃知时日之蚤晏，日月之不足，饥寒之至于身也，是故夜寝早起，父子兄弟，不忘其功，为而不倦，民不惮苦。"《乘马篇》又说：改制之后，"与之分货，则民知得正矣；审其分，则民尽力矣。"所说"与之分货"指改制后向农民征收实物租税。又《国语·齐语》记述管仲关于改制的看法，谓如此则"山泽各改其实则民不苟"；"陆阜陵墐井田畴均则民不憾"。最后的结论是"无夺民时则百姓富"。当时齐国的富强和管仲主持的改制政策措施有着直接联系。

再以郑国为例，据《左传》鲁襄公十年（郑简公三年，前563 年）记："初，子驷为田洫。"即进行改制。但子驷以失败而告终。此后 20 年，据《左传》襄公三十年记，时郑国子产执政，进行改制，"子产使都鄙有章，上下有服，田有封洫，庐井有伍。"所说"田有封洫"指清理土地划分疆界，废除旧有行助法制"公田""私田"制。所说"庐井有伍"指对农民进行编制。《左传》鲁昭公四年（前 538 年）记：郑"作丘赋"。即在税亩制的基础上又按亩征收军赋。郑国改制颇有成效，其间子产起了重要作用。

齐、郑两国，通过改制，农民生产积极性有所提高，生活逐渐富裕起来。

其他先后效法改制的各国，若鲁楚魏等国改制其动机和目的当也不例外。由以上事例，说明当时各国改制，地主制经济的潜在功能在起着一定制约的作用。当然，也不否认，当时生产力的发展也为改制提供了必要条件。在生产工具方面，如青铜器向铁制器的过渡，这时铁器很多用于农业和手工业生产，尤其对农业生产的发展起了一定促进作用。

各国在改制过程中，多经过两派斗争，即革新派和保守派的斗争，保守派对改革派进行攻击，如在郑国主持改制的子产,以后王应麟曾作过这样论述:"子产使田有封洫而谤。"当时,子产的改制政策措施,受到一些人的攻击。当时,反对改制的主要是因改制而丧失封建特权乃至部分封建地权的各级封建领主。

这种斗争,在当时意识形态领域也有所反映。孔子作《春秋》,关于鲁国于齐宣公十五年所推行"初税亩"事,则记其事而未加评论,从行文本身说明他对改制未持反对态度。更值得注意的是,他对当时主持改制者的支持态度,如对在齐国主持改制的管仲致力歌颂,称道管仲"人也"。意思是说管仲有才干,是仁人志士。孔子对他的大弟子子路也曾说过:"桓公九合诸侯,不以丘车,管仲之力也;如其仁,如其仁!"① 孔子对管仲的歌颂虽从政治角度出发,实际包含着对管仲主持改制的赞许。孔子对在郑国主持改制的子产,也一再称道,说"其养民也惠,其使民也义。"② 从"养民""使民"说明孔子对子产改制的支持态度。孔子在另一处又说子产"惠人也"。③ 孔子在支持由封建领主土地制向地主土地制过渡的同时,他对过去在封建领主制所制约下的严格贵贱等级关系也持否定态度。这种关系具体反映于他对招收弟子的态度中。他所提出"有教无类"之说属此。所谓无类即不分贵贱等级关系。如他最欣赏的大弟子颜回即贫寒之家的子弟。由以上事例,说明在改制过程中,孔子是积极改革派。④

---

① 《论语·宪问》。
② 《论语·公冶长》。
③ 《论语·宪问》。
④ 左丘明关于"初税亩"的注释所说"非礼也",公羊高关于"初税亩"的注释"非正也",都歪曲了孔子的原意。孔子作《春秋》时对"初税亩"制并未加评论。由左丘明、公羊高所作注解只能说明他二人对税亩制持反对态度。

二、过渡与土地关系的变化

各国通过改制,封建领主制向地主制经济过渡,土地关系发生巨大变化。一是土地私有制的发展,二是地主身份地位的变化,三是土地所有者自耕农的广泛出现。

(一) 土地私有制的发展

在论述这一时期土地关系变化之前,有一个问题需要解决,即这一时期地权的性质是私有还是国有。关于这个问题意见分歧,有的主张国有说,有的认为地主所有制尚未出现,有的提出是中国封建地主制经济开始形成期。我较同意后者,我认为春秋时代是地主制经济开始萌生期;战国时代是地主制经济继续发展期,以后并逐渐占居主导地位。

中国封建社会时期土地私有国有问题,60年代初我曾撰文提出自己的看法。[①] 当时国内学者屡有反映。涉及春秋战国时期,各国改制之初,既然处于过渡形态,发达完善的地主制经济非可一蹴而就,要经过一个漫长的历史过程,古文献记载含混乃势所必然。针对分歧复杂的记录,要想据以鉴别所有制的性质,只有通过经济关系的分析,所作出的论断才能比较接近历史实际。

我所说的经济关系,指通过土地关系形成的生产关系。以封建所有制而论,反映于两个组成部分,一是封建地权,即通过土地关系,看生产劳动者所创造的剩余劳动主要归谁所占有;一是等级体制,即通过土地关系所产生的人身依附关系的状况。以上

[①] 关于这个问题,我曾于1963年撰写《关于研究中国封建土地所有制形式的方法论问题》,在《经济研究》发表。当时很多人同意我的分析。

两者是论证土地私有或国有的基本标志。通过以上分析，生产劳动者农民所创造的绝大部分或全部剩余劳动如果归私人所占有，该农又对土地所有主发生直接的人身依附关系，并受其直接超经济强制，土地所有者即系封建地主，属于私有制。这种关系如果发生在农民与国家之间，则属国有制。

这时容易发生争议的是由国家直接分配给农民的土地。其实这类农民向国家交纳的田税一般约占亩产的 1/10，有的高到 2/10，这绝非农家剩余劳动的全部，而只是剩余劳动的一部分，和租佃农向地主所交纳的约占产量 1/2 乃至 2/3 的地租大相径庭。又同佃农相比，他们的人身也是比较自由的；他们和国家之间的关系是统治和被统治的问题，不属于人身依附关系范畴，因此这类土地属于农民私有制。

总之，论证春秋战国时期的土地私有国有问题，要通过经济关系的分析，把它作为进行论断的依据。

又这一时期的文献，对租与税两者每混称而不加区分。论证土地私有国有问题要区别田税和地租的界限，方法是通过经济关系的分析，如前述私人地租和国家税率的比重问题等。此外还有一个问题也很值得注意，进行论证时不能把法权关系机械化，如这时诸侯国每行授田制，这种土地在未授出以前系国有制，在授出以后，如令农民交纳 1/10 的田税，已变成自耕农，土地遂即丧失国有属性，变成农民私有制。更不能把国家主权关系同所有制机械的联系起来，在地主制经济制约下，国家为维护社会秩序及保证税收，对农民和土地都实行严格控制。这种控制属于国家主权范畴，非基于经济关系，不能据以论证土地所有制——公有或私有的性质。总之，论证土地国有私有问题，把经济关系作为论证依据才能作出接近历史实际的结论。

论证东周时期的土地关系，有的问题需要补充说明。从春秋时期开始，旧领主制开始破裂，严格的世卿世禄制已难以持续，卿大夫士世守其业的僵化所有制趋向瓦解，地权和身份关系开始从严格宗法制中解放出来，这时的地主制经济仍处于萌生状态。正是这个缘故，土地关系比较复杂，如封建地主有各种不同类型，一类是占有爵田禄田的贵族官僚地主，他们的土地系由各诸侯国君直接授予，仍具有公有制的外形，但实际由各贵族官僚长期占有，在这类土地上进行生产劳动的农民所创造的剩余劳动归各该受田者所占有，农民并对该地主发生人身依附关系，因具有私有制的内涵。这类占有爵田禄田的贵族官僚实际是封建地主，或者说一种不完整的封建地主。这是一种过渡形式的封建所有制。但这时有不少贵族官僚的土地系由依势兼并而来，还有的通过购买，其剥削形式主要通过出租，租佃人或是一般农民，有的是依附民。由这类土地所形成的土地关系已是名副其实封建地主所有制。这类地主所有制的发展尤值得注意。

关于春秋战国时期土地私有问题，早在解放前齐思和教授已经论及。他一方面指出私人地主的存在；同时指出，"自耕农一经纳税之后，即可自由耕作"，不复受地主之"限制督责。"[1] 关于这一时期的私人地主问题，如巫宝三教授所论："在这样一种土地制度下，私有土地的封建地主所有制乃得以合法形式产生和发展了。"[2] 关于这一时期独立的个体农民经济问题，最近杨生民教授进行了专题论述。[3] 以上诸论著很可供研究参考。

（二）旧贵族类型地主的发展与削弱

西周时期的封建领主制，土地主要为各级贵族所专有，包括

---

[1] 齐思和：《战国制度考》，《燕京学报》1938年第24期。
[2] 巫宝三：《管子思想研究》。
[3] 杨生民：《春秋战国个体农民广泛出现与战国的社会性质》，见《北京师范学报》1991年第6期。

周王和各级诸侯国君、卿、大夫、士等；此外国中即城市近郊的国人也有小部分土地。各国改制后，封建领主制向地主制经济过渡之初，封建土地关系开始发生变化，这时是统治阶级内部自发的变革，最初出现的地主主要是过去贵族领主的延续，只是改变了剥削方式。嗣后在长期兼并战争中，发展起来一批新兴地主，即以读书入仕和以作战立功的地主，其中包括部分过去的贵族，但主要是这一时期发展起来的新贵，本文特称之为官僚军功地主。① 为了把两类地主加以区别，把由过去封建领主直接转化来的地主特称之为旧贵族地主。以上两种类型地主，始终长期并存，只是逐渐发生变化，旧贵族地主相对削弱，官僚军功地主日益滋长，呈现前者向后者转化趋势。但这种过渡很难在时间上作严格划分。这里为了论证方便，仍沿袭过去关于历史时期划分惯例，把东周划分为春秋和战国两个阶段，暂把春秋前期作为由封建领主逐渐向旧贵族地主转化时期，由春秋后期至战国作为旧贵族地主仍在延续而逐渐过渡为以官僚军功地主为主时期。但由于旧贵族地主与官僚军功地主常并存，在论述旧贵族地主时会涉及战国事例，在论述官僚军功地主时也会涉及春秋事例。

关于春秋战国时期的封建地主问题，本文就按两种类型地主分别加以概括。这里先就旧贵族地主的萌生发展及逐渐削弱问题进行论述。

由领主制经济向地主制经济过渡之初，如前所述，国有土地或私有土地两者有时很难区分，我认为应从以下两方面进行探索，一是租税率问题，这时国家税亩制的税率一般为 1/10 或 2/

---

① 这时贵贱等级仍严。其中由庶人出身而上升为官僚军功地主者也变成为新贵。为了与由封建领主转化来的贵族地主相区别，暂以官僚军功地主之称谓加以概括。

10，私人地租率一般为 5/10 间或在 5/10 以上。如齐国改制行税亩制时，税率约为 1/10。改制后的齐昭公在自己私田上所征地租占产量的 2/3，而租佃农"衣食其一"；① 一是从土地所有主进行判断，看租税征收者是私人还是国家，如果租税归私人所专有，即身为贵族，土地系由诸侯国所授爵田禄田，也属私有制，这种关系以后还要论及。

这里所说旧贵族地主，他们的家族和过去封建领主有着直接的渊源关系。这类地主发展过程比较复杂，大致可分为两种类型，一是过去旧封建领主直接转化为地主，二是由诸侯国分授土地的封君地主。以上贵族地主每又依势兼并其他贵族土地，或侵夺农民垦田扩大自己地产，或依势接受农民投靠户扩大占地规模。在春秋战国之际这类贵族地主在某些地区曾呈现发展趋势。

其直接由领主户转化来的地主，春秋时期孙子所记晋国贵族地主事例最典型。关于此段文献诸多异说，为了进行论证，先将该文有关部分摘录如下：

吴王问孙子曰：六将军分守晋国之地，孰先亡？孰固成？孙子曰：范中行是［氏］先亡。孰为之次？知是［氏］为次。孰［再］为之次？韩魏［魏］为次。赵毋失其故法，晋国归焉。吴王曰：其说可得闻乎？孙子曰：可。范中行是［氏］制田，以八十步为婉［畹］，以百六十步为畛，而伍税之，其□田陕［狭］，置士多；伍税之，公家富。公家富，置士多，主乔［骄］臣奢，冀功数战，故曰先亡。["智氏制

---

① 按齐国已于桓公元年改制。据《左传》记述齐昭公三年事，时上距桓公改制已历 55 年，昭公收租率为 2/3，地权应划为私有制。此事我同意解放前陈伯瀛先生观点。

田，以九十步为畹，以百八十步为畛，而伍税之"；]韩巍[魏]制田，以百步为畹，以二百步为畛，而伍税[之]……赵是[氏]制田，以百二十步为畹，以二百卌步为畛，公无税焉；公家贫，其置士少；主金臣收，以御富民，故曰国固，晋国归焉。①

以上所谓"伍税之"指按产量征收50%的地租。据此晋国公卿实际是贵族地主。他们对农民的地租剥削虽都是"伍税之"，但实际程度不同。据孙子预测，剥削最重的范氏、中行氏将最先灭亡，次重的知氏、韩氏、魏氏将相继而亡。孙子把数卿必然灭亡的原因归之于地租过重，关于灭亡的早晚则归之于剥削过重的程度，是十分清楚的。有人将"伍税之"理解为5%税率，不符合历史实际。因为这样轻的税率不会导致："公家富"以至于灭亡。将"伍税之"理解为50%的地租更合乎逻辑。陈振中教授论谓从地租率"充分体现了其私有性质"，所论完全正确。

关于第二类封君地主为数不少。据《国语·晋语》：春秋前期，晋公子夷吾赐给所属臣属"汾阳之田百万"及"负蔡之田七十万。"② 据《左传》鲁成公二年记，"卫人赏仲叔于奚以邑"；鲁襄公二十六年记，"郑伯赏入陈之功，享子展赐之八邑，享子产赐之六邑。"有的贵族自己向诸侯国君申请土地。仍据《左传》成公七年记，"子重请取于申，吕以为赏田，王许之。"这时有关由诸侯国君赏赐贵族地主土地之事例甚多，不一一列举。一直到

---

① 银雀山汉墓出土《孙子兵法·吴问》，转见陈振中：《青铜生产工具与中国奴隶制社会经济》。其中[ ]内"智氏制田"一段文字据《文物与考古论集》补缺。见陈书，第559页。

② 这时亩制较小。西周一亩为100步。据张政烺教授考证，这时田亩以步为单位，田"七十万"即70万步，合地7000亩。

战国时期，有些旧贵族地主仍在延续，如魏王赏赐巴宁、爨襄等"田各十万"等。① 又如当时驰名的四君，都通过封赏变成著名贵族大地主。其间齐国孟尝君，"相齐，封万户于薛"；楚国春申君，封"淮北十二县"。又赵国平原君封于东武城，魏国信陵君封于信陵，后者封地若干不详，当也为数不少。这种赐封制，是当时贵族地主形成的又一种方式。这种赐封制仍具有过去西周分封制的遗痕，封君在血统上同过去旧贵族领主有着渊源关系，其间还有的由于树立功绩而地位上升掌握了大权，但同过去西周典型宗法分封制毕竟不同。这时在赏赐土地的同时并附带在原地上耕作的农民。其中很多是作为俸禄授予封君的，封君对所受土地的农民征收租税以抵俸禄。这种关系有的记载比较明确，据《战国策·魏策》，魏将公孙痤战胜韩、赵等国之后，魏惠王"以赏田百万禄之"。可见这类封君所谓"食封"即分享国家租税权。这类封君对土地虽不享有完整的所有权，但仍具有封建地主的属性，因此将这类封君也划入贵族地主行列。

贵族地主土地的扩张主要是通过兼并。这时有不少关于贵族之间互相兼并的事例。春秋时代，据《左传》，如鲁闵公二年闵公传"夺卜齮田"；文公八年晋国先克"夺蒯得田于堇阴"；文公十八年齐懿公为公子时"与邴歜之父争田"；成公三年叔孙侨、围棘等取汶阳之田；成公十一年"晋郤至与周争鄇田"；成公十七年晋国"郤锜夺夷阳五田"；昭公九年"周甘人与晋阎嘉争阎田"；昭公十四年"晋邢侯与雍子争鄐田"等。各贵族兼并来的土地，其剥削形式有两种可能，或对原耕种农民行按亩征税制，仍保持农民土地所有权；可能更多的是以地主身份直接向农民征收地租。总之，贵族之间的互相兼并争夺是贵族地主扩大地产的

---

① 《战国策·魏策》。

一种方式。

又这时出现广大农民小土地所有者,他们每变成为贵族地主进行侵夺的对象。据《左传》,鲁襄公七年"郑四富族夺民之田"。这里所说"富族"当指贵族地主,所说"民"乃自耕农。如宋郑两国之间的闲荒,经农民开垦成熟之后,郑宋两国为争夺农民土地而发生战争。贵族依势直接侵夺农民土地是贵族地主扩大地产的又一种方式。

在赋役繁重的条件下,出现了向权势之家投靠民户。投靠户有两种可能,一种是权势贵族强制民户投靠,通过接受投靠扩大占地规模;一是农民为逃避国家赋役自动投靠,变成权贵的依附户。如孟尝君封于薛时,"奸人入薛中盖六万余家",其中绝大多数变成他的租佃户。如封于东武城的平原君,招纳依附户逃避赋役。① 这类依附户所耕种的土地就是贵族地主的土地,如陈伯瀛所论,其地"必为平原君所占有而佃于平民者"。② 当时这类投靠户相当普遍,据《韩非子·诡使篇》所论:"而士卒之逃事伏匿,附托有威之门以避徭赋而上不得者万数。"

以上是春秋战国时代旧封建贵族通过赏赐及依势侵占等扩大土地的一些事例。有的占地规模相当可观,其发展曾猖獗一时,但最后仍趋向削弱。导致削弱的因素很多,但主要的是各诸侯国为富国强兵所采行的抑制性政策措施。这方面我们可以找到不少事例。

或谓在春秋前期已有人提出"因能而受禄,禄功而与官"。③

---

① 《史记·赵奢列传》。
② 陈伯瀛:《中国田制丛考》,1934年商务版。
③ 《韩非子·外储说左下》。

此后各国关于废除世卿世禄制很快提到日程上来。如春秋战国之际，魏文侯时期，李悝为相，提出"夺淫民之禄，以来四方之士"。① 如战国时期楚国吴起变法，对"封君之子孙三世而收爵禄"。② 如秦国变法，商鞅制定："宗室非有军功论，不得为属籍。"③ 各国在变法中所采行的这种政策措施，对旧贵族地主起着极大削弱作用。

各诸侯国在抑制贵族地主权势的同时，并对他们逃避国家赋税行为进行了打击。如前述赵国平原君依势招纳依附户，侵蚀国家租税，田部吏赵奢绳之以法，"杀平原君家用事者九人"等。④

此外有些贵族子孙，经过世代传袭，有的支庶逐渐疏远，其身份地位逐渐发生变化，丧失其贵族身份降为庶人。如齐国，据《左传》鲁昭公三年记，该国之公子公孙很多成为"无禄"者是。如晋国，"肸之宗十一族，唯羊舌氏而已"；其余各族子孙大概也降为庶人。又这时各诸侯国内经常发生政治斗争，失败者丧失其贵族地主身份，有的沦为庶人，有的被罚为奴隶，如晋国贵族栾、郤、胥、原、狐、续、庆、伯等八族，即因在国内政治斗争中失败，"降在皂隶"。⑤

关于旧贵族地主的兴衰试作一总的概括。春秋时代，很多与过去封建领主有血缘关系的贵族仍家世其官爵，官世其禄田，卿大夫于封邑之内仍具有相对独立性。如齐思和教授所论：形成强族世家倾国倾君之势。嗣后逐渐发生变化，春秋之季，旧贵族权势渐趋削弱。与这种变化相适应，一是旧贵族封地日益减少，

---

① 《说苑·政理篇》。
② 《韩非子·和氏》。
③ 《史记·商君列传》，"不得为属籍"即不得享有贵族的特权。
④ 《史记·赵奢列传》。
⑤ 《左传》鲁昭公三年条。

"各国除少数功臣贵宠外，鲜封以土地，而受封者大抵及身而止，鲜及数世。"① 总之，关于旧贵族地主削弱衰亡的原因，或由于子孙繁衍日益疏远，或由国内政治斗争而失败，或由于诸侯国之间战争而败亡，但更为重要的是各国为增强国力所采行的抑制政策措施，这是旧贵族类型地主日益削弱有的趋向衰亡的主要原因。

与之相适应，在旧贵族地主趋向削弱的同时，新兴官僚军功地主日益发展。

(三) 新兴官僚军功类型地主的兴起和发展

所谓官僚地主指以文学才智入仕为官的地主，军功地主指以作战立功起家为官的地主。春秋战国五百多年间是旧世袭贵族和新兴官僚军功两种政权互相交替时期，也是两类地主互相转化时期。② 有的官僚军功类型地主和旧贵族地主很难区分，而且官僚军功地主的土地也多由诸侯国君所封授。这里主要将以庶民起家和过去以旧贵族出身者作为划分标志。又有些人，其祖先虽曾为贵族，嗣后子孙繁衍，在政治方面已沦为平民；有的贵族子孙在本国已无地位，到其他诸侯国为官。以上这类出身者也划入新兴官僚军功地主行列。

先说官僚类型地主。这时各诸侯国君为争夺霸权，大事招用读书才智之士，且不分国界，于是出现了由庶人出身的文士这一阶层，从而打破了旧的宗法血缘关系制约，冲破了旧贵贱等级关系体制。才智之士，在政治上能出谋划策，作出贡献，可以获致爵禄。这时各级官吏中虽也有贵族后裔，但他们的升迁并不全凭

---

① 齐思和：《战国制度考》，《燕京学报》1938 年第 24 期。
② 这时以文学或军功为官者也跃入贵族等级，如商鞅在秦制定"明尊卑爵秩等级各以差次"是。但这是以封建地主制经济为内核的封建等级制，与西周时期世袭的宗法贵贱等级制有所不同。

贵族身份。在这种条件下，庶人出身的新贵遂层出不穷。①

庶人步入仕途，需要一定的经济条件，须能脱离生产专事读书。而地主制经济的萌生，使部分农民有发家致富改变经济状况的机会和可能，为读书入仕创造了条件。这时也的确有不少人以庶人身份步入仕途变成官僚地主。

关于诸侯国君招徕读书才智之士在春秋时代已经开始，战国时期更加突出。如前述魏国李悝，向魏文侯建议："为国之道，食有劳而禄有功"；"夺淫民之禄以来四方之士"。② 如齐国，田氏代姜氏治齐，招揽贤士，培养人才，不分国界，不计贵贱。就在这种条件下，出现大兴讲学之风。首开聚众讲学之风的是春秋中期的鲁国孔子，从他所说"有教无类"考察，所收学徒包括庶人在内。战国时期，墨子、孟子都以聚徒讲学著称。孟子游说诸侯时，"后车数十乘，从者数百人"。这些从者可能主要是庶人出身的读书人士。庶人从学之盛，以赵国为例，战国初期，赵襄子委任中牟二贤士中章、胥已为中大夫，"予之田宅"。二人变成官僚地主。于是"中牟之民弃田圃而随文学者邑之半"。③ 从行文语气考察，其中不少系农家子弟，他们纷纷放弃农耕争取读书入仕。

当时人通过读书治学步入仕途情形，在古文献中屡有反映。如孔子"七十子之徒，散游诸侯"。其中很多入仕为官，"大者为师傅卿相，小者友教士大夫"。④ 根据孔子讲学时间，这些治学为官者当在春秋战国之际。孟子曾提到"庶人之在官者"，荀子

---

① 庶人为官反映于当时人的看法和议论，如墨子贵"上贤"，孟子提"国人皆曰贤"，荀子倡"选贤使能"等，上述论说已突破旧的贵贱等级界限。
② 《汉书·艺文志》，《儒家》著录李克七篇。李克即李悝。
③ 《韩非子·外储说左上》。
④ 《史记·卷121·儒林传》。

也曾论及庶人子孙之"积礼义习文学"者应提升为公卿大夫等。庶人治学入仕是当时普遍现象。如齐国管仲和晏婴,据《史记·管晏列传》,管仲系颍上人,少时家贫,后以才智入仕;晏婴则出身微贱,后升为相国。余若赵国大臣牛畜、荀欣、徐越等,皆非出身贵族,而靠个人才能入仕为官。前述魏国大臣李悝也出身庶民户。总之这时庶人社会地位发生较大变化,诚如齐思和教授所论:"编户齐民纷纷与士君子同居朝列,分庭抗礼";"而平民之俊杰者,若商鞅[原出身贵族,后沦为平民]、范雎、苏秦、张仪之流,皆声热薰灼,倾动朝野。"①

以上这类由庶民出身的新贵,他们都变成新兴官僚地主。他们的土地部分由诸侯国君授给。②当他们入仕之后,有的还依势兼并,或使用货币进行购买,扩大占地规模。

这时庶民以军功起家者尤众,各诸侯国为从事战争进行兼并皆大奖军功。以赵国而论,据《左传》哀公二年记,赵简子伐郑誓师时说:"克敌者,上大夫受县,下大夫受郡,士田十万,庶人工商遂,人臣隶圉免。""受县""受郡"指授予土地,"遂"指分封官爵。按此规定,打胜仗建立功绩的多变成大小军功地主。

再以秦国为例,商鞅进行改制时曾作具体规定。秦孝公时,据《汉书·百官表》,秦国按功授爵,爵凡二十等。最低者二级:一级曰公士,二级曰上造;最高者二级:十九级为官内侯,二十级为彻侯。其按级所授田额,以中间等级第九级军功为例,爵五大夫,"税邑三百户"。③即享有300家封邑的租税收入,可列入小军功地主。据此,其十级以上军功,就所食封邑而言,可列入

---

① 齐思和:《战国制度考》,《燕京学报》1938年第24期。
② 这时各国对官吏的报酬分成两部分,一部给食粮,一部给土地曰"禄田"。这部分禄田虽然不多,但也是官僚地主土地的构成部分。
③ 《商君书·境内篇》。

中等乃至大军功地主了。又据《韩非子·定法》所记，谓商君之法，"斩一首者爵一级，欲为官者为五十石之官"。其斩敌首1—2者即可列入小军功地主，其斩敌首多者可变成大军功地主了。

在重赏军功的条件下，其作战有功者，有的自动提出申请索要土地。如秦将王翦，以灭楚有功，"请美田良宅甚众，为子孙业"。① 王翦是军功大地主的典型。

各国重赏军功的政策措施，在当时曾产生重大影响，如《荀子·议兵》所论："使天下之民要利于上者，非斗无由也。"就在这种政策措施下，大小军功地主在整个地主阶级中遂占居一定比重。

这时发展起来的新兴官僚军功地主，依势兼并侵占也不可避免，但和前者已大不相同，他们的土地主要是通过各诸侯国君的封授。但这时的封授予旧贵族地主不同，而是通过贡献立功，不再受血缘关系的限制。同时伴随土地买卖关系的发展，官僚军功人员还通过购买扩大占地规模。官僚军功人员无论通过何种方式占有土地，都须向所属国君完纳田税；他们则向租佃农或依附民征收地租。

以上是这一时期各种类型地主兴衰的基本情况。总的发展趋势是，其改制各国，先是世袭性旧贵族地主占居主导地位；春秋后期主要是战国时期，旧贵族地主趋向衰落，新兴官僚军功地主逐渐占居统治形式。这是中国古代地主制经济萌生时期地主阶级身份地位的一次重大变化。封建土地关系虽然发生了变化，当时主张改制的一些先进人物，有的并具有反对特权提倡平等的主张和思想。但当他们掌握了政权之后，过去的部分特权又在他们身上保留下来，发展起来一批新贵。当然，他们

---

① 《史记·王翦列传》。

和旧贵族地主毕竟有所不同，他们所代表的是新兴的地主制经济势力，为社会经济进一步发展开辟了道路。

(四) 自耕农的发展与庶民地主的萌生

春秋战国之际，在土地关系变化方面，自耕农的广泛出现是又一个值得注意的问题。

各国改制后，原来在助法制下由农民所耕种的"私田"，现在变成为农民名副其实的私田。

这时农民土地产权首先得到各诸侯国的承认，如前述齐国"井田畴均"，晋国"赏众以田"等是。这种关系其他各国也不例外。

行税亩制则是承认农民土地产权的体现形式。从此农民只向国家交纳田税，不再向过去的旧领主承担劳役租。税亩制的税率以亩产计，一般为1/10，有的高到2/10。这时魏国改制的主持者李悝所论最为具体，谓一夫治田百亩，产粮150石，"除什一之税十五石"，余135石归农民自己支配。这和占亩产1/2乃至2/3地租率有巨大差别。在地主制经济体制下，谁承担田税谁就享有对该地的所有权，变成为此后中国封建社会时期历史传统。这时推行的税亩制，是农民和地主私有制发生的最有力的证据。这是中国历史上一次重大变化。

又前述各诸侯国国中地区所居住的国人，除少数人外，大部属于自耕农。现在通过税亩制，他们的土地产权更以合法的形式继续保存下来。

这时各国还存在一些无地或地少民户，这类民户可以通过战争获得土地。各诸侯国君为了加强战斗力争夺霸权，对人民参军及在战场上作出贡献者采行鼓励政策，按战功大小授予土地。这种关系每反映于当时人的论说。如《管子·八观篇》所记："良田不在战士，三年而兵弱。"就是说要想富国强兵就得授战士以土地。如《韩非子·诡使篇》所说："陈益田利宅，所以励战士也。"即利用授田法鼓励战士。这时很多国家采行了这种政策措施。如魏国，把从军授田定为制度。据《荀子·议兵》：魏国对武卒进行考察，"中试则复其户，利其田宅"。如晋国，据《孙子兵法·吴问》，载该国六卿"制田"法，把土地分授给服兵役的民户。各诸侯国的这种政策措施，扩大了由军兵出身的自耕农队伍。①

还有的国家采行徙民授田制以扩大自耕农，以地处西北的秦国最为典型。如前所述，秦国统治者以本国地旷人稀，土地多未开发，于是"诱三晋之人，利其田宅"。由秦昭王至秦始皇前后约八十年间，多次徙民授田。据《商君垦令》，无田之民授田，迁徙之民授田。授田以户口为准，商君制定，"上有通名；下有田宅"。即凡名列户籍者皆授予土地，并登入户籍册。国家即根据户籍所登记人口土地征收租税。因此秦国自耕农大量增加。

这时关于移民授田事，当时《管子》《孟子》等书均有记载，本文不一一论列。从此，各国农民小土地所有制广泛出现，在相当广大地区自耕农占据了统治地位。②

关于当时农民耕地面积，或谓"一农之事，终岁耕百亩"；或谓"百亩之田，勿夺其时，数口之家可以无饥矣"；或谓"五亩宅，百亩田"。魏国改革家李悝谓一家五口，"治田百亩"。以

---

① 以上参考田昌五：《古代社会断代新论》。
② 战国时期，各国改制后，在相当广大地区，农民小土地所有制占居统治地位。参考杨生民：《春秋战国个体农民广泛出现与战国的社会性质》一文。又据《史记·秦始皇本纪》，秦始皇统一中国后，（始皇三十一年）"使黔首自实田以定赋"，所说"黔首"虽包括庶民地主，但主要是农民。秦朝所采行的政策措施就是在自耕农占居统治地位的条件下出现的。通过这种政策措施，使农民占地合法化。这是对春秋战国以来农民经济发展总的概括。

上所记主要是指自耕农。① 由以上事例，说明当时个体农民占田面积一般在百亩左右。当时亩制较小，百亩约合今之 40—50 亩。② 关于每亩产量，据当时李悝估算，每亩约产粮一石。这是魏国地区情形。每个地区因受各种条件的制约，亩产不可能完全一致，但李悝所说反映了当时魏国地区农业生产水平。

特别值得注意的是地主制经济与过去僵化的封建领主制不同，地主制经济具有极大灵活适应性，它有利于农业生产及商品经济的发展，随之而来的是农民的阶级分化，和土地买卖关系的频繁。③ 因之逐渐分化出一批庶民类型地主。这种情形，古文献中一再反映。如关于商鞅改制问题，据西汉董仲舒论断，从此"富者田连阡陌"。

又据《通考·田赋考》记述，"民田多者以千百为畔"；《汉书·食货志》则谓"庶人之富者累巨万"。所谓"富者""民田多者"虽不排除官僚军功地主，但从行文语气考察主要是庶民类型地主。

这时还出现了由诸侯国君授田的庶民地主。赵国如扁鹊，长于医道，"赵简子赐扁鹊田四万亩。"史书未记有关于扁鹊封爵食禄问题，很可能是庶民地主。又赵国有善歌者，为国君所赏爱，问相国公仲连曰："可以贵之乎？"公仲连说："富之可，贵之则否。"国君因赐歌者枪、石二人田"人万亩"。④ 二人显然变成庶民地主。

---

① 关于每农户耕地面积，参考《管子·轻重篇》、《汉书·食货志》、《孟子·梁惠王上》等。
② 根据古史专家张政烺考证。出处一时回忆不起来。
③ 据田昌五：《古代社会断代新论》，西周中期以后的铭文中，已有关于土地转让和土地出租的记载。这可能是领主制向地主制经济过渡的征兆。
④ 《史记·扁鹊·仓公列传》，《史记·赵世家》。

在这种条件下，商人类型庶民地主也会出现。这时有不少关于富商之类记载。据《战国策·秦策》，商人"无把铫椎耨之劳，而有积累之实"。在农民阶级分化贫户在不断出卖土地的条件下，富商将所积累财产部分转向地产乃势所必然。

在地主制经济萌生并初步发展时期，庶民类型地主的出现十分重要，它突破了地主阶级的等级界限，尤值得重视。

总之，春秋战国时期，土地关系发生质的变化，土地所有者开始以新的面貌出现于历史舞台。先是旧贵族地主的兴衰；继有官僚军功地主的发展；同时出现广大农民小土地所有者，并在此基础上逐渐发展起来一批庶民类型地主。由这种发展变化体现了中国古代地主制经济发展历程，由萌生到初步发展经历了好几百年。

三、过渡与等级、阶级关系的变化及个体农民经济独立性加强

中国封建社会时期，地主制经济在不断发展变化，其他一切社会经济乃至政治体制也每随之亦步亦趋，发生相应变化。地主制经济的两个基本内涵，如前所述，一是阶级关系，一是等级关系，两者的相互关系在不断发展变化。在封建领主制初期，等级关系一度占居主导地位；以后伴随土地关系的变化，阶级关系的作用日益突出，尤其地主制经济萌生以后变化尤大。本节即着重从这方面进行论述。

（一）贵贱等级关系趋向削弱

西周时期，尊卑贵贱等级关系内涵复杂，这时贵族内部及生产劳动者本身都分成很多等级，但主要体现为土地所有者与生产劳动者农民的对立。春秋战国时期，伴随土地关系的变化，尊卑

贵贱等级关系趋向削弱。这种变化体现在很多方面，总的发展趋势是旧贵族等级社会地位相对下降，农民社会地位相对上升，两者的发展变化互相制约。导致这种发展变化的最终根源是土地所有者身份地位的变化，地主制经济的萌生。

等级指人们由于尊卑贵贱制度的制约所处的社会地位，阶级指由于土地关系所形成的剥削和被剥削关系。等级和阶级两者既有内在联系，又有所区别，两者的相互关系可因时期而不同。

西周时期，以封建领主制为内核的等级所有制制约着社会等级关系。这时可按土地关系把所有人划分为三大类。一类是封建贵族，他们是垄断土地从事封建剥削的寄生者，又是当时的封建统治者，其间又可分成若干等级。一类是国人，基本是中小土地所有者，他们主要是周人之沦为平民者，在政治上有发言权，但又不属于贵族等级，他们是介于贵族与庶民之间的一个等级。一类是与地权无缘而遭受压迫剥削的社会下层。这种关系前面已经涉及。这里为了论述贵贱等级关系的变化，着重于这一阶层发展变化的分析。其间又可归纳为三个等级，一种是古文献中一再出现的庶人庶民，他们主要是由封建领主配给土地迫令助耕"公田"的生产劳动者，由于要向领主提供劳役地租，从而对领主发生较严格的人身依附关系；一种是各种依附民，如臣隶徒属之类属此，此类接近于奴隶但非真正奴隶；一种是奴隶，是当时社会最下层，主人对之有生杀予夺之权。关于地位较高的国人，因为属于生产劳动者，此处一并论及。[①] 在西周时期，贵贱等级关系同阶级关系紧密联系在一起，各级土地占有者贵族、领主和生产劳动者农民之间，即是等级关系，又是阶级关系，但其间的等级关系尤为突出。

---

① 关于西周时期等级关系，参考何兹全《中国古代社会》。

春秋战国时期，严格等级制逐渐发生变化，等级关系和土地关系逐渐脱节，等级关系相对削弱，阶级关系逐渐突出。封建社会时期，贵贱等级关系原是贯彻始终的，这里所说削弱指土地所有者和生产劳动者农民之间相互关系已不似西周时期那么严格，这种变化的产生主要是由于土地所有身份地位的变化。这种变化经历了一个漫长的历史过程，先是严格宗法性的世袭领主的衰亡，继有旧贵族地主权势的削弱，继有官僚军功地主的发展，最后是庶民类型地主的萌生。由于地主身份地位的变化，由以所制约的贵贱等级关系发生相应变化，即地主封建权势相对下降，劳动人民主要是农民社会地位逐渐上升。

关于封建领主的消亡及各种类型地主的发展变化前已论及，这里为了突出贵贱等级关系的变化，专就农民阶级等级身份地位的变化问题进行论述。又这时农民阶级等级层次繁多，拟归纳为两大类即国人、庶民类及依附民、奴隶类，分别加以论述。

西周时期的国人是农民阶级中一个特殊等级，其中多系周人同族，有的是贵族后裔，社会地位较在野庶人高出一等，在政治上有发言权，这种关系前面已经论及。国人人数众多，国家作战虽然依靠庶人，但主要依靠国人。国人也参与对贵族的斗争。如在春秋时代，据《左传》襄公十九年记，郑国"郑子孔之为政也专，国人患之"；襄公二十六年记，宋国大君专政，"国人恶之"；哀公十一年记，陈国袁颇为司徒，以其苛敛逾制，"国人逐之"等。以后孟子还说过："国人皆曰可杀，然后杀之。"[①] 由以上事例说明国人的优越社会地位。但他们毕竟是生产劳动者，以后伴随土地关系的变化，地主制经济的萌生与初步发展，旧有贵族权势的衰落，这时国人特殊的社会地位也日益下降，逐渐混同于一

---

① 《孟子·梁惠王下》。

般庶人，国人同庶人的关系由等级关系变成为单纯经济关系。

关于庶民庶人身份地位的变化，包括租佃农和自耕农两者。在西周时期，广大农民主要是为贵族领主助耕公田的农奴。农民在进行生产和收获时，领主自己或派人进行监督，领主对农民有任意处罚打骂之权，从而形成为严格的贵贱等级关系。这类农民社会地位十分低下，实际属于依附民等级，身份地位近乎奴隶，有时也被称为臣。改制之后，无论这时出现的旧贵族地主或官僚军功地主，由以形成的租佃关系发生了较大变化，这时改行实物租，在一般情况下，地主只在秋收时到田场监分食粮，同过去实行劳役租时插手整个生产过程者情形不同了。当然，这时租佃农对地主仍然具有人身依附关系，这时史书所称"隶农"大概属此。但在实物租的条件下，所形成的人身依附关系会有所松解，他们所处的社会地位较之助法制下的农奴大为改善，从而影响封建等级关系的削弱乃势所必然。

这时出现了一种为逃避国家赋役而投靠权贵的变相佃农。如前述齐国孟尝君封于薛时，"奸人入薛中盖六万余家"；赵国平原君则依势招纳逃避赋役的依附户。这类投靠户虽然也是佃农，但和一般租佃户不同，对地主容易形成为比较严酷的人身依附关系。但这是另一个问题。

庶民户中自耕农的广泛出现，是影响贵贱等级关系变化的一个更值得注意的问题。自耕农占有土地，向所隶属的诸侯国完纳赋税和提供徭役，相对租佃农而言是比较自由的。这时虽有关于不准逃迁之类规定，如《管子·治国篇》所记"逃徙者刑"；同时有关于进行强制劳动之类规定，如《吕氏春秋·上农篇》所记，"民不力田，墨〔没〕及家畜〔蓄〕"。其实以上规定只是一纸虚文，并不能贯彻实行。这时有关农民迁徙的记载甚多，据《左传》昭公二十五年记，鲁国季孙氏，"隐民多取食焉，为之徒者众矣"。"隐民"指从它处逃亡来投奔的农民。又据《韩非子·外储说右》："齐尝大饥"，农民"相率而趋田成氏"。以上是关于农民逃亡的两个事例。但在农民占有土地自负盈亏的条件下，农民生产积极性较高，不会因"不力田"受到惩处。值得注意的是，这类自耕农较少受尊卑贵贱等级关系的压迫，这一点和租佃农又不相同。而且这类自耕农所占比重较大，这类农户的发展在影响于整个封建社会等级关系削弱方面所产生的影响尤值得重视。

以上自耕农和租佃农，基本是由行助法制时期的农奴转化而来的，由两类农民身份地位的变化，反映了在地主制萌生时期农民社会地位发展变化的基本情况。

关于各类依附民如人鬲、臣、隶、属、徒等及奴隶如执讯、获丑、蛮隶、夷隶、罪隶等也发生相应的变化。这种关系何兹全教授在《中国古代社会》一书中曾经论及。这里专就奴隶身份地位的变化加以论述。春秋战国时期的奴隶，有过去西周时期奴籍的延续，此处从略。有因战争失败被俘而沦为奴隶者，前面所说执讯、获丑指此。这时战事频繁，被俘为奴者为数较多，这里只举二例：《左传》宣公十二年记：郑伯向楚国投降时说："其俘诸江南以实海滨，亦唯命；其翦以赐诸侯以臣妾之，亦唯命。"据当时《墨子·天志下》论述：各国攻伐所获俘虏，"丈夫以为仆圉胥靡，妇人以为舂酋"。以上所说有的是依附民，但有的是奴隶。

这时因触犯法纪而罚为奴者也为数不少。《周礼·秋官司寇》有"罪隶"一条，《周礼》所记系春秋时事。关于"罪隶"，据东汉郑玄注释，系"盗贼之家为奴者"。这时犯罪者除本人刑戮外，家属连坐，有的沦为奴隶。据《吕氏春秋·精通》，记述一个沦为奴隶者的自述，该人之父杀人，母子二人均被罚为奴。但这类罪隶可以赎免，服刑期满得赦免为庶人，有奴隶之名，但非真正的生产奴隶。

这时还有的庶人因贫穷卖身而为奴,古书屡有记载。据《管子·八观》,"民无檀金卖其子";据《孟子·万章上》,"百里奚鬻秦养牲者五羊之皮";据《韩非子·六反》,有农民以"天饥岁荒,嫁卖妻子"。在地主制经济制约下,农民阶级在不断分化,庶人卖身为奴变成当时普遍现象。①

特别值得注意的是,在部分庶人沦为奴隶的同时,另有广大奴隶改变为庶人。据《史记·商君列传》制定,其沦为奴隶者,"大小僇力本业,耕织致粟帛多者,复其身",即恢复庶人身份。又这时有关赦免罪人之类记载甚多,如秦国,昭襄王二十一年,"错攻魏河内,魏献安邑,秦出其人,募徙河东赐爵,赦罪人迁之。"此后昭襄王二十五年、二十七年、二十八年皆有关于"赦罪人"之类记载。②这里所说"赦罪人"其间可能包括奴隶,经过赦免即解除奴隶身份改为庶人。

这时奴隶身份地位的改变很多通过战功。如前述赵简子伐郑誓师辞对立有战功者"庶人工商遂,人臣隶圉免"。"免"指对依附民及奴隶免除其斯从之役,给与人身自由。这时关于官奴婢因参战或戍边得"豁除"者为数更多。

此外,沦为奴隶者也可以使用货币赎免。如前述因父杀人母子二人被罚为奴隶者,其子想把母亲"量所以赎之则无有"。这是一个很好的例证。

这时虽有不少人沦为奴隶,但解除奴隶身份改为庶人身份者为数也多,这与西周时期沦为奴隶者世代为奴的森严等级制有所不同。从总的发展趋势看,奴隶人数还是逐渐减少,这是贵贱等

---

① 这时封建统治者对奴隶实行强制性生产劳动。有的奴隶从事工业生产,据《吴越春秋》卷4,吴国"使童女童男三百,鼓橐装炭,金铁乃濡,遂以成剑"。这里的"童男童女"即进行强制生产劳动的奴婢。但更多的是从事农业生产。

② 《史记·秦本纪》。

级制趋向削弱的一个方面。

伴随土地关系的变化和农业生产的发展，农业雇工开始出现。如果说，西周时期，在农业战线使用奴隶从事生产者仍为数不少，春秋战国时期逐渐改用雇工了。据《韩非子·外储说左上》，有受雇为人种田的"庸客"，据《战国策·齐策六》，有为人"灌园"的"庸夫"。关于雇工们的社会地位反映于雇佣关系。当时韩非在论述雇主优待雇工的原因时说："如是耕且深，耨者熟也"；又说雇工之所以致力于耕耨，"如是羹且美，钱布且易云也"。这时雇工队伍的发展也可能是农业奴隶向农业雇工过渡的反映，如果说过去富裕户使用奴隶，现在改用雇工了。主雇之间虽仍然是等级关系，但比主奴关系前进了一步，雇工有较多的人身自由。

以上是这一时期生产劳动者农民等级关系变化的基本情况。[①] 一是属于特殊等级而具有"国人"称号的农民向一般庶民转化；一是西周时期属于农奴身份的依附民向租佃农及自耕农等一般民户过渡；一是沦为奴隶身份的贱民通过各种渠道向庶民转化；一是农业雇工的出现，他代替了过去的农业奴隶。这时的庶民身份地位和西周时期的庶民不同，西周时期的庶民主要是农奴，这时的庶民是一般自由民。在战事频繁的条件下，有的庶民通过战争上升为军功地主，其较富裕的民户有的通过读书入仕变成官僚地主。这时农民经济地位的变化也直接影响其社会地位的变化；农民阶级社会地位上升，贵贱等级关系削弱，乃势所必然。这是具有划时代意义的巨大变化。这种变化产生的最终根源是土地关系的变化，即地主制经济的萌生和初步发展。

---

① 这时生产劳动者有工矿奴隶，此外还有其他依附民。本文主要对农业生产劳动者各等级关系进行探索，其他从略。

(二) 阶级矛盾突出及个体农民经济独立性加强①

这时的阶级矛盾表现在很多方面,这里主要谈农民与地主两大阶级之间的矛盾。

西周时期,如前所述,各级贵族按等级分配土地臣民,是等级所有制,这时的等级关系和阶级关系是一致的。东周时期,各国经过改制,严格而僵化的等级所有制渐行破坏。这时贵贱等级关系虽仍在延续,但和西周已全然不同。仍如前所述,这时出现了各种类型地主,尤其是庶民类型地主的萌生和发展。由于地主阶级构成的变化,与等级关系逐渐背离,而阶级矛盾日益突出。以下拟从三个方面进行论述:1. 租佃农由于地租剥削所形成的阶级矛盾;2. 自耕农的阶级分化与土地兼并的频繁;3. 贫富日益悬殊与阶级矛盾的加剧。这时阶级关系的发展变化已突破西周时期严格等级制的制约。

各国改制之后,伴随地主制经济的萌生,实物地租的出现,新的租佃关系开始了。这时"佃作"一辞开始出现。据《史记·苏秦列传》,谓燕地方二千余里,"南有碣石雁门之饶,北有枣栗之利,民虽不佃作,而足于枣栗矣"。这段论述虽在说明这类地区主要是自耕农,但明确反映出这时的租佃关系已是客观存在,也说明这时享有实际所有权的地主主要是采行土地出租的方式剥削农民。

关于地租剥削,因地主而不同。如由诸侯国君分授土地的封君地主,主要行食邑制,即该地主对所授土地征收租税以供衣食之需。据《墨子·贵义篇》记:"今农夫入其税于大人,大人为酒

---

① 关于阶级矛盾问题,这里着重谈封建社会下层农民阶级问题。关于地主阶级的变化前已论及,从略。又社会下层着重谈租佃农和自耕农,其他手工业者及奴隶等从略。

醴粢盛以祭上帝鬼神。"这里的"大人"主要指封君,"税"实质是地租。下面再列举几个事例。据《左传》哀公二年记:"周人与范氏田,公孙龙税焉。"即周分封给范氏的土地,由家臣公孙龙代为收租。又据《韩非子·外储说右下》,赵简子之田,由税吏代为收租,赵简子对税吏说,收租"易轻勿重,重则利于上,若轻则利于民"。以上这类接受封土的封君,他们已不像过去封建领主那样握有军事政治特权,但对所封土地可以长期占有。从而和农民形成为一种特殊的租佃关系。这类租佃对地主虽仍夹杂着等级关系,但主要是阶级关系。

关于这时贵族地主与农民之间所形成的阶级矛盾对立主要反映于地租剥削的苛重。如前述《孙子兵法·吴问》所引晋国六卿的地租事例。其中的韩赵二卿,他们"以九十步为畹,以八十步为畛,而伍税之"。即地租占亩产的50%。孙子认为地租偏重。其中的范氏中行氏,则"以八十步为婉[畹],以百六十步为畛,而伍税之"。范氏中行氏的收租虽也为50%,但与前者相比,他的亩积偏小,因而剥削更重。① 孙氏认为重租结果将使"公家富","主乔[骄]臣奢"。这里所说"主"指贵族地主范氏中行氏。孙氏系按地租苛重情况推断他们必然灭亡,其中地租最重的范氏中行氏将先亡,地租剥削次重的韩赵二卿将相继而亡。地主与农民之间阶级矛盾尖锐化由孙氏所论反映的十分清楚。

又前面曾列举的齐国姜氏地租剥削事例,"民参其力,二入于公,而[农民]衣食其一",其结果是"公聚朽蠹,而三老冻馁",剥削率高达2/3,又远超过前述晋国诸卿的50%。关于这

---

① 所说"伍税"大概系当时当地土地产量征收定量食粮,不论大亩小亩租额相同,因此产生租最重租次重的差别。

条记载，据陈伯瀛先生论断，"此即政府当局之为地主者，如何操持佃人"。① 从"三老冻馁"说明地租的苛重已侵蚀到农民部分必要劳动。正由于地租剥削苛重，加剧了阶级矛盾，农民纷起反对。据《左传》昭公二十年记："民之苦病，夫妇皆诅。"②

当然，由贵族地主所形成租佃，仍受贵贱等级关系的制约，地主依靠超经济强制实现地租，佃农对地主具有浓厚的人身依附关系，但这时的阶级关系已占居主导地位，人身依附关系乃是实现地租的保证，它是由封建所有制所派生出来的，和过去西周前期助法制下以尊卑贵贱等级关系为矛盾的主导方面已有所不同。

就在这时出现了一批新型地主，即通过购买扩大土地产权的地主，其间并有部分庶民地主。由这类地主所构成的租佃关系，等级关系更加削弱，阶级矛盾尤为突出。彼此之间虽也有人身依附关系，和前者相比已大不相同。

与此同时，则是各诸侯国家和自耕农之间的矛盾，这种矛盾体现为田税和徭役的繁重。

关于封建诸侯国向农民征收的田税，有的记载粮藁额，如秦国，按农户受田之数，"顷入刍三石，藁二石"。③ 如魏国，据李悝制定，"今一夫挟五口，治田百亩，岁收亩一石半，为粟百五十石，除十一之税十五石，余百三十五石。"④ 有的记载税率，

---

① 陈伯瀛：《中国田制丛考》，商务印书馆1935年版。
② 阶级关系的突出还反映于贵族地主利用减轻地租的方式以争取民众的支持。如齐国陈氏［即田氏］，据《史记·田敬仲完世家》及《史记·齐太公世家》，为了夺取姜氏政权，"其收赋于民小斗受之"，即使用小斗收租，地租率当远在2/3以下。因此"民爱之"，得到农民拥护，最后夺取了姜氏的齐国。
③ 《睡虎地秦墓竹简》。转见杨生民：《春秋战国个体农民广泛出现与战国的社会性质》，《北京师院学报》，1991年第6期。
④ 《汉书·食货志》引魏国李悝语。

如齐国,"案田而税,二岁而税一,上年什取三,中年什取二,下年什取一。"① 税率平均为10%。另据《管子·幼官图篇》,则谓"田租百取五",即5%的税率。《论语·颜渊篇》也曾谈到田税问题,当时鲁哀公对有若曰:"二吾犹不足,如之何其彻也。"说明哀公时税亩制的税率是20%。综上所述,各国改制后的税率一般为10%,有的高到20%。

田亩税之外农民还有力役负担,据《管子·山国轨篇》,曾谓力役之征"春十日,不害耕事;夏十日,不害芸事;秋十日,不害敛实;冬二十日,不害除田",所说可供参考。又《荀子·富国篇》,"军兴力役,无夺民时。"所记实际是各诸侯国徭役频繁的反映。当时战争连年,徭役繁重,当时文献屡有记载。此外有布缕之征,即按户出布,惟情况不详。"粟米之征"之外的各项征派,各国不同,是当时农民的又一重要负担。

这时的国家已具有代表地主阶级利益的内涵,自耕农在田税和力役等方面同诸侯国之间的矛盾,归根到底,乃是农民阶级同地主阶级之间的阶级矛盾。自耕农与租佃农不同的是,租佃和地主之间的矛盾是直接的阶级矛盾;自耕农与地主之间的阶级矛盾,因为须通过国家政权,乃是以间接的形式出现的。

这时阶级矛盾的突出,还具体反映于农民的阶级分化,而以自耕农为主。盖自耕农一开始登上历史舞台,由于种种原因,有的日益贫困,有的趋向富裕,分化就开始发生了。在地主制经济的制约下,这时农民经济独立性加强,伴随农业生产的发展,同市场的联系日益密切。② 以上这种发展变化更加剧了阶级分化的

---

① 《管子·大匡篇》。《管子·治国篇》,亦谓"府库之征,粟什一。"
② 关于农民经济同市场的联系,如当时魏国李悝说:"籴甚贵伤民,甚贱伤农";陈相答孟轲问,谈到所使用炊具釜甑和铁农具等都"以粟易之"等。春秋战国时期各国改制之后,有关商品交换记载很多,不一一列举。

趋势。

就在这时,土地买卖关系逐渐频繁。据《左传》襄公四年记,"戎狄荐居,贵货易土,土可贾焉。"据《韩非子·外储说左上》,"中牟之人,弃其田耘,卖其宅圃而随文学者邑之半。"

下面列举几个买地事例。这时购置地产的主要是官僚军功地主之类,如赵国大将赵括,将赵王所赐金帛,"归藏于家,而日视便利田宅可买者买之。"① 赵括买田是军功地主扩大田产方面一个有力的例证。有的力田致富,如春秋时期,范蠡浮海出齐,"耕于海畔,苦身戮力,父子治产,居无几何,致产数千万"。范氏当初很可能是种田致富的庶民地主。② 又苏秦佩相印时说:"使我有洛阳负郭田二顷,吾岂能佩六国相印乎!"③ 从这一事例说明当时庶民地主的出现乃客观存在。

就在这时出现了积累财货的富商。据《战国策·秦策》,商人"无把铫椎耨之劳,而有积累之实"。如前述范蠡,力田致富后仕齐为相,后又辞相印改事经商,"居无何,则致赀累巨万"。这时商人所积累的财货有的转向地产,变成商人地主,也势所必然。

广大农民,在地主富商的盘剥和国家繁重赋役压迫下,加速了阶级分化,有少数农民富裕了,更多的农民日益贫困化。如《管子·问》中所说:"问死事之孤未有田宅者有乎?"所说指丧失土地的民户。"问乡之良家其所收养者几何人矣?"所说指有些穷苦人被富户收养。"问邑之贫人债而食者几何家?"所说指有些民户靠借债度日。当然,《管子》一书系后人追记,所说主要反映战国时事,但仍不失为改制后农民阶级分化的具体反映。关于部

---

① 《史记·廉颇、蔺相如列传》。
② 《史记·越王勾践世家》。
③ 《史记·苏秦列传》。

分农民靠借贷维持生计，后来孟子在《滕文公上》篇说过：农民"终岁勤劳，不得以养其父母，又称贷而益之"。关于这一时期农民阶级分化问题，在《论语》、《孟子》以及《庄子》诸书中皆屡有反映。

就在这种条件下贫富日益悬殊，并常反映于当时及后人论说。如前所述，汉人董仲舒说："秦用商鞅之法，改帝王之制，除井田，开阡陌，民得买卖，富者田连阡陌，贫者无立锥之地。"又据《通考·田赋考》，商鞅改制结果，"兼并之患自此始，民田多者以千亩为畔，无复限制矣"。又据《汉书·食货志》，秦孝公时，"庶人之富者累巨万，而贫者食糟糠。"以上所说"富者""民田多者"，其中有官僚军功地主，但很多是庶民户。所说缺乏粮食吃的"贫者"，其中很多是出卖土地的农民。

由以上事例，从租佃农和自耕农身上所体现的阶级矛盾的激化，农民阶级分化的加剧，这种发展变化是同地主制经济的萌生与发展分不开的。

伴随上述发展变化是个体农民经济独立性进一步加强，这是春秋战国时期社会经济的又一巨大变化。如租佃农民同西周领主制时期个体农民加以对比就很清楚。西周时，以为封建领主提供劳役租耕种公田的农民而论，也具有个体独立的经济，但与从事生产劳动的田场是分开的，农民在私田上从事维持全家生计的必要劳动，在公田上为领主提供自己的剩余劳动，这时农民个体经济还不是一个完整的生产单位，仍处于个体经济的初级阶段。这种状态，在土地改制实行实物租制时开始发生变化，这时的租佃农在同一田场上进行生产劳动，已是一个完整的生产和经济单位，只是将产品的一部分以地租的形式交给地主。这时每户佃农都是一个自负盈亏的经济实体，其经济独立性远超过承担劳役租的农民。

关于自耕农，他们除占有土地外，有各种生产工具，甚至有部分农副产品投向市场换取货币，用以购置生产资料和部分生活必需品，他们的经济独立程度又较之租佃前进了一步。

　　总之，这时出现的自耕农或租佃农，都是以一家一户为一个独立的生产单位，具有更大完整性和稳定性。当然，这时农民的人身自由还要受封建国家或地主私人的控制，这是另一个问题。个体农民这种经济独立性，在中国封建社会时期，在相当长的时期内，对农业生产及商品经济的发展曾起着一定促进作用。

　　以上是中国历史上东周时期封建领主制向地主制经济过渡的基本情况。这一过渡主要发生在春秋时期，到战国时期全部完成，为秦始皇统一中国奠定了基础。

　　过去，曾有不少作者论证西周属封建领主制，但关于由封建领主制向地主制经济过渡问题很少人涉及。为此，本文专就这一问题加以论述。

1998 年 2 月脱稿

论中国封建社会历史时期地主制经济的灵活适应性及制约功能

一、中国地主制经济基本特征

为了论述封建社会时期地主制经济的灵活适应性及制约功能，有必要先对地主制经济特征作一简要介绍。

中国从春秋战国过渡为封建地主制经济以后，以这种经济体制为主导的封建社会经历了两千多年。在这两千多年间，政治、经济以及意识形态在不断发展变化。是什么因素在制约着这种发展变化呢？原因极其复杂。诸如国家所采行的政策措施，工农业生产及商品经济的发展，各个历史时期各民族之间的相互关系等等，都曾起过极其重要的作用，但其间地主制经济体制本身所起的制约作用尤不容忽视。在历史长河中，地主制经济体制在不断发展变化，与之相适应，政治、经济、意识形态等等也在发生相应的变化，我所说的制约功能指此。

解放以来，史学界曾环绕历史上出现的一些重大问题，尤其有关社会经济诸多问题，展开了热烈讨论，几乎对每一个重大问题都有几种不同的意见。其间又有几种不同情形，或根据不同资料作出自己的论断，或对同一资料作出不同理解，还有的简单地把经典作家一言一语作为立论根据。① 但在讨论过程中，有一个关键性问题往往被人们所忽视，即地主制经济的制约作用。如把它作为中心线索，用以对历史上出现的一些重大问题深入探索，进行仔细考察，可能作出比较接近或符合历史实际的论断。

本文所说地主制经济，指以地主所有制为主导包括农民所有制、各类官公田地在内所形成的各类生产关系的总和及由以构成整个经济体制（包括个体手工业及商业）。这种经济体制与中古欧洲封建领主制经济不同，它具有极大灵活性和适应性，农民生产积极性较高。这种经济体制，在一定范围内能自动调节改革以适应生产的发展，从而具有顽强生命力，从而也具有较大坚韧性。因此中国在整个封建社会历史时期，工农业尤其是农业能发展到较高水平，在这方面远超过同时期的西欧封建领主制。与之相适应，并出现一套完整而周密的政治体制，同时以罕见的光辉灿烂的精神文明贡献于世界。但也正是由于地主制经济体制的顽强坚韧性，后来又变成为束缚社会经济进一步发展的桎梏，最后影响了中国资本主义经济发展。

中国地主制经济，与西欧封建领主制相比，具有自己的特点。一是地权体现形式不同。西欧领主制，土地是由国王按每人所处等级分封的，基本不能买卖，产权由各级领主子孙世袭，是严格的等级所有制。等级与阶级是一致的。等级是阶级差别的一种体现形式，阶级差别是按人的等级划分而固定下来的。每个人的等级地位不变，阶级地位遂也固定不变，是一种僵化的土地制度。在这种条件下，一个封建领主庄园不只是一个经济实体，同时也是一个政治实体。中国地主制则不然，土地可以买卖，地权

---

① 我们并不否认经典理论的正确性，但经典作家的一切论断都是从历史实际出发的，经典作家对个别地区情况所作论断不一定完全符合中国历史实际。

分配状况变动无常,一般情况是,在一个封建王朝前期,经过农民战争或长期战乱之后,旧有土地关系被打乱,地权趋向分散,农民小土地所有制占居较大比重;到中后期,经过土地买卖兼并,地权趋向集中,地主大量出现。其中并且有由农民纷纷发展起来的中小庶民地主。总之,中国地主制经济不是严格等级所有制,从而反映出土地制度的灵活性。这时一个地主田庄只是一个经济实体,在政治上要受地方政权的直接统治,这种关系和西欧领主制也不相同。

二是封建依附关系的差异。西欧领主制,由于一个封建领主所占土地的产权是永恒不变的,土地遂具有主人的阶位;土地像封建领主的非有机机体,封建依附关系遂构成为封建地权的一种固有属性。在该封建领主剥削下的农民,遂也世代相传,对封建领主具有强烈的人身隶属关系,这种农民实际是近乎奴隶地位的农奴。

若中国地主制经济则不然。由于土地产权经常在变动,尊卑贵贱等级关系不是同土地产权连生的,租佃农虽由于佃种土地对地主发生人身依附关系,对封建地权来说它是外加的,土地主权可脱离人身依附关系而独立存在,就是说人身依附关系不是地权的固有属性。正是由于这种关系,人身依附关系的强弱可因地主权势的大小和有无而不同,如地主具有官僚身份,封建依附关系可以强化;如果是一般庶民地主,封建依附关系可以相对削弱。尤其值得注意的是,人身依附关系的强弱可因历史时期而不同,在地主权势嚣张的时代,封建依附关系可以强化;在地主制经济正常运转时期又是一种情况,如在某些历史时期,社会上一度出现过严格等级关系,但这种严格等级制难以长期持续,在整个地主制经济时代不占主导地位,经过一个时期的持续,最终又退出历史舞台,进入正常运转轨道。总的发展趋势是在整个封建时代，人身依附关系总是由强化到削弱，最后趋向松解，这时租佃农对地主只有单纯的纳租义务关系。但人身依附关系无论发生什么样的变化，地主占有租佃农大部剩余劳动并没有改变，从而在整个地主制经济时代的封建社会性质也不会改变。由此可见，有的作者，简单地根据马克思关于中古欧洲封建领主制的封建依附关系，用来论证中国封建社会时期的地主制经济，是不十分妥当的。

最后，关于中国地主制经济的基本内核——封建所有制的两个组成部分所具有的特点加以补充说明。其间封建地权不是僵化不变的；地租形式也在不断变化中。关于封建依附关系，则伴随贵贱等级关系的变化，地权分配的变化，农业生产及商品经济的发展，以及农民阶级的反抗斗争等，在不断发展变化。但这种变化有过一个发展过程，总的趋势是由强化、削弱以至松解，农民社会地位逐渐上升。以上土地产权的变化和封建依附关系的变化，系地主制经济体制的发展，由这种种发展变化体现了地主制经济的灵活性、适应性。在整个封建社会历史时期很多重大历史问题，尤其有关社会经济的一些问题，每伴随这种发展变化亦步亦趋，从而显示出地主制经济的巨大制约作用。这种关系，下面试就过去我曾经接触过的几个问题作为示例，加以说明。

在全面论证地主制经济制约作用之前，须先搞清楚土地私有和国有问题。先弄清这个问题，更有助于分析地主制经济的特点及所起的巨大制约作用。

在五六十年代，历史学界曾经环绕中国封建社会时期土地国有和私有问题展开热烈讨论。有的作者简单地根据马克思所说"东方没有土地私有权"、"国家是最高土地所有主"之类论述，论证中国封建社会时期的土地为国有制；有的作者从国家对土地的严格控制把国家主权和土地所有权混同起来强调国有制；有的单纯从土地的买卖、继承和土地契券等人对自然的法权关系论证土地私有或国有。因此，史学工作者每根据相同的历史资料作出相反的论断，这种种矛盾现象的产生主要是由于进行论证的思想方法问题。关于这个问题的研究，我认为要撇开法权观点和国家主权观点，而着重于经济关系的分析才能作出正确的论断。

所谓经济关系即生产关系。中国地主制经济，它具体反映于封建所有制的两个组成部分，即前面所说的土地产权和封建依附关系。通过土地关系，生产劳动者农民的剩余劳动主要归谁所有，他们对谁发生人身依附关系，受谁的直接超经济强制，谁就是土地所有主。离开人的经济关系，就看不出谁是剩余劳动的主要占有者，看不出农民和地主的封建依附关系，无法区别国家主权和土地所有权这两个不同的概念，当然也就无法区别土地的国有或私有。最后，也无助于揭示封建社会的阶级关系和封建剥削的性质。

通过经济关系的分析，很容易划清田赋和地租的界限，划清土地所有权和国家主权的界限，并突出社会阶级和等级关系。至于法权关系，只能作为考察经济关系的辅助说明。

通过经济关系的分析，其通过土地关系榨取农民剩余劳动的，并和农民发生直接人身依附和超经济强制关系的，如果是封建国家那就属国有或公有制，如国家屯田、地方学田就是这种情形；如果是私人地主就属私有制，如官绅地主、庶民地主的土地以及勋贵庄田等就是这种情形。勋贵庄田就法权关系而言是禁止买卖的，族田义庄有的也得到国家法令保证而不准买卖，但这并不影响其私有性质。至于自耕农民所耕种的民田，农民所创造的剩余劳动，除其中一小部分以田赋的形式上交国家之外，其余部分并不以地租的形式归国家或私人地主，而是归农民自己所有；因为农民自己占有该剩余劳动产品，当然也就无需乎任何形式的封建依附关系及超经济强制。这种所有制只能是农民土地所有制。据此分析，不只历代农民通过垦荒、购买、继承所获得的土地是农民私有地，即南北朝隋唐推行的均田制时期由国家分配给农民的土地也属于农民私有制。当然，这时的自耕农仍要受封建国家的统制，即租佃农也不例外。

总之，关于土地私有国有问题，要通过经济关系的分析，即农民创造的剩余劳动主要归谁所有；在地主所有制条件下，农民对谁发生人身依附关系。以上两者是论断私有或国有的基本标志。同时要区分田赋和地租的界限，要摆脱单纯法权关系和国家主权关系的框架，更不能根据马克思所谓"东方没有土地所有权"的提法论证中国封建所有制为国有制。[1] 这个问题先搞清楚，有助于论述地主制经济的制约作用。

二、地主制经济的发展变化与封建社会历史分期问题

为了有助于论述地主制经济发展变化的制约作用，需先把中国封建社会时期历史分期问题搞清楚。我关于这个问题的看法，认为也须把地主制经济的发展变化作为划分标志。

中国封建社会经历了几千年。西周封建领主制自成一个历史时期，暂且不论。这里专就地主制经济时期而论，如何划分前期、中期和后期，国内学者曾有过种种不同的看法。我认为能作为历史时期划分标志的，必须是既能反映当时社会性质，又能突出时代特征和社会经济发展趋势。因此，这个标志应从封建经济

---

[1] 关于这个问题的研究，我在1963年所写《关于研究中国封建所有制形式的方法论问题》一文曾作了详细论述。见《经济研究》1963年第5期。

本身即地主制经济体制的发展变化中去寻找，其他一切问题只能作为划分历史时期的辅助说明。这是由于：只有从生产出发说明经济基础，又从生产关系出发说明上层建筑，才能比较确切地揭示社会性质及社会历史发展进程，其中生产关系又是最主要的一环，而生产关系又为封建土地关系所制约，即为地主制经济体制的发展变化所制约。

中国地主制经济时代虽有多种所有制，但起主导作用并能突出时代特征的是封建地主所有制。如前所述，地主所有制有两个主要组成部分，一个是土地产权，一个是封建依附关系。两者的发展变化，尤其是封建依附关系的发展变化，最能突出封建时代的特征和社会经济发展趋势。这就是我据以划分历史时期的理论依据。关于这个问题，我在1986年和1989年发表的《论中国封建社会后期的划分标志》和《中国地主制经济与历史分期》两文已进行初步论述。

中国封建地主所采行的剥削形式主要是土地出租，也有少数进行直接经营，因此，封建依附关系的变化又主要表现为租佃关系及雇佣关系的变化。从租佃关系变化而言，马克思曾对欧洲领主经济的封建依附关系作过如下概括：农民不自由的程度，"可以从实行徭役劳动的农奴制减轻到单纯的代役租"。一直过渡到资本主义社会时期，地权才摆脱了一切政治的和社会的"一切传统的附属物"，即清除封建依附关系的残余。马克思这种论断，用来论证中国封建社会历史也是符合历史实际的。在中国地主制经济时期，这种封建依附关系，体现为贵贱等级及依附关系的变化，它有一个由强化到松解的发展过程。在封建生产关系不断再生产的历史长河中，伴随社会经济的不断发展而产生的这种变化，最能显示出封建社会历史发展的阶段性。

据此，把由春秋战国至明清两千多年间以地主制经济为主导的封建社会可划分为几个不同历史时期。

春秋战国是地主制经济形成期，从略。关于由秦汉至明清，划分时期的标准，主要以地主制经济变化为依据，同时也考虑政治朝代问题。为此，先按朝代划分为前期、中期和后期，有的再按地主制经济发展状况划分为几个不同历史阶段。

（一）由秦汉至南北朝是封建社会前期。其间秦至西汉是地主制经济初步发展期。在这一时期，先是地权相对分散，农民小土地所有制占居较大比重。至汉武帝时，地权逐渐集中；到西汉后期，地权集中高度发展。对此，王莽曾计划改制，因受到权贵地主反对而失败。东汉建制，门阀权贵地主剧烈滋长，这时的豪族强暴，"膏田遍野，奴婢成群，徒附万计"。徒附主要指租佃农，他们"奴事富人，历代为虏"。此后魏晋南北朝时期，门阀豪族对土地的垄断更加突出，同政权的联系更加密切，或以地主身份入仕，高官厚禄；或依势扩大占地规模。这类地主主要是同政权的密切结合，由中央到地方，一切政权都操纵在他们手中。于是在社会上形成为一种特殊等级门户。由于这种关系，出现所谓士庶之别。这时所谓士即指权贵地主。这时等级关系和阶级关系基本吻合，权贵等级都是大地主，庶民主要是农民下户。士庶等级差别日益加剧，贵贱等级关系尖锐对立，农民社会地位严重下降，封建依附关系日益强化。从此中国地主制经济呈现过去罕见的畸形状态。总之，在封建社会前期，分成了两个阶段，由秦至西汉是地主制经济正常发展阶段，由东汉历魏晋至南北朝是地主制经济逆转倒退阶段。

（二）隋唐至宋元是封建社会中期。隋唐时代，地主制经济又逐渐摆脱畸形状态进入正常发展轨道。但其间也有一个发展过程，唐中叶以前，旧世族地主虽然逐渐退出历史舞台，但它的残余影响仍严重存在，新发展起来的权贵地主仍大讲门第之风，这种现象一直到唐中叶后，才发生较大变化，贵贱等级关系才逐渐削弱，地主制经济才又进入正常轨道。此后在地主制经济正常发展条件下，社会经济正常发展。

宋朝最初的七十余年间，有"民殴佃客死"者，"论如律"，判田主以命抵的案例，跟凡人之间相犯的处理没有差别，可能正反映了庶民地主有所发展的情况。但是，此时佃农又被牢牢束缚在土地上。包括了江南及珠江流域绝大部分的江淮、两浙、荆湖、福建、广南等路广大地区内，佃客均不得随时离开本土；如要迁徙，必须得到主人的同意，并发给凭由方可。宋代缙绅地主的势力仍是相当强大的。但随着社会经济的发展，社会对劳动力的需求大为增加，要求有更多劳动力投向市场，满足工商业发展需求。同时，农民为了摆脱地主人身束缚，也进行不懈斗争。至宋仁宗天圣五年时，政府为了适应变化了的社会经济情况，制定了"自今后客户起移，更不取主人凭由"之法。该法律条文制定，标志着主佃关系得到进一步松解。但法律的推行并不平衡，也不是一朝一夕之事。因此，该法制定后，也有一些反复情况。但从总的趋势看，主佃之间关系的松解是历史的必然。

不过，宋元时代，主要是宋代，地主制经济发展较快，这时农民小土地所有制一度占居极大比重，庶民类型地主大为发展。这类农民，尤其是自耕农民能够较大地发挥生产积极性，所以这一时期农业生产相对发展，商品经济也随之有较大发展。

元代的私田佃客（地客）在很大程度上继续了南宋统治时期所处的状态，在元军占领三四十年后，买卖佃客的情况仍然存在。

元代地主和佃户间的法律身份关系不是十分明确的。田主殴死佃客却和良人殴死他人奴婢一样，断杖一百七，征烧埋银五十两。就这一点看，佃客的法律地位甚为低下，几近奴婢了。而在司法过程中，有的田主伤害佃客案件所判比律定的殴死佃客处分还要重些，佃客的实际法律地位，又不像规定的那么低下。总的说来，元代的舆论和司法大抵是承认"所谓地客即系良民"的。这比宋代有了较大的进步，反映了在主佃关系方面，实际生活中已比僵化的法律条文松弛得多了。

由此可见，在这一时期也可划分为两个阶段，隋唐是第一个阶段，宋元是第二个阶段，在第二个阶段中，其中的宋代是地主制经济高度发展期，元代的农业经济也有一定程度的发展。

(三）明清时代，地主制经济进入第二个高度发展期即封建社会后期。明清时代，地主制经济的发展变化，一是庶民类型地主的较大发展，一是封建等级关系进一步削弱，封建依附关系趋向松解。由于地主制经济进一步发展，农民能较大发展生产积极性，这种发展变化为工农业生产及商品经济进一步发展创造了条件。

但在清代前期，这种关系一度出现逆转。清朝建制，满族将原有落后的主奴习俗带入关内，这种情形在旗地广泛推行的北方尤为突出，部分农民社会地位下降，有的原来凡人等级的农民沦为具有奴仆性的贱民，这是历史上一次倒退。这种现象至乾隆期才逐渐发生变化，地主制经济又逐渐进入正常发展轨道。这种关系经君健同志所著《清代社会的贱民等级》一书曾进行周详论述。

关于庶民地主问题，在历史上很早就出现了，问题是这一历史时期又有进一步发展。这时这种发展具有划时代意义，它影响于土地关系中贵贱等级关系的削弱及封建依附关系进一步松解。研究明清时代地主阶级问题，用封建等级关系的变化即封建依附关系的削弱进行分析，比用地主占地多寡即大中小地主进行划分，更能突出时代特征和问题的实质。当然，明太祖朱元璋也曾经说过："食禄之家与庶民贵贱有别"，并规定庶民对乡官要"以礼相见"等，但这时的贵贱等级关系和隋唐时代及以前已大不同，尤其是庶民地主和农民阶级所形成的关系已不甚悬殊，封建依附关系趋向削弱以至松解乃势所必然。

关于封建依附关系的松解，以租佃农而言，明建国之初，主佃双方在法权关系方面即以对等的身份出现了，废除了宋元以前佃农和地主之间具有等级性的人身依附体制，农民享有随时退佃的自由，明代中叶，雇佣关系也开始发生变化，部分雇工，主要是短期雇佣摆脱在法权关系方面对雇主的身份义务关系。清代乾隆年间，部分农业长工在法权方面也得到解放，成为自由劳动者。明清时代，主佃间和主雇间在实际生活及法权关系方面的这种变化，是具有划时代意义的重大变化。这时地主对佃、雇农虽仍具有不同程度的超经济强制，但这时佃、雇农毕竟在身份上已成为自由劳动者，就在此时中国在农业中有了产生资本主义关系的可能。

以上由秦汉历魏晋南北朝隋唐以至明清时代地主制经济的发展变化，最突出的表现是贵贱等级关系的变化，人身依附关系的变化。伴随这种发展变化，农业生产、商品经济等整个经济体制也在发生变化，其他政治体制乃至社会意识形态的发展变化也随之亦步亦趋。也正是这种关系，把它作为划分封建社会前期、中期、后期阶段的标志。

在封建社会时期，在整个历史进程中，我们并不否认工农业生产及商品货币经济发展的作用，但很难据以作为划分历史时期的标志。我们更不否认上层建筑的巨大作用，尤其是高度中央集权的封建国家机器所采行的政策措施对社会经济所起的重大作用，但它最终毕竟为地主制经济体制的发展变化所制约的。等级制度本身就是上层建筑的组成部分，它的发展对生产关系的变化起着重大作用；而它的变化，也是地主制经济和生产力发展的必然结果。

以上是按地主制经济发展变化划分的三个历史时期。下面即据所划分的历史时期为标志，考察宗法宗族制、农民运动和一些有关社会经济之类课题，可以互相印证。

三、各个历史时期宗法宗族制发展变化问题

中国封建社会历史时期，宗法宗族制在很多方面起着很大作用，因此，本文先对这个问题进行论述。

宗法宗族制，在各个历史时期不断发展变化。宗法制系以血缘关系为内核，以大宗小宗为准则，按尊卑长幼关系制定的封建伦理体制，西周时期所采行的爵位与地权合一的宗子制属此。它是由封建领主制经济派生出来而为维护封建领主制的持续而服务的。关于这个问题不属地主制经济范畴，此处从略。

中国地主制经济时代的宗法宗族制和此前西周领主制时代不同，下面专就这个问题进行论述。

从东周开始，逐渐进入地主制经济时代，封建土地关系不断发展变化，宗法宗族制每也随之亦步亦趋。如东周时期地主制经济形成之后，由秦至西汉地主制经济逐渐进入正常发展时期，与之相适应，宗法宗族制亦由过去领主制时期的典型宗法宗族制，向一般宗法宗族制过渡并有所发展。由东汉历魏晋至南北朝，门阀特权地主高度发展，并出现所谓世族地主，地主制经济逆转，呈现畸形状态。与之相适应，则形成为具有贵族特权的等级性宗法宗族制。由隋唐至宋元，先是由特权世族地主向一般官僚权贵地主过渡，以后又有庶民类型地主的出现，地主制经济逐渐进入正常运转时期，封建依附关系相对削弱；与之相适应，宗法宗族

制也发生相应变化，由严格等级性向一般性宗法制转化。明清时代，伴随地主制经济高度发展，封建依附关系趋向松解，这时宗法宗族制逐渐突破等级界限，深入庶民之家。关于这个问题，1989年我曾写过《中国封建社会土地关系的变化与宗法宗族制》一文进行探索。总之，关于宗法宗族制的变化，魏晋南北朝和明清时代最为突出，隋唐宋元则是由前者向后者的过渡期，下面试就两者的差别加以对比。

魏晋南北朝时期，由权贵门阀户即所谓世族地主所形成的等级性宗法宗族制，具有自己的特点，即同政权紧密结合在一起。这种关系体现于具有特殊性的谱牒制。世族地主即通过按血缘关系制定的谱牒制，用以维护他们世代相传的特殊门第，以便控制各级地方政权。这种关系从曹魏开始，历两晋至南北朝皆不例外。如古史所记，"有司选举，必稽谱牒"；"中正所铨，但在门第"。门阀世族通过谱牒制维护他们世代为官的特殊地位。南朝宋、齐、梁时代，更制定"甲族以三十登仕，后门以三十试吏"的体制，以压制寒门出身的文士。这种严格等级性宗法宗族制是族权与地权、政权相结合条件下形成的，是门阀世族地主发展的特殊产物。

这时还有与世族地主并列的地方豪族强宗，他们占据坞堡、部勒族众，强化宗族势力。如东吴孙静，"纠合乡曲及宗室五六百人，以为保障"；如曹魏田畴，聚族而居，立法约束；如北魏赵郡李显甫，"集诸李数千家，于殷州西山开李鱼川方五六十里居之，显甫为其宗主"；北朝时期，"瀛冀诸刘，清河张宋，并州王氏，濮阳侯族，一宗将近万室，烟火连接，比屋而居"。一个族姓的众多民户，都由地方豪族强宗即大地主所控制。由以形成的这类宗法宗族制，是各个地区豪族地主发展的特殊产物。这类豪族虽未被列入世族行列，但在地方上具有一定权势是不难理解的。这类宗族组织，除本姓族众外，还包括被地主压迫奴役的佃客、部曲。在这里，贫穷族众和当地农民都变成为豪族强宗统治的对象。这类豪族地主是以族长身份出现的，从而把这一地区生产劳动者都纳入他们的宗法宗族体系之内。

以上两类等级性宗法宗族制，尤其是由世族地主所形成的宗法宗族制，是由当时畸形地主制经济派生出来的，变成了门阀世族豪族强宗统治压迫农民的工具。

以上这类宗法宗族制，隋唐时代逐渐发生变化。隋朝建国，罢九品中正制，剥夺了旧世族地主部分特权。后经隋末农民战争的冲击，世族地主权势更呈现"世代衰微""累叶陵迟"现象。唐代太宗、高宗及武周时期，伴随新兴起的庶族地主即一般官僚地主的发展，对旧世族地主相继采行抑制政策，世族地主权势进一步下降，贵族等级性宗法宗族制也相对衰落。至宋元时代发生更大变化，人们的宗法宗族意识趋向淡薄，如宋人张载在《宗法》中所说："自谱废弛，人不知来处，无百年之家，骨肉无统，虽至亲亦薄。"

明清时代，地主制经济进入高度发展时期，宗法宗族制进一步突破贵贱等级关系的约束，深入庶民之家，庶民类型宗法宗族制日益发展。

庶民类型宗法宗族制的具体体现，一是编修族谱普遍化。魏晋南北朝时期，入谱牒局的族姓只限于门阀世族之家。庶民户修谱是以后的事，到明清时代才逐渐普遍化。二是建庙祭祖普遍化。宋代以前，一般庶民之家不准建祠立庙。明初定制，庶民祭祖限于曾祖以下三代。明嘉靖十九年下令，天下臣民皆得建立家庙追祭始祖。从此打破过去等级关系的限制，立庙祭祖遂普及庶民之家。三是族祭田的发展。族田始于宋代，明清时代迅速扩大，租谷收入除用以祭祖之外，主要用于赈济贫族。就在宗法宗族制深入庶民之家之时，人们的尊卑血缘思想及贵贱等级关系趋向淡漠。明万历年间，管志道说：少长贵贱关系，"盖至于今二义俱不讲矣"。清人魏象枢说："贵贱尊卑之等差，动辄紊乱。"贵贱等级关系的削弱乃势所必然。在人们宗族血缘思想趋向淡薄的同时，宗法宗族组织却趋向强化。

明清时代宗法宗族组织强化是同这种组织的政治作用有关系的，这时它对封建社会秩序及封建政权起着一定维护作用，从而获得上层的支持。一是维护封建法纪，如江苏海安崔氏《族约》，有"教训子孙，各安生理，毋作非为"条；安徽谯国曹氏《家训》，有"朝廷法度，是人宜守"条等。二是保证国家税收，如浙江山阴县吴氏《家法》，规定"完纳钱粮，成家首务，必须预为经划，依期完纳"。如安徽桐城县戴氏《家规》，规定"钱漕乃天庾正供，凡族中有田庙者，每年夏税秋粮早为完纳"。三是在宗族势力较大的长江流域以南某些地区，宗族组织同地方保甲合而为一，起着更为巨大作用。如明朝王守仁在江西制定的《赣南乡约》，他把政治和宗族联系在一起，使宗法伦理作为地方行政的一种辅助。到清代又向前推进一步，如清人冯桂芬《复宗法议》所说：宗族和保甲，"一经一纬"，"变则团练习于合力"。冯氏意图，把宗族组织和地方团练联系起来作为维护地方治安的一种手段。在太平天国时期，湖南地方政权就曾用这种办法对付太平军。广东省宗族组织也曾组织起来镇压当地农民暴动。这时的宗法宗族制，由宣传和维护封建伦理，进而令人遵守封建法纪，乃至组织武装维护封建政权，宗法宗族制的政治性日益强化。

总之，魏晋南北朝时期，在以门阀豪族地主为基干而形成的畸形地主制经济制约下，形成为严格等级性宗法宗族制，门阀豪族藉以维护自己家族的私有制。明清时代，宗法宗族制深入庶民之家，对整个封建统治起着维护作用。导致这种发展变化的最终根源是封建土地关系的变化。在这里，更突出了地主制经济发展变化的巨大制约作用。

四、各个历史时期农民运动反封建问题

中国封建社会历史时期，爆发过多次反封建的农民运动，但每次运动所反对的具体内容有所差别，所提的纲领口号，为当时地主制经济发展变化状况所制约，这种关系反映的更加清楚。

如前所述，封建所有制主要包括两个组成部分，一个是土地产权，一个是封建依附关系。农民运动所反对的，有时以地主的土地产权为主，有时以封建依附关系为主，有时两者并提。这种差别的产生，决定于当时封建土地关系的状况。

关于土地产权，集中或分散，因历史时期而不同。一般情况是，在每一个封建王朝前期，经过前朝农民战争的冲击，或由于长期战乱，地主阶级遭到打击，地权趋向分散；经过一个时期稳定，官僚及富商进行兼并，地权又趋向集中，这时地权问题即阶级关系变成社会主要矛盾，农民运动把反对地主土地产权作为斗争主要对象。

关于封建依附关系决定于封建等级关系具体体现为地主对农民阶级的人身压迫。这种人身压迫有时削弱，有时强化，因时期而不同。当人身压迫过于强化时，封建等级关系变成为当时社会主要矛盾，这时农民运动把争取人身自由作为主要斗争目标。但在整个封建社会历史时期，封建依附关系问题和封建地权问题，两者的消长有所区别。地权分配问题，有时集中，有时分散。封建依附关系问题，发展总趋势是先有一个由形成、发展到强化的过程，然后再由削弱趋向松解。其间有时由削弱趋向强化，但这种逆转趋势非地主制经济发展正常现象，乃是一种畸形状态。总

之，从封建依附关系的正常变化考察地主制经济的发展，把它作为一条中心线索，有利于论证历代农民运动反封建性质。下面即就由秦汉到明清时代农民运动反封建性质问题加以论述。

由秦至西汉，是地主制经济开始发展时期。西周领主制经济时期贵贱等级森严的等级制，经过春秋战国时期长期战争基本被打垮，同时经过改制，把农民耕种的私田改为农民私有制，农民小土地所有制大量出现。这时有部分旧领主变成为地主，就在这时地主制经济开始萌生。但由秦一直到西汉，地权相对分散，尤其是秦朝数十年间，实行令农民自实田制，农民所有制占居统治地位。这时农民所痛苦的不是土地问题，而是国家专制暴政和繁重赋役，因此陈涉、吴广所领导的农民起义还没把土地问题提到日程上来。这是地主制经济开始正常运转时期特有现象。此后，西汉末年的绿林、赤眉起义，这时土地兼并激烈，赋税强役繁重，刑罚残酷，社会生产力受到破坏，连年灾荒，农民饥苦，但这时起义农民没有提出进行斗争的口号。

由东汉历魏晋至南北朝时期，由于权贵门阀地主的发展，地主制经济出现倒退。这时贵族官僚地主专政，由中央到地方皆不例外，于是门阀地主权势嚣张，贵贱等级关系特别突出。这时的生产劳动者，客户部曲沦为佃户者人数众多。二是有不少人沦为奴隶，他们对地主都具有严格人身隶属关系。三是很多自由民沦为贵族豪宗的依附农。这时的贵贱等级关系，如史书所论："魏晋以来，以贵役贱，士庶之科，较然有辨。"整个社会陷入一个贵贱等级森严的黑暗时代。这时一般编户齐民身份地位也相对低落。就这样，中国地主制经济陷入畸形状态。这时地权和地租剥削问题也很严重，而贵贱等级及人身压迫问题尤为突出，这种关系变成这一时期的主要矛盾。正是在这种条件下，有人把佛教某些教义如"是法平等，无有高下"之说提到日程上来。意思是说要废除贵贱等级差别，争取众生平等。这是符合广大农民要求的。这时农民阶级如果发动农民运动，会把这类口号提到日程上来。

由隋唐至宋元，地主制经济进入正常发展阶段。封建地权，集中分散变动无常，封建依附关系趋向削弱，但佃农所遭受的人身压迫仍很严重。以唐代而论，租佃农民仍被束缚在土地上，这时国家定制，佃户逃亡，地方官吏需协助追捕；双方在法权关系方面处罚轻重也是不平等的。宋元时代，主佃间等级差别稍有改善，但佃农人身自由仍受到极大限制。北宋仁宗天圣五年前，佃农不能自由退佃迁徙，需经主人发遣，"给予田凭，方许别往"。天圣五年后，虽规定"客户起移，更不取主人凭由"，但需一年农事毕，"商量去往"，"即不得非时衷私起移"。不过毕竟较前有所改善，佃农和地主在法权关系方面也不平等，地主殴打佃户，减轻处罚。在实际生活中，如当时人所论，地主对佃户"鞭笞驱役，视以为仆"。在这一时期起义农民斗争的目的，反映于所提出的"均平"二字，如唐代农民领袖王仙芝称"天补平均大将军"，黄巢称"冲天太保平均大将军"等，这时"平均"二字可理解为财产上的平均和人身的平等。北宋农民领袖王小波李顺以"均贫富"相号召，方腊袭用南北朝起义者如"是法平等，无有高下"的口号，南宋农民领袖钟相、杨幺则将"等贵贱"与"均贫富"并提。这时农民阶级所提的要求可概括为以下两者：一是反对贵贱等级关系的压迫，争取人身自由；一是争取财产上的平均。所谓"均贫富"主要指土地问题。这时的农民运动，把平均地权和废除人身压迫问题一同提到日程上来，这是地权问题更加突出的具体反映。这和两晋南北朝时期农民运动单纯把反对封建等级关系争取人身自由的纲领口号不同了。

到地主制经济进入高度发展时期的明清时代，农民运动提出的斗争口号发生了更大变化。先是这时佃雇农的社会地位及法权关系发生较大变化，在明代律例中再无关于佃农迁徙的规定，说明佃农在法权关系方面已可以自由离开地主土地。明代中叶，明确了短期雇工的凡人地位；明代后期，其未写立雇约文契的长工如犯刑法，有的也按凡人判处。到清代前期，所有长短工都变成自由雇佣，法权关系完全平等了。以上佃雇农身份地位的改善是一次具有划时代意义的重大变化，从此，封建所有制两个组成部分，人身依附关系已不是主要问题，而封建地权变成了主要矛盾。就在这种条件下，明末农民领袖李自成提出了均田问题。

李自成占领河南时，先提"均田免粮"口号，后来攻占山西时又提"贵贱均田"问题。"均田"系针对地权集中而言的，反映了广大佃农的要求；"免粮"系针对田赋繁重出发的，反映了广大自耕农的要求。其间主要是"均田"。当时李自成所派遣到山东诸城县的地方官，曾"以割富济贫之说明亦通衢"，令农民过去卖给地主的土地，"产不论远近，许业主认耕"。有地主因此丧失了他们的部分地产。诸城县官的改革措施反映出农民对改革土地实现平均土地产权的要求。

此后清朝太平天国革命，提出改革土地的"天朝田亩制度"，将这个问题又向前推进了一步。

明清时代农民战争关于解决土地问题的要求，标志着中国农民战争史进入了一个新的历史发展阶段，在人身依附关系趋向松解之后，地权分配问题变成为一个更为突出的问题。

由以上事例，从秦汉起，历魏晋南北朝隋唐宋元至明清，农民运动、农民战争连绵不断，他们所提出的纲领口号，在伴随地主制经济的发展而不断发生变化，由反对暴政、人身压迫到封建地权，因时期而不同，突出反映了地主制经济发展的阶段性，也充分说明地主制经济发展变化对农民运动、农民战争性质变化所起的制约作用。由此可见,离开地主制经济发展变化的研究,对历代农民运动、农民战争性质的变化难以深入理解。

五、农民生产积极性及社会历史发展动力问题

在封建社会时期,地主制经济优于领主制经济,这种关系,从中国东周春秋时代由封建领主制向封建地主制经济过渡问题反映的十分清楚。

封建领主制时代,在劳役租的制约下,农奴社会地位极为低下,近乎奴隶;在生产方面也没有自由。正是在这种条件下,农民在封建领主公田上进行生产劳动时,情绪低下,消极怠工,农田荒芜,这种关系古书已有反映。春秋前期,齐襄公时期(纪前697—686年)据《诗经·春风》:"无田甫田,唯莠桀桀。""甫田"指由农民提供劳役的"公田",在这类土地上长满了野草。这种情形不只齐国如此,在封建领主制时期可能是普遍现象。这种现象的产生,是由于农民在"公田"上进行生产劳动时消极怠工。如鲁国,据《春秋公羊传·何氏解诂》"民不肯尽力于田"。农民消极情形,如管仲在《乘马篇》所记:"不告以时而民不知,不道之以事而民不为。"说明这时农民在公田进行劳动时消极怠工,不注意生产季节,更谈不上改进技术,生产落后生产力不能尽力发挥,管仲所说:"地利不可竭"指此。改制以后,把过去由农民耕种的"私田"改归自己,行十一税制,除按产量十分之一上交国家外,其余十分之九归农民自己所有。由于产量多寡关系到自己收入,生产积极性大为提高,如管仲所说:改制以后农民"夜寝早起,父子兄弟,不忘其功,为而不倦,民不惮苦"。在这种情况下,如《国语·齐语》所记:"无夺民时,则百姓富。"由封建领主制向地主制过渡时期的这类记载,说明在封建社会时

期，有利于发挥农民生产积极性的时候，农业生产可以发展，社会经济可以呈现繁荣景象，这说明封建社会时期，农民能否发挥生产积极性至关重要。

为了论证地主制经济与农民生产的相互关系问题，下面作一简要概括。

过渡为地主制经济以后，农民分化为两类，一是自耕农，一是租佃农。租佃要向地主交纳实物租，一开始基本行分成制，地租率一般占产量的一半，另一半归佃农所有。这样，产量的高低同佃农的收益发生直接联系。同时佃农的社会地位也发生相应变化，摆脱了农奴身份地位，获得较多人身自由。以上发展变化同封建领主制时代相比，有利于农民发挥生产积极性。关于自耕农，在经济负担方面，他们只向国家交纳约占产量1/10的田税，其余9/10归农民自己所有；在人身方面，摆脱了封建领主的压迫，获得了更多的自由，因此，更有利于发挥生产积极性。也就是这个缘故，在自耕农占比重较大的时代和地区，农业生产发展比较迅速。就整个地主制经济时代而论，越是到封建社会中后期，农民在生产和生活方面都获得较多的自由，同时生产技术也有所改进，能较大的发挥生产积极性，从而农业生产的发展一代超越一代。

从东周时期封建领主制向地主制过渡，历秦汉隋唐至明清两千多年间，它的发展过程并非一帆风顺，有时出现逆转趋势，地主制经济呈现畸形状态。农民在生活和生产方面丧失了较多的自由，这种关系同地主阶级构成有着直接联系。

在整个封建时代，地权集中分散反复无常，一般情况是在一个朝代前期地权相对分散；以后经过种种兼并，地权趋向集中。伴随这种变化，自耕农和租佃农所占比重也在发生变化，在一个朝代的前期乃至中期，自耕农所占比重较大；到一个朝代后期，租佃农所占比重较大。上述地权变动情形，如封建社会前期的西汉，中期的唐朝，后期的明朝，都不例外。

地权分配变化是值得注意的一个问题，而地主阶级构成的变化尤值得重视。在地主制经济正常发展条件下，农民小土地所有制广泛存在，同时在富裕农民中分化出来一批庶民地主，这种现象历朝皆然，在封建社会中期的北宋时尤为突出，明清时代继续发展。值得注意的是伴随这种发展变化，农民社会地位逐渐上升，在生产和生活方面都逐渐有了较多的自由，从而生产积极性日益增强。在这种条件下的农民，也更加注意改进生产技术，如水利开发，生产工具的改进等，都有所创新，农业生产逐渐向前推进，社会经济呈现繁荣景象。在封建社会时期，如唐代中叶，尤其是北宋时代、明清时代的某些历史时期，都曾出现这种现象，总之，农业生产的发展，关键在于：在地主制经济正常发展条件下，有利于农民发挥其生产积极性。

在过去一个相当长的时期，关于农业发展动力问题有过种种看法，而阶级斗争说最为盛行。我们并不否认，农民阶级的反抗斗争所起的巨大作用，如对地主产权的冲击，如对封建权势的打击。在这种条件下，地权趋向分散，农民小土地所有制有所发展，农民社会地位上升，这种发展变化无疑对农业生产的发展是有利的。有的着重于国家政策的论述，如维护农民土地产权，减轻农民赋役负担等。在这种条件下，无疑也有利于农业生产的发展。但直接促进社会历史发展的，不是农民阶级斗争和国家政策措施本身，它只起了辅助作用。在封建社会时期，农业生产的发展，主要靠广大农民较能充分发挥其生产积极性；先有农业生产的发展，然后才有工商业的发展。因此，在整个地主经济时代，在地权相对分散农民小土地所有制广泛存在的条件下，在地主阶级封建权势相对削弱的条件下，这时农民在生产和生活方面有较多的自由，农民能充分发挥其生产积极性，社会经济趋向繁荣。这种关系，在古代东周由封建领主制向地主制经济过渡时所反映的情况已十分清楚。在此后的西汉中叶，唐玄宗开元天宝年间，北宋时期，此后明永乐宣德年间，清朝康熙、雍正间，当时所出现的经济繁荣景象都不例外。总之，在封建社会时期，社会经济的繁荣，决定于农业生产的发展，农业能否发展又决定于农民生产的积极性。农民能否充分发挥其生产积极性以及生产积极性发挥到什么程度，又为当时地主制经济发展状况所制约。由此可见，在现代高科技未出现之前，农民生产积极性问题至关重要，它是推动社会历史发展的主要动力。

六、商品经济与地主制经济密切联系的问题

中国封建社会时期，在地主制经济制约下，商品经济相当发展，这种关系西欧封建领主制时代大不相同。

西欧领主庄园制的实物地租具有多样性，如食粮之外牛、羊、鸡、鸭、奶、鱼、水果之类；又在庄园中有各种手工业，有各色工匠，如铁匠、金银匠、皮鞋匠、制酒人等，制造各种工业品以满足庄园的需要。在庄园内部的各项分工是经济单位内部的分工。当然，庄园内所需各种消费品不可能100%的皆自己生产，有少部分通过购买，但主要是自造自给，基本是使用价值形态的自给自足。在一个庄园之内，封建领主和所奴役下的农奴都不例外。因此，这种封建领主制对商品经济的发展具有排他性，与封建庄园之外发展起来的工商业城市处于互相对立状态，城市工商业产品无法打进封建庄园。

中国地主制经济则不然，它从诞生一开始即同商品经济发生了密切联系，商品经济构成地主制经济运转的一个重要组成部

分，这种关系，经君健同志在《试论地主制经济与商品经济的本质联系》一文曾进行了深入分析。这时，地主也好，农民也好，所收谷物只能供其食用，其他生产工具和生活必需品无不需要通过购买，如农民的食盐，使用的陶器，生产用的锄镰以及牲畜等都需通过购置。自产使用价值形态的单一性以及单一实物地租与需求多样性的矛盾不论在地主抑或自耕农组成的经济单位内都不能自行解决，必须通过交换。从而发展起来各种商人，也发展起来一批独立的小手工业者。这种现象从东周由封建领主制向地主制经济过渡时期就开始出现了。

下面列举战国时期《孟子》中的记载作为示例：

其（指农家代表人物许行）徒数十人，皆衣褐，捆屦、织席以为食。

陈相（许行弟子）见孟子……孟子曰："许子必种粟而后食乎？"曰："然。""许子必织布而后衣乎？"曰："否，许子衣褐。""许子冠乎？"曰："冠。"曰："奚冠？"曰："冠素。"曰："自织之与？"曰："否，以粟易之。"……曰："许子以釜甑爨，以铁耕乎？"曰："然。""自为之与？"曰："否，以粟易之。"

……且许子何不为陶冶，舍（为什么）皆取诸宫中（家中）而用之？何为纷纷然与百工交易？何许子之不惮烦？

孟子的最后结束语是："百工之事固不可耕且为也。"从《孟子·滕文公上》上述这一段记载，可以作如下设想：文中所说的布、冠、釜甑、铁器等，当时已作为商品出售；文中所说"百工"，说明这时已有多种分工的手工业者。这种手工业者和西欧封建领主制的手工业者不同。西欧手工业都被编制在领主制体制之内，是以农奴的身份出现的，是领主制经济的附属品，专为本领主庄园进行生产，以满足庄园经济的需要。中国地主制经济下的手工业者是独立的个体户，而且不从事农耕而专事手工业生产。如孟子所说"百工之事固不可耕且为也。"

孟子还谈到市场问题，文中有"市贾不贰"语，说明这时已有初级交易市场。这种皆不事耕作的"百工"必须买粟而食。这时地主所收租谷，主要也是出卖。农民为了买各种生活必需品和生产资料等，也必须出卖食粮。总之，在地主制经济制约下，商品经济的发展乃势所必然。这种情形和西欧封建领主庄园制大不相同。

由此可见，在中国东周时期，地主制经济一开始出现，农民就同商品经济发生了联系，摆脱使用价值形态自给自足的自然经济范畴。从另一方面说，地主制经济一开始即具有商品经济的内涵，商品经济构成地主制经济一个重要组成部分。就广大农民来说，食粮和其他部分生活必需品由自己生产，部分消费品和生产资料需通过购买。这种情形地主也不例外。就这样，中国地主制经济时期，商品经济和自然经济形成为封建经济的孪生兄妹。

秦至西汉是地主制经济正常运转期，除贵族官僚地主之外，有庶民地主的发展，有广大自耕农，商品经济进一步发展。有关记述甚多，如长安"富人则商贾为利"；燕赵"商贾错于路"；齐鲁"多巧伪""趋商贾"等等。在商品经济发展的条件下，出现了"故待农而食之，虞而出之，工而成之，商而通之"以及"用贫求富，农不如工，工不如商"之类议论。于是有的地区农业户转向商业，"弃农逐末，耕者不能半"。这时商品经济的发展还具体反映于人口税的货币化。如平均每农户以五口计，其间按算赋二人、口赋二人、更赋一人计，每年共该交赋钱580文。农家这笔开支主要靠出售农副产品抵补，在农家经济生活中占居一定比重。

东汉时期，门阀贵族地主滋长。历魏晋至南北朝，形成世族地主及豪族强宗的土地垄断，并出现落后的变相庄园制，世族强宗权势嚣张，皇权相对削弱。同时北朝推行维护门阀豪族地主利益的均田制，地权呈现僵化，中国地主制经济逐渐进入畸形状态，封建土地关系呈现逆转。伴随这种发展变化，农民生产自给性增强，农业生产停滞，商品经济趋向衰退，民间交易萎缩，金属货币向实物货币转化。但畸形地主制并未摆脱地主制经济体制，商品经济仍在延续，但同前朝相比，暂时呈现衰退趋势。

隋唐时代，非世族性的"庶族"地主发展，门阀等级性虽仍在延续，但封建依附关系相对削弱，农民获得较多自由，地主制经济又逐渐进入正常运转轨道。由于这种发展变化，到唐代中叶出现两税制的改革，促成农业生产及商品经济的发展。粮农出售余粮现象增加，并有的农民从事茶果之类商品生产，同市场的联系远超过南北朝时期。地主有的征收茶租，有的佣工种茶。同时农家手工行业和个体手工业有所发展，此前兴起的官府手工业产品所占比重相对下降。又在商品经济进一步发展的条件下，出现了粮食、茶叶及纺织品长途贩运，这时商品种类日益增多，商品交易额日益扩大。也正是在这种条件下，到唐代中叶后，逐渐突破了束缚商业发展的坊市制度，以草市为中心的地方市场日益普及，小商小贩日益增多，商品经济对农民经济的渗透日益加深。与此相适应，货币制度也在发生变化，这时虽仍承袭过去的实物货币法，但铜币逐渐通行，银的生产和流通量日益广泛。

宋元时代，主要是宋代，经过农民战争和五代纷争，地主所有制遭受严重冲击，地权相对分散，并在农民阶级中逐渐分化出一些庶民地主。地主制经济进一步发展的条件下，农业生产有较快发展，同时地区间发展不平衡状态也日益突出。这时按生产状况可以分成几种不同类型区,一是西部夔州等路粗放经营区,但农家也需卖粮卖布,购置生产资料和生活必需品,只是所占比重较小。一是东南植茶、种桔、蚕桑等精耕细作专业区,其间不少农户,或"以蚕桑为命,纺织贸易";或"饷口之物尽所商贩",农民经济商品率显著增长。三是一般粮产区,农民经济同市场的联系也比较密切,但因地区而不同。当时有一个关于江南秀州五口之家佃田30亩农户的估算:该农户每年共收米60石,完租30石,食用18石,所余12石即用以供购置油盐之需,出售部分约占总产值的20%。据此,其田场不到30亩的农户,出售部分所占比重要少一些。但田场相同的自耕农,出售部分比租佃农更高。关于北方产粮区,产量较低,农民经济商品率也低。但无论哪种农民,经济生活都离不开市场。

此后元代基本承袭宋朝,但商品经济有过一个停滞恢复发展的过程。在其发展时期,有的地区农民经济中的商品率超越宋代。如某些蚕桑和植棉区,尤其是植棉兼纺织的松江府属;有"衣被天下"之称,农民经济商品率很高。与商品经济发展相联系,这时的货币制度也发生了变化,纸币作为国家法定货币在全国范围流通。

以上是由隋唐至宋元,地主制经济由进入正常运转到进一步发展时期商品经济发展的基本情况。地主制经济的发展变化对商品经济发展的制约作用十分明显。

封建社会后期的明清时代,土地关系发生更大变化。这时庶民地主进一步发展,地主和农民间封建依附关系进一步松解,地主制经济进入高度发展期,为农业生产发展创造了更为有利的条件。伴随农业生产发展,商品经济进一步发展乃势所必然。于是出现赋税货币化,从明代中叶一条鞭法开始,到清代前期实行摊丁入地止,税制改革基本完成。这时商品经济的发展,更体现为农村市场及商业城市的发展，沟通各地区间商业网的扩大，商品数量的增加，商业资本的增长等。

　　这时商品经济的发展，在农民经济生活方面则体现于农副产品出售部分在总产值中所占比重的扩大。由明代中叶到清代鸦片战前约 300 年间，农家农产品及棉纺织副业产品，出售部分对总产值所占比重，我根据所能接触到的资料，于前几年所写《明清时代农民经济商品率》一文曾作过粗略估计。关于中等农户，第一类是买布而衣地区农户，出售产品约占农副产品的 30%—35%。第二类是以粮产为主兼事植棉纺织农户，因地区因农户而不同，少者 20%，多者 40%，一般为 30%—35%。第三类是植棉纺织专业区和专业户，出售棉花和纺织品所占比重，棉田比重小者约占总产值的 60%—70%，比重大者可到 80% 以上。第四类棉蚕外的其他经济作物同粮食作物混合种植类型区，各类农户因种植经济作物所占比重而不同，占 50%—60% 者占大多数。由以上事例，充分说明中国地主制经济在高度发展的条件下，能较大限度地容纳商品经济的发展，并不改变封建社会的性质。

　　由春秋战国地主制经济的形成，到明清时代地主制经济高度发展，中间除个别时期外，商品经济总在伴随土地关系的变化在不断发展，一代超越一代，越是到后期，农民经济同商品经济的联系越加密切。由于商品经济是地主制经济的一个不可分割的构成部分，地主制经济的发展与商品经济的发展遂互为条件，一方面地主制经济在商品经济持续和发展的条件下日益完善，反过来，商品经济在地主制经济正常运转和发展的条件下日益发展，两者互相促进。

　　由以上事例，说明地主制经济与商品经济的必然联系，从两千年间商品经济的不断发展，说明地主制经济发展对商品经济发展的促进作用。

七、地主制经济与雇佣关系的变化及农业资本主义萌芽等问题

（一）地主制经济与雇佣关系的变化

东周时期的改制，单由农民耕种赖以实现必要劳动的"私田"改为税亩制，实际变成农民的私产。系由各级领主直接占有令农民代为耕种的"公田"，也要向各诸侯国君按亩交税。这时的亩税一般按产量交纳10%。经过改制，相当大部分土地变成个体农民的私产，出现广大自耕农；部分土地由原封建领主继续占有，变成地主；在他们土地上进行生产劳动的农民，逐渐变成租佃农。地主对租佃农的剥削，当时有"伍税之"的说法，即按产量征收50%的地租。从这时开始，即出现关于贵族地主互相兼并的事例；同时也出现贵族地主吞并农民土地的暴行。

就在这时，有些贵族子孙，由于世代相传，逐渐疏远，其身份地位逐渐发生变化，丧失贵族身份降为庶人，同时发展起来一批新兴军功官僚地主。

值得注意的是自耕农的发展。过去由农民所种的"私田"，经过改制，变成为农民的名副其实的私田。过去在各诸侯国中居住的所谓"田人"，除少数人外，大部分变成自耕农，他们也向各国交纳1/10的税。这时在相当广大地区，自耕农占据了统治地位。

伴随农民小土地所有制的发展是土地买卖的频繁。

自耕农的经济状况是不稳定的，各家劳动力状况不同，土地肥瘠不同，每年收成大为悬殊。伴随商品经济发展，加剧了农民的阶级分化，土地买卖遂日益频繁。就在这时，在富裕农民中分

化出来一些中小庶民地主。

东周时期仍存在不少奴隶，其中有西周时期奴隶的延续，有因战争失败被俘而沦为奴者，有因违犯法纪被罚为奴者，有庶人因穷困卖身为奴者。但总的发展趋势是奴隶人数逐渐减少。

值得注意的是伴随阶级分化和农业生产的发展，农业雇工开始出现。在西周时期，有用奴隶从事农业生产的；春秋战国时期改为使用雇工了，这时有"庸客""庸夫"① 之类记载。使用农业雇工的主要是新发展起来的富裕农民和庶民地主，因为他们多从事直接经营。这时主雇之间仍是等级关系，雇工的地位只是比奴隶上升了一步，有较多的人身自由。这种发展变化为当时地主制经济发展变化所制约，主要是雇主身份地位的变化，他们已脱离贵族地主等级身份。

宋元时期，尤其是宋代，经过唐末五代长期战乱，土地占有关系发生很大变化，大部分土地为自耕农所占有。这些自耕农民中，有些劳动力充足，经济条件比较好的家庭，力农致富，上升为庶民地主。与此同时，一些地少，劳动力少，经济条件较差农户，由于无力抵御天灾人祸，而出卖土地，沦落为佃耕农或靠出卖劳力为生的雇工。此外，雇工中还有大量无地的客户。这时使用雇工情况十分普遍，田家夏耘秋获，劳动力不足者，则需雇工，由于雇工需要量大，还出现供不应求情况。② 至于经济作物种植者，更是依赖雇工，如九阤县茶园："每年春冬，雇召人工薅划，至立夏并小满时，又雇召人工赶时采造茶货。"③ 这时使用雇工生产的主要是富裕农民和庶民地主。这时主雇之间关系虽

---

① 《韩非子·外储说左上》；《战国策·齐策六》。
② 《宋会要辑稿》；《食货》，六五之七七。
③ 吕陶《净德集》，卷1，《奏为官场买茶亏损园户致有词诉喧闹状》。

然还是等级关系，但由于雇主本身是劳动者，没有特权，因此雇主与雇工之间等级关系相对削弱，雇工具有较多人身的自由。

明清时代，伴随着商品经济的发展，土地买卖进一步商品化，地权的取得主要不是通过分封赏赐，而是通过购买。虽然土地买卖与暴力掠夺每因时期不同而相互消长，而地权转移发展总趋势则是土地商品化的加强。商业性农业的发展促成了农民阶级分化，种植经济作物的农民，他们的命运要受市场的自发性所支配。农民种植经济作物原为谋取更多的收益，但在商业资本盘剥下很多农民经济地位下降，乃至沦为出卖劳动力的农业雇工。而少数经济条件较好的农民，对所生产的农副产品可以待价而沽，从而增加收益，扩大经营规模，雇工进行生产。由于地主阶级构成发生变化，雇主与雇工之间同食共住情况普遍化，主雇之间平等相称。明万历年间、清乾隆年间先后以法律形式肯定了这一变化，短工和部分长工先后取得"凡人"地位，获得了人身自由。明清时期尤其是明中叶以后的雇工与宋元以前的雇工已有质的变化。这种变化为新的生产关系的产生准备了条件。

（二）资本主义萌芽问题

目前关于中国农业资本主义萌芽的估计，出现了一些分歧，一是农业资本主义萌芽发生时间，有的估计偏迟，认为直到明清时代资本主义萌芽还未出现，有的估计偏早，把资本主义萌芽时间上推到宋元乃至隋唐以前；一个是农业资本主义萌芽发展的程度，有的估计偏低，认为我国农业中资本主义萌芽是"极其微弱"的，有的估计偏高，认为明代中后期农业经营已"基本上采取了资本主义制"。意见分歧，莫衷一是。人们在这个问题上之所以作出如此不同论断，乃基于对某些问题的看法和对某些文献记载理解的不同。关键是方法论问题。如把这个问题同中国地主制经济发展变化联系起来考察，则可以作出比较正确的论断。

所有作者对此问题进行论证时都涉及到商品经济问题。无容否认，商品经济发展是资本主义经济发生发展的必要条件。但商品流通必须从属于生产，商业资本必须从属于产业资本。这里有一个关键问题，即对资本主义经济关系中的"资本"这一概念如何理解。我认为，货币转化为资本，最根本的条件是劳动力变成商品，即货币持有者在流通领域购买到自由劳动力，榨取他们的剩余劳动以实现价值的增殖。即资本主义经济中的资本必须是用于剥削自由雇工而带来剩余价值的价值，它体现着资本家和自由雇工之间的剥削和被剥削的生产关系。关键问题是看货币是否转化为资本。是否出现这种转化，又决定于是否出现身份自由的雇工。因此关于这个问题的研究，首先要把着眼点放在自由雇工出现问题上。

在中国封建社会时期，雇工同地主制经济几乎是同时出现的，尤其是西汉时期有不少关于雇工的记载。此后的隋唐，尤其是宋代，有关雇工记录更多。这时雇佣关系为当时地主制经济所制约，封建依附关系强烈，谈不上自由雇佣。这种关系一直到明代中叶后，地主制经济发生较大变化，雇工才开始向自由雇佣过渡，到清代前期又有进一步发展。雇佣关系的质变才是资本主义经济关系产生的标志。

其实早在宋元时代，由于地主制经济的优越性，工农业生产已有较高发展，如英人李约瑟博士在所著《中国科学技术史》中所说：中国中世纪时期，科学技术比欧洲先进，这是由于中国封建制度比欧洲封建制度先进。李约瑟所说封建制度包括政治经济等，但核心是地主制经济体制。就宋元生产力发展状况而言，已为资本主义萌芽的产生创造了条件，只是雇工还无法摆脱封建依附关系的束缚变成为自由劳动者，从而他们所创造的剩余劳动还不能构成为雇主的资本，也从而影响了资本主义生产关系的萌生。明清时代，工农业生产及商品经济进一步发展，雇工队伍进一步扩大，雇工反抗斗争时有发生，雇佣案件日益增多，封建统治者开始考虑雇工身份地位问题了。明万历十六年，先是解除了未"立有文券，议有年限"的雇工的封建身份义务，使变成自由劳动者，其间包括广大的短期雇佣和部分未书立文契的雇工，可以说这时资本主义关系开始萌生。至清代前期，雇工律一再修订，据乾隆五十一年制定律例，部分长工基本解除了法律上的身份义务关系，变成自由劳动者，资本主义经济进一步发展。由地主制经济到农业雇工的出现，约经历了两千年，才出现资本主义萌芽。资本主义萌芽出现之所以如此之迟缓，关键是由于地主经济的制约。

这时主要是在农业部门出现资本主义萌芽。这时雇工经营的，有富裕自耕农，有庶民经营地主。在经济作物区还有雇工经营的租佃农。以上各类经营者，除去地租及一切经营开支外，还能通过剥削雇工剩余劳动获取部分利润。应该承认，经营主在使用货币购买劳动力并从他们身上榨取剩余劳动并扩大再生产的条件下，经营者投入的货币已经变成为资本，从而具有资本主义经济的属性。

至于工商业者，他们的经营还要受封建行会的束缚，资本主义经济的发展还要受到一些限制。至于地主和富裕农民兼营的农产加工手工业，诸如酿酒、榨油、制糖之类，这类手工业遍布于广大农村，一开始就摆脱封建行会的束缚，工业资本主义萌芽可能首先在这里发生。而且这类手工业发生较早，经营者有就近收购原料的便利，在农村又有广阔的销售市场，在自由雇工才一形成的时候，和农业资本主义萌芽一齐登上历史舞台完全是可能的。

此后不久，才有资本主义性质的商人包买主和独立手工工场的出现。工场手工业显然和农业部门同时和自由劳动发生联系，但摆脱封建行会的束缚还要经历一段历史过程。

再一个问题是资本主义萌芽既然出现之后，进程过于缓慢，一直到清代还没有进入资本主义社会。资本主义经济发展之所以缓慢，是很多因素造成的，其间地主制经济的制约，是一个决定性因素。这时的商品经济同封建经济密切联系，工商难以摆脱封建束缚而独立发展，商业资本向产业资本转化十分困难，这一点和西欧领主制时期工商业城市发展道路不同。这时商业资本和商业利润多转向地产，变成商人地主。以明清时代而论，在我接触不多的资料中就发现了一百多例，如明正德年间广东中山县从事海外贸易的何图源买田20000亩（小榄何族发家史）。嘉靖十四年顺德县龙翠云以贩运棉花为业，买田8000亩（龙氏族谱，卷7）。乾隆年间番禺县林大懋，以贩运谷米布匹为业，买田几十万斤租（太平天国革命在广西调查资料汇编，第29页）。明（末清初，福建南安县以贸易起家的郑芝龙，买庄田及庄仓500所明季南略）。康熙年间，江苏徐乾学以贩运盐业致富，买田10000余亩（东华录，卷15）。乾隆年间，无锡薛氏以贩卖粮食为业，买田40000亩（新创造，1932年第2卷第12期）。康熙年间，浙江平湖县陈元师以经营丝绸店致富，置买田产100000亩（啸亭续录）。光绪年间，镇海县李嘉买田2000亩（中国近代农业史资料，第一辑，第190页）。乾隆年间，四川云阳县彭自圭，买田一百多石（民国云阳县志，卷27—28）。嘉庆年间，湖南省衡阳县刘重伟，买田100万亩（衡阳县志，卷11）。明万历年间云南大理县董必昂以贸财饶裕，购买腴田（云南省白族社会历史调查报告，第13页）。乾隆年间，北京怀柔郝氏买田100万亩（啸亭续录，卷2）。

安徽省徽州商人地主表

年代	地区	姓名	经营商业情况	购买土地情况	资料来源
明	婺源	江国郊	木商	田日斥	《大泌山房集》卷72。
明初	歙县	鲍思齐	盐业	增修田庐	乾隆《重编歙邑棠樾鲍氏三族宗谱》卷132。
正统年间	徽州	程志发	做造牌伕	置田一顷余	《新安程氏诸谱会通》第三册《程志发传》。
弘治年间	休宁	黄义刚	木商	筑室买田	《休宁山斗俞氏宗谱》卷5。
嘉靖年间	歙县	黄存芳	盐业	广土构堂	歙县《汪氏黄氏宗谱》卷5。
嘉靖年间	休宁	汪弘	盐业	构堂宇,辟沃壤	《汪氏统宗谱》卷116。
明中叶	歙县	许东井	盐业	庐舍田园,迥异往昔	歙县《许氏世谱》第五册。
嘉靖年间	歙县	黄锜	盐业	创置田园室庐	歙县《潓塘黄氏宗谱》卷5。
嘉靖年间	歙县	方道咨	盐业	饫产构室	《方氏会宗统谱》卷19。
万历年间	徽州	汪宗姬	盐业	争购土地	《玉茗姐》卷4。
明末	休宁	汪正科	开丝绸店	置田93丘,计租304秤;另地、山塘若干	《汪氏甸书》原件藏安徽师大图书馆
万历天启年间	歙县	吴养春	盐业	置黄山山地二千四百余亩	《丰南志》第四册。
雍正年间	徽州	姚氏	贩卖于西口	买田造屋	《姚氏家书》社科院历史所所藏。
雍正年间	徽州	姚氏	在外经商	置买大量田产	同上书。
乾隆年间	安徽	吴荣让	经营茶漆业	买田及山林	《大函集》卷47。
乾隆年间	休宁	巴尔常	开押店	买田171亩	李文治《清代前期的土地占有关系》。
道光年间	旌德	汪承翰	开布店	买田1000亩	出处同上。

同治年间，河北文安县张锦文买田 20000 亩（民国文安县志，卷 6）。光绪年间，滦县刘氏买田 4983 亩（中国近代农业史资料，第一辑，第 191 页）。河南巩县康应魁开布店、杂货店起家，于乾隆年间买田 10 万亩（罪恶之家，第 3 页）。道光年间，山东淄川县毕远蓉经营丝绸，买田九百多亩（清代山东经营地主底社会性质，第 69 页）。光绪年间，临清县孙家开铺子致富，买田 10000 亩（武训历史调查记，第 60 页）。乾隆年间，山西曲沃县彭太开粮行布店，买田 10 万亩（罪恶之家，第 146 页）。道光年间，陕西米脂县马家开铺兼放债，买六七十里田地（中国近代农业史资料，第一辑，第 192 页）。总之，中国地主制下商人多将所积累的资本转向地产而较少转向工业生产，这是导致资本主义发展迟缓的一个重要原因，也是中国封建社会长期延续的一个因素。

这种关系，在徽商发展的皖南地区尤为突出。请看上表。这种现象的产生和发展，主要由于地主制经济的制约。这种现象，在西欧封建领主制时代是很少出现的。

过去在讨论过程中，人们强调耕织结合的制约作用。无容否认，在地主制经济制约下，耕织结合具有一定的顽强性，而且有很多农户为了出售而进行纺织，用以弥补家庭生计。这样，使纺织工场手工业产品缺乏足够的消费市场，从而对资本主义纺织工场手工业的发展也产生了不利影响，但这不是决定性因素。

由以上论述，无论资本主义萌芽出现的迟缓，资本主义萌芽既产生之后进展极为缓慢，却由于地主制经济的制约，其他因素都是第二位的。由此可见，在地主制经济制约下，中国资本主义经济不可能顺利发展，要想发展资本主义经济，首先必须通过革命突破地主制经济体制。至于资本主义萌芽出现之后，它仍带有一些封建因素残余，乃势所必然，但这时事物的性质已发生质变。不能因为它没有长入资本主义就连同它的萌芽也一起否定掉。

八、封建社会长期延续问题

关于中国封建社会长期延续问题，国内曾进行过长期讨论，提出过种种看法，诸如耕织结合的自然经济问题，地理条件的制约问题，超稳定论，中央集权的严格统治等。关于这个问题，我曾于1983年和1992年先后发表过《地主制经济与中国封建社会长期延续问题论纲》、《再论地主制经济与封建社会长期延续》两文进行论证。现在为将中国与西欧进行对比，再加以补充说明。

中国封建社会长期延续，实际是地主制经济制的长期延续，过去讨论中关于这个问题所提出种种看法，很多是由于地主制经济的制约。因此，本文仍从地主制经济制约作用方面进行分析。

中国地主制经济，在整个封建社会时期，有其阻碍工农业生产发展的一面，导致社会经济发展的迟缓，但同中古欧洲封建领主制经济相比，中国地主制经济，在一定历史条件下，它能自动调节，适应工农业主要是农业生产的发展。因此，从总的发展趋势看，中国地主制经济时代的农业生产，远超过同时代的领主制的欧洲。在封建社会两千年间，农业生产总是在不断向前发展的。

中国农业之所以不断向前发展，是由于地主制经济的灵活性。这种灵活性表现在很多方面。以地主制经济结构而论，首先是农民小土地所有制广泛存在。这类农民在生产方面有较多的自由，富有生产积极性；其次，由地主所有制所形成的租佃关系，一开始就采行较封建领主劳役租为先进的实物租，宋元以后，又出现永佃制，明清时代又出现分成租向定额租的过渡。这类实物租佃制，尤其是改行定额租后，农民有较大的独立自主性。又由地主制经济所形成的封建依附关系，相对封建领主制而言相对松弛。而且伴随农业生产的发展，定额租制的扩大，永佃及押租制的发展，以及人身依附关系趋向削弱以至松解等，农民在生产和生活方面获得更多的自由。伴随这种发展变化，农业生产也随之亦步亦趋，在不断发展。从以上这些方面说明，中国地主制经济，在一定范围内能自动调节生产关系以适应生产力的发展。也说明它远比西欧领主制经济大为先进。这种种关系对中国封建社会时期社会经济的发展和长期延续都具有一定影响。

中国地主制经济长期延续，更为重要的是它的强大适应性。一是能适应地权的分散。在每一个封建王朝前期，尤其在大规模农民战争之后，封建地主所有制遭受冲击，农民小土地所有制常占居极大比重，乃至占居统治地位。这种变化并不影响地主制经济的持续。二是地主所有制可一再重建。在一个历史时期，有些地主没落了。由于土地可以买卖，此后不久，又有一批新地主出现，并不断购置土地扩大地产，这种现象，在整个封建社会时期屡见不鲜。三是能适应封建依附关系的削弱和松解，并不改变封建所有制的性质，这种关系前面已经论及。四也是更重要的，地主制经济能较大限度的适应商品经济的发展。这种关系和西欧领主制经济大不相同：西欧领主制经济对商品经济具有严重排他性；中国地主制经济原本就具有商品经济的内涵，无论地主和农民，他们的经济生活都离不开市场。又西欧领主制经济，因城市工商业发展的冲击而趋向消亡；中国地主制经济同城市工商业紧密联系在一起，地主制经济的发展则为商品经济的进一步发展创造了条件；在一定历史时期，商品经济发展，地主制经济也亦步亦趋相应发展。地主制经济以上种种适应性，相对中古欧洲领主制经济而言，都是不可想象的。这种关系在前面"商品经济问题"中已作了详细论述。

我们一方面看到地主制经济的适应性和顽强性对封建社会长期延续所起的作用，它对中国封建社会时期的社会经济的发展产生过积极影响。同时也要看到它对社会经济所起的桎梏性的消极作用，这种现象到封建社会后期的明清时代尤为突出。

最严重的是社会财富向地产的转移。中国地主制经济，土地财产具有极大吸引力，土地可以买卖，地租剥削率高，而作为一种财产，封建地权又较有保证，更为这种转移创造了条件。西欧领主制则不然，地权僵化，土地基本不能买卖，这种情形一直持续到14—15世纪。中国在纪元前4—5世纪，东周由封建领主制向地主制经济过渡以后不久，土地即进入流通领域。而且此后伴随社会经济的发展，土地买卖日益频繁。到封建社会后期的明清时代，土地买卖更进入高潮。这时无论哪一种人，只要掌握了货币，就设法购买土地。不仅封建地主通过收租积累的财富转向地产；即这时出现的富商大贾，也每将所控制的货币转向地产，很少转向工业生产。因此，在明清时代出现了很多商人地主，这种关系前面已经论及。即这时出现的具有资本主义性质的工场手工业者，有的也将部分工业利润转向地产收租。总之，这时封建地产顽强的吸引力，在严重阻碍着资本主义经济的顺利发展。归根到底，是中国地主制经济巨大的制约作用，这就是说，地主制经济是促成中国封建社会长期延续的主要原因。

由于地主制经济的制约，出现地主同商人高利贷者乃至手工业者的结合。这一点同西欧领主制经济不同。西欧领主制，领主掌握辖区政权，把农民束缚在土地上，实行劳役地租制，是单纯封建经济。这时发展起来的工商业集中于城市，工商业者为了发展经济，扩大财富，联合当时最高统治者，反对封建领主，最后取得胜利，为资本主义经济发展创造了条件。

中国地主制经济，地主商人乃至手工业者互相渗透，城市工业变成地主阶级和商业资本的附庸，不容易独立发展，从而影响于资本主义经济发展的迟缓。这是导致中国封建社会长期延续的又一个方面。

由此可见，中国封建社会长期延续的两个具体内容，一是地主制经济本身的长期持续，一是在地主制经济制约下资本主义因素发生发展的迟缓。在唐宋以前，中国地主制经济较能适应社会经济的发展；明清时代，它又逐渐变成为束缚社会经济进一步发展的桎梏。这就是中国封建社会长期延续的基本内容。

导致中国封建社会长期延续的因素是多方面的，极为复杂，尤其是某些历史时期封建国家所采行的某些政策起着极为重要的作用，但所有这些因素也每为地主制经济的发展变化所制约。关于地主制经济的制约作用，可因时期而不同，在封建社会中叶以前，由于地主制经济的正常发展，促成社会经济高度发展；到封建社会中后期，它的消极影响又极为严重，阻止封建经济向资本主义经济转化，最后导致中国封建社会长期延续。由此可见，在地主制经济制约下，资本主义经济是不可能正常顺利发展的，封建社会长期延续乃势所必然。

九、余论

以上诸问题，有的是为了同中古欧洲封建领主制经济进行对比提出来的，把上述问题作为示例，进行了分析。还有一些问题，如同地主制经济发展变化联系起来考察，可能有助于深入理解，把我们的认识向前推进一步。

关于重大历史问题，如政治体制的发展变化问题就是值得深入钻研的一个问题。从春秋战国时期由封建领主分封的世卿世禄制向郡县制的过渡，就是在地主制经济基础上产生的。自秦汉以后出现的高度统一的中央集权和官僚政治体制，此后历代政治体制的变革和国家所采行的重大政策措施等，多同当时地主制经济发展变化有着一定联系。又如关于流传两千多年的儒家说教，就是在春秋战国时期地主制经济形成过程中形成并发展的。当时的孔子不仅是当时土地改革即由封建领主制向地主制经济过渡的大力支持者，也是儒学的创始人。孔子重实践，把忠孝仁义作为学派的核心，他主张"有教无类""老吾老以及人之老"之说，主张维护广大人民的利益等等。战国时期孟子则是孔儒学说的主要继承人，对孔子所倡导的义大加发挥，说"富贵不能淫""舍生取义"之类属此。把两者联系起来考察，对儒家学说可以更加深入理解。此后地主制经济在不断发展变化，儒家学说有的也随之亦步亦趋，乃势所必然。此外还有一些问题，如果同中国地主制经济发展变化联系起来，进行辩证的分析，也可能有助于深入理解。

说明：此文在写作过程中，视力忽然下降，因此很多地方由江太新同志修改补充。其中宗法宗族制发展变化一节，我只提供了一些线索，全节由太新同志撰写，特此表示感谢。

1998年5月脱稿

一部完整的清代等级制度史

——经君健同志著《清代社会的贱民等级》评介

经君健教授所著《清代社会的贱民等级》一书，将由浙江人民出版社印行。作者通过贱民等级研究，并联系当时政治经济体制和社会宗法关系等方面进行考察，提出一系列看法，很值得重视。

首先，在学术领域开辟了新途径。中国封建社会时期的等级制问题长期被忽略了，关于政治史、战争史、农业史、商业史、文化史以及土地制度等等，出版了不少专书，而等级制度这样重大问题，不仅未有专书，就是论文也很少见，只是在论述其他问题时偶一涉及。此书的写作和出版是一项重要工作，弥补了这方面的缺欠。

此书虽名为《贱民等级》，实际是一部完整的清代等级制度史。在这本书中，关于"凡人"以上等级，诸如皇帝宗室、官僚绅衿以及凡人等级都进行了论述，而对更为复杂的贱民等级作了更加详细深入分析。值得注意的是，等级制不仅同政治经济的发展变化紧密联系在一起，也同宗法关系、文化意识联系在一起。是一个十分重要的课题。通过这项课题的研究，可以加深对中国封建社会的理解。

此书对等级制内涵的剖析亦有建树。反映在以下几个方面：

一是等级与阶级的关系。封建社会阶级差别是用居民等级来划分的，并为每个阶级确定了在国家中的特殊的法律地位，阶级表现为等级，是等级的阶级。二是封建社会时期，良贱界限、君臣界限及官民界限三者构成清代等级制基本框架，据以论证等级制对维护封建统治的重要性。三是等级制具体体现为人与人之间在法律上地位的差别，构成各类人社会地位不平等关系，而贱民所处法律地位最为低下。等级制内涵极为丰富，开阔了读者的视野。

关于等级制的具体内涵，为了便于论述，本书作了适当归纳。针对当时具体情况先分成三大等级，一是上层地位的统治阶级等级，一是中间地位的凡人等级，一是下层的贱民等级。对贱民等级本书又归纳为：（1）奴婢，（2）堕民、丐户、九姓渔民、蛋户，（3）佃仆，（4）隶卒。四者既有其共性，又有其个性。这种处理问题的方法颇具科学系统性。

其次，是清代等级制的特点和作用。有四点极为重要。一是贱民等级地位不易改变，子孙继承，世代相传。阶级地位则可变动，如官吏的长随家人等，可利用主人权势，贪索良民，变成巨富；有的从事商贾高利贷活动，乃至购置地产变成地主。他们的经济地位虽发生变化，贱民等级地位仍然依旧。这种现象构成为等级与阶级关系的矛盾。二是等级制中贯串着封建宗法伦理原则。统治者将宗法家长制扩大运用于某些社会等级关系，使等级制贯串着宗法家长制传统，这样更有利于封建统治者对人民包括贱民在内进行统治。三是等级制的顽固性，这体现于等级制解体异常缓慢。如乾隆中叶后，国家一再颁布解放贱民的指令，贱民却迄未获得人身自由。当然，清代整个等级制的持续，也会影响于贱民等级延续不变。四是等级制与资本主义因素的复杂关系。地主制经济制约下的等级制，非僵化的领主制可比，它具有孕育资本主义经济的功能；同时又由于社会成员个人等级身份是可变的，又起着巩固封建所有制的作用，从而增强封建体制，阻碍资本主义因素顺利发展。

以上分析，反映出本课题的研究涵盖面广，立论深刻，是本书一大特色。

再次，对一些长期存在的很易误解的具体问题，在掌握大量资料的基础上予以纠正。

如庄头性质：所有宗室及旗人地主管理旗田的庄头，身份均系奴仆；而内务府所属管理皇庄的庄头则否。又如壮丁身份：八旗编审的壮丁非在奴仆之列，而在皇庄上劳动的壮丁则系生产奴仆。过去人们在涉及这些问题时每易混淆，产生误解。本书作者则参考多种记载进行论证。再如关于投充和投靠：明代农民带地向官绅地主投靠，非官方认可，法律地位不明；清代农民向旗官地主投充，系国家正式承认，即为奴仆。二者法律地位不同，过去治史者每不加区别，以讹传讹。如关于庶人存养奴婢问题，在明代是违法的，犯者判处徒杖；清代只禁以良为奴，"若不压良为奴，不在禁限"。这是一大变化，过去常为人所忽视。又如关于旗人奴婢身份的解放问题，旗人之"开户"者，系离开主人单独立户，但仍受当差规定的限制，旗人之"放出"者，准入民籍，任意自谋生计，享有人身自由。关于旗人奴婢身份问题，此书作了详细考释。关于堕户、丐户、九姓渔民、蛋户等贱民身份地位的变化，均参考大量资料详加考订，纠正前人之误。

总之，著者不拘泥于旧说，在占有丰富资料的基础上，打破史学界长期以来以误传误的传统，把论点建立在坚实可靠的基础上，成一家之言，是本书的又一特点。

最后，本书对贱民等级的发展变化以及与等级制相关的一些重大问题进行了深入论述。在雍正以前，由于满族将原有落后主奴习俗带入关内，在汉族中普及，无异给中国残存的奴婢制注射了一针强心剂，凡人等级的人沦为贱民者远超明代。这种关系过去很少有人论及。

上述倒退现象至乾隆当政时发生变化，如从事农业生产的奴仆性壮丁逐渐转化为一般佃户；如堕民丐户逐渐开豁为良。由以上发展变化，有力说明，具有两千年历史的地主制经济由于具有一定灵活适应性而具有顽强生命力。有清代前期，虽然由于特殊原因在某些地区贱民等级一度扩大，使地主制经济一度呈现畸形状态，但到乾隆朝又逐渐扭转这种倒退趋势，地主制经济又逐渐进入正常运转轨道。清代后期奴仆买卖得到废除，有关良贱关系不再现于律例，如著者所论，这是中国法律的一大进步。这种改革也受到西方一些影响，仍如著者所论："使中国古老的上层建筑中揉进某些西方意识的因素，使刑律涂上一些资本主义思想色彩。"

关于等级制的消极作用，本书在最后作了总的概括：由于等级制的制约，阻碍了中国社会经济的发展，使中国难以产生一个强大资产阶级群体，新资产阶级反封功能亦具有不彻底性；这时虽然出现民主自由平等之类口号，而难以真正实现，以致近代社会中在意识形态方面一直钤记着封建等级制的印记。

总观全书，既注意横向剖析，又注意纵向论述；既看到等级制的发展变化，又看到它的消极影响。通读之后，深感中国封建等级制的研究是一个十分重要的课题。此书的写作是一个良好的开端，希望科研机构组织人力，在此书的基础上，对整个封建等级制作进一步探讨，写出几部断代封建等级制度史，这有利于加深对中国古代史的进一步理解。

1993 年 3 月

（原载《经济研究》1993 年第 4 期）

论明代封建土地关系

——从产品分配和集团关系考察明代
封建所有制中的两个问题

一、从产品分配关系看明代土地所有制的性质

在五六十年代，中国史学界曾环绕封建所有制问题开展热烈讨论。从此后发表的论文反映出来，封建社会时期的土地国有或私有问题并未获得真正解决。本文拟就租佃关系中的产品分配问题提出自己的看法。

值得商榷的有三种意见，一种是把所有耕地都论证为国有制，一种是把地主土地论证为私有制而把农民土地论证为国有制，一种是承认地主和农民占有土地为私有制而把贵族庄田论证为国有制。上述种种看法都有欠妥之处，因为作者所遵循的原则或从国家主权角度出发，把国家对土地财产的支配控制权作为论证土地所有制的依据；或单纯从上层建筑角度出发而离开经济关系的分析；或虽注意到经济关系问题而混淆了田赋和地租的界线。如果坚持历史唯物主义基本原则进行分析研究，可以得出另一种结论。

遵照历史唯物主义，所有制形式决定社会的性质，生产关系是所有制的内核，剥削关系又是生产关系的内核，它最后又体现

为产品分配关系和社会集团关系，因此论证某种土地属国有制还是私有制，首先应着重于生产关系的分析。马克思在论证封建所有制时就是从分配关系和集团关系着手的。他先分析分配关系，从这方面论证封建所有制具备的特征，即封建主占有生产劳动者全部剩余劳动产品。他从剩余劳动归谁所有论证国有制或私有制问题。在封建土地和私有制的场合下，全部剩余劳动归地主私人所占有；在土地国有制的场合下，全部剩余劳动归国家所占有。他接着进入集团关系的分析，即人身依附及超经济强制关系，在封建土地私有的场合下，人身依赖及超经济强制是生产劳动者和封建地主私人之间的关系；在土地国有的场合下，是生产劳动者对国家发生直接臣属关系。[1] 在这里，马克思完全没有涉及土地所有权的法权关系。总之，论述封建社会时期土地国有或私有问题，首先应从产品分配问题着手，它最反映问题的实质。本文即拟遵循这个基本原则进行论述。

明代由地权所体现的所有制，有民田、勋贵庄田和各类官田。从民田而论，又分别为农民和地主所占有。地主所有部分主要采行土地出租制，佃农向地主交纳地租，主佃之间无论从产品分配或封建依附及超经济强制关系方面分析，地主私有制的性质十分清楚，无需再加论证。发生问题的主要是农民小土地所有制，有的作者把农民向国家完纳的田赋和对国家承担的徭役论证为实物地租和劳役地租，认为农民是土地"占有者"[2]而非所有者，从而把这类土地引申为国有制。

---

[1] 马克思：《资本论》，第3卷，人民出版社1953年版，第1032页。

[2] 按马克思在论述中古欧洲领主制，谓农奴对份地享有"占有权"，是正确的，因为领主对农奴份地不能随意剥夺。中国学者在论证中国自耕农的土地时，用来相比，把自耕农说成是土地的"占有者"而非所有者，把中国自耕农和西欧农奴等同起来，显然是错误的。

当然，农民和地主不同，作为一个阶级来说，地主是统治阶级，农民是被统治阶级，这一点自耕农和佃农相同。但自耕农因占有土地而向国家完纳田赋，又和地主相同。佃农向地主交纳的地租一般占产量的50%，在这里，地主占有佃农的全部剩余劳动；自耕农向国家完纳的田赋一般占产量的10%，只占农民剩余产品的一部分，远低于佃农向地主交纳的地租。占地较多的自耕农，所创造的产品，在完纳田赋、扣除农业生产费和全家生活费之外，一般还有些盈余，这部分剩余劳动产品并不全部上交国家，而主要归农民自己所有。在这里，土地私有权是农民得以私有其剩余劳动产品的条件。既然农民占有自己的剩余劳动产品，当然也就无需乎任何形式的经济外强制。由此可见，自耕农占有的土地，是以个体劳动为基础的小土地私有制。

发生问题最多的是朱明勋贵庄田，有更多作者把它论证为国有制。① 无疑，从形式上看，勋贵庄田具有国有制的某些特点，诸如地权的取得通过国家赏赐土地，禁止买卖，并且有退田制等。② 但从产品分配及封建依附关系方面考察，仍属于私有制。

明代勋贵庄田从太祖洪武年间（1368—1398）开始建置，中叶后逐渐扩大，神宗万历（1573—1619）熹宗天启（1621—1627）两朝增加尤速，到明代后期估计约达30多万顷。庄田均以出租形式剥削农民，关于产品分配，据洪武六年赏赐各公侯及

---

① 《明史·食货志》把皇庄，诸王勋戚大臣内监等乞赐庄田都列入"官田"，有作者或据此立论。

② 各级贵族庄田有定额。其承袭及退田制，据《明穆宗实录》卷27，隆庆二年定："勋臣五世，限田二百顷，戚畹七百顷至七十顷有差。"据《明神宗实录》卷201，万历十六年定："皇后之亲传派五世，准留一百顷为业；其驸马传派五世，准留七顷供主祀；其诸妃家传三世即尽数还官。"但这并不反映生产关系。

武臣的公田，令"仍依主佃分数收之"。① 即按民间分成制原定比例征收实物租。宪宗成化十六年（1480），山东德王分布在兖州和临清的庄田，每亩每年征租谷2斗。② 二斗谷相当于当地一般定额租。也有由地方政府代为征收的，多采行定额货币租制，每亩租银2—3分，按当时粮价约相当几斗粮食的价格。③

勋戚贵族自行管业的庄田，实际所收租额远比规定的租额为高。关于皇庄，如分布在北直东光县的庄田，成化十六年，"管庄人征粮无度，令补二石"。④ 武宗正德元年（1506），南直管庄内官依势逼租，"其所科索必逾常额"。⑤ 关于王公勋贵庄田，世宗嘉靖元年（1522），长沙吉王府派人下乡收租，照原额加倍征收。⑥ 万历年间，洛阳福王派人下乡收租，每租银一钱加收五分。⑦ 云南黔国公沐庄田"正征之外有杂派，杂派之外有亡名，虐焰所加，不至骨见髓不止"。⑧ 明代庄田租，皇庄归皇帝私室占有，专供皇室开支；各级勋贵庄田租归各级贵族所占有，专供他们家族挥霍。劳动产品的这种分配形式，是生产资料所有制的直接反映，即各级贵族对庄田分别享有所有权。

庄田私有制的性质，还从由以所形成的封建依附及超经济强制关系得到说明。有的庄田附有"钦赐佃户"，如洪武四年十月明太祖拨赐6公28侯佃户38194户，洪武二十六年六月拨赐勋

---

① 《明太祖实录》，卷85。
② 《明弘治实录》，卷27。
③ 正统年间，苏松重额官田每纳金花钱一两准米四石，每石合银0.25两。按官定折价银一般比市价为高，当时米每石市价当在银0.25两以下。
④ 《明宪宗实录》，卷203。后经科道上疏力争得减。
⑤ 《明武宗实录》，卷10。
⑥ 《元和县志》，卷23，《张勉学传》。
⑦ 《明神宗实录》，卷58。
⑧ 顾炎武：《天下郡国利病书》，第32册，周嘉谟：《庄田册疏》，万历十六年。

戚郭英佃户若干户等，①这类"钦拨佃户"子孙世袭，永世不得改变户籍，庄田主人对佃户人身占有合法化，具有强烈的人身支配权。更多庄田采行一般租佃制，由于庄田主人是当时特权勋贵，由以所形成的人身迫害也比较严重。嘉靖年间，长沙吉王府收庄田租时，对农民不如期交租的，没收其子女为奴婢。②万历年间，分封在洛阳的福王，庄田跨河南山东湖广数省，派遣的丈田收租官校，对农民"使尽凶威"。农民"受尽荼毒"；派赴河南汝州的阎时殴打佃农周化鲁国臣等致死。③勋贵们所派遣的征租官校是他们的代理人，这些官校是在执行庄田主人的意志。以上庄田制所体现的人身依附及超经济强制关系，是由特殊的生产资料所有制形式所决定的，表明各级勋贵就是土地所有者，这是一种具有官田形式的贵族私有制。

明代屯田制和勋贵庄田有着本质的差别。屯田耕作者是卫所军兵，其编制一卫有5个千户所，一个千户所有10个百户所，每个百户所有112人，一卫共有5600人。卫所兵额，成祖永乐(1403—1424)以后渐增至280万左右。④按明初规制，"边军卫所什三守城，什七屯种；内地卫所什二守城，什八屯种，或一分屯守，或俱下屯"。⑤据此从事农业生产的屯军当在200万左右。现役正军按规制每兵授田50亩，实际授田多不足额，一般在20—30亩左右。军人家属所受田额与正军同，或稍减于正军。据此全国屯田约在8000—9000万亩左右。宣宗宣德（1426—1435)之后，屯田制逐渐破坏，田额锐减。孝宗弘治元年

---

① 《明太祖实录》，卷68，又卷228。
② 《元和县志》，卷23，《张勉学传》。
③ 《明神宗实录》，卷528，又卷529。
④ 参考吴晗：《明代的军兵》，《中国社会经济史集刊》，5卷2期，1937年。
⑤ 《明宪宗法录》，卷15。

（1488）减为2894万余亩，正德五年（1510）又减为1613万余亩。

屯田严禁典卖，有典卖者按律治罪，典卖官田50亩以上者，卖主买主如系军户，发边外充军；如系民户，发口外为民。国家对屯田的控制超过一般民田。国家创建屯田的目的是解决驻防军粮饷问题，思宗崇祯年间（1628—1644）王洽说过："祖宗养兵百万，不费朝廷一钱，屯田是也。"①

国家通过屯田占有屯军的全部剩余劳动。据惠帝建文四年（1402）制定的屯田科则，每兵每年交粮24石，其中12石作为"正粮"，"收贮屯仓，听本军支用，"相当于屯军的必要劳动产品；其余12石称作"余粮"，这部分食粮上交"给本卫官军奉粮"，相当于向国家交纳的剩余劳动产品，也就是地租，这个租额相当于对分制。关于屯田地租率，根据明清之际所保存下来的资料估计，一个壮劳动常年劳动生产率，在生产最发达的江浙，以米计约为20石左右，在黄河流域以粟计约为15石。国家给屯军规定的租额显然偏高，使屯军无力负担，以后国家不得不把"余粮"的标准降低，由12石减为6石。② 屯军所交租额各地并不完全一致，如成祖永乐十九年（1421）令交州等卫每兵每年交稻谷35石，滇州南靖新乐等千户所每兵每年交稻谷18石等，③租额都偏高。

关于屯田租的苛重，由漕运卫所屯田反映的尤为清楚。有漕各省卫所军承运漕粮，是一种繁重徭役，把分配屯田作为运粮报酬，挽运漕粮徭役等同劳役地租，其不承担运粮的屯军，则计亩

———————
① 《明史》，卷257，《王洽传》。
② 《皇朝世志录》，卷30，《屯政》，永乐二年将"余粮"减为二石。
③ 《明太宗实录》，卷237。

出津济运等同货币地租。就运军因种屯田而向国家承担徭役租而言，国家才是屯田所有主，而且运军所交付的徭役租极为繁重，弘治年间，运军在运粮徭役压迫下，至于"富者日贫，贫者终至于绝"。① 到明朝末年，有的运军连父母妻子都无力养活，啼饥号寒，至冻馁而死。② 屯田制的实物地租劳役地租，不只榨取了屯军的全部剩余劳动，乃至侵蚀到部分必要劳动。从产品分配关系可以看出，国家对屯军是以主权者兼所有者双重身份出现的。

与屯田酷苛剥削相伴随的，是更为强烈的人身依附及超经济强制关系。首先是国家对屯军的严格控制。屯军专有军籍，子孙承袭，永世不得摆脱。明律规定，"军户子孙畏惧军役，另开户籍，或于别府州县入赘寄籍等项，及至原卫发册清勾买嘱原籍官吏里书人等捏作丁尽户绝回申者，俱问罪，正犯发烟瘴地面，里书人等发附近卫所，俱充军，官吏参究治罪"。③ 就这样把士兵及其家属牢固地束缚在土地上，变成了土地附属物，完全丧失了人身自由。在这里，国家对屯田又是以主权者兼所有者的身份出现的，屯军对国家是以臣属关系出现的。

过去有的作者把庄田和屯田混同起来，关键是由于没从产品分配及封建依附关系两方面进行区分。在贵族庄田上进行生产的劳动者，他们全部剩余产品归庄田主人所占有，他们和庄田主人发生直接的封建依附及超经济强制关系。在屯田上进行生产的卫所军，他们全部剩余产品归国家所占有，从而地租的实现不再通过封建地主个人的暴力强制，而是靠国家法令的规定和国家对生

---

① 刘大夏：《刘忠宣公集》，卷1。
② 《明朝经世文编》，卷108，陈子龙《论漕运积弊之害》。
③ 《大明律例·户律》。

产劳动者屯军的直接强制,此外屯军再不因土地关系对任何私人发生人身依附关系,这一点和贵族占有的庄田有着质的差别。

二、从集团关系看明代封建土地关系的变化

明代二百多年间,由封建所有制所制约的产品分配形式虽然发生了一些变化,诸如分成租向实物定额租过渡,货币租的初步发展等,但地租剥削率没有发生质的变化,地主仍通过地租占有租佃农民的全部剩余劳动。这时集团关系则发生了较大变化,封建依附关系呈现剥削松解趋势。关于封建依附关系问题,在前面论证封建所有制性质时业已涉及,下面专着重于发展变化方面的论述,它具有更为重要的时代意义。

人们每把人身依附和超经济强制二者混用混称,其实是两个不同概念。人身依附指生产劳动者和土地所有主之间的贵贱等级及人身隶属关系,这种关系是被封建法权所固定下来的;超经济强制是封建地主为实现经济剥削所采行的暴力手段,诸如对生产劳动者审判、体罚和囚禁等,如马克思所说:在农民占有份地进行独立生产的条件下,"要能为名义上的地主从农民身上榨取剩余劳动,就只有通过超经济的强制,而不管这种强制是采取什么形式"。① 马克思所说"所以这里必须有人身依附关系"等等,就是紧接在"就只有通过超经济的强制"之后说的。总观马克思的论述,可作如下概括:因为实现地租需依靠超经济强制,所以必须有人身依附关系;人身依附关系是实现超经济强制的前提条件,在有人身依附的条件下,超经济强制可以更加残暴。但超经济强制可以脱离人身依附关系而独立存在。地主为实现地租,对

---

① 马克思:《资本论》,第3卷,人民出版社1953年版,第981页。

农民施行超经济强制是不可避免的，在没有人身依附关系的条件下，超经济强制可以单独成为实现地租的凭借，不管这种超经济强制采取什么形式。明代就是这种情形，这时一般租佃制的人身依附关系在趋向削弱松解，超经济强制关系却仍在延续。

为了说明我们的看法，下面从两方面进行论述，一是影响封建依附关系松解的地权形式的变化，① 一是封建依附关系本身的松解过程。

关于地权形式的变化，如农民小土地所有制的广泛存在，庶民地主的发展，国家屯田向民田转化等，具体体现则为生产劳动者——自耕农、租佃农和雇佣农社会地位的变化。

明代中叶以前，农民小土地所有制一度广泛发展。明初建国，太祖朱元璋迁徙某些地区官绅地主，没收他们的地产，如在苏州松江湖州嘉兴四府籍没勋贵官绅土地1663840亩，约占四分之一。这部分土地先由原租佃农民耕种交租，洪武七年，将租额减半征收，实际变成为农民所有制。明祖并一再下令：农民开垦荒田"永为世业"；同时对地主占田作了一些限制，对还乡地主之人少地多者不许"依前占护"。从而在明代前期，在相当广大地区，农民小土地所有制广泛存在，有的地区并占据统治地位。明王朝正是在这种条件下，推行其具有特殊意义的里甲赋役制度的。自耕农的广泛存在具体反映于当时人的议论。正统年间兵科给事中刘斌说："田多者不过十余亩，少者或五六亩或二三亩。"② 刘斌所说系江南地区情形。明代中叶吴宽说："为上农者不知其几千万人。"③ 吴宽所说"上农"指占地稍多者或较多者，

---

① 当时影响封建依附关系松解有很多因素，如农业生产及商品经济的发展，如赋役制度的变革等。此处从略。

② 《明英宗实录》，卷186。

③ 吴宽：《匏翁家藏集》，卷36，《心耕记》。

其间包括部分庶民地主，但主要指自耕农。雷璜也说过："田少者或十亩或数十亩。"① 雷氏所说也是自耕农广泛存在的反映。也有地区地权分配悬殊，地主所占耕地较多，但涉及这方面的记载过嫌笼统。②

在有些地区，即在明代中叶后，农民小土地所有制仍广泛存在，如皖南地区，万历年间，休宁县第 11 都 3 图和 12 都 1 图，两图民户共 694 户，耕地共 866.8 亩，除无地农户不计外，以占地 25 亩作为自耕农和地主分界线，占地 25 亩以下的农户共 286 户，占总户数的 70%，占总耕地的 50% 有零。如果把占地 50 亩作为自耕农与地主的分界线，农民户数及所占耕地比重将更大。③ 关于江南地区有清康熙十五年长洲县第 8 图和 24 图两图事例，第 8 图占地 50 亩以下的农户占总耕地的 60.38%，第 24 图占地 50 亩以下的农户占总耕地的 78.4%④。这时相距前明虽已数十年，但这个事例仍可供作研究明代这个地区地权分配的参考。

农民所有制不属于封建所有制，农民所有制的发展意味着封建所有制的缩小与削弱。在明代中叶以前，农民所有制的发展只持续了百余年，到万历年间，伴随绅权嚣张与剧烈兼并，农民所有制又趋向萎缩。

地权形式的再一个变化是庶民地主的发展。

元代地权趋向集中，土地兼并者主要是贵族官僚权势之家。

---

① 康熙《吴江县志》，卷 16，雷珽：《均田均役序》。
② 江苏江阴县，据嘉靖《江阴县志·风俗记》，"农之家什九，农无田者什有七"。苏州府属，据顾炎武：《日知录·苏松二府田赋之重》，"有田者什一，为人佃作者什九"。皖中怀宁县，据《古今图书集成·草木典》，卷 28，农民之"绝无一亩十之七八"。
③ 皖南档案：万历《休宁县十一都鱼鳞草册》、《十二都鱼鳞经册》。
④ 转据鹤见尚弘《关于苏州府鱼鳞图册的土地统计考察》一文改制。（打印稿）

史鉴说过：元代地主"占田多者数千顷，皆隶役齐民，僭侈不道"；朱明建国，"其徒犹蹈前辙"，明太祖"戮其孥，籍其家"以示惩戒。① 惠帝建文时期（1399—1402）方孝孺说：太祖"疾兼并之俗，在位三十年，大家富室多以逾制失道亡其家"。② 明代中叶吴宽说：元代地主，"服食宫室，僭拟逾制"；"皇祖受命，政令一新，豪民巨族，划削殆尽"。③ 以上这类"僭拟逾制""隶役齐民"的"大家""巨族"，主要指元朝勋贵官绅地主。在明代初期，这类地主的生存受到一定程度的抑制；同时在国家的扶持下，农民小土地所有制有所发展。这种发展变化也为庶民地主的发展创造了条件。虽然缺乏论据，我们有充分理由作出这种论断。前引吴宽语"为上农者不知其几千万人"其间即包括部分庶民地主。此外还有一些商人将部分商业资本和利息转向地产变成商人庶民地主，皖南徽商就有这类事例。由于庶民地主的发展，地主阶级的阶层构成发生变化，即前述占地"千余顷""数千顷"的贵族官绅大地主阶层及所占土地相对缩小，占地百余亩数百亩的中小地主相应增多。

在封建社会时期，庶民地主和贵族官绅地主是两个不同的等级，他们的法权关系和社会地位不同，即抑制特权地主的朱元璋对这种关系也予以肯定，他说"食禄之家与庶民贵贱有等"，他要庶民对乡官"以礼相见"，"凌辱者论如律"。④ 更值得注意的是，由于庶民地主的发展所导致一系列变化，影响封建依附关系的松解，如陷入奴仆身份的农民逐渐减少。明祖一再下令禁止庶民役使奴仆，洪武三十年并把这一条写

---

① 史鉴：《西村集》，卷5，《侍御刘公悫灾序》。
② 方孝孺：《逊志斋集》，卷22，《故中顺大夫福建布政司左参议郑公墓表》。
③ 吴宽：《匏翁家藏集》，卷58，《莫处士僡》。
④ 《明史》，卷56，《礼志》。

进明律："若庶民之家存养奴婢者，即放为良。"① 这里的"庶民之家"主要指庶民地主。和元代相比，明代前期陷于奴仆身份等级的农民大为减少。同时由庶民地主和佃农、雇工之间所形成的封建依附及超经济强制关系也趋向松解，这种变化以后还要论及。

庶民地主的发展并非一帆风顺，明代中叶后主要是明代后期，伴随政治腐败和绅权嚣张，贵族官绅地主迅速滋长，他们变成为土地主要兼并者，庶民地主的发展受到严重挫折，封建土地关系又趋逆转。

地权形式第三个变化是国家屯田向民田转化。明代中叶，屯政废弛，田额骤减。屯田减少原因，或军官侵隐，或盗买盗卖，或逃兵地荒，因之缺额严重。② 弘治年间左都御史马文升奏：原有屯田"十去其五六"，屯政"有名无实"。③ 或谓屯田存者"多不过三分"。④ 嘉靖以后情形尤为严重，如嘉靖年间魏焕说："今之屯田十无一存"。⑤ 隆庆六年户部尚书马森奏：屯田"十亏七八"。⑥

在屯田盗卖荒废严重缺额的情况下，明王朝逐渐采行变通政策措施，承认屯田买卖合法化。嘉靖前期，直隶巡按御史方日乾奏请将军逃抛荒屯田，"不拘军民僧道之家，听其各择所便开垦"，"计亩定税，给贴承种"。方日乾又说：南京和阳镇南等卫查出荒屯 300 余顷，俟其开垦成熟后，"并无补役

---

① 《大明律例》，卷4，《户律》。
② 据《明孝宗实录》，卷75，弘治六年五月臣僚奏："屯地多为势家侵占，或被军士盗卖。"
③ 《明朝经世文编》，卷63，马文升：《请屯田以复旧制疏》。
④ 《明孝宗实录》，卷75，弘治六年五月壬申。
⑤ 《明朝经世文编》，卷25，魏焕：《边墙论》。
⑥ 《明穆宗实录》，卷15，隆庆六年十二月戊戌。

之军"拨给垦民"永远为业"。① 于是明政府决定，南京镇南等卫荒芜屯田任人开垦，"待成熟后照旧纳粮，仍令永远管业，不许补役复业者告争"。② 隆庆四年清查延绥屯田，据庞尚鹏奏：被侵夺屯田，如有人告发，该田即与告发人"永为己业"；其余军自愿开垦荒屯者，也"给为永业"。③ 万历年间大学士李廷机建议：有能开垦荒芜屯者，"悉与为业"。④ 就这样，主要在嘉靖隆庆万历朝，国家屯田逐向民田转化了，正式进入地主制经济体系。通过这种转化，说明这种落后的地权形式已经受不起社会经济发展的冲击，不得不退出历史舞台。

屯田向民田转化具有一定的历史意义。如前所述，在屯田上进行生产劳动的屯军完全丧失了人身自由，屯田制是一种把生产劳动者牢固地束缚在土地上的土地制度；屯田民田化，使生产劳动者获得较多的自由。其次，屯田禁止典卖，是一种僵化的土地制；屯田变为民田，开始进入流通领域，这对商品经济的发展是有利的。第三是对农业生产发展的作用，屯田这种封建剥削极其苛重而僵化的土地制，对农业生产的发展形成严重束缚；转化为民田之后，封建剥削减轻了，农民生产积极性提高了。由这种发展变化也充分说明中国地主制经济的生命力，民田的扩大意味着地主制经济体制的发展。

以上明代前期农民小土地所有制及庶民地主的发展，明代中叶屯田向民田转化，地权形式的这种变化对当时封建依附关系起着一定松解作用。这种发展变化有的虽非一帆风顺，

---

① 《明朝经世文编》，卷210，方日乾：《抚恤屯田官军疏》。
② 《万历会典》，卷42，《南京户部·屯田》。
③ 《明朝经世文编》，卷359，庞尚鹏：《清理诞绥屯田疏》。
④ 《明朝经世文编》，卷460，李廷几：《九边屯政考》。

如明代后期官绅地主的发展，但它的历史意义仍不容低估。①

关于封建依附关系松解的具体体现，主要表现在租佃、奴仆及雇佣三种关系的变化方面。关于租佃封建依附关系的松解有过一个发展过程。宋元时代，佃农和地主在法权关系方面是尊卑贵贱等级关系。以宋代而论，北宋哲宗元祐年间（1086—1093）规定：地主打死佃客减罪一等，发配邻州。南宋高宗绍兴元年（1131）定，地主打死佃客再减罪一等，发配本州。关于佃客迁徙，先规定由地主给与"田凭"，即须经地主同意，由这条规定说明佃农没有迁徙自由。北宋仁宗天圣五年（1027），改为收割完毕后双方可"商量去往"，各取"稳便"。②但这条规定只是一纸空文，佃农在迁徙方面并未获得实际自由，如南宋初期，淮北诸路经过战争地区，有些佃农乘机摆脱原来地主；平定之后，旧地主卷土重来，他们投牒州县，争相攘夺，力图把已脱籍的佃农仍置于自己奴役之下。③又如夔州归万忠等路，孝宗淳熙十一年（1184）定：如佃客逃徙已过三年，承认既成事实；其不到三年的，"一并归追旧主"。元朝建国，宋代身份性佃农基本延续下来。与佃客人身不自由相联系的则是地主对佃农的酷暴奴役，如成宗大德六年（1302），这时元朝平定江南已经四十年，仍有富室"蔽占王民役奴使之者"，而且"动辄数千百家，有多至万家者"。④元代地主打死佃农，只判罚烧埋银若干两。上述现象到明代才发生重大变化。

---

① 明代中叶后，勋贵地主庄田扩大，是封建土地关系的逆转，是同当时社会经济的发展趋势背道而驰的。此处从略。
② 《宋会要·食货一》
③ 王之道：《王相山文集》，卷21，《乞止取佃客札子》。
④ 《元史·武宗纪》。

朱明建国，如前所述，一方面抑制官绅地主，扶植农民小土地所有制，同时制定新律例，在主佃关系方面一改宋元体制，适当提高佃农社会地位，在律例上再没有关于佃农迁徙的规定，佃农有了实际退佃迁徙的自由；也没有关于佃农与地主相互关系的规定，一般租佃制，双方在法权关系上的地位是对等的，地主干预佃户婚嫁以及实行鞭笞等暴行是非法的，从此中国开始进入自由租佃关系阶段。这时的租佃契约有关于佃农"不愿耕作"得将田"退还原业"之类事例，佃户有随时退佃的自由。万历年间，王锡爵也说过："佃户之租，若今年无取，明年可弃而不种。"① 清朝沿袭明律，地主打死佃农须依法偿命，即使具有功名的地主也不例外，在清代刑档中有过不少事例，可作为论证明代佃农法律地位的补充说明。明代虽在"乡饮酒礼"中载明佃农对地主行"以少事长"之礼，但礼节的制约总不同于宋元时代主佃间法律条例的硬性规定。总之，明代初期，主佃间等级性法权体制的废除，对等性"凡人"关系法律的制定，是租佃封建依附关系趋向松解的一个基本标志。这时在实际生活中虽仍有关于地主虐待佃农的事例，但非基于法权关系，乃属官绅地主的违法行为，这在当时也是触犯刑律的。

明代某些地区，还从宋元延续下来一种佃仆制，但在明代前期也相对衰落。明代后期，伴随绅权嚣张，封建土地关系逆转，佃仆制又行滋长。如湖北麻城县"梅刘田李强宗右姓家僮不下三四千人"，② 江苏常熟县钱海山"僮奴数千指"，③ 河南光山县人们"一荐书生则奴仆十百倍皆带田而来"等，④ 此种情形清人吴

---

① 张萱：《西园闻见录》，卷40，《蠲赈》，引王锡爵语。
② 王葆心：《蕲黄四十八寨纪事》。
③ 徐复祚：《花当阁丛话》。
④ 王士性：《广志绎》，卷3。

骞曾作如下概括："明末乡官家僮至以千计,谓之靠势。"① 所谓"靠势"即带田投靠权势之家作佃仆。上述现象发生在明代中叶后主要是明代后期,不能据以论证明代中叶以前的租佃关系。只有徽州府佃仆制历史比较悠久,到清代才逐渐发生变化。

租佃制的封建性,剥削率才最反映问题的本质,即地主通过地租占有农民的全部剩余劳动。明代一般租佃制,人身依附关系虽然趋向松解,地租侵占农民全部剩余劳动的性质并没有发生根本变革。封建依附关系和封建地租剥削率这种脱节现象,表明中国封建社会后期地主制经济的进一步发展。

伴随地权形式的变化,奴仆及雇佣关系也在发生变化,这是封建土地关系松解的又一个方面。

这里的奴仆指生产奴仆,即地主在大田场上所奴役的奴仆。这类奴仆和佃仆不同,佃仆指租佃地主土地进行独立生产,奴仆指在地主田庄上进行生产劳动。在元代,地主使用大量奴仆,进行生产劳动,一度转盛。朱元璋即位后,对蓄奴事深恶痛绝,一再下令严禁。先是洪武五年下诏,令庶民因贫沦为奴者,"诏书到日即放为良",违者依律治罪。② 洪武三十年并把这条写入律例。太祖掌政时期,在雷厉风行的政治形势下,这类禁令是会产生积极效果的,相对元朝而言,地主使用奴仆进行生产的事例大为减少。至于明代后期生产奴仆的滋长,是另一个问题。

这里的雇佣也指生产雇佣。明初建国,解除了压在佃农身上的等级法,部分奴仆也获得解放以庶人的身份出现,而雇工的卑贱社会地位仍未得到改善。在明代中叶,伴随农业生产的发展,

---

① 吴骞:《愚谷文存》,卷3。
② 《皇明诏令》,卷2,《正礼仪风情诏》,洪武五年五月。

农业雇工人数却在迅速增长，这种现象并大量反映于地方志书，如弘治年间江苏吴江县的"长工"、"短工"，正德年间苏州松江等府的"长工"、"短工"，嘉靖年间扬州、湖州、嘉兴等府的"长工"、"短工"和"雇工"等。① 这时在各种文献中经常出现的"僮奴""佣奴"之类称呼，很多即指当时的农业雇工。在万历十六年以前，雇工是以家长身份出现的，雇主和雇工在法律上是尊卑贵贱等级关系，双方发生刑事案件，雇主得减轻刑罚，雇工要加等治罪，从而影响于雇工的称谓，是可以理解的。

这时的雇工在律例上特称为"雇工人"。据当时人解释："雇工人是官民家暂雇役者。"② 下面列举几个事例。一个是农业雇工事例，嘉靖八年，江南无锡县钱让雇佣倪泰从事农作，言明四月开始，六月期满，在此期间，倪泰偷窃钱让船后，事发后将倪泰以雇工人盗窃家长财物论。③ 一个是手工业雇工事例，正德十年十二月，面粉制作商张滕雇张泽、江旺二人佣工，张江二人口角争吵，张滕上前劝解，张泽愤骂张滕，张泽按雇工人骂家律杖八十徒二年。④ 一个是商业雇工事例，成化十五年正月，浙江台州临海县赵、钱二人合伙经商，周、吴二人佣工，周吴诬赵、钱贩卖私盐，地方官府根据律例将周吴二人按雇工人诬告家长罪判处绞刑。⑤ 由以上事例，说明雇主和雇工的卑贱等级关系，双方发生纠纷按律例加等减等判刑，在农工商各界都不例外。

雇工的社会地位，到万历时期开始发生变化。先是万历十五年，都察院左都御史吴时来奏：有关雇工事宜"合令法司酌议，

---

① 均见明代地方志书。
② 胡琼：《大明律附例·亲属相盗》。
③ 应槚：《谳狱稿》，卷3。
④ 龚大器：《比部招拟》，卷4。按比部系刑部代称。
⑤ 熊鸣岐：《昭代王章》，卷首。

无论官民之家，有立券用值工作有年限者，皆以雇工人论；有受值微少工作止计月日者，仍以凡人论"。① 万历十六年即制定律例，规定雇工之"立有文券，议有年限者以雇工人论"。从此短工明确划入凡人范畴，变成自由雇工，发生刑事案件得按凡人例判处。其未书立文券的长工如何判处，律文不甚明确，大概在两可之间，这可能是由封建雇佣向自由雇佣过渡时期出现的特殊情形。但据此后天启年间冯梦龙所编《醒世恒言》，在描写地方官吏处理地主举人卢楠打死长工钮成一案时，特别重视有无文券问题，如果未曾书立雇约文券，卢楠就不能按打死"雇工人"条例判处，而要按打死"平人"即法律上所谓"凡人"判处。据此，未写立雇约文券的长工也得进入自由雇佣之列了。②

总之，农业雇佣关系，在万历年间开始发生变化。这种变化的进一步发展则在清乾隆、嘉庆朝。

当然这并不是说农业雇工已完全摆脱地主的超经济强制关系，即在清朝雇工完全获得法律上的"凡人"地位以后，仍有不少关于地主虐待雇工的事例。其实这并不难理解，农业雇工向自由劳动的过渡是个长期历史过程，封建因素长期延续是不可避免的。封建残余尽管仍在延续，并不能否定雇佣的质变。

关于农民小土地所有制的消长及庶民地主的兴衰，在中国历史上一再反复。但租佃及雇佣关系的变化，却由明至清一直在持续，这种变化更能反映问题的实质，乃是中国封建社会后期具有划时代意义的变化。

综上所述，明代封建土地关系的松解，一体现为地权形

---

① 《明神宗实录》，卷191，万历十五年。
② 冯梦龙：《醒世恒言》，第55回。

式的变化，二体现于生产劳动者农民对地主阶级封建依附关系的松解。两者相辅相成。这种发展变化是中国地主制经济高度发展的具体表现，它体现出中国封建社会后期土地关系的某些特点。

（此系 1975 年旧作，现加以压缩，作为《明史研究》创刊纪念。文治，1990 年 10 月。）

（原载《明史研究》1991 年第 1 辑）

论清代前期的土地占有关系[①]

一、农民的反抗斗争和清政府的赋役政策在变革土地关系上的作用

所谓土地占有关系,包括范围很广,本文主要就地主身份地位的变化,和这种变化在社会经济方面所产生的影响,等等方面作一些分析,提出初步意见。

清代前期,土地占有者身份地位的变化,其主要特点,是具有功名官爵的"特权地主"的垄断地位有所削弱,无功名官爵身份的"庶民地主"有所发展。为了阐明这种变化,让我们回顾一下历史。

在明代,拥有世袭爵位由国家赏赐庄田的"贵族地主",具有功名官职的"缙绅地主",[②] 在政治、法律、经济等方面,都享有不同于"庶民地主"的特权。据《明史·礼志》:官吏致仕乡居,"庶民则以官礼谒见,凌侮者论如律"。[③] 这里的"庶民",

---

[①] 这篇论文,是应北京市经济学会讨论而提出的。参加讨论的同志提供了不少宝贵意见,作者作了修改和补充。
[②] 在明代,生员、监生等不在缙绅之列,这里作为缙绅地主一并论述。
[③] 《明史》,卷56,《礼志》。

不仅指的所有农民,还包括"庶民地主"在内,他们和"缙绅地主"之间的关系,是为封建法典所规定的等级关系。在诉讼案件中,"缙绅地主"得置身于国家法令之外,享有实际免除刑罚的权利。就是不在缙绅之列的生员、监生、童生和缙绅的子弟犯了法,也不能轻易动刑。① 更严重的是,特权地主对地方行政权的干涉操纵。王公贵族,固然依势横行,州县官吏莫敢诘问;而乡官之权,也"大于守令,莫敢谁何"。②在明代后期的文献资料里,我们经常看到这类记载,即州县官吏的行政措施,由于触犯了缙绅地主的经济利益,而被诬控不得升迁,乃至被革职逮问。③

在经济方面,特权地主则享有赋役优免权。各王、公贵族占有的庄田,被免除了赋税;他们的家族成员和部分佃户,被免除了对国家的差徭负担。缙绅地主则按品级优免。嘉靖二十四年制定:京官一品免粮三十石,人丁三十丁;二品免粮二十四石,人丁二十四丁;依次递减,至九品免粮六石,人丁六丁。地方官则按品级各减京官一半。其不入流的教官、军人、监生、生员等,各免粮二石,人丁二丁。④而各州县所规定的优免额,实际远比国家定制为高。⑤

----

① 吕叔简:《祥刑要语》,转见乌润泉:《居官日省录》,卷4,页25,《祥刑》。
② 《明鉴》,卷20,吏都员外郎赵南星疏。
③ 万历年间,掖县知县朱秀孺、泾县知县何廷魁、长安县知县沈昕之、渭南知县张栋;天启年间,扬州知州刘铎、应城知县罗绅;崇祯年间,重庆府推官徐淳、龙岩知县邓藩锡;以上诸人,都是因触犯地方缙绅被降调或革职逮问的。地方大僚有时也不能免,如直隶巡抚牟俸,以禁止缙绅侵凌佃户,命富户出谷赈贫,并拒绝京朝官请托,招致缙绅地主攻讦。像这类事例还有很多。
④ 《万历会典》,卷20,赋役。
⑤ 如常熟县,京官,由甲科出身的,照会典所定加免十倍(如一品官,会典免一千亩,实免一万亩);由乡科及恩贡生出身的,加免六倍(二品官,会典免八百亩,实免四千八百亩)。外官减京官一半。其有功名而未作官的,进士免田二千七百亩至三千三百五十亩,举人及恩贡免田一千二百亩,贡生免田四百亩,秀才、监生免田八十亩。

更严重的是，缙绅地主每倚恃特权和封建势力，扩大优免范围，逃避国家的田赋和徭役。崇祯年间，陈启新上奏疏说：人们一考中进士，便可"产无赋，身无徭，田无粮，廛无税"。① 就是说，只要取得作官的资格，什么负担都没有了。天启年间，吏部尚书顾秉谦，历年拖欠田赋银至一千四百多两；大学士董其昌，"膏腴万顷，输税不过三分"。由这两个事例，可以想见当时缙绅地主侵蚀田赋的严重情况。在徭役方面，情形大致相同，如官僚地主聚集的江南，由于"缙绅蔚起"，优免日多，"应役者什仅四五"。如陕西西安，贵族缙绅地主的土地占十之四，应役之田仅十之六。②

特权地主优免侵蚀的部分，最后仍然转移到农民身上，因而在一州一县之中，缙绅地主越多，农民的负担越重。如江西安福县，因绅户众多，而"田赋不均"。③ 如江苏常州府，因"科第显官甲天下"，而赋役繁重。④

明代后期，就在地主绅权猖狂滋长及特权地主对赋役无限制的优免侵蚀的情况下，出现了土地关系的逆转。这种趋势，首先表现为地权转移过程中暴力因素的加强。

明中叶以后，随着商品货币经济的发展，土地买卖关系曾一度获得发展。但是，随着地主绅权的嚣张，这种发展变化又遭受到严重的压制，在通过买卖关系改变地权的同时，暴力掠夺成了取得土地财产的另一个重要手段。

在这一时期，特权地主依势逼买侵夺民田的事例，史不绝书。尤其是通过接受"投献"和"投靠"方式兼并土地，成了当

---

① 眉史氏：《复社纪略》，卷2。
② 《陕西通志》卷52。
③ 计六奇：《明季南略》，卷11。
④ 《南海通志》，卷38，潘清传。

时极其突出的现象。赵翼在论述明代豪右夺田时说："有田产者，为奸民籍而献诸势要，则悉为势家所有。"① 此风至明代后期而益盛。在当时，具有世袭爵位占有庄田的贵族地主，及现任官吏、退职乡官和新科进士等缙绅地主，都在接受投献。② 一经有人写契投献，他们随即派人下乡接管，封门召佃。这种兼并方式是一种单纯的暴力掠夺。

至于"投靠"现象，比"投献"还要严重。从形式上看，两者虽有所差别，就其实质而论并没有什么不同。因为农民的投靠不是自愿的，而是被迫的。例如：山东益都农民的"投靠藩势，借佃护身"；③ 禹城县农民，为逃避丁银，"挟田产投豪右，以资福庇"；④ 曲阜农民，为了逃避国家封建徭役，投靠衍圣公孔家。⑤ 还有的农民，以不堪绅户豪奴欺压，"里党不能安居，计惟投身门下"，以求一日之安的。⑥ 明代末年，投靠风习之盛，就投靠户数而论，或云每一缙绅所收"多者亦至千人"；⑦ 或谓由于缙绅多收投靠，"而世隶之邑，几无王民。"⑧ 就被带投的土

---

① 据赵翼：《廿二史劄记》，卷34，《明乡官虐民之害》。又按："投献"一辞，原系指农民不堪封建赋役压迫而将田产投献于势家而言。嗣后或由势家授意，逼使农民投献；或奸民投献他人田产。本文所说"投献"专指后一种情况，以便和"投靠"相区别。又明末农民"投靠"的盛行，和加赋也有关系，此处从略。

② 王世贞：《弇州史料后集》，卷36；赵翼：《廿二史劄记》，卷34；肖良干：《拙斋十议》，第7页，《功臣土田议》；以上诸书记显官势要接受投献。抄本《崇祯长编》，卷37，记生员、监生以及州县吏丞接受投献。

③ 《乾隆实录》卷18，第22—23页。

④ 《嘉庆禹城县志》，卷5，第2页。

⑤ 杨向奎：《明清两代曲阜孔家——贵族地主研究小结》，《光明日报》，1962年9月5日。

⑥ 顾公燮：《消夏闲记摘抄》，卷上，《明季绅衿之横》。

⑦ 顾炎武：《日知录》，卷13，奴仆。

⑧ 孙之騄：《二申野录》，卷8，第25页。并见《上海县志》。

地而论，或谓一乡一色之地，"挂名僮仆者，什有二三"。① 明代后期，土地占有的高度集中，所谓"富者田连阡陌，贫者地鲜立锥";② 所谓"缙绅豪右之家，大者千百万，中者百十万，以万计者不胜枚举";③ 就在这种暴力兼并之下出现了。

　　土地关系的逆转，还表现在集团关系的变化方面。因为土地掠夺者是具有功名官爵的特权地主，其通过暴力兼并土地而形成的租佃，每带有比较强烈的人身依赖及经济外强制关系。赵翼所谓"挟官爵之余威，劫夺乡民，渔肉佃户",④ 就表明了缙绅地主对佃农的压迫奴役。其投靠佃户，对地主具有更为严格的身份义务。山东文登农民，"投身著姓，甘为奴仆，以避徭役"。⑤ 河南光山农民，有人"一荐乡书，则奴仆十百辈皆带田而来。"⑥ 农民一经投靠，则由一个人格独立的农民，变成为人身不自由的农奴或奴仆，社会地位发生变化。就在朱明覆亡前夕，各地曾有大量农民沦为奴仆，缙绅之家动辄千人百人，⑦ 这种现象的产生，并不完全由于因贫卖身，在很大的程度上是和农民投靠有密切联系的。这表明，明中叶后商品货币经济的发展，它在农村社会经济方面所产生的影响，并不像有些同志所作的估计，起着巨大的松解封建依附关系的作用。这时期的特点，是随着特权地主的发展，农民农奴化的加深。

　　晚明的特权地主，一方面暴力夺田，一方面转嫁赋役。在这

---

① 《消夏闲记摘抄》，卷上，《明季绅衿之横》。
② 《明清史料甲集》，第10册，兵部题本。
③ 《明史》，卷251，《钱士升传》。
④ 《廿二史劄记》，卷34，《明乡官虐民之害》。
⑤ 《民国文登县志》，卷1，下，第13页。
⑥ 王士性:《广志绎》，卷3。
⑦ 如太仓王锡爵家有僮仆千人，麻城的刘、梅、田、李诸大姓有奴仆数千，成都两院三司官员有奴仆数千河南缙绅之家蓄奴动辄数百。

种压迫下,农民固然没有发家致富的机会,就是没有功名官爵身份的庶民地主,也很难稳固地保有他们的土地财产;富商巨贾,自然也不愿轻易地把商业资金转移到土地上去。①

以上这种状态,在清代前期发生了变化。

为什么在这个时候发生变化呢?我们认为阶级斗争所造成的阶级力量对比上的变化,是起决定性作用的因素。在这一基础上,清政权为巩固集权、保证税收所采行的抑制绅权、改革赋役的各项政策,也有一定的影响。

明朝末年,所有的农民军都采行了打击封建地主的政策,特别是朱明贵族和缙绅地主。李自成提出过"贵贱均田"的口号,②这里的"贵"显然是指的特权地主。农民军的地方政权,有的还采行把地主过去使用暴力侵占的土地夺还农民的政策。如李自成派往山东诸城县的地方官,"以割富济贫之说,明示通衢",令"产不论远近,许业主认耕。"③张献忠克武陵,也曾下令将大官僚杨嗣昌"霸占田土,查还小民。"④他们还到处杀戮贪官,籍没豪富。李自成在洛阳向群众宣布:"王侯贵人,剥穷人视其冻馁,吾故杀之,以为若曹。"⑤所谓"州县开堂,但求富室";⑥"借口为民除害,屠杀绅衿富民……焚烧官舍富家";⑦都指的李自成

---

① 据谢肇淛:《五杂俎》,卷4:"江南大贾,强半无田,盖利息薄而赋役重也。"
② 《罪惟录》,卷31,《李自成传》。
③ 丁耀亢:《出劫纪略》,转据戎笙:《试论明清间农民阶级斗争的某些特点》,《中国封建社会农民战争问题讨论集》,第10页。
④ 杨山松:《孤儿吁天录》。
⑤ 吴伟业:《绥寇纪略》,卷8。
⑥ 徐鼒:《小腆纪年附考》。
⑦ 《明末农民起义史料》,转据刘重日、陈守仁:《论明末农民战争的历史作用》,《新建设》,1962年第2期。

所部农民军。张献忠执行打击豪绅政策尤为坚决,正是这个缘故,他招致了地主阶级的刻骨仇恨和恶毒污蔑。经过剧烈的阶级斗争,"凡有身家,莫不破碎";"缙绅大姓皆逋,莫知所之。"①

在农民大起义的鼓舞下,到处掀起了人民争取人身解放的斗争。在大起义的当时,湖北麻城大姓奴仆数千人,杀戮缙绅地主以投献忠。② 同时四川也爆发了奴仆清算缙绅地主的斗争。直至农民大起义失败以后,这种斗争还没有停止下来。顺治年间,河南光山、商城、固始等县的广大奴仆,仍在进行大规模的暴动,迫令旧主书立"退约",争取人身自由。③

在长江以南广大地区,也在农民大起义的影响下纷纷爆发各种形式的反抗斗争,如雇工和奴仆争取人身解放的斗争,佃农抗租及争取永佃权的斗争,等等。江苏崑山、嘉定等县,奴仆反抗主人,逼索卖身文契,"有不与契者,即焚其庐。"④ 据浙江桐乡张履祥记述:"湖滨之人,千百为群,负耒荷梃,大呼报仇。"⑤ 江西安福、庐陵、永新等县,农民佃仆,纷起暴动,反抗地主。如永新县农民,每村千百人,"裂囊为旗,销锄为刃",以铲平"主仆、贵贱、贫富"相号召。至"缚其主于柱,加鞭斥焉";"每群饮,则命主跪而酌酒"。乃至批地主之颊,"而数之曰:均人也,奈何以奴呼我!今而后得反之也。"⑥ 农民斗争的火焰,并且波及福建、广东和其他各省。

汹涌澎湃的阶级斗争,促成广大地区的阶级力量对比上的变

---

① 郑廉:《豫变纪略》。
② 王葆心:《蕲黄四十八砦纪事》,卷1。
③ 《嘉庆汝宁府志》,卷23,第80页;《光绪光州志》,卷6,第33页。
④ 吴履震:《五茸志逸随笔》,卷7。
⑤ 张履祥:《杨园先生全集》,卷38,第16—17页。
⑥ 《同治永新县志》,卷15,第7—8页。

化，绅权衰落了，农民的社会经济地位提高了。如山西长治县，"自明季闯贼煽乱，衣冠之祸深，而豪民之气横。乡保揖让于绅衿，伍伯侵凌于阀阅，奴仆玩弄于主翁，纲常法纪，扫地无余"。① 江苏宜兴储方庆说："明季兼并之势极矣，贫民不得有寸土，缙绅之家连田以数万计。及国家（清朝）受天命，豪强皆失势。而乡曲奸诈之民，起而乘之，禁其乡之愚民不得耕缙绅之田，以窘辱其子孙。"② 太仓陈瑚说："近者百姓凌辱荐绅，此乱世之事也。"③ 康熙初年，湖南衡阳世家衰落，奴仆反抗旧主，至于"敝冠苴履，名分荡然"④ 在江南地区，经过明末奴仆大暴动，直至康熙年间，富室仍具戒心，不敢蓄奴。⑤ 农民和地主之间的相互关系发生了变化。

经过剧烈的阶级斗争，土地占有情况也发生了变化。在农民大起义当时，有部分农民在斗争中收回了他们的土地，这是一个方面。在特权地主衰落家败人亡的情况下，出现了大片无主荒地。清政府为了继续把农民束缚在土地上，保证税收和巩固封建统治，采行了分配土地奖民垦荒政策。顺治六年，令"地方官招徕流民，不论原籍别籍，编入保甲，开垦无主荒田，给以印信执照，永为世业"。⑥ 顺治八年、九年（1651—1652），颁发了类似的诏令。⑦ 康熙二十九年（1690）议准："川省荒地甚

---

① 《乾隆长治县志》，卷8，第6页。
② 储方庆：《荒田议》，《清朝经世文编》卷34，第6页。
③ 陈瑚：《确庵日记》，卷6，第33页。
④ 《康熙衡阳县志》，卷8，第10页。
⑤ 皇甫氏：《胜国知闻》。
⑥ 《光绪会典事例》，卷166，第1页。
⑦ 顺治八年，令各省督抚安插解散的农民军，"遣之归农"。也就是分配给他们土地使从事生产。顺治九年，令各地方官于所辖境内，不论土著流民，配给土地，"三年以后，准为永业"。

多,流域之人,情愿在居住垦荒者,将地亩永给为业。"康熙四十四年复准:"湖广湖北所属荒地,愿垦者准其开垦,无力者本省文武官捐给牛种招垦。"①仍在康熙年间,将湖南长沙、澧州等九府州属荒地 66880 余亩,拨给"投诚官兵"和"裁汰弁兵,"作为世业。②像这类记载还有很多。从而有不少无地农民获得了土地。

经过农民大起义,朱明贵族庄田转移到农民手中。清政府为了增加税收,实行了"更名田"政策,即将这部分庄田划归原耕农民所有。顺治三年,康熙八年、九年、二十三年、二十九年、四十一年,乾隆元年,都有过将前明庄田"给与原种之人"、"召民开垦"及"按亩承粮"一类政令。③清政府的这一措施,虽然给农民加上了赋税负担,但是承认了农民的土地所有权。

清朝统治者,在缙绅地主衰落、小土地所有制有所发展、阶级力量对比发生变化的基础上,还推行了一系列改革措施。它一方面承认缙绅地主的合法特权,另一方面,对他们倚恃特权违法犯纪的行为给予一定限制,乃至采行了严厉制裁政策。清朝的这种政策,对土地占有关系的变化也有影响。

清政府为了保证税收,还采行了稳定原有地主和农民土地所有权的措施。它虽然建置了更为野蛮的庄田旗地制,以征服者的姿态在直隶圈占土地,培植一批新的特权地主;但是另一方面,它在全国范围内贯彻了禁止缙绅地主暴力夺田政策。首先是对过去明代盛行的投献田产之风,严加禁革。顺治二年六月,清军攻占南京,发布诏书说:"各地方势豪人等,受人投献产业人口,

---

① 《光绪会典事例》,卷 166,第 1 页。
② 同上书,第 5 页。
③ 《顺治实录》,卷 24,第 2 页;《康熙实录》,卷 28,第 15 页;卷 32,第 5 页;卷 197,第 10 页;《清朝文献通考》,卷 2,第 6 页;卷 3,第 11—12 页。

及骗诈财物者，许自首免罪，各还原主。如被人告发，不在赦例，追还原主。"① 清代并且承袭了明代禁止投献田产的律例："若将互争（不明），及他人田产妄做己业，朦胧投献官豪势要之人，与者受者，各杖一百，徒三年"；"军民人等，将竞争不明并卖过及民间起科，僧道将寺观各田地，……朦胧投献王府及内外官势要之家……投献之人，问发边卫永远充军，田地给还应得之人。……其受投献家长并管庄人，参究治罪。"② 同一律例，在明清两代所发生的作用不同。明代后期，贵族缙绅得处身于国家法令之外，禁止投献的律例只是一纸虚文。清朝初年，在地主绅权遭受严重打击的情况下，禁止投献的律例产生了实际效果。此后康熙二十三年，皇帝召见山东巡抚张鹏说："山东农民纷纷逃亡，"皆因地方势豪侵占良民田。"要张鹏到任之后"务减（剪）除势豪"。③ 在奖民垦荒的过程中，对豪右倚势霸占土地行为，严加禁止，康熙（1662—1722）、雍正（1723—1735）两朝都有规定。④ 在中央政府的重视下，各级地方政权多力行贯彻抑制豪右倚势夺田的政策。因此，对明代而言，缙绅地主通过接受"投献"、"投靠"、和使用暴力兼并土地的现象，大为减少。⑤ 清代史学家赵翼在列举了明代一些贵族缙绅倚势夺田的事例之后，他发表了这样的议论："由斯以观，民之生于我朝者何其幸也。"⑥ 在赵翼看来，清代农民摆脱了贵族缙绅依靠暴力夺田的压迫，是

---

① 《顺治实录》，卷17，第9页。
② 《光绪会典事例》，卷755，第1页。清代承袭明律，文字相同。
③ 《康熙实录》，卷116，第29页。
④ 据《光绪会典事例》，卷116，第1页，康熙二十七年议准：开垦荒地，如有"豪强霸占，该督抚题参治罪"。又同书卷，第3页，雍正十二年复准："劣衿土豪，借开垦名，将有业户之田，滥报开垦者，照侵占律治罪"。
⑤ 清入关之初，旗人贵族地主得接受汉人"投充"，旋即下令禁革。
⑥ 《廿二史劄记》，卷34，《明乡官虐民之害》。

极大的幸运。

　　清朝统治者在禁止缙绅地主暴力夺田的同时，还针对他们规避及侵蚀赋役的行为进行了改革措施。首先是限制优免的范围。顺治五年，制定绅衿优免条例之时，虽然一度承袭明代旧制，但是，同时又在个别地区实行"绅衿只免本人差徭"的办法。到顺治十四年，并且把这种制度推行于全国。这年议定："自一品官至生员吏丞，止免本身丁徭，其余丁银仍征充饷。"① 从此革除了缙绅地主优免田赋的权利，限制了他们优免差徭的范围。康熙初期，在个别地区实行"均田""均役"法，把差徭均摊在土地上，不论缙绅地主、庶民地主和自耕农民，有多少亩地出多少亩地的差银。雍正年间，并把"均田""均役"制度化，在全国范围内推行，谓之"摊丁入地"。② 这种改革措施基本上取消了缙绅地主优免丁银的权利。③ 据雍正六年及乾隆元年的规定，绅衿只能免除地丁以外的杂差。④ 经过这一改革，不仅只减轻了农民的差银负担；还由于这种政策的推行，国家放松了对户口的控

---

　　① 《清朝文献通考》，卷25，《职役考》。
　　② "摊丁入地"是过去"均田均役"政策的制度化，在全国范围内推行。但有个别省份实行较迟。关于"摊丁入地"与土地占有集中的关系，当时有很多人论述到。云南道御史董之燧，山西布政使高成龄，湖北总督迈柱，都力陈富者田连阡陌，贫民地无立锥，请行摊丁入地之制。
　　③ 另据《清朝文献通考》，卷25，《职役五》：雍正四年，四川巡抚罗殷泰奏："川省州县多属以粮载丁，绅衿贡监等尽皆优免差徭，请将优免之名永行禁革，与民一例当差。"奉旨议定："绅衿只许优免本身一丁，其子孙族户冒滥及私立儒户官户包揽诡寄者，查出治罪。"有的地区，地税丁银既经合一，实际无法优免。又据雍正四年河南巡抚田文镜《题请豫省丁粮按地输纳以均赋役疏》："今就一邑之丁，均摊于本邑地粮之内，无论绅衿富户，不分等则，一例输将。"见《清朝经世文编》，卷30。
　　④ 《清朝文献通考》，卷25，《职役五》，又《乾隆实录》，卷12，第2页，乾隆元年二月戊辰谕："任土作贡，国有常经，无论土民，均应输纳。至于一切杂色差役，绅衿例应优免。"

制，人们从封建统治下获得了较多的人身自由。① 同时也意味着佃农从地主压迫奴役下获得不同程度的解放。②

清政府还采行了禁止绅衿诡寄地亩、及包揽拖欠钱粮的措施。顺治十五年定："文武乡绅进士、举人、贡、监、生员、及衙役，有拖欠钱粮者，各按分数多寡，分别治罪。"③ 康熙二十九年谕各省：凡绅缙户下有诡寄地亩不应差徭及包揽他户地丁银米代为缴纳从中侵蚀的，"著照欺隐田亩例，通限两月，绅衿本名下田亩各具并无诡寄甘结，将以前诡寄地亩尽行退还业户"。④ 此后雍正皇帝采行了更加严厉的措施。雍正五年议准：贡、监、生员，如包揽钱粮，"即行黜革"。如因此而致拖欠，"黜革治罪"。如拖欠赋银至八十两以上，"计赃以枉法论"。⑤

---

① 据光绪《常昭合志稿》卷7：康熙五十一年实行"增丁永不加赋"之后，"遂使田夫贩竖，咸得优游康衢，而毕生无追呼之累"。又据冯桂芬：《显志堂稿》，卷11，实行地丁合一政策之后，"于是烟户门牌则以意造之，遂无周知户之数。其弊也，民轻去其乡，五方杂处，遁逃如薮"。这两条资料，反映了赋役政策改革后农民自由离乡的情况。

② 在明代，封建统治为了维系户籍制，通过保甲制把农民束缚在土地上，每令地主约束佃户和雇工。据万历年间吕坤《实政录》，《民务》，卷4，第65页："僦居则责之房家，佃户则责之地主。"又《乡甲约》卷5，第13页："约中除乐户、家奴及佣工、佃户各属房主地主检查管束，不许收入约甲……"又《风宪约》，卷6，第86页："凡保甲中出外之人……其过一日出境者，俱于保甲给假（佃户赁户给假于房主地主），佣人朝去暮归，不许过三日。"到清代摊丁入地之后，再无令地主约束佃户的必要。

③ 《光绪会典事例》，卷172，第4页。

④ 《清朝文献通考》，卷2，《田赋考》。另据戴兆佳：《天台治略》，卷5，康熙后期，戴在天台知县任内发布的文告："新例内开：凡进士、举人、生员、贡生、监生，隐一亩不及十亩者，革去进士、举人、生员、贡生、监生，杖一百，其所隐田地入官，所隐钱粮按年行追。"

⑤ 见《光绪会典事例》，卷152。雍正六年定：各省州县征粮之时，于印簿及串票内注明"绅衿某人字样，按限追比"。并令于奏销之时，将所欠分数，"逐户开出，别册详报，照绅衿抗粮例治罪"。

在个别时期，清政府还加重了缙绅地主的钱粮负担。康熙十五年，令缙绅户钱粮，照原额加征 30%，以助军需，致有"官不如民"之叹。① 这种制度，推行了好多年才行停止。

清政府上述种种措施，它的动机虽在于保障经济掠夺，巩固封建统治，但在社会经济方面却产生了积极的客观效果。在文献资料中，有关这方面的记载很多，这里拟专就在江苏、湖南两省个别地区的改革措施加以论述。

在徭役方面，改革的时期和内容因地区而不同。如江苏高邮州，史载田赋近五万，其缙绅地主优免者半，应差者半。顺治五年，令绅衿仅免本人之差，禁止倚势滥免和包揽，革除农民对赋役的赔累。② 如娄县，明代屡次议行"均役"，辄以缙绅地主反对作罢。康熙八年，"并田立户，……尽去官、儒、役户名色"。③ 如无锡县，"明绅户免役，富民之田多诡寄于绅户；农民独出其力以代大户之劳"。康熙元年，实行"顺庄法"，"不拘绅衿民户，一概编入里甲，均应徭役，民始不偏累。"④ 如苏州，农民畏避徭役，不得已而依附缙绅大户，"大户役使如奴隶"；"小户田中所收，半馈大户"。⑤ 康熙十三年行"均田"法，才改变了这种现状。⑥

赋役制的改革，使人们改变了对土地财产的看法。如松江府

① 叶梦珠：《阅世编》，卷6，第10页。
② 焦循辑：《扬州足征录》，卷4，第2—3页。
③ 李复兴：《松郡娄县均役要略》，序，第3—4页。
④ 黄卬：《锡金识小录》。
⑤ 赵锡孝：《徭役议》，见《道光苏州府志》，卷10，第3页。
⑥ 按均田均役法，有的地区在明中叶以后，一度施行。据《天下郡国利病书》，第8册，引上元县志，该县自隆庆年间巡抚海瑞推行均田粮行一条鞭法以后，"人始知有种田之利，而城中富室始肯买田，乡间贫民始不肯轻弃其田。"但行之不久，故态复萌。

各县，当康熙初年未行均田、均役法以前，"收兑""里催""赋长"等役，绅衿优免，率由庶民地主和小土地所有者承担。徭役之重，"役及毫厘，中人之产，化为乌有"；甚至"性命殉之"。于是人们"相率以有田为戒"，或"空书契券，求送缙绅"；或"委而去之，逃避他乡"。由顺治至康熙，对以上诸役逐渐加以改革，行均田均役法，革除缙绅地主的规避侵蚀，使庶民地主对赔纳赋役的顾虑获得解除。当时叶梦珠说："赋役大非昔比，故惟多田者多藏。"这时无论什么类型地主，只要有土地就可以收到地租，庶民地主和自耕农民不再以有田为累。于是出现"有心计之家，"乘机大买土地，有买田一二万亩乃至四五万亩的。① 所谓"有心计之家"，显然就是指的没有功名官爵的富户。

在田赋方面，对缙绅地主拖欠钱粮行为执行了惩罚政策。顺治十八年有名的"辛丑奏销案"，就是这一政策的实践。凡是拖欠钱粮的，"不问大僚，不分多寡，在籍缙绅按名黜革，现在缙绅概行降调"。这时苏、松、常、镇四府和溧阳一县，缙绅张至治等2171名，生员史顺哲等11346名，俱在降革之列。其中太常张认庵，编修叶芳蔼，以拖欠赋银一厘降调；郡庠生程玠，以拖欠赋银七丝黜革。②

这场奏销案，给与缙绅地主以严重打击，尤其是绅权嚣张、钱粮拖欠严重的地区，更显得突出。如吴之练川，拖欠最多，"凡百金以上者一百七十余人，绅衿具在其中。其百金以下者则千计。"③ 如江阴县，缙绅生员黜革的不下数百人，从此"士气因之顿沮"，"通籍者严怙势之戒"。④ 此后某些地方官继续执行

---

① 叶梦珠：《阅世编》，卷1，第19—20页；又卷6，第1—18页。
② 叶梦珠：《阅世编》，卷6，第2—4页。
③ 佚名：《研堂见闻杂记》。
④ 《古今图书集成》，卷715，职方典。

这种政策，如康熙初年，长洲县官彭某，每因督征逋赋，责扑生员，时人有"日落生员敲凳上，夜归皂隶闹门前"之句，① 就是描写彭县令的。如武进县，有不少功名人士遭受地方官的刑杖，其中某里诸生十余人，"以多田逋赋，伍伯累累系颈去，被箠笞荷校府门，至有毕命者。"②

清朝统治者的这种政策，对缙绅地主兼并土地行为起了一定的缓和作用，如武进邵长蘅，名列奏销案，革邑弟子员籍，他原有田八百亩，一月间弃卖过半，"然不名一钱，只白送人耳。"邵解释他放弃土地的原因说："书生以逋赋笞辱，都成常事，其实不忍以父母遗躯受县卒挤曳入讼庭，俛酷吏裸体受杖。"③ 如嘉定县，经过奏销案，地价暴跌，"竟有不取值而售入者"。④

江苏南部，是缙绅地主特别集中的地区，也是明末农民大起义没有直接波及的地区。在改朝换代之际，这里的缙绅地主的特权地位虽然也有所削弱，但变化情况不像其他各省那么剧烈。清朝统治者，为了把他们的权势打下去，遂采行了更为严厉的手段。清政府的这种政策，虽然不免夹杂有种族歧视，是针对缙绅参加"反清复明"运动的镇压，但是打击的对象毕竟是特权地主。⑤

湖南省是一个经过农民大起义冲击不十分严重的地区，在改

---

① 褚人获：《坚瓠四集》，卷3，第8页，《长洲酷令》。
② 徐玉瑎：《青门山人传》，转见孟森：《明清史论著集刊》，第446页。
③ 邵长蘅：《青门簏稿》，卷11，第6页，《与杨静山表兄第二书》。
④ 《嘉定县志》，卷20。
⑤ 据张英：《黄贞麟墓志》，顺治十八年，安徽蒙城、怀远、天长、盱眙四县，绅衿拖欠赋税者各百余人，皆逮系入狱追比。时山东曲阜圣裔孔氏亦名列奏销案。据章有汉：《景船斋杂记》："奏销一案，以诸生抗粮而起，庠序一空，诸绅以此罢斥者亦不少，江苏因朱抚军治国之酷，其祸尤甚云"，转见孟森：《明清史论者集刊》，第447—452页。可见清政府的这种政策，曾推行于各省。

朝换代之后，缙绅地主势力一度回复，所以赋役政策的推行也比较激烈。如湘潭县，康熙初年，土旷人稀，人们很容易获得土地，或谓"折竹木枝标识其处，认纳粮，遂为永业。"的确有不少人因此占有了土地。但是，没有功名官爵身份的庶民地主和农民，占有土地即须承担赋役。在缙绅地主对赋役侵蚀转嫁的影响下，"漕重役繁"，这对非身份性的土地所有者是一种严重威胁。他们为了摆脱赋役压迫，最后又不得不放弃所占有的土地，于是出现这种现象："弱者以田契送豪家，犹惧其不纳。"① "弱者"大概就是指的庶民地主和农民，"豪家"指缙绅地主。康熙前期，衡阳王夫之也曾记述过这种现象，他说：豪强兼并，索取占农产品一半的地租，固为农民之苦，而苛重的赋役，对小土地所有者所造成的压力更大，致使"村野愚惬之民，以有田为祸，以得有强豪兼并者为苟免逃亡起死回生之计。"他又说，在这种情况下，"则使夺豪右之田以畀贫惬，且宁死而不肯受。"②

在康熙后期，上述现象开始发生变化。以浏阳县为例，据当时作者论述，在实行清丈之后，"有田有赋，宜百姓之乐输"。这句话表达了庶民地主和自耕农民的心情，他们对这种政策表示拥护。缙绅地主的态度显然不同，他们这时不再像从前那样可以任意规避转嫁赋役了，从而他们不再那么热衷于土地兼并，甚至宁愿抛弃已有的土地。据龙升记述："迩日世家大族，或百石或数十石，愿弃价割与（广东移民）安插矣。甚且不顾墓田，并不顾前人占立版籍为子孙长久之计，皆愿倒甲以授安插（广东移民），更改姓氏（过割给广东移民）。"缙绅地主之所以要"弃价"抛弃

---

① 《光绪湘潭县志》，卷11，第1页。
② 王夫之：《噩梦》。

土地，是要"苟全身命以避徭役①"。在此前，是庶民地主和农民为了摆脱徭役压迫而割弃土地，把田契送"豪家"。现在颠倒过来，是"世家大族"为了"避徭役"，要把土地白送给来移居的客民。这是一个巨大变化。

以上虽然只是江苏湖南两省若干州县的一些变化，但它反映了当时农村社会一般情况。

总之，清政府所推行的赋役政策，抑制了缙绅地主的暴力夺田，革除了他们对赋役的规避和转嫁。所有这些措施，使庶民地主的土地得到了保障，使他们从重赋、重役压迫之下摆脱出来，得到发展机会。因此，清政府的改革措施，不管它的主观愿望如何，在客观上毕竟适应了庶民地主的要求。如果说，明代中后期的政权，是代表特权地主利益的政权；那么，清代前期顺治、康熙、雍正三朝的政权，尽管它仍然是大封建主的政权，它却吸取了朱明覆亡的教训，并适当地反映了庶民地主的利益。从这个意义上说，清政府的赋役政策，是使土地占有关系发生变化的一个条件，尽管是地主阶级内部的变化。

但是，清政府的抑制绅权政策，它的动机，主要是为了稳固封建统治的目的，针对明代滋长起来的横暴绅权的镇压，以及对他们侵蚀赋役行为的制裁。但是，它并不是剥夺了缙绅地主所有特权它仍然允许他们享有法定以内的政治的和经济的权利，只不过加以限制而已。此外，它还培植一批新的贵族地主，配给他们土地，给与他们更多的特权。所谓绅权衰落，也就是一般发展趋势而言，这并不否认在某些地区地主绅权的延续。而且绅权衰落也只是一个时期的现象。随着封建统治的稳固，土地占有的再度集中，到乾、嘉之际，地主绅权又逐渐回复起来。如湖南溆浦

---

① 《同治浏阳县志》，卷6，第18—20页。

县，农民附缙绅户完粮，缙绅谓之大户，农民被"大户苛派诈害，不啻几上之肉"。① 如江苏吴江，"以贵贱强弱定钱粮所收之多寡"。② 如太仓州，漕粮折价，缙绅户每石完 4000 文，生监完 7000 文，一般人完 10000 文。③ 如浙江桐乡县，"以小户之浮收，抵大户之不足"。④ 但这时地主绅权的回复，毕竟不像明代后期那么嚣张了。关于乾隆以后，地主绅权的恢复，是一个极其重要的问题，这里不准备进行论述。

二、土地买卖关系的发展和土地兼并

清代初年，封建大地主有所削弱，小土地所有制有所发展。但是没有好久，又出现土地兼并高潮，农民又逐渐失弃他们的土地。地权集中过程，则是通过买卖。这对明代后期地权转移中夹杂着更多的暴力因素而言，是一个发展。⑤ 这种变化的产生，首先是由于农民大起义。如前所述，在农民大起义的打击和影响下，农村阶级力量对比发生了剧烈变化，缙绅地主丧失了依靠暴力掠夺土地的权力。但是，我们也不可忽视农业生产和商品货币经济发展的影响，这是促使土地买卖关系获得进一步发展的历史前提。

经过明清之际波澜壮阔的阶级斗争，扭转了农村经济关系的逆转趋势，为农业生产的进一步发展铺平了道路。清代前期，耕

---

① 《乾隆溆浦县志》，卷9，第2页。
② 《光绪吴江县续志》，卷10，第23—24页。
③ 《民国太仓州志》，卷7。
④ 《桐乡县志》，卷7，第2页。
⑤ 清代对旗地的圈占，是一种更为落后的暴力掠夺方式。但对明代贵族庄田及缙绅地主的暴力掠夺而言，不仅为期较短，涉及地区也比较小。

地面积不断扩大,水利灌溉事业迅速发展,劳动生产率逐渐提高。农业生产的发展,促进了经济作物的发展,扩大了地区间的分工,如茶、棉、甘蔗、烟草等作物在某些地区的发展,粮食生产进一步商品化,农产品运销幅度的不断扩张,运输量的不断增加,这种种变化,对土地买卖关系的发展肯定是有一定的促进作用的。还由于农业单位面积产量和产值的增加,扩大了占有土地的收益,刺激了人们追求土地的欲望。土地买卖频率的增加与土地占有的集中,就是在这种情况之下出现的。

随着地权转移的经济因素的加强,地价跟随经济变化而变动的趋势,遂愈加显著。

康熙中叶,上海叶梦珠记述了这一带赋役改革措施和土地转移的关系。他说:顺治初,米价腾涌,人争置产;康熙初,由于役重为累,地价下跌;康熙十九年(1680),行"均役法",田价随米价上涨,上海收七斗租的田,每亩价银由数钱涨至2—3两;华、娄等县,收14—15斗租的田,每亩价银7—8两;康熙二十年,米价顿减,田价也随着稳定下来。① 乾隆十三年(1748),湖南巡抚杨锡绂记述了人口与土地比例和地价的关系。他说:国初"地余人",地价贱;承平之后"地足养人",地价平;承平日久,"人余于地",地价贵。过去每亩价银1—2两的田,现在涨至7—8两;过去每亩价银7—8两的田,现在涨至20余两。② 后来,江苏金匮钱泳记述了明末至清前期百多年间的地价。每亩价银,崇祯末年1—2两,顺治初年2—3两,康熙年间4—5两,乾隆初年由7—8两涨至10两,乾隆五十年左右涨至50—60

---

① 叶梦珠:《阅世编》,卷1,第18—19页。
② 杨锡绂:《陈明米贵之由疏》,见《清朝经世文编》,卷39。

两。① 从我们看到的皖南若干州县大量土地买卖文契，表明了同一上涨趋势。地价上涨是由很多因素造成的，如农业生产的恢复和发展，农产商品化与粮价上涨，地租的货币量的增加，等等，这都表明人们在通过经济关系追求土地。

就在这个时候，土地买卖关系中有些现象是值得我们重视的，一是大面积买卖，一次转让就是几十亩、几百亩，乃至千亩万亩，我们在文献资料中看到了不少这类事例。这种买卖主要是地主之间的相互买卖，意味着地租、商业资本和高利贷资本的相互转化。一是商人的土地投机，利用农民的经济困难，贱买贵卖，而且是大量买卖，目的是为了从中赚取土地差价，这是过去少有的现象。

还有些现象也是值得我们注意的。即地主商人，利用灾荒饥馑，通过高利贷，兼并农民的土地。到清代前期，在地权转移中暴力因素削弱经济因素加强的条件下，在土地买卖关系进一步发展的情况下，地主商人利用这种经济强制手段压价收购土地的现象，对明代而言更加普遍化。而且，随着灾荒的频繁，农民的贫困化，更加速了地权的转移。在每次灾荒之后，广大农民破产流离，廉价出卖他们的土地，成了经常现象。地主商人，通过高利贷，"指田为当"，"以田为质，"折兑农民的土地，也成了经常现象。

也就在这个时期，土地在经常更换主人。如山东栖霞县，在康熙后期，"土地则屡易其主，耕种不时。"② 大约同时，福建安溪李光坡说："人之贫富不定，则田之去来无常。"③ 雍正十二年（1734），河东总督王士俊奏："地亩之授受不常。"④ 如广东顺德

---

① 钱泳：《履园丛话》，卷3。
② 《康熙栖霞县志》序，第4—7页。
③ 李光坡：《答曾邑侯问丁米均派书》。见《清朝经世文编》，卷30。
④ 《雍正东华录》，卷12，第17页，雍正十二年，十一月，庚寅。

县，在乾隆前期，"有田者多非自耕，……抑且田时易主"。① 如湖南省，据乾隆十三年杨锡绂奏："旧时有田之人，今俱为佃耕之户。"② 嘉（1796—1820）、道（1821—1850）之际，金匮钱泳说："俗语云：百年田地转三家。言百年之内，兴废无常，有转售其田至于三家也。今则不然，农民日惰而田地日荒，十年之间已易数主。"③ 所有这类记述，无非表明土地买卖频率的增加，农民失地化的加速和地权的集中。

土地占有集中过程，各个地区的发展情况是不相同的。有些地区集中程度非常严重。譬如农民战争没有波及的地区，"世家大族"的封建势力虽然有所削弱，很多人的土地财产却继续保留下来，因而兼并趋势出现较早，集中程度较高。这种现象，在江苏南部尤其显著，如前述上海一带，早在康熙中叶，就出现大兼并现象，一户买田或一二万亩，或四五万亩，乃至四五万亩以上。就在这个时期，江南曾出了不少有名的大地主。

江南地区地权集中情况，我们可从都图里甲的土地分配方面进行观察。图甲是按户数编制的，在一个地区之内，每一图甲的户数大致相等，而土地面积却很悬殊。康熙年间，无锡每甲田额有多至千余亩的，有仅只数十亩的。④ 武阳县之丰西乡的一个图甲，其中芥字各号共田1200亩，原分十庄轮流应役，十年一轮。到乾隆年间，各庄土地发生剧烈变化，有的庄只有田数十亩，还有的庄只有田数亩。⑤ 常熟、昭文两县，乾隆十一年，每图田额

① 《乾隆顺德县志》，卷4，第1页。据《乾隆实录》卷20，乾隆二十八年，广东田房税契银积至120余万两，可以想见该省土地买卖的频繁。
② 杨锡绂：《陈明米贵之由疏》，见《清朝经世文编》，卷39。
③ 钱泳：《履园丛话》，卷4。另据《天下郡国利病书》，第七册，武进县早已有"千年田八百主"之谚。
④ 《光绪无锡金匮县志》，卷11，第1页。
⑤ 桐泽：《武阳志余》，卷6，第21页。

有的多至万亩,有的仅只千亩。① 由以上数例,反映了土地向少数图甲集中的趋势。

而且一图一甲的土地,每又集中于少数地主手中,大多数人很少土地或者没有土地。兹以一个地址不明的图(大概属长江下游一个县份)为例,从该图"康熙四十年分本色统征仓米比簿"官方文件中,可以看出这个图的土地占有情况。占有土地的共有23户,占地共合税亩3230.5亩。其中占地0.5—5.5亩者10户,13.7—18亩者2户,43亩者1户,以上13户占全图土地面积3.5%;又占地251—334.7亩者10户,这10户占全国土地面积96.5%。按清代图甲规制推算,无地佃民当为87户。② 这是土地占有比较集中的一个典型。

其江北各县,康熙年间,如清河县,"民无恒产而轻去其乡";"有田者率不耕,而代耕于海沭一带之流民。"③ 如安东县,"富者膏腴连于阡陌,贫者耕作穷于称贷。"④ 盛枫概述江北情形说:"区方百里以为县,户不下万余……其十之人,则坐拥一县之田。"⑤ 到乾嘉之际,江北有不少成千上万亩的大地主。

长江流域其他各省,如浙江汤溪县,康熙后期,农民"多佃种富室之田";"其有田而耕者什一而已。"⑥ 康、雍之间,江西临川陈之兰撰《授田论》,谓"富者一而贫者九。"⑦ 如湖北,雍

---

① 《重修常昭合志》,卷6。
② 清华大学图书馆藏,转见孙毓棠:《清初土地分配不均的一个实例》,《历史教学》,2卷1期,1952年。
③ 《康熙清河县志》,卷2。
④ 《康熙安东县志》卷1,第16—19页。
⑤ 盛枫:《江北均丁说》,见《清朝经世文编》,卷30。
⑥ 《康熙汤溪县志》,卷1。
⑦ 陈之兰:《授田论》,见《切问斋文钞》卷15,引《香国集》。

正年间，"穷民有寸土全无"，而"富户有田连阡陌"者。① 道光年间，浙江之余姚，"县属有田之户，悉皆富民。"②

这时的自耕农纷纷失弃土地，向佃农转化。康熙年间，湖南长沙、澧州各府拨给兵士和将官作为世业的 66880 亩土地，到乾隆二年，已经出卖了 37000 余亩。③ 其中绝大部分沦为佃农，乃是不难设想的。据乾隆十三年湖南巡抚奏报："近日之田归于富户者，大约十之五六，旧时有田之人，今俱为佃耕之户。"④ 乾隆年间，东南沿海的某些地区，地权也是相当集中的。如广东顺德县，"力耕者多非其田。"⑤ 如广西省，"田大半归富户，而民大半皆耕丁。"⑥

在黄河流域各省中，土地问题最严重的首推山东。据康熙四十六年上谕："东省与他省不同，田野小民俱与有身家之人耕种。"⑦ 又康熙四十六年上谕："今巡边外，见各省皆有山东人，或行商，或力田，至数万之多。"⑧ 这些人大多是在剧烈的土地兼并中被从农村中排挤出来的农民。这种关系，在地方志书中经常得到反映。如单县，"膏腴之产尽归素封，胼胝小民仅守洼瘠，操耒耜者虽十之七八，要皆佣佃居多。"⑨ 如栖霞县，在土地屡易其主的情况下，"风俗，则终窭且贫，冠婚丧祭莫备"；"钱谷，

---

① 《雍正实录》，卷79，第10页。
② 《道光二十一年浙江巡抚刘韵珂奏疏》，见中国科学院经济研究所藏：《京报》，第14册。
③ 《光绪会典事例》，卷166，第5页。
④ 杨锡绂：《陈明米贵之由疏》，见《清朝经世文编》，卷39。
⑤ 《乾隆顺德县志》，卷4，第1页。
⑥ 吴英：《拦舆献策案》，见《清代文字狱档》，第五辑。
⑦ 《康熙东华录》卷72，第1页。
⑧ 《康熙东华录》卷16，第28页。
⑨ 《康熙单县志》，卷1。

则民穷财尽，昔可传檄而输者，今则敲朴仍逋"；"其道里犹是也，而今所见无非筚路蓝缕。"① 可见农民失地现象的严重化。就是保有几亩薄田的农户，也无力完纳赋税。农民大量离村。就是在这种情况下出现的。这种现象一直延续下去，据乾隆十三年上谕：山东"有身家者不能赡养佃户"，偶遇灾荒，农民即被迫离乡，或"南走江淮"，或"北出口外"。② 在人口特别密集的地区，由土地占有集中对农民所形成的压迫是更加严重的。

不过各个地区的发展情况是不相同的，也有的省份的某些县份，在某一个时期，地权比较分散。如安徽霍山县，乾隆年间，农民"薄田数十亩，往往子孙世守。"③ 大约同一时期，广东肇庆府，"无甚贫甚富之家"；琼州府则"家自耕种，无田佣"。④ 其他经过农民起义战争长期冲击的地区，如山西、陕西、河南、及湖北、安徽中北部若干州县，小土地所有制也有一个时期的发展。但是，就是上述地区，在商品货币势力的冲击下，人们最后也逃不出土地兼并的命运，只是为时较迟而已。如四川省，在雍正年间，小土地所有制还在发展。至乾嘉之际，便出现集中趋势了。嘉庆年间，泸州、蓬溪、隆昌等县，都有自耕农民将田抵债，或典卖仍行佃回耕种的记载。⑤ 道光初年，梁山"富庶为忠、夔冠，其患不在贫，在不均"。⑥

由此可见，在当时社会条件下，伴随土地买卖而来的土地兼并，乃是必然的趋势，不依人们意志为转移的经济原则。

---

① 《康熙栖霞县志》序，第4—7页。
② 《光绪会典事例》，卷288，第11页。
③ 《光绪霍山县志》，卷2，第6页。
④ 《嘉庆广东通志》，卷93。
⑤ 中国科学院经济研究所藏：清代刑部档案抄件。
⑥ 刘衡：《庸吏庸言》，卷下，第6页，《严除蠹弊告示》。

以上所论，是指这一时期土地买卖关系的发展趋势而言。并不是说，这时的土地买卖已获得了绝对自由。封建社会的土地买卖，总会带有不同程度的强制因素；不可能像资本主义社会那样，完全受价值法则所支配。也不是说，在土地兼并过程中，暴力因素不再发生作用。就是经济的买卖，有时也会存在着欺诈和劫夺。尤其是清初对旗地的圈占，三藩在云南、广东等省所建立的"藩庄"，都是使用暴力侵犯人民财产的事例。就是私人地主也有倚势夺田的。清初沈寓说过："天下之兼之并之者，恃吾之富。崇（明）则不独恃富，尤视人力之强弱。"① 就是说，地权转移主要通过经济的买卖，至于豪右倚势强占行为，在某些地区仍然保存下来。但和明代那种一考中进士或进入官场，就通过接受"投献"和"投靠"以及其他暴力手段兼并土地的情形，已显然不同。

随着土地买卖频率的增加，某些有关土地买卖的法令，民间流行的土地买卖传统习惯，它对土地买卖自由的发展趋势所发生的阻碍作用，越来越显得严重。对这种法令和习惯如何加以变革，开始被提到日程上来。

如在土地剧烈兼并激荡下，庄田旗地制禁止买卖法令的破坏。明清两代的封建统治，都用法律保护庄田贵族所有制，② 严格禁止买卖。在明代，庄田买卖的事例不但很少，而且随着暴力掠夺的加剧，庄田面积在迅速扩张。有如《明史·食货志》作者

---

① 沈寓：《治崇》，见《清朝经世文编》，卷23，第22页。
② 在清代，除内务府庄田及八旗宗室庄田外，有八旗官兵旗地，其性质和前者不完全相同。尤其是八旗士兵，领种旗地须服兵役，和庄田贵族地主不同。但是士兵旗地被优免赋税，并使用"壮丁"生产，与一般民田不同。本文为行文方便计，一并论述。

所做的论断:"[明]中叶以后,庄田侵夺民业,与国相始终。"①清代庄田旗地制,其发展趋势则截然不同,这个制度成立不久,这类土地就纷纷通过买卖关系向汉人地主和农民手中转移,停止买卖的法令变成一纸具文。

据雍正七、八两年上谕,旗地典卖"相沿已久","已沿习多年"。②乾隆二年,御史舒赫德奏:"昔时所谓近京五百里者,已半属于人民。"③"近京五百里"指清初圈占庄田旗地范围而言。乾隆四年,民典旗地至数百万亩,典地民人至数十万户。④乾隆十年,御史舒泰奏:"旗地之典卖与民者已十之五六。"⑤由以上记载,可以想见旗地买卖的频繁。过去清朝贵族通过暴力掠夺来的土地财产,现在却又通过经济的买卖而改变了占有形式。

清政府为了维护庄田旗地制,还曾经采行过其他种种措施,如禁止"长租",强迫"回赎",以及划为"公产旗地"由国家直接掌握等等。但所有这种种措施,都禁止不住旗地地权的转移。

既成事实,逼着清政府不得不改变对旗地买卖的处理办法,对民典旗地不是采取依法没收,而是由政府发款回赎;对出典旗地的旗人,则"宽其违禁典卖之罪"。这种办法从雍正年间就开始了,乾隆年间继续实行。⑥清政府还适当地放宽了关于典卖旗地的禁令,在康熙、乾隆两朝,由准许在旗内买卖,扩大到"不

---

① 《明史》,卷77,《食货志》。
② 《嘉庆会典事例》,卷185,第15页。据《乾隆实录》,卷526,第9页,旗产于康熙年间开始买卖。
③ 舒赫德:《八旗开垦屯田疏》,见《清朝经世文编》,卷35。
④ 《嘉庆会典事例》,卷135,第22页。
⑤ 舒泰:《复原产筹新垦疏》,见《清朝经世文编》,卷35。
⑥ 据《乾隆实录》,卷456;乾隆十九年二月,三次回赎旗地98万余亩。又据王庆云著:《石渠余记》,卷4,乾隆二十六年回赎旗地200万余亩。又清政府一度将回赎旗地入官为"公产旗地",嘉庆十七年,这项土地达373万多亩。

拘旗分",以及投充地的自由买卖。① 到清代后期,并且完全废除了禁止买卖的禁令,准许"旗民交产",承认旗地买卖的合法。

其允许买卖的民田,则要求在买卖方面获得更大的自由,开始提出打破"亲邻优先购买权"和土地买卖"加找""回赎"的习惯的限制。

亲族、地邻、典当主、原卖主等人对土地的优先购买权,是中国封建社会一个极为古老的习惯传统。尤其是卖主的同族近支,享有最优先的购买权利,在这里,表明了土地买卖的宗法血缘关系(有的地区甚至流行"同宗不绝产"的习惯)。在所有优先权者不买的场合下,才允许第三者购买。这种习惯法,在一定的程度上,阻止了土地财产向外姓转移,妨碍着土地买卖的自由。

由于这种传统习惯的存在,到了土地买卖日趋频繁的清代,招致了更多的土地纠纷。

康熙年间,山东济宁州知州吴柽说:"济之俗例,凡欲典卖田宅,必先让原业本家,次则地邻。皆让过不要,然后售与他人。尤可笑者,原业本家有历年久远,事隔两朝,卖经数主者,犹称原业。而本主人之外,不特兄弟叔侄同产之亲,即疏离一族之人,亦称本家,皆得援例混争。夫弃产者,必有迫不能待之势,必要到处让过,已属难堪。乃有本心欲得而故称不要,或抑勒贱价不照时值,或本无力量姑且应承,及至卖主不能久待,另

---

① 据《雍正会典》,卷28:康熙九年,准许旗人在本旗之内买卖土地。据《光绪畿辅通志》,卷95:乾隆三年,令原由旗人向汉人购买并在州县纳粮地亩,典卖之后,又由政府发款回赎的,嗣后不论旗人汉人,都得照原估买价买卖。据《乾隆实录》,卷557:乾隆二十三年定:关于旗地买卖,"嗣后照八旗买公产例,不拘旗分买卖"。据《嘉庆会典事例》,卷136:乾隆五十五年定,旗人所收带地报充各户地亩,本主可以买卖。

售他人，非托名阻挠，即挺身告理。弃产之人，率不免此。"①可见优先购买权习惯，其对土地买卖关系发展的束缚，是极其严重的。

随着土地买卖的频繁，促使人们力图打破土地买卖的限制，开始提出了废除土地优先购买权的要求。

雍正三年，河南巡抚田文镜，在禁止土地优先购买权方面作了如下规定："禁先尽业主。田园房产，为小民性命之依，苟非万不得已，岂肯轻弃。既有急需，应听其觅主典卖，以济燃眉，乃豫省有先尽业主邻亲之说，他姓概不敢买，任其乘机肯勒，以致穷民不得不减价相就。嗣后不论何人许买，有出价者即系售主。如业主之邻亲告争，按律治罪。"②

从吴柽的论述和田文镜的规定，都反映了这种情况，即人们在利用土地优先购买权习惯，操纵土地的买卖。这意味着对农民出卖土地自由的剥夺。从田文镜所颁文告看来，他推行这一改革措施的主观意图，是为了保障卖地"穷民"获得合理地价。优先权的废除，固然有利于卖主，但更重要的，是保障了地主掠买土地的自由。因为在废除旧的优先购买权的情况下，在土地交易中真正能够买到土地的，首先是有钱有势的地主。

到雍正八年，国家针对民间滥用优先购买权拆散已经成交土地的习惯，补充了一条新例，加以禁止。据规定：土地"傥已绝卖"，仍"执产动归原先尽亲邻之说，借端掯勒希图短价者，俱照不应重律治罪"。③

中央和地方政权的这种措施，不管它代表着谁的意志，毕竟

---

① 《乾隆济宁州志》，卷31，第43—47页。按吴柽于康熙三十二年任知州，在任十四年卒。
② 田文镜：《抚豫宣化录》，卷4，第51—52页。
③ 《光绪会典事例》，卷755，第3页。

反映了历史发展的客观要求。它一方面表明，土地买卖关系的发展在冲击旧的传统习惯，同时也在为土地买卖的自由开辟道路。

所谓土地买卖"加找"、"回赎"，即出卖土地的原主，在若干年后仍有权回赎；如无力回赎，可向买主"加找"地价。清代前期，绝大多数省份保存着这种习惯。随着土地买卖频繁，"加找"、"回赎"案件遂层出不穷。江苏、浙江、江西、湖南、广东等省某些州县都有这类记载，或云民间词讼以买卖土地"加找"、"回赎"案件最多，或谓土地已经卖了二三十年，地价已由银二三两上涨至七八两，仍在加找不已。① 由"加找"、"回赎"习惯，表现了土地所有权的顽固性，它和其他商品买卖不同，卖者不能一次卖净，买者不能一次买到全部所有权。案件的频繁，正表明了土地购买人对这种传统习惯的抗议。到这个时候，各级地方政权，不得不考虑采行限制以及革除的措施了。

康熙二十年，两江总督于成龙发布了"禁房田找价檄"，对土地买卖作了如下规定："嗣后如有奸民将已卖田房告找告增，并地方官擅行准理，以及势豪讼棍伙同吓诈者，许被害之人赴辕控禀，以凭参拿究处。"② 康熙后期，湖广总督喻成龙，檄谕所属各县，令严格执行"买卖田产三年不加补，五年不回赎"的制度。③ 浙江天台知县戴兆佳，令民间所有从前田产买卖交关，凡有应找者，秉公找价，以斩葛藤。经此次清找之后，"敢有再起风波，定照违禁律治罪"。④ 雍正三年，云南巡抚杨名时，奏请

---

① 参考：《乾隆嘉定县志》，卷4；《乾隆实录》，卷436，第12页；《守禾日记》，卷3，第16—17页；《乾隆湘潭县志》，卷13，第6页；《光绪清远县志》，卷首，第18页。

② 于成龙：《于清端公政书》，卷7，第82—83页。

③ 《同治长沙县志》，卷19，第36页。按喻成龙于康熙四十二——四十四年任湖广总督。

④ 《天台治略》，卷6，第7—10页。

政府下令禁止土地买卖告找回赎。① 雍正十二年，广东清远县发布严禁卖产索赎的告示，禁止卖方借口"补充"、"洗业"、"断根"，向买主勒索找价和回赎。② 可见禁止土地买卖"加找"、"回赎"，已成为普遍的客观要求。

对于土地买卖"加找"、"回赎"问题，清政府也开始注意了。雍正八年，下令禁止对绝卖土地"告找告赎"，违者"照不应重律治罪"。③ 乾隆九年，政府并作了一个硬性规定："民间田房，如系卖契，又经年远，即无杜绝等项字样，概不准赎。"乾隆十八年，又制定一个补充条例："嗣后民间买卖产业，如系典契，务于契注明回赎字样；如系卖契，亦于契内注明永不回赎字样。其自乾隆十八年定例以前典卖契载不明之产，如在三十年以内，契无绝卖字样者，听其照例分别找赎；若远在三十年以外，契内虽无绝卖字样，但未注明回赎者，即以绝产论，概不许找赎。"④ 就是说，乾隆十八年以后，所卖田产概不准回赎。

以上清中央及各级地方政权所采行的这种措施，尽管是代表着土地购买者——地主的意志，为了预防土地买卖纠纷而发的，但它的历史意义，是和禁止优先购买权相同的。自然，这种传统习惯，绝非一朝一夕所能完全废除。不论是亲邻优先购买权，或是"加找"、"回赎"，尽管受到官府限制，它在民间却继续拥有实际效力。尤其优先购买权，直到鸦片战争以后很长时期内，各地还或多或少地保留着这种习惯。

总之，以上旗地之突破禁止买卖法令进入买卖领域，促使封建统治对原有法令作适当变革；民田买卖的频繁，要求突破原来

---

① 《雍正东华录》，卷3，第5页。
② 《光绪清远县志》，卷首，第18页。
③ 《光绪会典事例》，卷755，第3页。
④ 《光绪会典事例》，卷755，第3页。

束缚土地买卖的习惯传统，获得更多的自由；所有这种种变化，同样表明地权转移的经济因素的加强。清代前期土地占有关系的变化，土地占有者身份地位的变化，又是和土地买卖关系的发展相互制约相互影响的。

三、地主身份地位及农村阶级关系的变化

在清代前期，随着土地买卖关系的发展，出现了土地占有的高度集中。那么，谁是土地兼并者呢？各种类型地主有什么发展变化？这种变化在农村社会经济方面有什么影响？这就是这里所要探讨的主题。

清代前期，地主身份地位的变化是：庄田旗地地主逐渐衰落；缙绅地主虽仍然占着优势地位，对明代而言已度过他的极盛时代；商人地主逐渐增多；非绅非商的庶民地主有所发展。

在明清两代，这各种不同类型地主，占有多寡不等的土地，采取着不同的经营形式，对生产劳动者具有不同形式和不同程度的统治奴役关系，从而对农业生产的发展有着不同的影响。清代前期，随着各种类型地主的发展变化，农业经营形式和农村阶级关系遂也发生了一些变化。

如庄田旗地地主，这是一种世袭特权地主。①这种土地占有形式，在清初建制不久即开始发生变化。就分布在直隶的旗地而论，土地面积逐渐缩小。这和明代庄田逐渐扩大，由明代前期的数百万亩，到后期扩展为数千万亩，其发展趋势截然不同。

关于旗地制度，已有不少人作了专题研究。这里要着重论述

---

① 其中八旗士兵和八旗贵族官员所处地位虽然不同，但他使用奴仆生产，他的法律地位和农民不同，他是以征服者的姿态出现的。

的,是随旗地制的衰落而出现的阶级关系的变化。清朝建国之初,在直隶圈占土地达1666万余亩,除皇室内务府庄田而外,系按等级分配给八旗宗室、官员和士兵。每户所配田额,随等级差别而多寡悬殊,因而很早出现了分化趋势。占地较少的八旗士兵,很早即行出卖。顺治十六年(1659),士兵以"奴仆逃亡",而"生业凋零"。① 至康熙年间(1662—1722),士兵已经"无田产者甚多",② 首先从这里打开破坏旗地制的缺口。接着中下级官员纷纷变卖他们的土地。到乾隆间(1736—1795),旗地典卖现象已十分严重,这在前面已经谈到。到鸦片战争以后,已经变成这种情形:"大抵二百年来,此十五万余顷地,除王公庄田而外,尚未典卖与民者,盖已鲜矣。"③这就是说,旗人地主,这时已有绝大部分出卖了他们的土地,只有规模巨大的王公庄田被保存下来。④

旗人地主之所以出卖土地,剧烈的阶级斗争的冲击,是一个极其重要因素。顺治年间(1644—1661),生产奴仆为了反抗封建主的压迫剥削,纷纷逃亡,⑤ 致土地荒废,使地主失掉了土地上的经济收益。雍正以后,又不断爆发佃农抗租斗争,使地主收租感到困难。⑥ 农民的反抗斗争,加速了旗人地主的阶级分化,

---

① 《顺治实录》,卷127,第150页。
② 孙嘉淦:《八旗公产疏》,见《清朝经世文编》,卷35。
③ 《光绪畿辅通志》,卷95,第15页。
④ 在清代初期,也有的旗人地主在购买土地。康熙二十年九月户部题:"查出康熙十七年以前犯禁霸地之民应追价银六万四千余两"(《康熙实录》,卷97,第10页),即指汉人将土地卖给旗人地主。
⑤ 据《恸余杂记》:顺治三年,"入主以来,(奴仆)逃亡已十之七"(转见杨学琛:《清代旗地的性质及其变化》,《历史研究》,1963年,第3期)。《顺治实录》,卷84,顺治十一年,一年之间,"逃人多至数万,所获不及十一"。此外,奴仆还开展了争取人身自由赎身为民的斗争,以摆脱农奴地位。
⑥ 佃农的抗租斗争,乾隆、嘉庆两期最为剧烈,详见杨学琛:《清代旗地的性质及其变化》。

触动了旗地制的基础,逼着他们出卖土地。

可见明清两代庄田旗地地主的没落过程是不相同的,明代庄田地主是在农民战争直接打击下急剧衰落下去的,代替庄田地主的土地所有者,主要是自耕农民,农民无支付地获得土地。在清代,旗人地主的没落,则是在商品货币经济发展影响和农民的反抗斗争打击下出现的,占有形式的转化是通过买卖,在这种情况下,代替旗人地主的土地所有者,虽然也有部分农民,还有部分原来在旗人地主奴役下的奴仆,① 但主要是汉人地主。由这一点,表明了前后两次变化的性质上的差异。

清代庄田旗地制,具有其民族特点,是一种更为落后的占有形式,并非朱明庄田制的再版。在旗地上进行生产劳动的农民,有"壮丁"、"投充户"和一般佃户之别。生产劳动者如果是"壮丁"和"投充户",他们是旗人地主的奴仆或农奴,他们对主人的身份义务在法律上有明确规定。地主为了从他们身上榨取更多的剩余劳动,拥有"非刑酷虐"乃至"酷虐致毙"的权力。② 统治者为了把他们束缚在土地上,预防他们逃亡,并严"逃人"之令,有逃亡的,逮捕之后严加惩处。这是一种具有严格人身依赖关系的农奴制。其一般佃农,也由于旗人地主的特殊的身份地位,使他们失掉了人身自由。所谓"庄头挟强佩势,大为民患";所谓"旗人横暴","莫敢谁何";③ 首先遭受迫害的就是租种旗地的佃农。

以上这种关系,在清代前期发生一系列变化,一是在保存庄田旗地制的基础上而产生的阶级关系的变化,即由具有严格人身

---

① 乾隆年间,划归"八旗公产"的,其中"奴典旗地"占589700余亩。
② 参考左云鹏:《论清代旗地的形式演变及其性质》,见《历史研究》,1961年,第5期。
③ 《光绪畿辅通志》,卷2,第8页;卷189,第65页。

依赖的农奴制向一般租佃制的过渡。这里要着重指出的,是随着土地占有形式的变化,即在旗人地主丧失土地所有权、庄田旗地制解体的同时,在特权地主压迫奴役下的农民的人身解放。如果按当时平均每人摊地 25 亩计,① 则直隶一省在旗人地主奴役下的农民,以男丁计约有 66 万余人。如果再把老幼妇女一并计算在内,当为 66 万的几倍。到鸦片战争前夕,庄田旗地中出卖的部分如按 60% 计,获得解放的人口以壮年男子计约有 40 万,连家口合计当在两百万以上。而且当这部分土地转移到汉人手中之时,则突破禁止买卖的圈子进入流通领域,变成为具有民田实际内容的土地。如果这部分土地为汉人地主所占有,佃农的身份地位将随地主身份地位的改变而发生变化,超经济强制关系将呈现松弛现象。如果土地落入农民手中,情况就更加不同了。

更就旗人地主方面考察,当他失掉土地之时,同时也失掉他因土地关系而统治农民的权力,有的甚至变成为生产劳动者,他们原来的特殊身份地位逐渐发生变化。

在庄田旗地地主逐渐没落的同时,另一种特权地主——缙绅地主却继续延续下来。这类具有官衔或科举功名而不世袭爵位的地主,在清代仍然占着相当大的比重。对明代而言,绅权虽然有所削弱,他们不再像从前那样可以单纯依靠暴力掠夺土地和任意拖欠田赋、规避徭役,但在高额地租的诱惑下,并不放弃对土地的追求。清初所出现的缙绅放弃土地的现象也只是暂时的,最后他们又回到土地上来。

---

① 按直隶田额,雍正二年,民、屯、学田合计 701714 顷,庄田旗地 166668 顷,共为 868382 顷。这时人丁为 3407 千丁。每丁平均 25 亩有奇。这是一个大致的估计。

康熙十八年罗人琮上奏疏说："今之督抚司道等官，盖造房屋，置买田园，私蓄优人壮丁，不下数百，所在皆有，不可胜责。"① 乾隆四十二年的一次上谕指出："向来汉军习气，多于外任私置产业，以为后日安详地步。"② 以上奏疏和上谕，虽然主要是指旗人地主，而汉人官僚地主也不例外。我们在清朝《实录》中经常看到巡按御史等官揭发贪官置产的案件，尤其是《乾隆实录》，记录最多。

在这一时期，缙绅地主特点之一，是财富积累快，占地规模大。缙绅地主买地资金主要靠搜刮来的民脂民膏，因而官爵越大，收入越多，土地增殖率越高。一个高级官吏在几十年甚至几年之内，就可买田数千亩乃至数万亩。据康熙二十八年（1689）记载，作过少詹事的高士奇，在浙江平湖买前江苏巡抚慕天颜田千顷；作过刑部尚书的徐乾学，在江苏无锡买田万顷，吴县、长州、吴江、昆山、太仓、常熟各州县都有他的房屋田地。③ 雍正年间（1723—1735），直隶总督李卫在原籍砀山有田四万多亩。④ 嘉庆四年（1799），抄没大学士和珅家产，内有田产80万亩，他的两个家人也有田6万亩。⑤ 嘉庆十年，广东巡抚百龄有田50余万亩。⑥ 道光二十一年（1841），抄没大学士琦善家产，据说有田250万亩，⑦ 这个数字的可靠性虽然值得怀疑，但可想见其占地规模的庞大。

我们还可以例举几个发家过程记载得比较具体的事例，借以

---

① 罗人琮：《敬陈末议疏》，见《光绪桃源县志》，卷13，第15页。
② 《乾隆实录》，卷1030，第2页。
③ 《康熙东华录》，卷44，第23、25页。
④ 《乾隆实录》，卷738，第9页。
⑤ 薛福成：《庸庵笔记》，卷3，第11—15页。
⑥ 《嘉庆东华录》，卷20，第13页。
⑦ 德庇时：《战时与和平后的中国》（英文本）。

观察缙绅地主土地积累速度。如山东济宁孙玉庭家,在康熙年间,家产"仅及中人",玉庭的曾祖父不得不"用自力治生"。乾隆初,"家日贫"。乾隆四十年,玉庭考中进士,作了官,他家一跃为缙绅门第,开始购买土地。嘉庆年间,玉庭官至两江总督,前后在济宁、鱼台、金台、曲阜各州县买田三万多亩。① 又如湖南长沙李象鹍,他兄弟二人,"于嘉庆壬申(1812),奉父命析产为二,各收租六百余石"。后来象鹍中举升官,"禄入较丰,积俸所赢,置产倍于前"。象鹍发家之后,在道光十二年(1832),仍同他兄弟"合旧产为二析之,较壬申且六七倍"。② 象鹍的最高官阶是云南按察使,由第一次析产到第二次析产,前后二十年,按其租额推算,由原来的1200多石增加到7000多石。

这时的缙绅地主更加注意土地以外的经济活动了。首先是从事高利贷活动。据乾隆历城县志作者论述:"士大夫挟囊中装而问舍求田,犹其上者;乃放债以权子母之利,刀锥相竞,以鱼肉乡曲。"③ 掌握财富更多的大官僚,则开设典当和其他商号。如前面所列举的几个大地主,高士奇在各处开设商铺,商业资金及囤积银两至百余万;徐乾学在各处开设商号及典当,资金至数十万;和珅有典当75座,银号42座,其他商号若干处;和珅的两个家人也都开设典当铺和古玩铺;孙玉庭开设了规模巨大的酱园;琦善开设当铺及收储盐票。明代缙绅地主虽然也有的兼事土地以外的经济活动,但毕竟不像清代这样普遍。

缙绅地主和生产劳动者的相互关系,和明代也有所差别。如前所述,明代后期,由缙绅地主所形成的租佃关系,带有极为强

---

① 景甦、罗仑:《清代山东经营地主底社会性质》,第92—97页。
② 李象鹍:《棣怀堂随笔》,卷首,《阖郡呈请入祀乡贤祠履历事实》。
③ 《乾隆历城县志》,卷5,第6页。作者又说:历城缙绅不买田放债,"故名贫"。作者这里显然是对本籍溢美之辞,不尽可信。

烈的奴役性质；还有不少缙绅地主役使着成千上百的奴仆。到清代，经过明清之际的阶级斗争，农民带地投靠现象及缙绅奴役大量奴仆现象，显著减少。

更重要的是，随着地主绅权衰落，农民地位上升，出现了主佃之间超经济强制关系的松弛化。这种变化，有的地区从明清之际就开始了，而且，随着农民反抗斗争的开展，波及地区愈广。实际生活中的这种变化，不能不影响于国家政令。就在这个时期，国家一再颁发了禁止缙绅地主迫害佃农的命令。康熙二十年(1681)，经户部议准："绅衿大户，如将佃户欺压为奴等情，各省该督即行参劾"。① 雍正五年（1727）制定："凡地方乡绅，私置板棍，擅责佃户者，照违制律议处，绅监革去衣顶，杖八十。"② 它作为上层建筑，又返转来对实际生活产生影响，起着松弛封建生产关系的作用。

我们一方面要看到，在这一时期内，缙绅地主的社会地位有所变化；同时也不可忽视他们不同于庶民地主的特点。他们虽然不像在明代那样，可以肆无忌惮的违法犯禁，但在政治上和经济上仍保留着某些特权，借以勾结地方官吏，操纵地方政治。而且，功名官爵头衔本身就是封建势力的标志。在封建社会里，只要缙绅地主还存在，就必然会保留着他本身所固有的一般特点，较之庶民地主，对农民保留着更为落后的超经济强制权力。上面所列举的禁止"压佃为奴"和"拷打佃户"两条禁令，禁止的对象就是缙绅地主。这正是缙绅地主压迫佃农的实际生活的反映。

因此，缙绅地主和世袭贵族地主相同，在当时的历史条件下，他代表着最腐朽落后的，黑暗反动的社会势力，是专制政治

---

① 《定例成案合全集》，卷12，第48页。
② 《道光五年大清律例》，卷27，第26页。

的主要支柱，他的存在，严重地阻碍着农业生产的发展，和农民形成极尖锐的矛盾，成为农民反抗斗争的主要对象。

清代前期，土地占有关系的再一个变化，是商人地主的增加。

商业资本向土地转移，原是中国封建社会古已有之的现象。在明代中叶的文献资料里，我们就看到一些有关这方面的事例。① 但是到了清代前期，随着农业生产的发展，土地收益的增长，地权之获得更大的保障，和赋役转嫁现象的革除，商人把资金转移于土地的现象才更加显著起来。乾隆五年（1740）四月，胡定上奏疏说："近日富商巨贾，挟其重资，多买田地，或数十顷，或数百顷。农夫为之赁耕，每岁所入盈千万石，陈陈相因，粟有红朽者矣。"② 这时商人买地已成了普遍现象，而且是大量的买，其目的是为了榨取地租、囤谷居奇。

如从明代即已发展起来的巨商——"徽商"和"苏商"，到清康熙年间，更加热衷于土地的追求了。这时流寓江北清河的苏徽商人"招贩鱼盐，获利甚厚，多置田宅，以长子孙"。③ 商人并且把资金运回原籍购买土地。如皖南休宁巴尔常，他兄弟四人，雍正年间析产时分得土地 27 亩。分家以后，他在外乡开设质押店，从事典当活动。从乾隆十四年开始，把商业赢利投向土地，至乾隆四十六年，前后共买土地 171 亩。巴尔常其他三弟兄中有两户变卖土地，购买者就是巴尔常自己。④ 又皖南旌德汪承

---

① 明代初年，在朱元璋打击豪强，抑制兼并的措施下，曾给与"力田"者以发家的机会。明代中叶以前，商人地主也有所发展。不属本文论述范围，从略。参考梁方仲：《明代粮长制度》，第四章。
② 中国科学院经济研究所藏：清代户部档案抄件。
③ 《康熙清河县志》，卷 1。
④ 中国科学院经济研究所载：《休宁巴氏置产簿》（抄件）。

翰，他家于嘉庆年间析产，承翰分到八分田和一间房。分家之后，质田习贾，他先在某布店作管事，继开张布业，继置厂房，囤谷居奇，然后把商业资金转移到土地上。到鸦片战争前，他在这个山多田少的地区买田至 800 余亩，连质当田共 1000 多亩，田产之多，在里中"首屈一指"。①

江苏经商致富购买土地的，如乾嘉之际，无锡商人王锡昌买田 3000 亩；② 无锡薛某以开设当铺及贩运粮食起家，先后买田约四万亩，收租 2—3 万石。③ 在这一时期，典商和土地的密切联系，特别值得我们注意。道光三年（1823），宝山县发生灾荒，向富户们劝捐，据章谦存记述：富户有两类，一类"典多于田"，这类地主的收入主要是典当利息，他们"凶年虽有亏，息终不大亏"；一类是"田多于典"，这类地主的收入更多地依靠地租，他们"虽曰连年之积蓄多，而本年则亏者大。"④

两淮盐场的场商，则以灶户土地作为兼并对象。乾隆年间，角斜盐场的场商兼并灶户的土地，引起官府注意，指出场商兼并土地的危害："场商资本丰厚，即当于借其煎力之穷丁，有无相恤，痛痒相关……岂容广置草场，只管生息，致灶户失业流移，贻日后勾补无凭！"据乾隆十年官厅指示："角斜如是，他场未必绝无。"令场商所买炉户土地，"听本灶回赎复业"。⑤

北方著名巨商有所谓"晋商"，到清代前期，他们也纷纷把资金投向土地了。乾隆三十八年，山西巡抚觉罗巴延上奏疏说：

---

① 汪声铃：《汪氏家乘》，第 2 册，《皇祖府君事略》。按承翰生于乾隆四十年，卒于咸丰四年。

② 齐学裘：《见闻随笔》，卷 16，《侠丐》。

③ 余霖：《江南农村衰落的一个缩影》，《新创造》，第 2 卷，第 12 期，1932 年 7 月。

④ 章谦存：《筹账事略》，《宝山县志》，卷 3，第 5 页。

⑤ 《两淮盐法志》，卷 16，第 16—17 页。

"浑源、榆次二县，向系富商大贾，不事田产，是以丁粮分征。今户籍日稀，且多置田地，请将丁银摊入地粮征收，以归简便。"①由奏疏语气可以看出，浑源、榆次二县商人，过去专事商业活动，不注意田产。他们将商业资金转移于土地，是从乾隆年间开始的。

晋商并且远到外省购买土地。乾隆五十一年夏，河南巡抚毕沅上奏疏说："豫省连岁不登，凡有恒产之家，往往变卖餬口。近更有于青黄不接之时，将转瞬成熟麦地，贱价准卖。山西等处富户，闻风赴豫，举放利债，借此准折地亩。"②这里所说富户，据乾隆五十一年六月上谕，指的是富商大贾。

又山东章丘强学堂孟家，他的祖先就是靠经商起家的。乾隆初年，他家在外地开设杂货铺数处；嘉庆初年，又增设其他商店。至咸丰四年，历年积累的土地至960亩。从分家时所承遗产购入年代考察，主要是在道光、咸丰两朝。商业经营扩大之后，将商业资金转移于土地的。③

在鸦片战争前后，山东文登县并且出现了专以兼并土地为目的而发放贷款的典当商人。这里的典商原本出现很早，并且相当活跃。但是把兼并土地作为高利贷活动的主要业务，则是从道光年间开始的。他们通过放贷粮食兼并农民的土地，其法："用粗粮二三斗，计值不过七八百，放去则作千文，照例行息。"农民夏麦、秋谷登场，用粮食折还本利，粮价则视市价损值一分。当

---

① 《乾隆实录》，卷948，第12页。
② 《乾隆实录》，卷1255，第23—25页。就在这年八月，原价回赎土地达30多万亩。其无力回赎者当远在35万亩之上。
③ 《清代山东经营地主底社会性质》，第81—82页。据矜恕堂地亩账历年购买土地文契年代，计康熙为1.620亩，雍正为1.154亩，乾隆为2.569亩，道光为100.692亩。

地把这种借贷方式称之为"套粮"。"每粮一套,质地一亩"。农民如不能按时清偿,当商或"持典券索租",或"逼索绝卖文契"。在当商盘剥下,有不少农民破家荡产。作者最后总结"套粮"和土地兼并的关系说:"田归富人,家徒四壁。"① 这里的"富人"就是典当商。

在其他各省,我们也见到不少商人发家购买土地的事例,这里不再一一列举。从以上事例不难看出,在这一时期,商业资本转移于土地,乃至商业资本、高利贷和土地的结合,是相当普遍的现象。富商巨贾,每利用农民的灾荒饥馑,压价买地。这就给农村社会带来严重威胁,连封建统治者也不能不予以注意了。乾隆五十年,山东、江苏、安徽、湖北等省发生旱灾,到第二年五月,皇帝颁发了这样的上谕:"江苏之扬州,湖北之汉口,安徽之徽州等处地方,商贩聚集,盐贾富户颇多,恐有越境买产图利占踞者,不可不实力查禁。"② 嘉庆十九年以前,直隶南部三十余州县连年灾荒,这年九月,皇帝颁发过类似的上谕:"本处富户及外来商贾,多利其[土地]价贱,广为收买。"令商民在麦收以前所买地亩,准农民原价回赎。③ 这两道上谕,是商业资本深入农村与商人地主发展的直接反映。

又这时在各省普遍发展起来的"寄庄制",是值得我们注意的。据雍正七年上谕,在直隶省,"有人地皆在怀安而寄粮于万全、宣化者";"有现在怀安纳粮,而寄地于顺天府之宝坻"。他如山东、山西、河南、江苏等13省,都有这种情形。④ 据雍正十二年记载,在山东省内,"以彼邑民人,置买此邑地亩"者,

---

① 《民国文登县志》,卷3,第17页。
② 《乾隆实录》,卷1355,第25—26页。
③ 《嘉庆实录》,卷296,第24页。
④ 《光绪会典事例》,卷172,第1页。

有61县之多。① 寄庄制的发展，是和商人在外籍置买土地有联系的。② 如前述之苏、徽商人，在苏北清河购买土地；山西商人到河南购买土地。又乾、嘉两朝，寄居在广西贵县的广东商人林大懋，在这里买了九十万租的土地。③

商人之所以把资金投向土地，原因很多，最重要的是，土地财产，"不忧水火，不忧盗贼"，风险小。④ 商业利润地租化，是把封建剥削置放在更牢固的基础上。所谓"以末致富，用本守之"的意义，即在于此。但是，我们也不可忽视这一事实，即在这一时期，由于农业生产的发展，给占有土地带来更多的经济收益，从而对商人买地起了积极的鼓动作用。

商人地主的财富多寡悬殊，有拥资十万、百万的巨商，也有只有千两、百两银子的中小商人。其掌握大量财富的巨商，完全可依靠他的经济力量抬高他的身价。据乾隆《歙县志》："拥雄资者，高轩结驷，俨然缙绅。"⑤ 而且有很多商人，实际就变成了缙绅，因为他们不仅大规模购买土地，还通过捐纳购买功名官爵职衔，列身于缙绅门户。但是，其不列身于缙绅门户的中小商人地主，尤其是不在乡的商人地主，他们的发展，将影响于租佃关系中超经济强制关系一定程度松弛化。

最值得我们注意的，是非绅、非商的庶民地主的发展。这类地主的形成过程，不像特权地主和商人地主那么清楚，缺乏充分文献资料供我们进行论断。在庶民地主之中，有所谓"力农致

---

① 《雍正东华录》，卷12，第17页。
② 官僚地主也有设置寄庄的，从略。
③ 广西僮族自治区通志馆编：《太平天国革命在广西调查资料汇编》，第29—30页。
④ 康熙年间，张英著：《恒产琐言》，论之甚详。
⑤ 乾隆《歙县志》，卷1，第24页。

富"类型的地主,其中的一部分是由富裕农民上升起来的。① 这并不否认在他发家过程中,还会有其他凭借,如兼营副业,放高利贷,等等。这类庶民地主,虽然早在明代以前就出现了,但是,它获得进一步发展,并在农村社会经济方面产生显著影响,则是在清朝开始的。

首先应该明确,农民"力农致富",并不是在任何历史条件下都能出现和发展的。

在明代后期,自耕农民不仅是封建统治进行压榨掠夺的对象,而且也是缙绅地主转嫁赋役和豪绅恶霸进行侵夺的对象。以上这种种压迫,甚至有时连没有功名官爵身份的中小地主也不能免。这时所谓"赋役繁重","有田为累",就是指的自耕农民和部分中小地主;所谓豪右"横行闾里","鱼肉乡民",被压迫渔夺的对象也是他们。因此,农民"力农致富"上升为地主的机会很少,② 庶民地主的发展也遭受到严重的压制。

到清代前期,上述情况发生变化,自耕农民和庶民地主,他们从特权地主的暴力掠夺和赋役转嫁的压迫下摆脱出来,获得了较多的发展机会。而清初广大自耕农的存在,又是庶民地主发展的前提。

如前所述,经过明清之际的阶级斗争,扭转了明中后期土地占有集中的发展趋势,促成小土地所有制的广泛存在。不过自耕农民的经济地位是极不稳定的,任何意外事故都在促使着他们破产,逼着他们出售土地。从这个意义上说,自耕农所有制是地主所有制的补充,他本人则是佃雇农的后备军。这就是说,在土地

---

① 古人用语每多含混,有的把缙绅地主描写为"耕读起家"或"力农起家"。本文所要论述的"力农致富",指由富裕农民发展而成的庶民地主。

② 在明代中叶以前,也有"力农致富"一类记载,明代后期就很少了。

占有集中发展规律的制约下,自耕农经济时刻在产生着地主经济。但是,在农村阶级分化过程中,虽然绝大部分农民丧失了他们的土地,却也有少数富裕农民在购买土地,譬如我们从清代刑部档案中所搜集到的有关土地买卖的几百件刑事案子,其中有不少案子表明了农民之间的相互买卖关系。不难设想,当农民占有的土地超过他自己的劳动力所能承担的界限之时,必须雇佣农业佣工协同工作,或出租一部分土地。这时,他的阶级成份逐渐发生质的变化,开始向地主阶级过渡。

的确,我们从这时期的文献资料里,经常看到一些"力农发家"的事例。如康熙中叶,移居湖南浏阳的广东客民的发展。当这里的"世家大族"在为了摆脱徭役负担纷纷放弃土地之时,外籍客民却获得了土地。他们"身秉耒以耕,力皆出诸己";他们种田五、七十亩或百亩,"丰欠皆属己有"。① 这里描绘了一批自耕农民发家的过程,他们是在绅权受到抑制的情况下成长起来的。就这样,在农村阶级分化的过程中,有少数农民发展为地主。

在四川省,自耕农民和庶民地主的发展是比较显著的。经过明末农民大起义,这里的豪绅地主急剧衰落,出现了大片无主荒地,任人占耕。如康熙二十二至二十三年间(1683—1684),乐至县"地旷人稀,多属插占,认垦给照。"② 还有些州县有类似记载。就是有主的土地,地价也比较低廉。据康熙末年记载:"先年人少田多,一亩之田,其值银不过数钱。今因人多价贵,一亩之值竟至数两不等。"③ 如万源县,乾隆(1736—1795)以前"每田能产粮一石者,价值钱数钏而已"。由嘉庆(1796—

---

① 龙升:《对知县试策略》,见《同治浏阳县志》,卷18,第28页。
② 《民国乐至县志》,卷3,第7页。
③ 《清朝文献通考》,卷2,田赋。

1820）至道光（1821—1850），地价上涨，但"每石地亦仅值钱十余钏。"① 地价低廉，也会给与农民较多的获得土地的机会。

因此，在清代前期，各省农民，为了取得土地，纷纷入川。② 其中有不少人变成为小土地所有者，还有的发展成为地主。所谓"远人担簦入川，多致殷阜"，③ 正反映了这种变化。也有个别地区，在早期，明代遗留下来的缙绅地主仍占优势；到嘉庆年间，却出现了一批新兴起来的"力农致富"的地主，苍溪县就是这种情形。据县志：乾隆以前，地主有王、薛、任、陶诸姓，"均系前代名宦"。嘉庆以后，地主有杨、李、罗、赵等姓，"或起自力田孝弟，或起自勤学科名"。④ 所谓"力田孝弟"，就是指的庶民地主。余如云阳县谢大成，乾隆年间，"父子力农，勤苦成家"，置买田产，逐渐积累到一千多亩。⑤ 如荣县胡富恒，少年贫无立锥，道光年间，力农致富，发展为出租地主。⑥ 如温江县王大成，道光年间，兄弟力农二十余年，增置田产近400亩。⑦ 以上数家，都是靠经营农业起家的。也有力农兼商贾致富的，如云阳县彭自圭，乾隆年间，从事农业兼商贸起家，买田谷至百余石⑧ 同县旷希贤涂开盛等，乾隆年间，或"兼事农商，渐买田宅为富人"；⑨ 或披荆斩棘，开辟土地，"农商并用，岁入

---

① 《民国万源县志》，卷5，第46—47页。由同治至光绪年间，每石地价则增至50—60钏，以至110—120钏。
② 由康熙至乾隆，陕西、湖北、湖南、江西、广东、福建等省农民纷纷入川。在康熙、雍正年间入川的，大多数人能占有土地。
③ 《民国云阳县志》，卷13，第3页。
④ 《民国苍溪县志》，卷10，第2页。
⑤ 《民国云阳县志》，卷27，第3页。
⑥ 《道光荣县志》，卷30，第20页。
⑦ 《民国温江县志》，卷8，第28页。
⑧ 《民国云阳县志》，卷26，第1—2页。
⑨ 《民国云阳县志》，卷27，第4—5页。

益饶"。① 由力农致富的庶民地主，还有的发展为缙绅地主。如汉州黄正义家，清朝初年，他的五世祖由湖南移入，插占土地，"凡五世皆横经秉耒，孝弟力田"。后来扩地至500亩。② 如大竹县江国荣，道光年间，以家贫辍读就耕，熟习稼穑，收获常丰，除自业外，兼佃邻田，二十年间增置田产至600石。③ 又铜梁县刘世栋，幼年家贫，"以勤苦兴家"。④ 从他"推沃田百亩养兄"一事考察，他可能已发展成为占田数百亩的地主。以上这三家后来也都转化为缙绅地主。

由以上事例，可以看出：清代初年，特权地主的衰落，无主荒地的出现，及地价低廉等等，是小土地所有制和庶民地主发展的条件。

清代前期社会经济的发展，是小土地所有制和庶民地主发展的又一条件。

首先是经济作物的发展，促成单位面积产值的增加。⑤ 如棉花的种植，顺治年间，山东郓城县人纷纷植棉，"五谷之利，不及其半。"⑥ 乾隆中期，江苏省松江、太仓一带，农民种花，"费少而获利大"。⑦ 如兰靛的种植，康熙中期，江苏靖江县人种之，"取利甚倍"；⑧ 乾隆前期，浙江嘉兴府人种之，收获之后并行加工，产值"数倍于谷麦"。⑨ 如烟草的种植，乾隆年间，

---

① 《民国云阳县志》，卷25，第8页。
② 《同治汉州志》，卷22，第7页。
③ 《民国大竹县志》，卷9，第28页。
④ 《光绪铜梁县志》，卷9，第8页。
⑤ 经济作物发展之影响于产值增加，明代中叶后已很显著，至清代进一步发展。
⑥ 《古今图书集成》，《职方典》，卷230，《广州府》，《风俗考》。
⑦ 见高晋：《奏清海疆木棉兼种疏》，乾隆四十年。《皇清奏议》，卷60。
⑧ 《康熙靖江县志》，卷6。
⑨ 《光绪海蓝县志》，卷8，第17—18页。

江南、山东、直隶等地之人纷纷种之，经营收益之厚，"视百蔬则倍之"，① 还由于城市的发展，对商品菜属需要增加，于是蔬菜之利"十倍于谷粟"。② 像这类记载是很多的，在这种情况下，比较富裕的自耕农民，由于不受实物地租的制约，有可能首先改种经济作物，以扩大农业经营的经济收益，发家致富。

其次，随着经济作物的发展，农业经营愈趋集约化。如江苏的桔树经营，"培植之工，数倍于田"。③ 如四川内江县蔗田的经营，"壅资工值，十倍平农"。④ 如江西新城县烟草的经营，所用人工数倍于种稻。⑤ 如广西烟田的经营，每种烟万株，须用工7—10人，须用粪200—300担，麸料粪水在外。⑥ 如四川彰明县附子的种植，"每亩用牛十耦，用粪五十斛"，所用功力，"比他田十倍"。⑦ 种植这类经济作物，经营者可以在原有的土地上增加生产投资，投入更多的劳动，以扩大经营规模。经营者可通过增加劳动强度，延长工作日，进行加工协作，以提高劳动生产率，创造更多的剩余劳动产品。这样，为他发家致富，剥削雇工或佃农向地主过渡提供了条件。"力农致富"类型地主，如果是由农民发家的，总是从这里开始。

在文献资料里，我们虽然没有看到富裕农民通过经济作物的种植发展为地主的具体事例，但是我们可以看到一些种植经济作物的大经营。嘉庆年间，河南西华县赵氏以种植果树兰靛致富，

---

① 方苞：《方望溪全集》，《集外文》，卷1，《清定经制劄子》。
② 陈芳生：《先忧集》第1册，《田制》，第9页。
③ 包世臣：《安吴四种》。
④ 《道光内江县志》，卷1。
⑤ 同治《新城县志》，卷1，第17—18页。
⑥ 吴英：《拦舆献策案》，见《清代文字狱档》，第五辑。
⑦ 《嘉庆四川通志》，卷75，第12页。

由占田数十亩积累至一千多亩。① 四川内江县有种植甘蔗的大经营,据道光年间记载,经营者"平日聚夫力作,家辄数十百人"。② 这类专种植经济作物的经营主,很可能是庶民地主的一种类型,缙绅地主一般是不直接搞农业生产的。

随着粮食商品化,经济作物的发展,和农产品加工工业相结合的农业经营形式也有所发展,这同样给与了富裕农民和庶民地主发展的机会。康熙年间,广东番禺、增城、东莞等县蔗农兼营榨糖业,"上农一人一寮,中农五之,下农八之十之。"③ 这里所说的"上农",显然是兼营手工业作坊的经营地主。论者谓榨糖业利润很大,"多以致富"。又四川简州,"沿江之民,植蔗榨糖,州人多以致富"。④ 所谓"致富",大概就是由农民上升为地主。台湾的糖坊,合股开办的叫"公司廍",独资经营的叫"头家",蔗农联合组成的叫"牛犇廍"。⑤ 其中肯定有不少兼营手工业作坊的经营地主。这时,北方农村中出现了不少制酒作坊,黄河流域五省酿酒所耗之谷,每年约一千数百万石。⑥ 酿酒作坊的经营者,可能有一部分是兼营的庶民地主。在油料作物区则有榨油作坊。乾嘉之际,江苏海州榨豆油业甚盛,据包世臣记述:"产货者农,而运货者商。"⑦ 这里的"农",显然是兼营榨油作坊的地主。这是庶民地主的又一个类型,缙绅地主一般是不从事这种经济活动的。

---

① 《校经室文集》,卷5,第16页,《赵吾墓表》。赵后来发展成为缙绅地主。
② 《道光内江县志》,卷1,第290页。
③ 屈大均:《广东新语》,卷27,第8页。
④ 《咸丰简州志》,卷12,第1页。按该志修于咸丰三年,所记似系鸦片战争以前情形。
⑤ 连横:《台湾通史》,卷27,第442—443页。
⑥ 方苞:《方望溪全集》,《集外文》,卷1,《请定经制劄子》,乾隆十六年。
⑦ 包世臣:《安吴四种》,卷27,第3页,《青口议》。

以上所列举的一些事例，虽然不一定都是"力农致富"类型地主，但总有一些联系。

关于"力农致富"，我们还可以列举几个发家过程记载比较具体的事例。据景甦、罗仑等同志对山东地主发家过程所作调查，五户之中有一户是作官发家的官僚地主，有一户是经商发家的商人地主，却有三户是力农致富或力农兼手工业致富的庶民地主。其中一户是章丘县旧军镇孟家，这家从康熙（1662—1722）末年起，以经营农业为主，兼营商业起家。一户是章丘县东矾硫村李可式家，他家由乾隆二十六年（1761）开始买地，到乾隆五十七年积累到351.4亩，平均每年买地11亩弱。是年析产，由李可式、李可法两股均分，各得175.7亩。李可式一股从乾隆五十九年（1794）又开始买地，至道光十七年（1837）为止，共买地51.3亩，平均每年买地1.1亩强。与所分遗产合计为227.2亩。一户是淄川县栗家庄毕家。这家在雍正年间（1723—1735）原有地30亩，乾隆年间经毕丰涟之手积累至100多亩。这家是由自耕农发展起来的。毕丰涟一方面继承了他父亲的30亩遗产，一方面安置木机织绸出售，由一张机子扩张至数张。就这样，一方面种地，一方面织绸，逐渐发展为地主。嘉庆以后，他家土地积累速度骤增，嘉庆朝二十五年之间（1796—1820）扩充至300多亩，道光二十年后又扩充至900多亩。①

以上这类型地主可能早在明代以前就出现了。但是只有到清代前期，在社会经济一定程度发展的条件下，才有进一步发展的可能。

所谓"力农致富""勤苦起家"，是否说农民完全由于勤俭致富呢？当然不是。他之所以能变成为地主，是由于他在发家过程

---

① 《清代山东经营地主底社会性质》，第50—52、69、76—77页。

中榨取了旁人的剩余劳动。任何类型地主的形成过程，不可否认，总是剥削的结果。因此，不是所有农民都能"力农致富"，只有极少数经济条件较好的富裕农民才有这种可能。所谓条件较好，指有余钱剩米，凭体力劳动所得，除自给外，还有剩余的这部分农民。因为这类农民在生产经营上有他的优越性。他比佃农优越，他可占有自己较大部分劳动果实，除交纳赋税之外，所有赢余都归他自己。① 他也比只能勉强自给自足的自耕农民优越，他经济状况较好，有条件改进他的农业经营。因而这类农民发财观念极重，生产积极性很高。绝大多数自耕农民是没有"致富"可能的，能保持住原有的几亩土地已经很幸运。至于贫苦的佃农，勉强生活下去已属不易，只有"存聊以卒岁之想"了。

以上，我们对"力农致富"类型地主作了较多的分析，这是由于他的发展具有较大的历史意义。但这类型地主毕竟占少数。此外，还有一种非"力农致富"类型的庶民地主，它的数量较前者大得多。乾隆年间，桐城包苞说："计一州一县，富绅大贾绰有余资者，不过十数家，或数十家。其次中家，有田二三百亩以上者，尚可挪移措办。其余下户，有田数亩或数十亩者，皆家无数日之粮，兼采樵负贩，仅能餬口"。② 这里所说"中家"，即非绅、非商的庶民地主。绅商地主，每户占田虽多，但户数少；其他庶民地主，每户占田虽少，但户数多，所占耕地面积总和必然占着相当大的比重。遗憾的是，有关这类地主形成过程，前人记载不够具体，使我们的论述受到了限制。但从庶民地主的广泛存在，表明了他在这一时期活跃的生命力。

---

① 自耕农比佃农生产优越，尹文孚曾经指出："小户自耕己地，种少而常得丰收。佃户受地承耕，种多而收成转薄。"见《切问斋文钞》，卷16。
② 方苞：《方望溪全集》，《集外文》，卷1，《清定征银两子期剳子》。

特别值得我们重视的是，这类型地主的发展，促成了中国农村社会经济的某些变化。首先是促成农业经营形式的变化。

　　明代中叶，有些地区，尤其是缙绅地主聚集的江南，曾经出现过大规模农业经营，同时还看到"奴仆千指"、"监督僮仆"之类记载。可见这时的大经营，有的是使用奴仆的强制生产。又明代后期，在很多地区，出现过数目庞大的奴仆。经过明清之际的农民起义和阶级斗争，地主蓄奴之风大衰，奴仆的数目减少，除清室在直隶新建庄田旗地一度使用壮丁生产之外，在其他地区很少看到使用奴仆从事农业生产的经营形式了。就是过去奴仆制一度盛行的江南，地主也多采取了土地出租形式。不可否认，这种发展变化的产生，固然是广大奴仆进行人身解放斗争的结果，同时和庶民地主的发展也有一定的联系，因为这类地主的生产经营一般是不使用奴仆的。

　　在农业经营方面一个更为重要的变化，是租佃形式向直接经营形式的发展。

　　清代前期经营地主的发展，当时人有过明确的记载，谓"国朝后风气渐异"，汉人"所用皆系雇工。"[①] 所说虽不免夸张，但指出了这一时期农业经营方面的变化。这种变化，可从某些地区农业雇佣劳动的发展得到说明。如湖北蕲水县、浙江乌程、平湖等县，江西东乡县，山东登州和高唐州，山西寿阳县，贵州遵义县都有有关农业雇佣劳动的记载，[②] 而且从以上记载可以看出，

---

　　① 《秋审条款附案》，卷3，转据刘永成：《论清代雇佣劳动》，《历史研究》，1962年第2期。

　　② 《顺治蕲水县志》，卷18；《光绪乌程县志》，卷29，第2页；《光绪平湖县志》，卷2，第51页；《同治东乡县志》，卷8，第3页；《古今图书集成》，《职方典》，卷278，登州府，风俗考；徐宗干：《斯未信斋文编》，卷1，《邓捐义谷约》；祁寯藻：《马首农言》，第20页，《方言》；《道光遵义县志》，卷16，第3页。

这些地区的雇工经营,已不是个别现象,而是在明代原有的基础上又前进了一步。复次,这种变化,还从我们在清代刑部档案中所搜集到的农业雇工资料得到证明。在708件雇工案件中,雍正十三年(1723—1735)中12件,乾隆六十年(1736—1795)中259件,嘉庆二十五年(1796—1820)中达437件。① 雇工刑事案件数字的这种后来居上的扩大趋势,不是偶然的,表明了随经营地主发展(当然也包括了雇工的富裕农民)而出现的农业雇佣劳动的发展。没有经营地主(及富裕农民)的发展,农业雇佣劳动的发展是不可能的。这里的经营地主主要是庶民地主。因为贵族地主和缙绅地主,他们所考虑的是如何扩大耕地面积,增加地租收入,一向不过问农业生产。所谓"知兼并而不知尽地之利";"惟知租之入,而不知田之处";所谓"深居不出,足不及田畴";"坐资岁入,不知稼穑为何事";就是指的这类型地主。他们是单纯的寄生性地主,是不从事于雇工经营的。庶民地主,尤其是"力农致富"类型地主,和特权地主显然不同,在直接经营比出租更为有利的条件下,他们首先采取了这种经营形式,由传统的地租剥削进而直接榨取农业雇工的剩余劳动。

据景甦、罗仑等在山东调查的五家地主,一家官僚地主和一家商人地主,都采取出租形式;"力农致富"的三家地主,都采取直接经营形式。其中章丘旧军镇孟家,从康熙年间起进行直接经营。淄川栗家庄毕家,由雍正至道光,占田由数十亩扩张至数百亩;章丘东矾硫村李家,由乾隆至道光,占田由一百亩扩张至二百多亩;这两家也都采行直接经营形式。这类型的地主之所以更多的采取直接经营形式,除因直接经营更为有利之外,还由于他们基本是在乡地主,有接近农事的方便。如果是由农民发家的

---

① 李文治:《中国近代农业史资料》,第一辑,第111页。

地主，他们原本就从事农业生产，对农业生产驾轻就熟，这就为他们直接经营提供了更为便利的条件。在条件许可的情况下，由家工经营的农场，扩大为雇工经营的农场，是很自然的。

庶民地主的发展（还有富裕农民的发展），促成的雇工经营的发展，是具有特殊历史意义的。这种经营形式，由于经营者经济状况较好，有比较齐全的农具，有充足的肥料，有足够的人力，耕种得以及时，因而为农业生产水平的提高创造了可能。[①]他们无论种植经济作物或粮食作物，其中的一部分乃至绝大部分是为了出售而进行的商品生产，这一点，和土地出租的性质已经不同（和自给自足的小农经济也不同）。又这时经营地主从农业雇工身上所榨取到的剩余劳动，较之土地出租而言，还可能有一个超过地租以上的余额，这和单纯地租收益也不完全相同了。

由于这类型地主的发展，还促成了农村阶级关系的某些变化。

在封建社会里，封建主占有土地，及不完全占有生产劳动者，通过经济外的强制手段，榨取生产劳动者的剩余劳动。这是封建土地所有制的基本内容。这就是说，任何类型地主对农民的关系，都是统治奴役关系，都实行经济外的强制。但是，从明清两代的历史实践，可以看出，地主对农民的奴役强制关系，有程度上的不同。这种现象的产生，在极大的程度上取决于地主的身份地位。因而，由"谁"占有土地，是一个极其重要的问题。如前所述，"功名官爵"头衔，是特权和封建势力的标志，当土地财产和这类头衔相结合之时，则形成为"特权地主"，他们对农民具有极为强烈的超经济强制权力。当土地财产和无功名官爵头衔的庶民相结合之时，则形成为"庶民地主"。他们虽然也是封

[①] 据《清代山东经营地主底社会性质》，作者对清代后期所作的调查，经营地主的农业生产，单位面积产量，比较一般个体小生产者的生产高出一倍左右。

建剥削阶级的成员，也依靠经济外的强制手段榨取地租，但其强烈程度和前者有所不同，强制关系呈现一定程度的松解，在农民方面可以获得较多的人身自由。①

复次，清代前期，随着庶民地主的发展，有大量中小地主出现。我们所看到的皖南地区的大量分家书、鱼鳞册等文契资料，有绝大部分地主，每家所占有的土地都在百亩左右，在几百亩以上的很少见。在其他文献资料中反映了相同的趋势。这类中小地主主要是庶民地主，因为这类型地主购买土地的资金，主要依靠田场收入，和官僚富商相比，土地累积速度较慢，在遗产诸子均分制的制约下，难以发展为占田千亩万亩的大地主。因此，占地面积的大小，反映了庶民地主和缙绅地主以及富商地主的区别。

中小地主的发展，是值得我们注意的变化。在封建社会里，无论是租佃关系或雇佣关系，地主对生产劳动者的直接的超经济强制程度的强弱，一方面由地主的身份地位所决定，同时还取决于地主占地规模的大小。这是由于，地主的经济地位，会影响于他的政治社会地位。只要是大封建主，就会以"俨然缙绅"的面貌出现。从这个意义上说，地主占地规模的变化，就其和农民形成的社会关系而言，同样表明超经济强制关系松弛化。

此外，在这一时期所出现的缙绅地主的特权的一定程度的削弱，对阶级关系的变化也是有影响的，这在前面业已论及。随着地主身份地位的变化和地主权力的削弱，地主对农民的直接的超经济强制关系呈现松弛化，农民获得了较多的人身自由。清代前期，普遍全国规模的汹涌澎湃的农民抗租斗争，就是在这种情况之下出现的。从而地租的实现愈有赖于国家法令的保证，地主对

---

① 就是庶民地主对生产劳动者的超经济强制关系，也同样受到明清之际阶级斗争的影响而有所削弱。这种关系此处从略。

农民的直接的超经济强制关系进一步从地权中游离出来更集中地表现为国家职权关系,① 地主阶级的强制关系进一步代替地主个人的强制关系。于是,封建统治者,在慑于农民的反抗斗争的威力对地主虐佃行为采取某些限制约束的同时,又不能不采行保证地主阶级地租剥削的措施了。就在这一时期,中央政府制定了一条禁止佃农抗租的新例,② 各级地方政权纷纷发布了禁止佃农抗租的文告。③ 这类政令,它一方面是阶级矛盾激化的反映,同时也是阶级关系发生变化的反映,说明这时地主依靠个人的强制力量榨取地租,已经遭遇到极大困难。

地主身份地位的变化(尤其富裕农民的发展),还影响于雇佣关系的变化。

在明清两代的律例中,雇佣间的相互关系,地主对"雇工人"是以"家长"的身份出现的,"雇工人"是以介乎"奴仆"与"庶民"之间的身份出现的,"雇工人"对地主具有严格的身份义务,地主对"雇工人"有任意打骂惩罚之权。这是一种具有"主仆名分"的雇佣关系。④ 清代前期庶民地主的发展,以及因直接经营的发展而促成的雇工队伍的扩大,影响了雇佣关系性质的变化。其新从农民上升起来的中小地主(尤其是富裕农民),

---

① 胡如雷同志在《关于中国封建社会形态的一些特点》一文中曾经指出:"我国土地可以买卖转手,地主个人没有被位置于固定的等级,这样,行政权、司法权、军事权就不能直接表现为土地所有权的属性。毋宁说,这些权力之从地权上游离出来。"见《历史研究》,1962年,第1期。

② 雍正五年制定:"至有奸顽佃户,抗欠租课欺慢田主者,杖八十;所欠之租,照数追给田主。"见道光五年《大清律例》,卷27,第26页。

③ 如雍正年间广东清远县,嘉庆年间湖南岳州府,道光年间江苏江阴县,都曾发布过这类文告。见《中国近代农业史资料》,第一辑,第78—80页。

④ 参考经君健:《明清两代雇工人的法律身份地位问题》,见《新建设》,1961年,第3期。

有的和雇工一起工作一起饮食，在实际生活中形成为比较自由的雇佣关系，突破了尊卑等级界线。这样，和原有的身份等级法律遂不相适应。到这个时候，统治者不能不考虑改变这部分农业雇工的法律地位了。据乾隆五十一年（1786）上谕："若农民佃户，雇请工作之人，并店铺小郎之类，平日共坐同食，彼此平等相称，不为使唤服役者，此等人并无主仆名分，亦无论其有无文契、年限，及是否亲族，俱依凡人科断。"①这里雇佣农业雇工的雇主——"农民"，显然包括部分庶民地主。这个规定并作为律例列入封建法典之中。从此，继明万历十六年（1588）明确短期雇佣的人身自由，②至是部分长期农业雇佣又获得了法律上的平等。③

雇工律例的这一变革，它一方面是雇佣关系实际生活发生变化的反映，同时又反过来对实际生活发生作用，促成"无主仆名分"的雇佣关系的进一步发展。据我们所看到的清代前期雇工刑事案件，在乾隆五十一年雇工律例未改变以前的60件长期雇佣案件中，注明"无主仆名分"的凡6件，占全部案件的10％。雇工律例改变以后，乾隆五十一年至嘉庆二十五年（1820），无主仆名分的雇工案件和所占比重大为增加，从所见到的140件长期雇佣案件，注明"无主仆名分"的68件，占全部案件的48.6％。④ 这种变化，表明由封

---

① 《乾隆实录》，卷1253，页1—2。

② 据明《万历实录》，卷194，页11—12；万历十六年正月庚戌，刑部尚书李世达等申明："官民之家，凡倩工作之人，立有文券议有年限者，以雇工论；只是短受值不多者，以凡人论。"据此，可以看出明清两代"雇工人"法律地位的变化。

③ 参考经君健：《明清两代农业雇佣劳动者法律身份地位的解放》，见《经济研究》1961年第6期。

④ 中国科学院经济研究所藏：清代刑部档案抄件。这里的长期雇佣指年工。140件长期农业雇工，计注明"平等相称"、"共坐同食，无主仆名分"者68件，注明"未立文约"者4件，注明"有主仆名分"者1件，注明"立有文约者"1件，未加注释、情况不明者66件。又月工155件，其中注明"无主仆名分"者67件，注明未立文约者1件，未加注释情况不明者87件。

建雇佣关系向自由雇佣关系的过渡。如果没有"力农致富"类型的中小地主以及富庶农民的发展,雇佣劳动者的法律身份地位能否发生这种变化,是值得怀疑的。就是在乾隆五十一年改定雇工律例之后,长期农业雇工在法律上的身份义务是否解除,仍然依雇工的政治经济地位为转移。如果雇主是不与雇工"共坐同食"的缙绅地主,或者是"足不及田畴"的大地主,在他们奴役下的雇工并没有从法律上获得解放。① 律例本身就表明了由地主所处地位决定生产劳动者身份地位的原则。这种关系,正是当时农业雇佣实际生活的反映。

由此可见,庶民地主的发展,影响于地主对农民的直接的超经济强制关系松弛化,乃至促成直接经营和农业生产发展;不可否认,这是一种进步象征。但是,这种现象的产生和发展,归根结底,取决于劳动人民的阶级斗争和生产实践,没有劳动人民的这种斗争和实践,这种变化是不可能的。

以上是清代前期地主身份地位变化和农村阶级关系变化的发展趋势。但是,我们一方面要看到庶民地主的发展在社会经济方面所产生的影响,同时也要看到庶民地主和特权地主之间的关系。两者同属封建社会的封建地主,这一点是相同的。正因为如此,彼此之间遂没有什么不可逾越的鸿沟,而且在互相转化。

最后,让我们对清代前期土地占有关系的变化作一简单概括。

明清之际农民大起义对封建统治及地主阶级的直接打击,及在这一基础上清政权为巩固封建统治所采行的赋役政策,对旧的土地占有关系的变革发生了不同程度的作用和影响,特权大土地所有制有所削弱,小土地所有制有所发展。此后商品货币经济和

---

① 参考经君健:《明清两代农业雇佣劳动者法律身份地位的解放》。

土地买卖关系的发展，以及农民长期持续的反抗斗争，又促成庄田旗地占有形式的没落，和庶民地主的发展。与以上诸种变化相伴随的是，地主和农民之间的直接的人身依赖及经济外强制关系的松弛化。由于土地占有的再度集中和封建剥削的延续，促成此后广大地区农民运动的继续高涨，也是太平天国提出平分土地的"天朝田亩制度"的根据。

1963年4月10日初稿，8月修改

（原载《历史研究》1963年第5期）

论清代后期恢复及强化封建土地关系的政策措施

一

清同治初，黄淮流域白莲教和捻军领导的农民起义，长江流域中下游太平天国领导的农民战争，遭到封建王朝的残酷镇压。农民起义虽然失败，农民战争的影响是深远的，各个战区的封建土地关系发生不同程度的变化，不少官绅地主没落下去，很多农民取得土地实际所有权。如何剥夺转移到农民手中的土地，恢复地主的土地产权，尤其是没收起义农民的土地，马上被提到日程上来。这时派往原农民军占领区的文武官吏，在京的言官御史，纷纷上疏，从各个角度提出清查土地恢复及强化封建所有制的建议。清政府及各级官吏的主张，具体反映于清穆宗的历次上谕。为了阐明封建统治关于维护封建土地关系政策的形成过程，兹将臣僚们奏议及清廷批示摘录如下：

首先提出清查荒田移民垦荒的，是镇压白莲教起义的亲王僧格林沁。据同治二年七月甲戌上谕："僧格林沁奏，教匪滋扰地方，荒废地亩，请移民认垦等语，所奏甚是。山东白莲池教匪，滋扰有年，经僧格林沁等督军剿办，将该匪盘踞各山寨，一律铲除。所有附近之邹、滕等县各处居民人等，或被匪勾结入伙，或避难他处，田畴多致荒芜，亟宜变通筹划，以冀民间各安生业，其有所原业主者，着各地方官僚查明给领，毋得任听胥吏藉端勒掯。其实系逆产及无业之田，着阎敬铭饬属确切履勘，一律入官。至曹州府连年黄水漫滥处所，沿河两岸各州县被灾穷民，无业可归者，人数不少，殊堪怜恻。着阎敬铭即饬该地方官出示晓谕，如愿迁移认垦，即赴各该州县报明，由曹州府移送兖州筹府，发交各县安置，照户丁多寡，拨给田亩，开垦认种。务派廉明守令经理，不准假手吏胥，致生抑勒请弊。并加恩免租三年，俾苏民困。"①

接着御史吕序程奏上清查逆产、清理流田疏。同治二年十一月戊辰，清廷针对吕氏奏疏，特颁如下上谕："叠据江苏、安徽各督抚奏到，新覆州县，哀鸿遍野，满目疮痍。小民以兵燹余生，复困于饥寒，而莫之或恤，为民间牧，良用恻然。见在苏州省城克覆，高淳溧水无锡金匮叠下坚城；皖北苗逆伏诛，下蔡寿州颍上各城次第收抚，皖南旌德太平建平宁国亦均陆续肃清。……因思各省州县被贼盘踞多年，其土著之贼及勾结入伙者，所有逆产，自宜查明入官。至附近贼匪村庄，沦为贼产者，亦应勘明给还原主，以恤流氓。着各该督抚于新复各处，督饬各该州县，确切查明，实在逆产入官，其荒废地亩，有原业主者即行给领，尚未查得业主者，即着暂行造册登记，将此两项地亩仿照山东招垦章程，分别酌给难民降众，量为耕种，以资衣食。俟业主续归，再行给还。所有一切事宜，并着各该督抚妥议章程，慎选廉明守令，妥为经理。"②

---

① 《同治实录》卷74，第31页。
② 见《东华续录》卷28，第23页。又《同治实录》卷86，第32页。

在清查过程中，地方官吏和豪绅地主每肆行侵占，营私舞弊，严重影响清查工作的进行。针对此种情形，不断有人进行揭露，也一再反映清廷批示。据同治二年十二月丁酉上谕："地方官吏，于清查叛逆各产时，则吞入己；于业户归籍认领原产时，则多方需索；或虑捏逃户姓名，倩人代领，据为利薮；或地方奸任意侵冒，各种情弊皆所不免。"① 又据同治八年三月乙酉上谕："军兴以来，人民流徙，田地荒芜。其现经先覆地方，小民亟宜覆业。乃田畴或占于豪强，猝难认领；旧赋或亏于官长，恐迫追呼。种种困苦情形，殊堪拊悯悯。着各直省者督抚，于从前被兵现经收复地方，慎选贤良咀令，责令加意拊循。流亡有归者，为之清还田产，缓其逋租，假以籽种之赀。"② 由以上两次上谕，说明官吏和地主乘机对土地的贪婪侵占活动始终没有停止。

关于如何清理农民军占领区的地产问题，御史朱澄澜的《荒产宜设法杜弊疏》最为详尽。同治三年七月，清帝批准了朱氏建议，令有关各省督抚按照朱氏所陈各节议定详细章程妥议具奏。③ 以下是朱氏原奏的主要内容。

伏读同治二年十一月钦奉上谕，着各该督抚于新覆各处，督饬各该州县确切查明，实在逆产入官，其荒废地亩，有原业者即行给领，尚未查得业主者即著暂行造册登记，俟业主续归再行给还等因⋯⋯

一、呈报宜宽予岁时也。各省道途梗塞，文报迟延，若

---

① 《同治实录》卷89，第32页。又《东华续录》卷29，第39页。
② 《同治实录》卷254，第29页。
③ 《同治实录》卷107，第12页，同治三年六月辛卯。

期限过严，恐各业主或流落远方，未能赶到，或逗留僻壤，不易即知，必有因逾期而势难给领者，且恐长留难讹诈之风。欲除此弊，似不必预定日期，凡业主续归领田者，俱俟到籍后，限半年内具呈报官，即令里邻亲族或佃户及从前取租人，各取切实保结，并声明呈报有无迟误缘由，再由该管官妥速催勘申详，将田批给各业主存案，不准藉端滋扰，以恤流离。

一、认领难尽凭册也。外省田亩较多之业主，半系祖产留贻，或且穷乡窎远，更多有托人照管者，故地段四至，田主每未能尽知，所恃者惟粮户册及买田红契耳。地方遭兵后，粮册田契类已遗亡，尤恐有同姓者窃获顶名捏造者，夺真攘利。欲除此弊，仍不必尽凭册契，惟各取切实保结，并声明现在有无册契缘由，再由该管官确查后，即行另立册给契，以绝纷事。

一、逆产与非逆产当严辨也。逆产例应入官，特恐贪劣各员，幸民田入官为易于分肥计，将贼所强据，贼所取租，及与贼稍有毗连交涉或毫无瓜葛各荒田，讹断入官，田主不敢自明，必多失业。欲除此弊，惟于逆产入官时，亦各取切实保结，声明实无诬逆情弊，再由该管官确访得实，方准永远入官，庶荒田不敢概行籍没矣。

一、田主与伪田主必密查也。荒田尚无业主，恐有诡充业主者，租户之侵吞，土豪之兼并，均可虞也。官或误信于前，势必饰非于后。原主续归日，其懦弱者畏见官司，每致鸠据鹊巢，莫由分辨。欲除此弊，凡业主领田时，俱令取切保结，即当时已有原业主者，亦必令声明实无私占与假冒情弊，再由该管官确验给收，如有占冒者从重治罪，庶荒田不致互相窃取矣。

以上四条，除严禁吏胥人等毋庸干预扰民外，均责成邻里亲族及各人证切实作保，再严饬地方官秉公认看真办，倘劣员或奸徒有徇隐侵渔把持婪索者，即饬该管上司官查拿惩办，以儆其余。并先通行示谕军民人等知悉，俾不敢营私霸产，预弭刁风。臣愚昧之见，可否请旨饬下各督抚，归入现议章程，一并妥议具奏，伏乞皇太后皇上圣鉴。①

朱氏建议的主要内容，计关于没收起义农民土地者一条，即将"逆产"与"非逆产"严加区别；关于维护原主——主要是地主产权者三条，一是放宽原主认领土地的期限，一是保障失弃田产契据的地主的产权，一是防止佃户人等"侵吞"地主土地。

这时暴风骤雨式的农民战争虽已结束，农民的反抗斗争并没有完全停止，封建秩序还未定下来，逃亡地主迟迟不敢还乡，放宽原主认领土地期限是对此而发的。又经过长期农民战争，地主原有田产契据多有丧失，各州县的户口土地册籍也多荡然无存。而在长期战争期间，地主多已丧失收租权，佃农已经变成为土地实际所有者，地主想恢复收租权会遇到一系列困难。而且经过战争破坏，土地荒废，经界混乱，何者是某地主原业，很难辨认。朱奏所说防止佃户"侵吞"，系针对这种现象出发的。朱氏所议三条，把保障地主产权与防止农民占地结合在一起。此后农民军曾经占领的地区，包括同治后期失败的云贵农民起义占领区，各省地方政权对地产的清理，基本是遵照同治上谕和朱澄澜奏疏办理的。只是在执行过程中，各个地区的具体情形不同，有时采行变通办法而已。

---

① 朱澄澜：《奏荒产宜设法杜弊疏》，见《同治中兴京外奏议约编》，卷3，第38—40页。

二

朱澄澜上疏所说"逆产"又叫"叛产",指参加起义农民的土地。封建国家把这部分土地主要变成为官田,即由农民所有制改变为封建国家所有制。

在黄淮流域,如山东、河南、直隶、安徽等省白莲教捻军起义的某些地区,地方政权在残酷地以"逆产"名义剥夺农民土地。如咸丰十一年山东西部白莲教黑旗军首领宋景诗领导的农民起义,同治初年失败,地方官府遂即开始了清查、没收"逆产"活动。堂邑县的小刘贯庄、夏庄、岳庄、东布集、西部集等村,莘县的延家营、大李王庄、王家庄等村,朝邑县的程村、富家集等村,冠县的白塔集、赵辛庄等村,清平县的岗屯,远到朝城、观城等县的一些村庄,以上七县几百个村庄,各村土地有的全部作为"逆产"没收,有的部分被没收。其中堂邑县的小刘贯庄和清平县的岗屯被诬称为"贼窝",所有农民土地被官府分别赏给柳林和范寨两村的地主民团。① 另据《山东通志》小刘贯庄、岗屯附近所没"逆产"为二十六顷八十亩,堂邑莘、冠馆、朝等县所没逆产为六十二顷有零,官书所载数字显然偏低。地方官吏各地主豪绅乘机侵隐的土地可能为数不少,如果把私人侵占部分也计算在内,实际"逆产"数字要比官书记载高的多。

上述地区所没收的"逆产",大部作为官田由地方政府经营收租,这类租户交纳的地租叫做"贼产租",租额为当地田赋的三倍。农民的这种额外负担一直到1920年左右才免除掉。此外

---

① 陈白尘:《宋景诗历史调查记》,第144—207页。

还有部分为地主所瓜分，地主又把这部分土地分租给当地农民。如在小刘贯庄没收的八百亩土地赏给柳林村主办团练的杨家。杨家将该地租给当地农民耕种。解放以后，据当地某庄老人回忆说："俺庄上租回'贼产地'，其实那都是自己的地，可年年得给人家掌租子。"①

捻军起义的皖北地区，据同治三四年间安徽巡抚乔松年奏报："惟皖省荒田甚多，逆产则甚少，盖匪徒皆无业之民，其匪首之田皆系攘夺得之。"乔氏又说：捻军"既经诛剿，其田产应遵照前奉谕旨，附近贼匪村庄沦为贼产者，应勘明给还原主；其实系本人自置之产乃可入官，现在查办后未竣，其数约计无多"。②

从乔氏奏报可以看出：一、把"逆产"和一般民产加以区别，逆产实行没收；二、参加捻军的大多数是无地农民；三、参加捻军的农民曾经一度剥夺地主的土地归自己所有。

就是这个"逆产"较少的地区，地方官府的清查活动也在雷厉风行。同治五年，曾国藩就任两江总督，据他对安徽布政使何璟的批示："荒田与逆产不能相提并论，逆产者田已充公而由官招佃也，荒田者田本有主而暂时归局募佃也，务须剖析分明，以免牵混。"③为了严格区分两类不同性质的土地，曾国藩使用了"招佃"和"募佃"两个不同辞汇。"逆产"实行"招佃"，即地方官府以土地所有主的身份招垦，不仅没收起义农民的土地，也不准在该地进行垦荒的农民取得土地产权，使垦荒农民长期沦为官田佃户。荒田实行"募佃"，即由官府代不在地主招佃垦荒，

① 陈白鏖：《宋景诗历史调查记》，第208页。
② 乔松年：《乔勤恪公奏议》卷7，遵旨覆陈片。
③ 曾国藩：《曾文正公全集》，《批牍》，卷5，第24页，"批署安徽何藩司璟等会详议覆荒产续还业主及安置难民由"。

一俟地主还乡认田，即由官府拨给执业。

何璟遵照曾国藩的指示，下令各州县："查明各叛逆之父母祖孙兄弟共有田若干，造册查考。"① "叛逆"者亲属的土地清查之后如何处理，原文记载不够清楚，但从中国封建社会的宗族株连法制参考，很可能也在没收或部分没收之列，否则没有"造册清查"的必要。

皖北捻军"逆产"，的确如乔松年所奏，为数"甚少"。这时以"逆产"名义剥夺的农民土地，我们只找到了一些事例，如宿州没收江、李等姓土地三千八百多亩；② 亳州没收府王等姓土地五百四十多亩；寿州没收农民土地一万六千三百五十八亩，又园地二千三百九十五畦，房基四处。③ 一般农民占地不过数亩至十数亩，以上被没收的土地可能是数千户农民的土地。

原太平天国起义区广西，参加起义农民的土地显然都作为"逆产"没收。太平天国长期占领在江、浙、皖、赣四省某些州县，有关"逆产"记载很少。在江西省，据曾国藩关于南康府的批示："实系叛逆及无辜胁从者显示区别"；"至充公田地房屋，除实系叛逆及无人认领者酌量充公外，其余概还原主"。曾氏并令将没收充公田亩抚恤"阵亡勇丁"，其法或直接将田地分给阵亡将士家属，或将田地变卖分给银两。④ 剥夺参加起义农民土地，在其三者当也不例外。

关于陕甘地方官对回民起义区土地的清理活动，大概在朱澄

---

① 曾国藩：《曾文正公全集》，《批牍》，卷5，第24页，"批署安徽何藩司璟等会详议覆荒产续还业主及安置难民由"。
② 光绪《寿州志》，卷8，第30—31页。
③ 光绪《寿州志》，卷9，第44页。
④ 《曾文正公全集》，《批牍》，卷6，"南康府知府会禀委派南康充公田产等案拟定章程由"。

澜上疏以前就已开始了，但主要在朱氏上疏之后。在这里各州县作为"逆产"没收的土地多寡不等。据石泉县知县陆堃报称："回逆产约计不下数百万亩。"①陕甘两省各州县合计，"叛产"面积数额之庞大不难设想。

这时刘蓉任陕西巡抚，下令各州县，"逆产绝产共有若干，分别村庄亩数，详细查明"。并令清查之时，对"逆回叛产"和"逃亡绝户"土地"必须划清"。划清的目的是为了分别处理，逃亡户土地"暂时招种，将来仍可给还"；"叛产概行入公，用资官军口食"。②嗣后刘蓉建议将入官"叛产"办理营田，招民佃种收租，以解决军饷问题。垦种"营田"的农民，"自发给执照之日算起，以六年租粮及额即为永业"。③在最初的六年，国家以土地所有的身份向农民征收地租；到第七年改为纳粮升科，垦民变成为土地所有者。同治四年，陕甘总督杨岳斌曾建议将甘肃秦州一带"叛产"查明变卖，"以充军饷"。刘蓉不同意"变卖"办法，谓当地人民无力购买，将影响土地的垦复，请照陕西"营田"办理。④清廷同意刘蓉建议。

刘蓉在陕西坚持执行对"叛产"没收政策。据他在同治五年奏报，其经农民开垦成熟的土地，如原业主曾经参加农民起义，即使以后"虔诚归命，亦断不能将客民开垦之田拱手相让"。在刘蓉的主持下，陕西"营田"颇有成效，"各属叛产多经招徕垦种"。⑤但是广大回民都丧失了土地产权。

同治十一年，左宗棠任陕甘总督，继续推行剥夺回民产权政

---

① ② 刘蓉：《刘中丞奏议》，卷2，"筹办营田以资战守疏"，同治二年十一月二十二日。

③ 刘蓉：《刘中丞奏议》，卷13，"陕西各路垦荒事宜疏"，同治四年。

④ 刘蓉：《刘中丞奏议》，卷14，"覆奏陕西叛产碍难变卖疏"，同治四年十二月二十八日。

⑤ 刘蓉：《刘中丞奏议》，卷16，"附陈回逆碍难安插陕境疏"，同治五年四月十八日。

策，对回民采行强迫迁徙分而治之的措施。如把固原回民数千人迁往平凉，把奎积堡回民两万余人迁往化平，把河州回民三千余人迁往平凉、静宁和定西，把西安回民三万余千人迁往秦安、清水等。其土地肥沃的奎积堡，在回民迁出之后，把回民世代相传的祖产拨给原住陕西瓦窑堡军队的家属。① 迁往甘肃的回民，虽然也由政府拨给土地耕种，就"迁回"事宜实质而言，仍然是对起义农民的剥夺。

西南云南、贵州农民起义区，关于土地产权的清理工作开展的比较晚。

贵州苗民起义是咸丰四年开始的，战争规模波及十二个府、四十八个厅州县、四千多个村镇。同治十二年，农民起义失败，地方政权开始清理土地产权。据贵州巡抚陈宝箴制定的清查章程，系按起义农民"先后顺逆"情形分别处理。第一类是妥助清兵的苗民，"有业者须令复业，无业者拨绝逆田产与之"。第二类是曾经参加农民起义而首先投降清朝的，对这类农民则"拨绝逆田产使之佃耕"。② 这类分给土地佃种的大概指原来没有土地的农民。经过拨地佃耕措施使这部分农民变成国家佃农。其原有土地的自耕农则归还他们原业，如同治光绪之际邓善夑所制定的田业章程："被胁勉从，见已投诚"，"查明有田若干，一概发还。"③ 第三类是坚持战斗最后被迫放下武器的，对这类农民没收全部土地财产，如陈宝箴所说："其负[隅]各苗，破巢擒渠，不得已而乞降免死，如乌鸦坡之类，无论有业者，只令佃种公

---

① 参考林干：《清代回民起义》，页60—61。
② 陈宝箴："筹办苗疆善后事宜"，转见凌口安：《咸同贵州军事史》，第五编，第14页。
③ 邓善夑："条陈苗疆善后事宜十五事"，见《咸同贵州军事史》第五编，第14页。

田，岁纳租谷十分之二。"① 对这类农民的亲属则酌留部分土地，据规定："其逆犯业已正法，尚有子弟及三代以内亲者，原业业准给一半"，② 就是有一半土地作为逆产没收。

贵州地方官吏为了扩大官田面积，清查"逆产"的手法相当严厉。如陈宝箴对归降苗民，"令各将本寨绝逆田产自行指出，并与邻寨团首互相出结，承认已业，如有隐讳逆产及侵占者，查出并已业充之"。并规定"如先报明原系百户，今只存三十户，则以三分作良田，七分作逆产"。③ 采用这种残酷的没收土地的办法胁迫农民陈报地产，无非是防止人们对"逆产"的隐瞒。

贵州各州县作为叛产没收的土地，一是兴办屯田解决兵食问题，也即改变为封建国有制；一是封建国家以土地所有者的身份招佃收租。

关于兴办屯田事，据同治十二年十二月曾纪凤建议，"查收叛绝之产以为屯田"，"募凯撤之勇以充屯丁"。④ 又据光绪二年九月贵州巡抚黎培敬奏报，在农民起义区建设碉屯，清查"叛绝荒芜之产"，交由碉兵垦种。⑤ 这类屯田是一种更为落后的土地制度，是把屯丁编制起来，固着在土地上，进行强制性生产劳动。

关于招佃收租事，据陈宝箴《筹办苗疆善事后事宜》摺："有业者使佃耕公私田亩开垦荒田。"陈所说"公田"指没收的"逆产"及无主绝户。招佃收租的，有的也是为了解决军饷问题。据

---

① 陈宝箴：《筹办苗疆善后事宜》，见《咸同贵州军事史》，第五编，第14页。
② 邓善夑：《条陈苗疆善后事宜十五事》。
③ 陈宝箴：《筹办苗疆善后事宜》。
④ 曾纪凤：《筹办善后条陈七款》转见《咸同贵州军事史》第五编，第2页。
⑤ 黎培敬：《黎文肃公遗书》，《奏议》，卷6，创设碉屯拨兵驻守以资捍卫摺，光绪二年九月二十六日。

《贵州清查田业章程》:"实系绝逆田土,现在业已有耕种者",令在县局"出具认垦字据",他准其暂行承种,照田花分,以充军饷。①

关于苗区"逆产"和"绝产",严格禁止买卖,其有购买"逆产"、"绝产"的,"即以该户从前所备私价准其作为押租承佃,另立佃约,每年覆计约可收谷多少,以七成归该户,以三成归公。不耕之日,将原业由局退还另佃"。即用置产地价改作押租的办法取消买地人的土地产权。但是原买地人也可以通过补价办法向官府购买,如《续定清查田业章程》规定:"愿照田补价以作己业者听。"②

在回民起义的云南省,主要是剥夺参加起义的农民的胜利果实。如曲江地方,土地肥沃,在回民起义占领期间,"逼胁汉夷耕种收租,十数年不纳钱粮"。③所说大概指起义回民将土地占为己有,并拒绝向清政府缴纳田赋。云南回民起义于同治十一年失败,云贵总督岑毓英遂即采行"招集流亡各归己业"的政策措施。④即从起义回民手中把土地夺回来交给原业主。云南回民起义是以"就抚"的形式结束的,对起义回民原有土地似乎没有多大触动。

三

朱澄澜奏疏所说"业主",基本是在乡或逃亡地主,其目的是要恢复他们的土地产权。

对这个问题的处理,各个地区作法不尽相同。原太平天国占领区长江中下游各省,各类地主遭受的冲击较大,地方官府对如

---

① 贵州《覆定清查田业章程示》,见《咸同贵州军事史》第五编,第14页。
② 《续定清查田业章程》,见《咸同贵州军事史》,第五编,第14页。
③④ 岑毓英:《岑襄勤公奏稿》,卷6,"调员筹办曲江善后片",同治十一年十月十二日。

何处理原主产权问题尤为重视。如江苏省，早在同治二年太平军开始失利时期，地方官府即开始协助官绅地主进行夺地活动了。是年太仓州嘉定县制定《清粮章程》，令目前无主之田"报局暂归公"，俟日后"原主到案，呈有契据印串遗失而能指定图号、亩分、粮数者，取具董保业户无捏切结，即行给单"。[1] 这里所说显然是指在农民战争期间转移到农民手中的土地。所说"暂归公"，实际是由地方官府负责替逃亡地主保管土地，这是剥夺农民战争胜利果实的一种形式。苏州府昆山县则采行"着佃征粮"办法，[2] 即令过去租种地主土地的农民向国家缴纳田赋。这种措施也不是承认农民的土地权，而是在太平天国占领期间农民取得土地实际产权的情况下，再一次使他们沦于佃农地位，使用这种手法保留地主的"原主"产权，也就是为恢复旧的主佃关系作好准备，实际是对农民的强制剥夺。大概在同治三四年间，据镇江府金坛县制定的开垦章程，对无主土地原有"令邻佃缴价认垦"之类规定，地方官府因此受到两江总督曾国藩的申诉，谓如令农民交纳地价，"将来业主归来，作何归结，不可不预为议及"。[3] 曾氏的意图很清楚，是要地方官府为逃亡地主保留土地，他深怕采行农民"缴价认垦"将影响逃亡地主的土地产权。

为恢复地主产权，江苏地方当局采行了各种措施，首先是恢复和维护地主收租权。同治四年，江苏巡抚李鸿章制定垦荒章程规定："凡作佃田者，业主未贴开荒使费，田虽成熟，不得向佃户征租。"我们不能因李鸿章这个规定得出扶植自耕农的结论，李氏的意图并不是剥夺地主征租的权利，而是要地主帮贴垦民开

---

[1] 光绪《嘉定县志》，卷3，第28—29页。
[2] 光绪《昆新两县续补合志》，卷18，第17—18页。
[3] 《曾文公全集》，《批牍》，卷5，《金坛县王令其淦禀现办地方情形》。

荒的费用，然后征租。因为这时农民反抗斗争激烈，不令地主帮贴垦费势将影响垦荒的进行，李氏想通过这种措施广行招徕，鼓舞农民垦荒，以便规复田赋。所以该章程又作了如下规定，对所有荒废土地，到农民开垦的第四年，即同治七年，垦民"仍不交租者，国课攸关，定将佃户以霸占田亩例论"。①

从以上曾国藩李鸿章二人在江苏采行的恢复地主产权的措施，可以归纳为两点：一、所有经农民开垦成熟的土地，都必须留待"原主"认领；二、所有垦荒农民都必须向"原主"交租。

在同治年间，地主和垦民之间，常为产权问题发生纠纷。因为经过长期农民战争，地主本人的田产契据固然大多丧失，即各州县的土地赋税案卷也多散佚无存，有权之家，每假冒"原主"肆行认领，农民则进行坚决抵制，这种现象在太平军长期占领的金坛县尤为突出。同治七年，江苏巡抚丁日昌为此对该县"原主"认田曾经一度采行限制措施，谓"原主弃田不耕已十余年，业已与田义绝，无论是真是假，均不准领"。② 这种措施对维护"原主"产权会产生不利影响，也不符合清王朝维护原主产权政策原则，据我们所接触到的文献资料，像金坛县所采行的这种异乎寻常的措施，在当时算是一个例外。江苏其他各州县，在推行维护"原主"产权政策之时，不仅顽固地恢复地主的耕地，即过去经太平天国地方政权改建的房屋也要归还原主。③

同治八年，马新贻任两江总督，再次制定招垦章程，对地主认领土地的期限作了如下规定："原业"必须在同治九年十二月

---

① 《上海新报》，同治四年十二月十六日。
② 丁日昌：《抚吴公牍》，卷37，第9页。
③ 同上书，卷10，第1页，"饬司行查官封房屋给还房主"。

以前认领，过期不领，"以无主论"，"听官招垦"，虽有契据亦不准理"。①马新贻这个规定，既符合清廷关于维护"原主"产权基本原则，又与曾国藩、李鸿章两人作法不完全相同。马氏是针对地主冒认土地及地方官吏"以熟作荒"侵蚀税银而发的，他想通过杜绝虚冒的措施招徕垦民规复田赋。这时太平天国失败已经五六年，逃亡地主早已还乡，这个规定丝毫不会影响"原主"产权，但马氏这个规定并没能始终贯彻执行。

浙江省恢复"原主"产权的政策、措施也是从同治二年开始实行的。这时杭州知府刘汝璆给浙江巡抚左宗棠上了一个"清粮开荒"的条陈，提出清粮与开荒同时并举。他说：如不清粮而开荒，"则豪强者皆得藉开荒之名以为侵占之地"，就是说："原主"产权没有保证。他建议说：何者系由亲属代为经营，何者其人尚存，何者系绝户之产，先把产权搞清楚，然后招垦。土地之有亲属代为经营的，"责成亲族开荒纳税"；确知其人未绝其田又无人经营者，暂存公招佃，俟日后"业主来归"，"向公承领"。②刘氏建议，维护"原主"产权的意图十分清楚。

同治五年，马新贻巡抚浙江，令无主荒田由官招垦。经农民开垦之后，如有业主归来认田，"即照有主田产办理。这类土地，或由业主酌给垦民'工本'，然后由原主把垦田领回自行处理；或"仍令原垦之人佃种"，向原主交租。③马氏虽然也谈到："倘数年后无主归认，准其作为己业，报税过户。"但规定的出发点仍是维护"原主"产权，给逃亡地主保留随时剥夺农民垦田的

---

① 马新贻：《马端敏公奏议》卷7，"招垦荒田酌议办理章程"，同治八年八月十四日。

② 刘汝璆：《上浙抚论清根开荒书》，见《皇朝经世文编》，卷39。

③ 马新贻：《马端敏公奏议》，卷3，《办理垦荒新旧比较荒熟清理庶狱摺》，同治五年八月二十二日。

权利。

仍在同治五年，严州知府戴槃所制定的招垦章程，对逃亡地主认田规定了一定期限，即荒地经农民开垦之后，"原业"在三年之内还乡认领，须酌给垦民部分租息以抵开垦工本。如开垦三年，仍无"业主"归认，"准垦种各户作为永业"。该章程对在乡地主认田作了更严格的限制，即"原业"如并非来自外地，乃系在籍之户，而不即行报明认领，俟荒田经他人开垦成熟再行认领者，"将所种田亩罚半归垦户执业"。① 戴槃之所以采行这种比较严厉的政策措施，是和该府地主阶级遭受打击比较严重，荒田较多，而垦荒客民力量较大等等，有着一定关系。戴氏的意图，一是督促"原业"尽快认领，招佃纳税；二是安抚农民积极从事开垦，规复额赋。招垦章程所反映的维护原产权基本精神并没有改变。

浙江省在贯彻执行恢复"原主"产权过程中，地主之间经常为争夺土地问题发生纠纷，地方政权为此每采行妥协措施。如衢州府龙游县，同治六年六月制定的《清理田地条例》规定：有争议的田业，由有契据者管业，没有契据的不得争论；如均有契据，由先垦者营业，后到者另拨它处田地相抵。② 这里的"先垦者"并非指来这里垦荒的农民，而是指首先招垦收租的地主。

安徽省关于恢复"原主"产权政策的执行，各个地区不尽相同，如捻军占领区皖北和太平军占领区皖中、皖南，有很大差别。皖北地区，同治二年，安徽巡抚唐方训曾经倡议就暂时无主之地办理军屯和民屯，从事垦荒。民屯所占耕地，如嗣后"原主"还乡认田，或有印契为凭，或有邻右可白，"将附近荒田如

---

① 戴槃：《定严属垦荒章程并招棚民开垦记》，见《皇朝经世文续编》，卷23。
② 民国《龙游县志》卷27，第4—5页。

数拨给"。军屯地亩，如原主尚在，"俟秋后将田交地方官归还原主"。① 唐任安徽巡抚为时甚暂，所拟定屯田方案是否曾经付诸实践，无从考察。但他采行这种措施的意图是很清楚的，是想利用农民劳动进行垦荒解决地方上的财政问题，同时也为日后逃亡地主还乡认田作好准备。以后颍川知府李文森所拟定的《淮北善后章程》，规定"占人田捐不退还者，仍照甘心从逆论"。在皖北出现的农民"占人田产"现象，是在农民军占领期间，地主逃亡，土地抛荒的情况下发生的。李氏这条恢复原主产权的残酷规定，特别赢得两江总督曾国藩的赏识。②

皖中尤其是皖南和皖北不同，这里太平军占领时期较长，维护"原主"产权的政策措施曾经遇到极大阻力。

先是同治三年十二月，曾国藩曾经刊发过《皖南垦荒章程》。该章程规定："其无业主有佃户者，应由佃户具结暂垦，声明原系何人之业"；"业主佃户并无人者，由局查明报县立案，一面募人佃种，声明业主何人，倘日后还乡，仍将原田归还"。③ 在开始招佃垦荒之时，就为地主日后夺田作好准备。

同治四年，安徽布政使朱璟拟定垦荒章程八条。这个章程实行范围，泛指安徽全省，皖南当也不例外。据朱氏章程，除无主荒田"归官"外，对逃亡地主还乡认田，规定在农民开垦三年之内，"分别有契无契，准其领田执业"。④ 据这个规定，还乡业主无论有无田产契都可认领。对这个章程，曾国藩作了如下批示：荒田"总有业主，断不可注明入官字样"。曾氏所担心的是，一

---

① 唐方训：《唐中承遗集》，《教条》，"兴办屯田告示"。
② 《曾文正公全集》，《批牍》卷5，第17页。
③ 《曾文正公全集》，《批牍》，卷5，第23—25页；同治《黟县三志》，卷11，第24—25页。
④ 《曾文正公全集》，《批牍》，卷5，第23—25页。

经"注明入官",怕影响原主产权。曾氏又接着批示:"其业主领田之限期,自同治四年起,予以两年正限,一年余限,分别有契无契,准其领回执业,所议原属妥协。惟三年以后,[业主]始归本籍,实有印契呈验者,仍应准其领回。"① 曾氏不同意朱璪所定业主三年认领的期限,地主只要有土地印契,何时都可以还乡认领。

为了阐明封建统治对维护"原主"产权政策的意图,以下我们再列举曾国藩几个关于安徽各州县清理土地产权的批示。如关于皖中桐城县的批示,令业主及垦民限期呈报,业主认领土地,或凭田产契据,或由田邻户族保结,发给田凭;其暂无原业而由农民垦种的,发给"借种小单"。② 对垦民所以只发"借种小单",是不承认农民对垦田的产权,而等候逃亡地主还乡认领。如关于皖南广德州的批示,曾国藩先指示知府杨玉辉,"及时清查客民已垦之田,除将来主客相争之患"。曾氏的意图在于预防垦民占据地主土地,是十分清楚的。当时杨的作法着重于对荒田"变价充公",因而所拟招垦章程中在维护"原主"产权方面规定的不够明确。曾氏为此对杨痛加申斥,指责他对查田"漫不经心"。据曾的批示:"而客民一聚千百一连数里,窃恐原业已归,方谋牛种,而客民于[业主]将耕未之际争先夺之;或原业人住东乡,而田在西乡,客民初以为无主,已垦而不复相让。土著之势方孤,客民之势方众,强取强求,皆事情所必有,前批所以饬该牧先查荒地也……所属之地清查一遍,有主各业自然水落石出。"曾氏为了保证地主产权不被垦民占有,特指示杨玉辉不必"俟有主各业领照投税之后"再行"检查",而要先查荒地原系何

---

① 《曾文正公全集》,《批牍》,卷5,第23—25页。
② 同上书,第9—10页。

人之业。① 由曾国藩的批示，反映出他维护原主产权意图之强烈。在一个相当长的时期内，安徽各级政权关于这个问题的处理，就是按照曾国藩的意图办理的。如此后光绪四年，皖南地方官府下令客民，"垦有主之田照章认租"；② 光绪九年，桂某主持宣城县务，令"凡有土民指认之田，如查系原主五服以内者，无论有无契据，皆准其承认"。③ 所有这类措施，都是在贯彻曾国藩维护地主产权既定规章。

特别值得注意的是皖南地区。在太平天国占领时期，对豪绅地主进行了猛烈冲击。太平天国失败以后，绅权一时难以恢复，而垦民力量比较强大，不肯向地主交租，维护原主产权政策的推行受到很大阻力。在这种形势下，有的地方政权采行了变通措施，即农民垦田不再交还原主，而是变价购买，如当时人所指出的："屡次因令客民认主交租，势难实行，始有土客买卖之议。"④

垦民对土地的购买权的取得，有一个形成过程。在一开始，由官府规定较低的租额和地价，农民或交纳地租，或变价购买地权，两者掺杂进行。这种办法先由广德州属试行。据同治九年知州李孟荃所定《招垦章程》：民垦无主之田，每亩交制钱六百文买为永业；民垦有主之田，每亩交租谷八十斤。⑤如原主出卖土地，垦民得优先购买，规定熟田每亩六百文，荒田每亩三百文。政府规定的地价虽然较低，但没有改变维护原主产权的政策性质。

---

① 《曾文正公全集》，《批牍》，卷5，第32—33页。
② 《光绪实录》，卷65，第5页，光绪四年正月丁已。
③ 《沪报》，光绪九年二月二十八日。
④ 裕禄：《办理皖省垦务片》，光绪九年，见《皇朝经世文续编》，卷33。按这时令土客互相买卖的土地，只限于由客民开垦而发生纠纷的土地。其已经田主认明垦产立过租约者，不在此买卖之列。
⑤ 光绪：《广德州志》，卷56，"杂著"，《张光藻上州尊书》。按李孟荃先以知府衔办理广德州垦务，继任广德州知州。

光绪年间，由于垦民对"原主"认田追租进行坚决抵制，地主征租更加困难，原业与垦民间的土地买卖遂进一步发展。光绪九年，安徽巡抚裕禄详细论述了土客即地主和垦民相互交产的必要性，他说："农民不远千里，扶老携幼而来，费数年胼胝之勤，始获辟成沃壤，让肯俯首听命让归诸无据冒认之田主！"如必令垦民向地主交租，"必致懦弱者弃田转徙，强梁者构衅忿争，纵或在官勉强承顺，亦必仍前抗欠，土民但有认田之名，而无收租之实。租既无收，粮亦无着，终必课赋虚悬；遭欠催征，官民交受其累，此令客民识主交租势有难行之情形也。衡量时势，揣度人情，计惟土客买卖一层，尚可两得其手。客民买田以承粮，与土民葛藤永断，其业可安。当官立据，编册启征，课赋亦无由隐匿。而土民卖田得价，别营妥实之田，可免客民刁难延久之累。如此处置，土客均有裨益"。在裕禄的主持下，由官府规定统一的地价，每亩熟田一元四角，熟地七角，荒田三角，原主尚存者价给原主，其无主者田价归公。由裕禄奏疏可以看出垦民斗争的剧烈情形，也反映出私人地主在垦民斗争面前无能为力；只有在官府的压制之下，农民才暂时勉强承认地主产权，但随后农民之抗欠如故。土客交产的规定是在这种形势之下产生的。

关于江西省各州县，恢复原主产权问题，曾国藩有过几个批示。如关于临川县的批示，"确有田产器物可指者追还原主"；[1] 如关于南康府的批示，除"逆产"及无人认领者外，"其余概还原主"等。[2] 但由于太平军在江西占领时期较短，关于恢复"原主"产权的记载较少。

---

[1] 《曾文正公全集》，《批牍》，卷6，《临川傅锡恩控李清臣为伪职逼凶逼勒继串书役请饬讯一案由》。

[2] 同上书，卷6，《南京熙知府令禀委办南康充公田产等案议定章程由》。

西北回民起义区，维护原主产权政策的推行也比较早。据同治二年陕西巡抚刘蓉奏疏：对逃亡地主土地"暂时招种，将来仍可给还"。① 同治三年，刘蓉建议招募四川农民到陕南垦荒，"量力授田，薄其租税"。对这类"授田"，"或值田主回籍"即将原业给还"。② 就是说垦民不一定能取得土地产权。同治四年，刘蓉续奏："其业主之流徙来归者，自该地方被扰之日起算，定以三年，[地主]流离不返，即行截止。"③ 虽然对"业主"还乡认田的期限作了限制，维护地主所有制的基本精神并没有改变。

贵州苗民起义区，有些地主逃往湖南沅州、常德、洪江一带，据贵州巡抚陈宝箴所上"筹办苗疆善后事宜"摺，招集流亡还乡，并规定"有田业者归业，无业者使佃耕公私田亩开垦荒田"。说明"流亡"之中既有地主，也有农民。关于原主领田手续，有契者呈验契据，无契者取具保结，然后发给土地执照。如业主死亡，又无嫡派子孙，有三代以内亲友亦准还给。为了确保"原主"产权，又规定"承领执照后，必限管三年，并无别人告发，方准私自出卖"。如承领不满三年即行出卖，一经查出，"田价田业概行充公，并照授同科之例一并治罪"。④

云南回民起义区，同治十一年，巡抚岑毓英对曲江地区的土地进行了一次清查。据他奏报："招集流亡，各归业主。"⑤ 这里的"业主"可能主要是地主。当时在回民起义时期，在革命风暴的冲击下，各地区的汉人地主纷纷廉价变卖土地。同治十三年，岑

---

① 刘蓉：《刘中丞奏议》，卷2，"筹办营田以资战守疏"。
② 同上书，卷3，"陈汉南被贼州县困苦情形疏"。
③ 同上书，卷13，"陕西各路垦荒事宜疏"。
④ 陈宝箴：《核定清查田业章程》，转见《咸同贵州军事史》，第五编，第10页。
⑤ 岑毓英：《岑勤襄公奏稿》，卷6，"调员筹办曲江善后片"，同治十一年十月十三日。

毓英下令各州县,凡自咸丰六年以后民间买卖的产业,都退回原主。据岑氏奏报:"有契纸者准原主照当时接过银数取赎;或无契纸,或有契而未接过银价者,均追还原主。其地本良民,为贼匪霸占起盖房屋,业已充公拆修书陈官廨者,仍以基地还原主。"① 可见岑氏也在顽固地贯彻执行清廷恢复地主产权政策。

以上是农民起义及农民军占领区各级地方政权贯彻执行没收"逆产"及恢复"原主"产权政策的大致情形。就地区间差别而言,有的地区以没收"逆产"为主,如西北回民起义区及西南苗民起义区;有的地区以规复地主产权为主,如江浙皖太平天国占领区;有的地区没收逆产及恢复原主产权参半,黄淮流域白莲教捻军起义区,就是这种情形。就各地方政权制定的章程内容而言,尽管有一些区别,其维护乃至强化封建所有制的基本原则是一致的。在封建政权的支持下,各地区的地主都展开了猖狂夺地收租活动。就各区对政策执行情况而言,有些地区,在农民阶级反抗斗争的压力下,地方政权采行了变通措施,部分农民通过垦荒和价买取得土地产权。就是这类地区也有不少地主恢复了他们在农民战争期间丧失的土地,使广大农民又陷入被压迫奴役的地位。

(原载《中国社会经济史研究》1984年第1期)

---

① 岑毓英:《岑勤襄公奏稿》卷10,"清查省城汉回霸占房产片",同治十三年四月二十二日。

明清时代的地租

明清时代是中国封建社会后期。在这一时期，作为封建剥削主要形式的地租发生了重要变化，一方面是地租形态的变化，一方面是地租剥削的增加。与此相适应，则为租佃间封建依附关系的松解，经济的强制逐渐代替超经济强制。本文拟环绕这些问题进行一些分析。

一、地租形态的变化

明清时代，实物地租占居统治形式，同时存在着落后的劳役附加租形式的残余，先进的货币形态地租也初步发展。这种现象有如列宁所指出的："把任何一个社会现象看作处于发展过程中的现象时，在它中间随时都可看见过去的遗迹、现在的基础和将来的萌芽。"① 封建社会后期的明清时代，在土地关系中，先进的和落后的混合在一起，先进的东西日益发展，落后的东西趋向削弱，这种变化在地租形态方面表现的尤为突出。

---

① 《列宁全集》第1卷，人民出版社1959年版，第159页。

宋元时代，在各类官田中，实物分成租与实物定额租制并行，民田则通过实物分成租制。北宋庐陵欧阳修说："及其成也，除种与税而后分之。"①眉山苏洵说：收获之后，业主"已得其半，耕者得其半"。②南宋鄱阳洪迈说：业户"募人耕田，十取其五"。③元代近百年间，民田地租形态基本未变，据《元典章》，江南农民"多佃种富室田土，分收籽粒以为岁计"。④宋元两代，民田虽然也出现过实物定额租，但只有个别事例，尚未普遍发展。

明清时代，伴随农业生产的发展，地租形态开始发生显著变化。

明代两百多年间，民田之中，实物分成租与实物定额租制两者并行。关于分成租制，据洪武六年（1373）国家所赐公侯及武官公田，"仍依主佃分数收之"。⑤嘉靖十年（1531）林希元说：富者田连阡陌，"耕其田乃输半租"。⑥隆庆年间（1567—1572），江苏上元县仍多行分成制。⑦明代后期，安徽庐安一带地主寄庄田，有的采行对分制。⑧福建海澄县，地主与佃户"均收一半"。⑨直隶景州，租佃采行对分制。⑩这时实物定额租制，也逐渐普遍化，据保存下来的正统（1436—1449）和万历（1573—1620）租佃契约格式，或规定租额数量，"实供白米若干"，或写明"递年约纳乾圆租谷若干"，此外还有不少关于实物定额租的具体事例。

---

① 欧阳修：《欧阳文忠公文集》卷59，《原弊》。
② 苏洵：《嘉祐集》卷5，《田制》。
③ 洪迈：《容斋随笔》卷4。
④ 《元典章》卷19。
⑤ 《明太祖实录》卷85，洪武六年九月九日。
⑥ 林希元：《林次崖先生文集》卷2，《王政附言疏》。
⑦ 万历《上元县志》卷12，姚汝循：《寄庄议》。
⑧⑨ 顾炎武：《天下郡国利病书》卷33。
⑩ 万历《景州志》卷1，《风俗》。

至于这时定额租制与分成租制所占比重如何，限于文献资料，无法作出确切估计，可能因地区而不同。就全国而言，两者大概不相上下，改变了过去宋元时代分成租占统治地位的状况。

清代鸦片战争以前，伴随农业生产进一步发展，地租形态的变化更加显著。但各个地区发展状况是不平衡的，产量偏低的黄淮流域某些地区主要行分成租制，产量较高的长江、珠江流域主要行定额租制。乾隆年间孙嘉淦奏称：江南与直隶地区租佃不同，"江南业主自有租额，其牛具籽种皆佃户自备"。这里所说"自有租额"乃指实物定额。直隶租佃系由地主提供耕牛种籽，"收成之后，视其所收而均分之"。① 如沧州租佃，地主土地"率皆佃户分种"。② 献县租佃，所产粮食，农民"与主中分"。③ 黄淮流域其他各省大致亦同。如山东单县租佃，农民"与业主分收籽粒"。④ 河南汲县租佃，基本行分成制。⑤ 固始县租佃，主佃"各半分收"乃"乡间俗例"。江北地区，地主坐拥土地，地租"分其什伍"。⑥ 如淮安府之盐城、清河、桃源、安东、山阳、阜宁、六县，扬州府高邮、仪征、兴化、东台四州县，徐州府铜山、沛县、萧县、砀山、丰县、邳州、宿迁、睢宁等八州县，海州府赣榆县，佃种土地多系地主与农民"各半均分"。⑦ 安徽北部各州县也多行分成租。⑧ 上述地区也有一些关于定额租

---

① 孙嘉淦：《孙文定公奏疏》卷8。
② 乾隆《沧州志》卷4。
③ 乾隆《献县志》卷4。
④ 康熙《单县志》卷1。
⑤ 乾隆《汲县志》卷6。
⑥ 盛枫：《江北均丁说》，《切向斋文钞》卷15。
⑦ 《江苏山阳县收租全案》，道光七年刊。
⑧ 李兆洛：《养一斋文集》卷2；《凤台县志·食货志》。

的记载，如山东招远、栖霞等县，"土人分耕或倩租"，① 即分成租与定额制并行。但这时黄淮流域以分成租制为主，是可以肯定的。

长江流域各省也有关于分成租制的记载。江苏南部如上元、句容、溧阳、高淳等县，间行分成制。② 浙江汤溪县，有的地主出租土地"私其租之半"。③ 湖南浏阳县，租佃兼行分成租。④ 湖北随州，有的地主与佃户"四六均分"，四川泸州，有的地主与佃户"均分"稻谷。至于广西、贵州等省经济落后地区，分成租制所占比重会更大一些。

清代前期，我们一方面要看到分成租制仍然占一定比重，同时更要看到分成租制向实物定额租制的过渡。康熙以后，伴随农业生产发展，定额租制所占比重在迅速增长，就全国范围而言已逐渐占据统治形式。

下面列举几个由实物分成租向定额租制过渡的事例。安徽休宁县吴苏园祀产十九处，康熙十九年至三十年，分成租田七处，定额租田十二处；康熙三十一年至雍正二年，租田面积未变，定额租田增为十八处，分成租田只剩下一处。⑤ 皖南某县孙氏祭产的地租形态发生类似变化。乾隆二十二年，该祭产共有稻田三十三处，其中行分成租和议租田七处，行定额租田二十六处；乾隆三十八年，定额租田增为三十处，分成租田只剩下三处。⑥ 下面再列举台湾几个事例，林姓佃种某地主田若干亩，原行分成租，

---

① 顺治《招远县志》卷4；乾隆《栖霞县志》卷1。
② 《江苏山阳县收租全案》。
③ 康熙《汤溪县志》卷1。
④ 同治《浏阳县志》卷6，转自嘉庆志。
⑤ 安徽休宁县《吴苏园祀产簿》。
⑥ 安徽某县《孙氏祭祀簿》。

道光二十八年，"立结定额租约"。又陈某佃种郭姓土地若干亩，也行分成租，咸丰元年改行定额租，每年额租三十六石。①

至于清代前期分成租和定额租制所占比重如何，刑科题本中保存下来大量租佃案件资料，可据以作出大致估计。据刘永成同志辑录的乾隆朝六十年间实物形态地租案件资料628件，其中计分成租97件，占15.45%；定额租531件，占84.55%。② 我们辑录了嘉庆朝二十五年间实物形态地租案件资料226件，其中计分成租52件，占23.01%；实物定额租174件，占76.99%。以上两个统计数字，无论是乾隆朝还是嘉庆朝，定额租制都占居极大比重。当然，对清代刑档资料所反映的数字还要进行具体分析。分成制地租，主佃间只是按产品分成，完纳时手续简单。若定额租则不然，诸如大斗小斗之争，斛面平挡之争，质量好坏之争，因水旱歉收拖欠租谷之争等，比较容易发生纠纷，这就提高了定额租案件所占比重，因而对实物定额租案件所占百分比要打一个折扣。即使如此，也不能改变实物定额租的统治地位。

明清时代货币形态地租也初步发展。

实物定额租向货币租制过渡，首先是在学田、书院田等地方官田开始的，接着发展到民田中的族田尝产。明代中叶以后，伴随着经济作物的发展，货币地租在一般民田中已经稍有发展。广东惠来县的园田，江苏松江府和太仓州属的棉田，明代都出现货币租。③ 天启年间，福建莆田县一般水稻田也有改收货币地租的。④ 这种变化在明人小说中也有所反映。如明代后期人所写《海公案》描述杭州某富户下乡收苗租银百余两，《贪欢报》描述

---

① 《台湾私法附参考书》卷一上，第276—277页。
② 刘永成：《清代前期的农业租佃关系》，见《清史论丛》第2辑。
③ 崇祯《沧州志》卷4。
④ 祁彪佳：《莆阳谳牍》。

某地主下乡收租银十余两等。① 清代前期，货币形态地租又有进一步发展。福建仙游县，在顺治年间，有的农民由交实物租改交折租，而且历年折租的数额逐渐固定化，实际已变成货币地租。② 广东新会县，康熙年间有地主征收银租的记载。③ 江苏常熟县，雍正以前，农民将所租稻田改种棉花，用豆麦交租，以后改交折租。④ 折租实际是实物定额租向货币租过渡的形式。

货币形态地租所占比重，据刘永成同志所辑录的乾隆朝六十年间全国各省区881件刑档租佃资料，其中货币租案件253件，占全部案件的28.72%。⑤ 又据我们辑录的嘉庆朝二十五年间322件刑档租佃资料，其中货币租案件96件，占全部案件的29.81%。二者货币租制所占比重很为相近，说明具有一定代表性。就刑档中有关货币地租资料内容考察，以嘉庆朝为例，其中有关族田祀产案件较多，直隶旗租案件尤多。可能这时族田旗地一般征收货币租，因此提高了货币形态地租案件所占比重。

明清时代还普遍存在劳役附加租，偶尔也发现单纯劳役形态地租。

明清之际，浙江桐乡县张履祥发表过这样一段议论："一夫一妇授田三亩，地二亩，以给衣食。"即由农民在这五亩土地上实现他的必要劳动，以维持全家肉体生存。又由该农"代主人耕田二亩，地一亩"。即在这三亩土地上为地主提供剩余劳动。⑥ 这种情形有如马克思所指出的："直接生产者为自己做的劳动，

---

① 《海刚峰居官公案》第54回；《贪欢报》第20回。
② 民国《仙游县志》卷22，《学校》。
③ 屈大均：《广东新语》卷26，《器语》。
④ 《一斑录》杂述二。该书记至道光年为止。
⑤ 据刘永成：《清代前期的农业租佃关系》。
⑥ 张履祥：《杨园先生全集》卷19，第28页。

和为地主做的劳动,在空间和时间上,都还是分开的。"① 张履祥又说:"特就吾乡之产而斟酌其数如此,若乡土不同,未可以例论。"看来,这时纯粹劳役形态地租在其他地区也存在过。在清代刑档中,也有个别劳役形态地租案件事例。②但在地主经济体制下,劳役形态地租毕竟是一种例外。清代有的地区存在以作工抵偿地租的租佃制。安徽霍山县、江苏宝山县、山西左云县、浙江临海、江山等县,都有过这类事例。③明代当也不例外。这类"议定做工抵租",实际是以工钱折抵租谷,也可以说是变相的货币形态地租。

明清时代,广泛存在的是劳役附加租,即在交纳正租之外还须给地主做各种服役性劳役。如万历二十年吕坤论述山西地主役使佃农情况时说:"夜警资其救护,兴修赖其筋力,杂忙赖其使命。"④不只是山西,其他各省也有类似情形。据《大明律例集解附例》:"若富豪之人,役使佃客抬轿,虽势有相关,而分非所宜。"这条规定,就是地主任意役使佃农暴行广泛存在的有力证据。清代前期,这类劳役附加租在一些地区曾经一度延续,直隶沧州、山东菏泽、高密等县,河南汝宁府、江西会昌县、广东香山、普宁等县,都有关于劳役附加租的事例。⑤这种劳役附加租和落后的分成租联系在一起。在清代前期,伴随着定额租的发展和分成制的没落,劳役附加租也逐渐衰落下去。(皖南佃仆制租佃,劳役形态地租及劳役附加租比较流行,延续的年代较久。

---

① 马克思:《资本论》第3卷,人民出版社1953年版,第1033页。
② 据乾隆三十年三月二十日贵州巡抚方世俊题:贵州修文县,有农民租种地主土地,"庄主遇有修造婚葬等事,始许派工",不另交地租。
③ 均据清代刑档。
④ 吕坤:《实政录》卷2,《小民生计》。
⑤ 事例均见清代刑档,参考中国第一历史档案馆、中国社会科学院历史研究所编:《清代地租剥削形态》。

但即使在皖南地区，也是一般租佃制较为普遍，佃仆制所占比重极小。这是一种特殊情形，这里从略。）

总之，明清时代地租形态的变化，处于由实物分成租向实物定额租、又由实物定额租向货币租的过渡时期。这种过渡在明清时代尤其是清代前期已具备了一定的历史条件，它是伴随农业生产发展而发展的，是符合历史发展规律的。只是由于受地主经济的制约，这一发展过程比较缓慢。

二、地租额和地租率的增长

明清时代，地租形态的变化，实物分成租向实物定额租制过渡，是在农业生产发展的条件下出现的。地租剥削的增加更不例外。如果没有农业生产发展这个历史前提，如果劳动生产率过低，自然条件又差，剩余劳动很少，地主想漫无止境地增加地租以满足其奢靡生活需要，也是比较困难的。这是由于"地租的量，完全不由地租得受人的行为来决定，而是由他完全没有参加，完全和他的行为无关的社会劳动的发展来决定"。[1] 只有农业生产发展劳动生产率提高，单位面积产量增加，地主增租才有可能。关于明清两代农业生产发展状况，诸如灌溉事业的发展，耕作技术的改进，农业集约化程度的提高，玉米及红薯等高产作物的传播，经济作物的推广等等，这些方面已有不少人专文论证。而单位面积产量和产值的增加则是农业生产发展的集中体现。地租量和地租率正是在这种基础上不断增长的。

分成租制，在分成比例不变的条件下，单位面积产量的增长反映于同一土地历年地租额的增加。兹以皖南休宁县吴荪园祀产

---

[1] 马克思：《资本论》第3卷，人民出版社1953年版，第831页。

为例。该祀产有四处分成租田，有由康熙十九年至四十四年（1680—1705）二十五年间的收租记录，为了论述方便，试分为前后两期，将康熙十九年至三十二年作为前期，康熙三十三年至四十四年作为后期，试将四处分租田前后两期历年平均租额进行对比如下表：

休宁县吴荪园祀产分成制地租额增长统计

田块及产量面积	1680—1693年历年平均租额（谷、斤）	1694—1705年历年平均租额（谷、斤）	后期较前期增加 谷（斤）	%
楼角下田十二秤	207.00	227.20	20.20	9.76
白鹤塘田十二秤	129.63	135.00	5.37	4.14
塘口源田九秤	96.37	118.00	21.63	22.44
长丘田八秤	132.00	150.00	18.00	13.64
共　　计	565.00	630.20	65.20	11.54

资料来源：安徽休宁县吴荪园祀产簿。

备注：皖南土地以产量定面积，如"长丘田八秤"，即能生产稻谷八秤（240斤）的土地面积，我们称之为产量面积。在以下行文时，为了便于和地租对比，有时称为面积产量。

以上四处分成租田的平均地租额，后期比前期都有增长，增长率低者为4.14%，高者达22.44%，平均为11.54%。因为分成租是按历年收成多寡分配的，其增长率也就是单位面积产量的增长率。

下面再列举皖南某县金姓祀产分成租田历年租额增长事例作为辅助说明。该祀产有两处行分成租，一处由时通租佃，一处由金双龄租佃，有由嘉庆十年（1805）至道光十七年（1837）前后三十年的收租记录，兹分成三个时期考察。由时通耕种的一处租田，产量面积为二十五砠，历年分成平均租额：嘉庆十年至十九年为323.5斤，嘉庆二十年至道光四年增为336.5斤，道光五年至十七年又增为370.6斤，递年增长趋势十分显著。由金双龄耕种的一处租田，产量面积为十五砠，历年分成平均租额有下降趋势，但差距不大。如把两处分成租田的地租加在一起估算，最后十年较第一个十年平均增加租谷44斤。这还是作为地租归地主所得份额，即增产的一半。与佃农所得份额合计为88斤。两处四十砠田三十年间平均增产88斤，产量约增加7%。①

单位面积产量不断提高，地主企图把增产部分攫为己有，于是促成分成制地租向定额租的过渡。仍以前引休宁县吴荪园祀产为例，由分成租改为定额租后地租增加情况如下表：

休宁县吴荪园祀产分成制地租改行定额租后地租增加百分比

田名及面积产量	行分成租历年平均租额 年代	租额（斤）	定额租租额 实行定额租年代	租额（斤）	定额租对分成租增加%
瑶塌白鹤塘田十二秤	康熙二十一—三十四年（1681—1695）	146	康熙三十五年	180	23.29
塘口源田九秤	康熙二十一—四十四年（1681—1705）	116	康熙六十年	135	16.38
长丘田八秤	康熙二十一—四十四年（1681—1705）	146	雍正二年	170	16.44
菁阳墩坟田三秤	康熙二十一—四十四年（1681—1705）	45.5	雍正二年	60	31.87

资料来源：休宁县吴荪园祀产簿。

由上表，伴随农业生产发展，地主将分成租改变为定额租，剥削率少者增加16.38%，多者增加31.87%。

前面所介绍的皖南由时通和金双龄向金氏租佃的两份祀产，至道光十三年租额固定化，变成为定额租，时通所租佃的二十五砠田，实行分成租的二十五年间年平均租额为335.44斤，现在固定为400斤，增加了19.25%。金双龄所租佃的十五砠田，实

---

① 据《皖南金氏祀产祀规收支总簿》。道光十三年后，租额逐渐固定化。

行分成租的二十五年间每年平均租额为265.2斤，改行定额租后，租额增加为300斤，增加了13.16%。①

下面再就皖南某县孙氏祀产地租增加情况进行分析，兹先从分成租和定额租地租剥削的差距进行考察。该祀产共有田产三十二处，有十七年有租额记载。其中行分成租者四处，土地面积产量共计720斤，历年平均收租180.28斤，租额为面积产量的28.6%；行议租的三处，土地面积产量共计355斤，历年平均收租176.88斤，租额为面积产量的49.83%；行定额租的二十五处，土地面积产量共计3631斤，历年平均收租1925斤，租额为面积产量的52.7%。②其中议租是由分成租向定额租的过渡形态。由三种类型地租可以看出，相对租地面积产量而言，定额租超过议租，议租超过分成租，而定额租的剥削率超过分成租制20%以上。由分成租向定额租过渡意味着地租剥削率的增长，是十分清楚的。四处分成租田以后也相继改行定额租。如其中的猫儿桥田，在乾隆三十四年以前行分成租，有十二年有收租记载，历年所收地租平均占面积产量的28.37%。乾隆三十五年至三十六年（1770—1771）改行定额租，两年所收地租平均占面积产量的50%，③增加了21.63%。④其他三处改为定额租后，增加幅度如何没有记载下来。

伴随着农业生产发展，单位面积产量提高，在实行分成租制而分成比例不变的情况下，佃农也分得较过去为多的产品。贪婪的地主千方百计地想把全部的增产攫为己有，在当时条件下，最有效的办法是改为定额租，提高租额。封建社会时期的租佃惯例

---

① 前面为了论证方便，将时通和金双龄道光十三年后租额划入分成租一并估算。这里将道光十三年至十七年租额固定化以后的五年单独计算，以便和道光十四年以前的分成租进行对比。

②③④ 《皖南孙氏祭祀簿》。

是，采用哪种剥削形式权力归地主，所谓"其租或分或纳听田主自便"。① 前述休宁县吴荪园祀产主人就是使用这种惯例改行定额租制以实现增租的目的。吴氏祀产共有十九处，有由康熙十九年（1680）至雍正二年（1724）的收租记录。行货币租的四处不计外，其中行分成租的七处，历年平均租额占面积产量的44.26%；行定额租的八处，历年平均租额占面积产量的67.07%。定额租的地租率比分成租高出22.81%。其七处分成租田，由康熙三十一年到雍正二年间有六处相继改行定额租。吴氏所采用的手法是变更佃户，也就是通常所说的"增租夺佃"。该祀产簿不仅记有历年所收租额，还写有更换佃户的批注，如长丘田八秤，康熙六十年，佃户由吴丙的改为徐姓租佃，租约写明："递年不论干旱，硬交乾谷四砠半，不致短少。"如白溪塘田十秤，雍正二年，佃户由金柏改为叶友德承佃，账内注明："今时友德种，已议七折硬租，递年交五砠二十斤为例矣"。如楼角下田十二秤，"壬申"康熙三十一年）换田"，改为定额租。如白鹤塘田十二秤，"丙子（康熙三十五年）换遇时种，立批硬交六砠"。如桑林田十秤，雍正十年改由李佛寿承种，改行定额租。也有仍由原佃续种由分成租改为定额租的，如塘口源田九秤，账内注明："监割旱谷不满砠，立有硬批在账内。"批注只有更改租额字样，没有提到更易佃户问题。从批注内容考察，乃是由于分成租所收租额少而改行定额租的。以上六处租田由分成租改行定额租，地租率都有所增长。

其他各省区也有一些由分成租改行定额租的事例，惟地租增长情况如何，缺乏详细记载，但可由皖南事例进行大致估计。更从明清时代尤其是清代前期定额租发展速度考察，我们有理由作

---

① 嘉庆《邵阳县志》卷47,《风俗》。

出如下推断：在改行定额租的过程中，提高地租剥削率是当时普遍现象。在清代刑档租佃案件中，也有一些关于地主把分成租改行定额租以实现增租目的的事例。

由分成租改行定额租虽然是当时地主增租的主要手法，但地主并不就此止步。在改行定额租之后，农民生产积极性有所提高，单位面积产量的增长比在行分成租制时还要快一些，这又刺激了地主的贪婪本性，他们这时又采用改变定额租既定租额的手法以实现增租的目的。明代初期，苏松一带每亩租额约一石有零。如洪熙元年（1425），苏州吴江、崑山等县，"亩出私租一石"。[①] 明代中叶，地租逐渐增加，隆庆、万历之际，华亭县西乡每亩收租五六斗至七八斗，南乡有的每亩收租二三石。[②] 后据顾炎武记述，明清之际苏州私租，每亩少者八九斗，多者一石二三斗。[③]

为了论证方便，试和学田租额进行对照考察。以太仓州学田租为例，由嘉靖至万历，每亩租额长期保持在九斗的水平上。学田租额是比照民田租额制定的，这时一般民田租额大概也在九斗左右。至崇祯年间（1628—1644）学田和民田地租出现了差异，学田租额每亩仍保持九斗旧制，而民田则"亩科租米一石，最腴加至一石二三斗"。[④] 显然，学田租额未动而地主私租增加。再以湖南宁乡县书院田为例，乾隆四十年（1775）书院总田额为476亩，每年共收租440石；嘉庆年间（1796—1820）田额未变，每年租额增为698.3石，较乾隆额增多258.3石，增加了58.7%。此后不久，又增加地租折价，由过去每石折银五钱增为

---

① 《明宣宗实录》卷6，洪熙元年七月。
② 董含：《莼乡赘笔》卷中。
③ 顾炎武：《日知录》卷10，《苏松二府田赋之重》。
④ 崇祯《太仓州志》卷4。

六钱五分，租额又增加了30%。① 我们可从书院田租额的增长率考察当地民田租额的增长情况。

地主改变既定租额，一般也是采行夺田易佃手法。乾隆十年，湖南地主对农民交过押租的田亩，"更思渔利"，一旦有人前来争佃，多出地租，"辄将先佃之人勒逐出庄"。② 改易新佃。如湖南浏阳县地主，经常要为增加地租而"违约易佃"。每至春秋季节，地主和佃户辄为租田事"告讦纷然"，③ 说明租佃农民对地主增租活动进行了反抗。

关于地主改变既定租额增加地租的活动，在由康熙至道光百多年间的清代刑档有关租佃案件中，有过不少事例。或因经过农民辛勤经营改进土地生产条件而地主勒令增租。如湖南益阳县，郭应昌租佃刘焕若田若干亩，每年交定额租谷三十四石。乾隆二十六年，该地经郭应昌开垦成熟，产量增加，刘焕若遂提出增租。④ 或因雨水及时、收成较好而地主提出增租。如广西柳城县，某农民租地若干亩，议定每年交租谷四石。地主见"秋收丰稔"，要农民将地租增为六石。⑤ 也有无故而任意提出增租的，如河南卢氏县钟和租佃高及武土地，原定麦、秋两季交租八斗，并言明"永不加课"。乾隆四十年，高及武先欲加租，加租不成又欲夺佃。⑥

由以上事例可以看出，明清时代地主增租手法，一般是先由

---

① 乾隆《宁乡县志》卷22，《知县王余英详书院田亩酌加折租案》。
② 《湖南省例成案》卷7，《户律·田宅》。
③ 雍正《浏阳县志》卷1，《风俗》。
④ 湖南巡抚冯钤题，乾隆三十年九月二十八日。
⑤ 刑部尚书王鼎等题，道光十五年四月二十七日。
⑥ 管理刑部事务英廉题，乾隆四十二年五月初三日。另据刘永成：《清代前期佃农抗租斗争的新发展》（《清史论丛》第一辑），乾隆六十年65件地主增租夺佃案件，以广东、四川、直隶、福建、江西、湖南六省最多，凡43件。

分成租改行定额租，再改变实物定额租既定租额。此外，也有不改变分成制的剥削形式而只改变分成比例的，如由对分成制改变为"主六佃四"分配。也有的在改变为定额租后，由于单位面积产量提高，地主又改行分成租以增加租额的，但这毕竟是少数。

关于实物定额租，每亩租额多寡则因地区而不同。据我们从康熙至嘉庆百多年间刑档中所辑录的 159 件定额租资料，其中黄河流域 23 件，这些资料中大多数每亩租额不满五斗，一石以上者只有一件。长江流域各省 83 件，其中每亩租额一石至两石以上者 59 件，占该区案件的 71%，租额不到一石者占 29%。福建、广东、广西三省共 53 件，每亩租额在一石以上乃至三石以上者 46 件，占该区案件的 87%，租额不到一石者只占 13%。这个数字虽然不一定十分确切，但很可供研究清代定额租剥削程度的参考。

这时新发展起来的货币形态地租的租额也在不断增加。关于明代民田货币地租增加情况如何，目前还没找到具体事例。在学田方面反映的比较具体。如江苏如皋县分布在八里庄的学田 80 亩，天顺八年（1464）原定租银 1.8 两，崇祯十年（1637）增为 2.7 两，增加了 50%。分布在夏家园的学田 230 亩，嘉靖二十九年（1550）原定租银 5.06 两，崇祯十年增为 7.5 两，增加了 48.22%。分布在官庄的学田 101.61 亩，原定租银 4 两，崇祯十年增为 5.91 两，增加了 47.75%。分布在久安为的学田 41.9 亩，原定租银 1.25 两，崇祯十年增为 2 两，增加了 60%。[①] 我们可以据学田货币地租增长率考察民田货币租的增长情况。

关于清代货币租的增长，下面先列举清代刑档中几个租佃案件事例。浙江缙云县杜老简兄弟伙租杜明友山地开垦，议定每年

[①] 康熙《如皋县志·学田》。

租钱1600文。嘉庆二年，杜明友见地垦熟，欲行增租，杜老简拒绝，最后杜明友用夺田另佃手法，以亩年租钱3000文转租他人。① 广东陆丰县，有农民佃地种柑，原议定每年租银四元。乾隆四十一年，地主见柑子"利息甚好"，意图将租银增加至六元，遭佃农拒绝，地主乃图"召人另佃"。② 福建顺昌县黄凤彩租佃张汝纹茶山，乾隆三十四年，张见"山茶茂盛"，意图增租，致酿成命案。③

下面再列举一个地主连续四次增租的事例。乾隆二十一年，陕西凤翔县谭中奎等租种军户易海得等土地若干亩，纳租承粮，原定每年租钱1300文；乾隆二十九年增为2900文；乾隆五十六年增为4000文；嘉庆十年增为5000文。道光十二年，易家以收地自种为藉口，欲行增租，经府判将地租增为6000文。④

货币租的增长，在经济作物区反映的比较突出。广东新会县植葵区，葵田集约程度高，康熙年间，每亩租金增加到14—15两银子。⑤ 湖南郴县种苎麻获利较厚，农民争相佃田种麻，地租增加了一倍。⑥ 四川郫县农民多佃田种烟，烟田投入工本大，单位面积产值增加较多，地主遂乘机提高租额，"烟田一亩佃课十金"。⑦ 经济作物的发展，为地主增租提供了有利条件，这类土地地租增加幅度远超过一般粮田实物租。

此外，也有无地少地农民为了实现自己的劳动以维持全家生存，自己提出增加租钱、租银以保佃权的；也有农民向地主增加

---

① 浙江巡抚阮元题，嘉庆五年（原档缺月、日）。
② 刑部尚书舒赫德等题，乾隆四十一年十二月初四日。
③ 福建巡抚钟音题，乾隆三十五年十一月三十日。
④ 邱煌：《府判录存》卷3，第7—8页。
⑤ 屈大均：《广东新语》卷16，《器语》。
⑥ 嘉庆《彬县志》卷终，兴宁廪生郭启悊：《田麻议》。
⑦ 嘉庆《四川通志》卷25，第18页。

租钱、租银顶种旁人租地的。这类事例这里从略。

关于货币地租每亩租额，以钱租计者，据已收集的乾、嘉两朝66件资料，计黄河流域各省35件，其中每亩租钱在1000文以下者29件，占该区案件的82.86%，而且其中很多在500文以下，共有十多件。在1000文以上者只有6件。长江流域以南31件，其中每亩不满1000文者10件，占该区案件的32.26%。每亩1000文以上者21件，占67.74%，而且其中很多在2000文以上，地租额远较黄河流域为高。

明清时代，尤其是清代前期，发展起来一种押租制。福建、浙江、江苏、江西、安徽、广东、广西等省都相继出现，尤其是湖南、四川两省更加普遍。开始地主索要押租的目的是为了保证地租的实现，如农民拖欠地租，地主即从所交押租扣抵。嗣后加押成为地主增租的一种手段。有关押租记载屡见于各方志书，这里列举清代刑档中几个有关租佃案件具体事例，藉以考察押租的苛重。浙江常山县一例，租田27亩，地租27石，押租钱27000文；① 宣平县一例，租田1.8亩，地租1.8石，押租钱4500文；② 四川郫县一例，租田38亩，地租40石，押租银60两，又押租钱170千文。③ 以上数例，均系当时正常租额。广西信宜县一例，租田3.2亩，租谷5石，押租钱2000文；④ 江西万载县一例，租田4.8亩，正租12石，押租钱4000文；⑤ 广丰县一例，租田4.5亩，正租12石，顶钱5200文；⑥ 广东揭阳县一

---

① 兼管刑部事务英廉等题，乾隆四十五年十一月十一日。
② 浙江巡抚阮元题，嘉庆八年五月初四日。
③ 四川总督勒保题，嘉庆九年五月二十五日。
④ 两广总督李侍尧题，乾隆二十四年六月二十五日。
⑤ 江西巡抚秦承恩题，嘉庆十年十二月十一日。
⑥ 刑部尚书崇禄等题，嘉庆二十年八月二十八日。

例，租田4亩，正租8石，顶银8.6两；① 连平县一例，租田二亩，正租4.8石，批头钱5000文；② 湖南茶陵县一例，租田8.25亩，正租12.5石，进庄银6.6两。③ 以上数例，均系正常而偏高的租额。计算地租剥削时应把押租折息计入，这样，地租剥削率将大为提高。

明清时代，经过农民的辛勤劳动，农业生产不断发展，地主千方百计地将增产部分攫为己有，这无疑将会压缩农民在生产上的投资，从而影响农业生产的发展。

关于明清时代地租剥削率，就以分成租而言，和过去相比变化不大，一般采行对分制；其次是四六分，或主六佃四，或主四佃六。间也有行三七分的，是例外。从我们接触到的清代刑档资料，分成租地租率在50%及以上者，雍正、乾隆两朝占全部案件的70%以上，嘉庆朝占全部案件的68%。但分成租地租率因地区而不同。以嘉庆朝而论，长江流域以南各省分成租一般皆占产量的一半，浙江、江西两省有的占产量的60%。黄河流域较低，以直隶为最，分成租地租率在50%以下者占全部案件的75%。这项资料虽然不十分确切，但很可供研究参考。实物定额租的剥削率较高。前面业已论及，由分成租制过渡为实物定额租制，地租率都有所增长，就亩产而言，定额租的地租率一般都在50%以上，乃至百分之六七十。江苏松江府娄县、华亭两县，据明代中叶何良俊记述，两县西乡田较低平，容易旱涝，土地肥沃，每亩产米2.5—3石，"故取租有一石六七斗者"，地租占产量的53%—56%。东乡"田高岸陡"，灌溉困难，丰岁每亩产米

---

① 广东巡抚王謩题，乾隆二年九月初八日。
② 广东巡抚图萨布题，乾隆五十二年八月初七日。
③ 署理湖南巡抚蒋博题，乾隆八年七月初三日。

1.5石，"故取租多者八斗，少者只黄豆四五斗耳"。按每亩产米1.5石，取租0.8石计，地租占产量的53%。① 前面列举顾炎武记述苏、松两府情形，每亩产米一至三石，每亩租额八斗至一石三斗。如上田按产米三石、租米按一石三斗计，地租占产量的43%；下田按产米一石、租米按八斗计，地租占产量的80%。② 康熙年间，松江府华亭、娄邑、清浦等县，每亩产米1.5—2石，每亩租米1—1.6石。据此，地租率上田为66.67%，下田为80%。③ 大约同一时期，福建海澄县一田三主的租地地租剥削率也很高。农民佃种寺僧田，每亩产谷七八石，租户"与佃户均收一半，得谷四石"，这里的"佃户"指二地主。实际种田的租户除向二地主交纳四石租外，又须向寺僧交纳一石七斗租子。据此估算，每亩产谷八石，交租五石七斗，留给农民自己的只有二石三斗。地租率高达71.25%。④

由以上数例可知，第一，定额租地租率比分成租要高得多，这是地主增租的结果，也是农业生产发展的反映。其次，就地租额而言，肥沃的土地地租量高，贫瘠的土地地租量低，这多少反映了地租的级差性。但就剥削率而言，常是越是劣等地地租率越高。而租种劣等地的农民可能就是经济条件更差的农户。在地主看来，农民贫困乃是加重地租剥削的条件。劣等地地租剥削率超过上等地，反映了地租剥削的封建强制性，也是地主榨取农民的残酷记录。偶尔也有下等田的地租率低于上等田，但租种下等田的农民实际所遭受的封建剥削仍然超过租种上等田的农民，因为农民投入了相等乃至更多的劳动和成本。第三，定额租的租额是

---

① 何良俊：《四友斋丛说摘抄》卷3。
② 顾炎武：《日知录》卷10，《苏松二府田赋之重》。
③ 叶梦珠：《阅世编》卷1，《田产》。
④ 顾炎武：《天下郡国利病书》卷93，康熙《海澄县志·寺租议》。

固定的，而且租额多系根据丰年的产量制定。在租约中多有年景"不论丰歉"、租额"不得短欠"之类规定，每遇水旱歉收，所有损失基本由佃方负担，因此实物定额租的发展大大提高了地租剥削率。① 实物定额租剥夺了农民大部分剩余劳动，也有的侵占到农民部分必要劳动，这也是明清时代农业生产既能发展又不能顺利发展的原因之一。

再一种考察地租剥削程度的标志是地租购买年。关于这个问题的研究目前受到现有资料的限制，很难找到同一块土地既有地价又有货币地租租额可以进行直接对比的记载。虽然保存下来一些明清时代地租的资料，有关地价的记载则过少，关于地租资料又多是实物形态地租，由于度量衡以及粮价的限制，很难确切地计算成货币，因而使对购买年的研究造成一定困难。下表所列是我们目前所能收集到的仅有的能计算地租购买年的几个事例：

下面谈一谈对地租购买年的看法。我们一方面承认地租和地价对比在研究地租剥削程度方面的意义，同时又要看到它具有一定局限性。这是由于，在中国地主经济制约下，地价变动幅度较大，战争、灾荒及赋役转嫁等因素都会导致地价跌落，在明清数百年间可以找到不少具体事例。封建秩序稳定、农业生产发展、人口增长、土地兼并剧烈等因素又会促成地价上涨。关于地价暴涨暴跌情形，江苏无锡县钱泳有过这样一段论述："前明中叶，田价甚昂，每亩值五十余两以至百两。""崇祯季年，年谷屡荒，人咸以无田为幸，每亩只售一二两"。康熙年间，每亩价银"长至四五两不等"。至乾隆初"田价渐长"。乾隆三十年左右，每亩价银七八两至十两不等。至嘉庆二十年，每亩价银增至五六十

---

① 也有因灾减租的。在一般情况下，地主在账上记一笔挂欠，以后追补。

各省州、县地租购买年示例

省州县	年代	土地面积(亩)	地价	地租	购买年
江苏宜兴县	乾隆二十七年	2.0	银两10.00	银两2.40	4.17①
丹阳县	四十三年	4.4	银两50.00	银两5.59	8.94②
浙江汤溪县	乾隆四十五年	1.7	钱文29200	钱文3600	8.11③
诸暨县	嘉庆二十二年	1.0	钱文77000	钱文438	17.58④
江西万安县	乾隆十七年	3.6(石)	银两58.000	银两9.00	6.44⑤
宁州	二十九年	30.0	银两420.00	银两25.80	16.28⑥
湖南邵阳县	乾隆四十六年	3.0	钱文57760	钱文2500	23.10⑦
桃源县	五十一年	—	银两51.00	银两6.00	8.50⑧
福建归化县	乾隆十六年	—	银两23.00	银两5.47	4.20⑨
广东清远县	乾隆十四年	—	银两183.00	银两33.13	5.52⑩

① 江苏巡抚彰宝题,乾隆三十三年十二月十九日。

② 江苏巡抚杨魁题,乾隆四十四年十二月十二日。地租原为制钱2000文。据钱泳《履园丛话》:"余少时,每白银一两亦不过换大钱八九百文。"按钱泳江苏无锡县人,所说指乾隆四十年左右银钱比价。如按850文折银一两,2000文可折银2.35两。又此田交有顶首银16.2两,按年利二分折息银3.24两并入地租内,共为银5.59两。

③ 浙江巡抚福崧题,乾隆五十年。地价项内,先交买价钱12000文,后加找价钱17200文,共计29200文。地租3600文,系租谷折价。

④ 此据刑档。原为租地1.6亩,租钱700文。亩租钱428文。购买年较长,可能另有顶价,原资料缺载。

⑤ 署理刑部事务阿里衮等题,乾隆二十一年三月初五日。租谷按每石折银五钱计。

⑥ 此据刑档。地租原为租谷60石,按时价每石折银0.43两,共折银25.8两。

⑦ 湖北巡抚李世傑题,乾隆四十七年二月初五日。原档,价银76两,每两作钱760文,共计57760文。每年租谷五石,值钱2500文。因系欠租折价,谷价偏低,致购买年过长。

⑧ 管理刑部事务董诰等题,嘉庆十五年五月初四日。

⑨ 署刑部尚书阿克敦等题,乾隆十七年六月十七日。地租系为租米0.99石。按每石折银0.58两计,共该银0.57两。又顶耕银24.5两,折息银4.9两计入地租,共该租银5.47两。

⑩ 广东巡抚苏昌题,乾隆十六年五月二十二日。地租原为租谷50石,按每石价钱550文计,共折钱27500文。又按银每两易钱830文,折银33.13两。

两。① 据此，嘉庆朝地价，比康熙朝约增十二倍，比乾隆中期约增六倍。如常熟县，每亩价银，明中叶高至五十两乃至一百两。崇祯末跌至一二两，顺治初稍增至二三两，康熙初增至四五两。乾隆以后田价渐昂，嘉庆二十年后，高乡易旱之田每亩十千文，低乡易溉之田每亩至二十余千文，塘地每亩高至三四十千文。② 这时银钱比价，银每两约折制钱1500文，如好田每亩按25000文计，约折银十七两有余。其他各省州县，地价涨落情形大致相同。如湖南省，据乾隆十三年巡抚杨锡绂奏报："国初地余于人，则地价贱；承平以后地足养人，则地价平；承平既久，人余于地，则地贵"。③ 如甘肃省个别地区，乾隆初以承平日久，"丁口愈盛，食指愈繁，田地贵少，寸土为金"。④

封建秩序稳定、农村经济繁盛的年代，人们追求土地的欲望特别强烈。农民为了实现自己的劳动以维持生存，也为了避免地主苛重的地租剥削，急于购买少量土地，他们买地亩不计成本。对地主而言，他们虽然有时也考虑地价和地租的相互关系，如顾炎武所说，田连阡陌的地主，他们购置田产"不过本其锱铢之直"。⑤ 但由于受社会分工不够发达的制约，地主们更多考虑的是"有田则有租"。⑥ 同时和投资工商业相比，土地财产更有保证，"无水火盗贼之虑"，如康熙年间安徽桐城县张英所说："田之一物百年千年常新。"⑦ 因此，只要有地可买，只要能收到占

---

① 钱泳：《履园丛话》卷2。关于乾隆三十年及嘉庆二十年地价，系据钱泳记述推算。
② 光绪《常昭合志稿》卷22。
③ 杨锡绂：《陈明米贵之由疏》，《皇朝经世文编》卷39。
④ 《清高宗实录》卷175，乾隆七年九月。
⑤ 顾炎武：《日知录》卷10，《苏松二府田赋之重》。
⑥ 蔡虚斋：《西园闻见录·治生》。
⑦ 张英：《恒产琐言》。

产量50%的地租，他们总是把掌握的大量财富投向土地。在地主经济制约下，地价上涨遂变成为不以人们意志为转移的客观规律。

地租的增长则不然。农民对地租的负荷能力有一个极限，地主想超过这个极限漫无止境地增租是不可能的。只有在农业生产进一步发展的条件下，农民能创造出更多的剩余劳动，地主提出增租才能实现。①

相对地价而言，地租增长缓慢，地价增长速度远超过地租增长速度。这种地价与地租互相背离的现象，正反映了封建经济关系的特点。在资本主义社会，地价是资本化的地租，土地的购买价格，是凭土地所能提供的地租而决定的，地价因地租的增长而增长。封建社会时期地价虽也会因地租的增长而增长，但毕竟不是资本主义地租，两者增长比例很不相称。还有时出现这类现象：地价连续下跌，而占产量50%的地租率长期不变；或地价激增而地租增长甚少。总之，不是地租决定地价，地价每和地租脱节。因此在封建社会时期，地租购买年仅只能够供研究地租剥削率的参考。

三、租佃间封建依附关系的松解

明清时代伴随地租形态的变化，封建依附及超经济强制关系趋向松解；又伴随地租剥削率的不断增长，地租的实现愈有赖于封建政权的保证。

---

① 我们并不否认，有时地租会侵蚀到农民部分必要劳动，如马克思所指出的，实物地租可以达到这样程度："以致劳动条件的再生产，生产资料的再生产，都严厉地受到威胁，以致生产的扩大或多或少成为不可能的，并压迫直接生产者，使他们只能得到维持肉体生存的最小限量的生活资料。"(《资本论》第3卷，人民出版社1953年版，第1039页)

在宋元时期，佃农和地主之间的相互关系，在实际生活方面带有主奴关系的严重残余。北宋眉山苏洵说：富户"招募佃客，分耕其中，鞭笞驱使，视以奴仆"。① 有的地区佃客被剥夺了迁徙自由，还有的地区地主干预佃客的婚事。在法权关系方面也不是对等关系，宋代律例，地主打死佃客减等治罪；佃客致死地主加等判刑。元朝建国，租佃关系虽稍有改变，但地主打死佃客仍免除死刑，只罚交烧埋银若干两。在明初所制定的律例中，关于一般租佃的法权关系如何没有明确规定，实际是用不成文形式确定了佃农的"凡人"法律地位，这是一次具有历史意义的变革。虽然在"乡饮酒礼"中曾规定佃农要对地主行"以少事长"之礼，但乡俗礼节只是一般性约束，毕竟不同于国家法令硬性规定。清承明制，地主和佃农基本是对等关系。从我们所接触到的有关清代大量主佃刑事案件资料看，也是把佃农和地主作为对等关系处理的。地主打死佃户，佃户打死地主，都是杀人者偿命，虽生监地主也不例外。在这方面，地主的部分豁免权起码在形式上是被取消了。当然，双方在实际生活中还是不平等的。

历史的发展总不是一帆风顺。明中叶以后，尤其是明代后期，伴随官绅地主权势嚣张，租佃关系一度呈现逆转，又有部分佃农沦为佃仆。有的自耕农民为了逃避重赋负担，带地向官绅地主投靠。据当时人王士性记述，河南"光山一荐乡书，则奴仆十百辈，皆带田而来，止听调遣，不费衣食"。② 又据山东《文登县志》载，晚明时期，自耕农民"投身著姓，甘为奴仆"，以逃

---

① 苏洵：《嘉祐集》卷5，《田制》。
② 王士性：《广志绎》卷13。

避重赋。① 这类投靠户的身份地位虽然和皖南的佃仆有所不同，但农民一经投靠，即须听主人役使。一直到清朝初年，在长江流域有些地区，佃仆制仍在延续。据康熙《崇明县志》云，江南各地"佃户例称佃仆"。苏州府和太仓州属，佃户"与仆无异"。②江西吉安、赣州等府，"俗以佃为仆"。③ 但长江以北经过明末大规模农民战争的严重冲击，长江以南经过轰轰烈烈的奴仆反抗斗争，逐渐扭转了明代中叶后出现的租佃关系的逆转趋势，身份性租佃逐渐向一般租佃转化。就是与宗法势力牢固结合而具有长久历史的皖南佃仆制，在清代前期也在不断发生变化，部分佃仆摆脱了人身依附关系，取得"凡人"身份地位。

下面着重论述一般租佃制的发展趋势——封建依附关系的松解过程。

这时租佃关系变化是多种因素造成的。如农民阶级的反抗斗争，商品货币经济关系的发展，以及国家维护佃农的"凡人"法律地位的政策措施等。这里要着重指出的是，由于地租形态和租佃制度的变化所产生的巨大作用。

前面曾经指出，在宋元时代，租佃分成制占居统治形式。明代则因地区而不同，就全国而言，分成租制和定额租制所占比例大致相等。清代前期，定额租制逐渐占居统治地位。明清两代是由分成租制向定额租制过渡时期。主佃间的封建依附及超经济强制关系，伴随着这种过渡逐渐趋向松解。

在中国历史上，分成制的统治式持续了一千多年。这种分成制，收成好坏直接关系到地主所分租额多寡，因而地主对农业生

---

① 民国《文登县志》卷1下。
② 康熙《崇明县志》卷6，《风俗》；卷18，《赋役》。
③ 李桓辑：《国朝耆献类征初编》卷208，监司四。

产事宜每进行直接干预，从种植、灌溉、中耕一直到收获，都加过问。北宋苏洵所说"鞭笞驱使，视以奴仆"，就是指的分成租制。明代朱国祯所说地主"下乡督农"，[①]也是指分成租制下对农民生产劳动的监督。前面所谈安徽休宁县吴荪园祀产事例，在地租中糯米记载较多，这显然是为了地主特殊需要而生产的。直隶鸡泽县，有地主为了多分地租，勒令农民种植烟草。在分成制下，农民种植什么，地主有部分决定权。

关于分成租制下地主干预佃农的耕锄收获问题，在清代刑档中有不少事例。山西河曲县，某地主以佃农不按时耕锄而进行斥骂；陕西三水县，某地主认为佃农收割禾谷过早而横加斥责；山东汶上县，某地主以佃农懒于耘锄而勒令退佃；安徽天长县，地主以佃农所布禾苗稀少而任意斥责；贵州遵义县，地主某以佃农耕锄不力，所分租谷较少，强迫退耕。这里举的是个别事例，对分成租而言却是一种普遍现象。

在分成租制下，分配产品之时，由地主本人或派遣管家临场监分。河南永城县，地主某每当禾谷成熟，公同佃农"收割监分"；江苏甘泉县，地主某于田禾收割之后，令管租之人"看稻分租"；浙江萧山县，地主某于每年稻禾成熟，与佃户同割均分；安徽定远县，地主某于秋收之时，临田与佃户监割均分；广西藤县，地主某于收谷之时，到田与佃农分割。这种分配方式每和超经济强制紧密联系在一起。如贵州遵义县某佃，不等地主到场即行收割，地主以其违反惯例，横加责难。贵州威宁州阿得租佃安兴仁地亩，阿得在收割稻谷时来不及通知安兴仁，因遭受安兴仁指责，发生纠纷。河南永成县，杨赐枚租佃杨世经地亩，杨赐枚不等地主到场，先把麦子收割一半，遭受地主责难，酿成命案。

[①] 朱国祯：《涌幢小品》卷17。

永成县洪万仓租佃温某土地，洪万仓也是先收割一半，地主责其"不该私自收割"。广东清远县，熊奇毓租佃朱朝相田地，熊收谷打场之后，将朱应分租稻堆放自己村场，朱斥责熊"想要隐瞒"稻谷，要熊立即将租稻挑送自己村内堆放。在这里，地主在继续施行超经济强制权。①

明清时代，一般租佃制，主佃间在法权关系方面是对等的，彼此间已无主仆名分，即佃农摆脱了对地主的人身依附关系。但在分成租制的制约下，地主不但对农民仍然施行强烈的超经济强制，并且保持着不同程度的劳役附加租，如乾隆年间两江总督那苏图所指出的："北方佃户，居住业主之庄屋，其牛犁谷种亦仰资于业主，故一经退佃，不特无田可耕，并亦无屋可住，故佃户畏惧业主，而业主得怒视而役使之。"② 那氏所说即指北方由通行分成租制所构成的生产及奴役关系。

由分成租制过渡到实物定额租制，情形发生较大变化。这时农民一般都有自己的生产工具，生产独立性有所加强。农民随着经济上的独立而获得了更多的人身自由，这是一个方面。从地主方面来说，由于租额是固定不变的，无论年景丰歉地主都能照额收租，即所谓"丰年不增，歉年不减"。收成好坏和地主地租收入的联系已不像在分成租制下那么密切。这时地主所关心的只是农民是否能按定额交租，如明人蔡虚斋所说：地主"唯知有田则有租"。蔡氏又说："天下之生纷纷董董，上之人［地主］大都不甚照管也。"③ 在这种情况下，地主对农民的超经济强制遂相对削弱，有如那苏图所指出的："南方佃户自居己屋，自备牛种，

---

① 以上地主干预佃农的耕种、收获及分配事例，均见清代刑档。
② 《朱批奏摺》，转见《北京师范大学学报》1978年第1期，《红楼梦历史背景资料》之二。
③ 蔡虚斋：《西园闻见录·治生》。

不过借业主之块土而耕之，交租之外两不相问，即或退佃尽可别图，故其视业主也轻，而业主亦不能甚加凌虐。"① 据那氏所说：在实物定额租制下，一是佃农在农业生产上独立性较强；二是地主对农业生产不闻不问；三是农民由于经济上的独立而加强了反抗斗争精神，地主对之再不能任意欺凌。这时的租佃已开始处于由封建依附关系向单纯纳租义务过渡的阶段。

在实物定额租下，农民在各方面虽然获得较多的独立和自由，但和货币形态地租所形成的租佃关系相比，仍然有很大差距。在实物定额租制下，地主对农民生产事宜有时仍进行干预。以江苏棉产区为例，太仓州农民多把稻田改为棉田，在租约上写的仍然是稻米租，农民交租则以豆麦棉或银钱折抵。崇祯年间米价上涨，地主为坐收贵米之利，对地租作了硬性规定，上等田必须交纳七成稻米。② 就是说在实物定额租制下，农民生产仍要受地租品种的限制，在种植方面仍没有绝对自由，不是想种什么就种什么。

过渡为货币形态地租就不同了，租佃关系发生更大变化。在实物定额租制下，地主仍控制着征收过程，在当时租约中还常保留着米谷"干圆"、"干净"、"白米"、"好米"之类规定，地主对农民所交租米租谷每横加挑剔，或藉口米质不好拒绝收受，或勒令佃户"置酒赎罪"。③ 改行货币地租后，地主不但不再干预农民生产事宜，在交租方面也再没有质量问题。货币租多是预交租，在订立租约或在播种之前即行交纳，对地主而言已无拖欠地租问题，超经济强制几乎没有什么必要了。这时农民和地主的关

---

① 《朱批谕旨》，见《红楼梦历史背景资料》之二。
② 崇祯《太仓州志》，《凡例》第2页；卷4，第8页。
③ 李渔：《资治新书》卷9，《张梅庵急究人命事》。又保存下来的一些租约，多有关于米谷质量的规定。

系已经完全变成单纯纳租义务关系。交纳货币地租，一部分产品必须当作商品来生产，这对生产方式会或多或少产生一些影响，如马克思所指出的，在货币形态地租下，"虽然直接生产者仍然要继续亲自生产至少是他的生活资料的绝大部分，但是现在他的一部分产品必须转化为商品，当作商品来生产。因此，整个生产方式的性质就或多或少发生了变化"。[①] 这里所说"生产方式的性质"的变化，其中包括农民和地主相互关系的变化，尤其是封建依附及超经济强制关系的松解，也包括农业资本主义萌芽。究竟发生什么变化，要看具体情况。

伴随地租形态变化，封建依附关系趋向松解；伴随着地租剥削加重，农民抗租斗争剧烈。这时地租已不能全靠地主个人的超经济强制关系来实现，从而不能不借助其他因素和力量了，这就是：一、加强经济强制以弥补超经济强制之不足；二、国家的政治强制代替地主个人的超经济强制。在实物定额租制下，以上两者起着极为重要的作用。

所谓经济的强制指的是押租的保证，这在前面已经提到了。早在明代，押租制已在个别地区出现。到清代前期，押租制在全国范围内普遍发展，即在租约成立之初，地主先向农民索取一等相当于一年租额的银钱作为抵押，如果农民抗欠地租，即从农民所交押租银钱内扣除。押租制的出现和盛行，对地主地租的实现起着一定保证作用。

所谓国家政治强制指国家法令对地主私租的保证。在宋元以前地主地租的实现也需要国家法令的保证。但到明清时代，在封建依附关系趋向松解、农民抗租斗争日益剧烈的条件下，国家政权的保证作用更加重要，这是一个重要的变化，这种现象即在明

[①] 马克思：《资本论》第3卷，人民出版社1975年版，第898页。

代地主绅权嚣张时期也不例外，明代中叶以后所爆发的农民抗租运动，就是靠国家军事力量镇压下去的。我们还可以列举几个地方政权保证地主私租的事例：天启年间，福建莆田县有农民抗欠地租，靠地方官代为追交，并对欠租农民进行惩治和罚谷。① 崇祯年间，德化县有佃农用退佃办法抵制地主大斗收租，地主则"呈控粮馆，票提监禁"。② 清代前期，封建政权在保证地主私租方面所起的作用更为重要。据雍正五年增订律例，一方面禁止地主任意虐使佃户，同时也是更重要的乃是防止佃农抗欠地租。新律规定："至有奸顽佃户抗欠租课欺慢田主者杖八十，所欠之租照数追给田主。"③ 清代前期，清廷以"粮从租出"的名义，一再发布代地主追租的上谕，④ 各级地方政权也一再发布禁止农民抗租的告示。⑤ 这种情形，正像马克思在分析进入实物地租阶段时所指出的，这时农民的剩余劳动不复在地主或他的代表直接监督和强制下来实现，而是由农民自己负责来进行，不是用鞭子来驱使，而是靠"法律的规定"。⑥ 这个"法律的规定"，就是国家政权的强制。明清两代的历史实践完全证实了马克思的科学论断。这时关于封建地租的实现，国家政权的强制逐渐代替了地主私人的直接强制。我们认为这是划分中国封建社会后期的基本标志之一。

最后作一简短概括。明清时代地租形态的变化和地租剥削的

---

① 祁彪佳：《莆阳谳牍》。
② 民国《德化县志》卷7。
③ 道光《大清律例》卷27，第26页。
④ 乾隆六年、十年、十一年、二十三年、三十五年、四十一年，都颁发过令农民向地主交租及镇压农民抗租的上谕，见《高宗实录》。
⑤ 雍正十二年广东清远县，嘉庆年间湖南岳州府，道光年间苏北山阴县，都发布过禁农民抗租的告示。见《中国近代农业史资料》第1辑。
⑥ 马克思：《资本论》第3卷，人民出版社1975年版，第895页。

增加，是同封建依附关系的发展变化紧密联系在一起的。它的发展变化又为农业生产发展状况所制约。农业生产发展，为地主增租创造了条件，也为实物分成租制向实物定额租制过渡创造了条件。租佃间封建依附关系的松解，和农民阶级的反抗斗争固然有一定联系，归根结底，则为农业生产发展水平所制约。结合农业生产发展水平研究明清时代地租形态的变化和地租剥削增加以及封建依附关系的松解等问题，更有助于我们对问题的深入理解。

(原载《历史研究》1986年第1期)

论明清时代农民经济商品率

一、前　言

本文所说商品率，系指农家农产品及棉蚕纺织副产品对总产值所占比重。明清时代，主要是明代中叶到清代鸦片战争前约 300 年间，农民经济商品率伴随农副业生产的发展而不断增长。①

在这一历史时期，关于商品经济发展进程及农民经济同市场联系加强之类问题，曾有不少人论及。明嘉靖年间（1522—1562）汪道昆说："厉商则厉民，商利而农亦利。"② 万历（1573—1670）前期张居正说："商通有无，农力本穑；商不得通有无以利农则农病，农不得力本穑以资商则商病。"③ 此后清康熙年间（1662—1722）山东海丰县县志作者论曰："商贾失业则

---

① 本文所说明清时代主要指明代嘉靖万历实行一条鞭以后至清鸦片战争前一段历史时期。为了便于进行论证，间涉及明代中叶前和清代鸦片战争后有关记载。
② 汪道昆：《太涵集》卷 65，《虞部陈使君榷政碑》。
③ 张居正：《张文忠公全集》卷 8，《赠水部周汉浦浚还朝序》。

商贾贫，农以商贾失业而莫之与贸迁也，而农亦贫。"① 乾隆年间（1786—1795）孙嘉淦所论更加具体："小民生计则岂特口食而已哉！必将以釜甑爨而以铁耕，百工之所为皆需以粟易之，而又税粮之征，衣服盐蔬之用，婚姻疾病丧葬之费，非粜五谷不由得也。"② 就在这种条件下，早在明代就出现了这类议论："天下之民皇皇以匮乏为虑者，非布帛五谷之不足也，银不足矣。"③ 这时农民出售食粮比较普遍，本文即把各类地区农民出售食粮问题摆在首位。又农民经济商品率直接体现为农副产品出售部分对总产值所占比重，因此又把农民的商品生产作为重点进行论述。

考察农民经济商品率，最直接的是商品生产，其次农民出售余粮，第三是从农家货币支出进行考察。三者之中以商品生产部分比较可靠，其他二者可作为辅助说明。参酌以上三者，把各类地区农民粮食商品生产率放在首位。

为了便于进行分析，本文拟把各地区农户分成四种不同类型进行论述。一、以粮食作物为主买布而衣类型区农户；二、以粮食作物为主兼事桑棉纺织类型区农户；三、以植棉蚕桑为主兼事棉纺织类型区农户；四、棉蚕以外其他各种经济作物同粮食作物混合生产类型区农户。此外还有其他类型区如畜牧区等，本文从略。

关于四种不同类型区的划分，其中以粮食作物为主兼植棉纺织类型区同以植棉为主兼棉纺织类型区很容易混淆。两种类型区的划分，本文着重从以下两个方面考察：（一）在一个地区，植棉面积占耕地一半以上，其中绝大多数农户靠植棉为生，即划入

---

① 康熙《海丰县志》卷3。
② 光绪《畿辅通志》卷107。
③ 《明史》卷219，《靳学颜传》。

植棉区；（二）就一农户考察，在该农户所经营的田场或家庭经济收支中有一半以上植棉兼靠棉纺织收入，即划入这一类型农户。但很多地区缺乏有关这方面的记载，同时古文献有关记述每有夸张不实之辞，因而也会作出一些错误论断，或将应划入第二类型的误列入第三类型，或把原属于第三类型误列入第二类型。

又从大量资料反映出来，在有一些地区，农民对经济作物同粮食作物混同兼种，关于这方面的分析原拟分别按地区附在第一、二两种类型处理。继思如此处理不易突出经济作物发展特点，同时由于材料的限制势将影响对农民经济商品率的估算。因此除将带有普遍性植棉纺织及蚕桑生产之外的烟、蔗、茶、果树之类生产另立一节，增设经济作物同粮食作物混合生产类型区专题论述。这样处理问题在地区上必然会互相重复，如关于植烟种蔗培植果树等的论述都会涉及第二三两种类型区和民户。但也有其方便之处，一是能突出经济作物的发展，二是能突出这类地区农民经济商品率的特点。关于这类地区农民商品率的估算，在已掌握各地农民粮食生产商品率的基础上把各种不同经济作物产值加以综合即可。①

当时再一个影响农家经济商品率的是农民兼营各种农产加工业的发展，诸如制糖、酿酒、榨油、造纸等，这类农户所占比重很小，而且涉及手工业问题，此处不论。这时最普遍的是农家兼棉纺织及蚕桑业，在某些地区这项收支在农家经济中居重要地

---

① 问题的处理参考杜修昌：《农家经济分析》。杜先生关于1936年定县、南京、肖县等三处农村177户农民经济调查统计，把农家生产分成两类：一是粮食生产，一是经济作物生产。两者在总产值中所占比重，定县农民为41.7∶58.3，南京上下伍旗农民为70.8∶29.2，浙江省肖县湘湖农民为77.5∶22.5。各村农民所产食粮也部分出售，因此农民经济商品率较高，定县农民为64.4%，上下伍旗农民为62.04%，湘湖农民为66.96%。

位。因此一并加以论述。

以下，即按上述所论研究明清时代商品经济向农民经济生活的渗透及农民经济商品率问题。

二、关于各类地区农民粮食生产商品率的估计

中国地域广袤，各地经济状况不同，处理农民经济商品率是一个比较复杂而困难的问题。如有各种经济作物专业区，有粮食作物专业种植区，有以粮食作物为主而兼事各种经济作物种植区，有更多农户兼事植棉纺织等。但广大农民以种植粮食作物为主，即使经济作物种植专业区内也有一些以种植粮食作物为主的农户，关于农民粮食生产商品率的估计是一个最根本的问题。因此本文关于农民经济商品率的论述，把重点放在粮食生产商品率问题的处理上，把它作为论证整个农民商品率的一个中心线索。为了便于进行估算，这里暂把其他经济作物等因素除外，只就农民粮食商品生产商品率问题予以处理。这个问题获得初步解决，农民所兼事其他各种经济作物以及棉纺织等方面的收入予以适当加权即可。

关于农民粮食生产商品率的估算，从所接触到的资料，我认为可从以下三方面进行考察：（一）农民专为出售而种植的粮食作物在农田总产中所占比重；（二）就每类农户田场所产余粮进行估算，因为这项余粮最后要投向市场；（三）就每类农户为购置生产资料、生活必需品以及货币租税等项开支进行考察，因为这种种开支多从出售各种农副产品来支付。以上三者如前所述，只第一种较为可靠。其第二、第三两种只能供作研究农民经济商品率的参考。

第一种农民为出售而种植的，如黄河流域各省关于小麦的种

植基本属此。这里有相当广大地区实行杂粮与小麦复种制，夏季收小麦，秋季收五谷杂粮，农家种小麦主要为了出售，较少自家食用，以山东省而论，如寿光县，农民"十亩之田必种小麦五亩，其收早而利赢也"。① 如巨野县，农民"种植五谷以十亩为率，大小二麦居六，秋禾居四……而民多食高粱"。② 由以上事例，农民种小麦的商品生产性质十分明确，它反映了黄河流域中下游地区农业生产一般，具有一定代表性。还有些农户将所收小麦出售，然后买杂粮而食。我所见到的虽只是个别事例，这类农户可能为数不少。如果说农家所售小麦系余粮部分，这类余粮也是商品生产性质的余粮。在黄河流域，小麦种植极为普遍，在粮食市场上占居极大比重。还有些地区，农民多种大豆出售，如山东临朐县，"农民有田十亩者，常五亩种豆，晚秋丰获，输租税、毕婚嫁，皆恃以为资"。③ 此种情形，清代东北广大地区尤为突出，有大量商品豆南运出售。对种植农户而言，商品生产性质也十分明确。

黄河流域中下游数省农民关于粮食的种植，种高粱系一年一熟制，小麦与其他玉米粟谷等多行复种制，一年两熟。据1931年亩产推算，其行复种制的，夏收小麦亩产约130斤，秋收杂粮亩产约140斤；其行一熟制的，秋收高粱亩产约160斤。④ 据此估算，农民如将耕地一半种高粱另一半种小麦行复种制，则平均亩产215斤。惟三者产值不详，一般小麦单产产值高于玉米高粱之类，如将三者产值按相等计算，

---

① 嘉庆《寿光县志》卷9。
② 道光《巨野县志》卷23。
③ 光绪《临朐县志》卷8。
④ 参考严中平主编：《中国近代经济史统计资料选辑》表84，1931年，小麦亩产146斤，小米亩产164斤，玉米亩产186斤，高粱亩产165斤。

农民出售小麦的产值为田场总产值的1/3。即扣除农家食用部分，一般中等农户售麦的商品率最低也到20%。① 若占田较多农户，卖粮商品率将有所增加。一个占田30亩的农户，小麦出售部分约在总产量的30%以上。

关于南方稻作区农民，在生产时出售部分和自食部分混同一起情形更加突出。但也有些地区农户兼种杂粮和稻禾，杂粮供自家吃用，稻谷专备出售，如湖南某些地区，农民"多以杂粮自食，以谷售人"。② 由以上事例，说明有些地区农户，关于谷禾类的种植，在一开始即具有商品生产的性质。像这类地区，参酌黄河流域农民自吃粗粮出售小麦情况，农民经济商品率当也不会太低，只是百分比无法估算。

第二种按农民出售余粮进行估算。明清时代，伴随农业生产发展与单位面积产量增加，主要粮产区余粮较多。浙江如江山县，"产米之乡一秋之熟可支数载"。③ 四川如新亭县，"一岁所入计口足供十年"。④ 陕西如汉水流域某些地区，"一岁之获入可支数载"。⑤ 江南、湖北、江西产米区更是如此。这种余粮一部分是地主所征收的地租，但有些经济条件较好的农户也有不少余粮出售。

在同一地区自然条件相同的情况下，农民是否有余粮以及余粮多寡，每因田场大小而不同，田场大者余粮多。兹就嘉庆初皖南铜陵县章谦所设想的事例加以论列。章氏所说原指租佃农，谓

---

① 此专指种植粮食类农户。如兼种植棉花、烟草之类，麦田面积将相对减少，农民售麦率当将相应降低。
② 《黄仁济集·上广西抚宪史禀》。
③ 同治《江山县志》卷11，系康熙间记载。
④ 道光《新宁县志》卷3。
⑤ 嘉庆《汉阴厅志》卷9。

"工本大者不过二十亩，为上户；能十二三亩者为中户，但能四五亩者为下户"。又谓亩产米 2 石，租田 20 亩的上户可收米 40 石。① 章氏所估产量并不全面，江南稻田区，农民于收稻后多种春花，归佃农所有。兹将佃农种春花按租地 1/2 计，收获按亩产 1 石计，可据此计算各类农户的余粮率。

租地 20 亩的"上户"，农田总产量为：种稻地（20 亩×米 2 石）+种春花地（10 亩×粮 1 石）= 50 石。以 20 石还租，余粮 30 石。家中食用以 5 人 18 石计，又养牛饲料以 3 石计，尚余米 9 石出售，出售额占总产量的 $\frac{9}{50}$ = 18%。但在江南地区，田场面积较大的上户佃农所占比重不大。租地 13 亩的中户，养牛饲料以半头 2 石计，不但无余米可售，尚亏米 0.5 石。这类中户租佃农在长江流域中下游具有代表性。租地 4—5 亩的下户尚须买粮而食。由这一事例说明，只租田较多的上户才有较多余粮出售。一般租佃农户购置生产资料和生活必需品所需货币并非全靠出售余粮。

章氏所说三等户如按自耕农估算，余粮较多。占地 20 亩的上户，总产量 50 石，除全家食用及饲料外可余粮 29 石出售，售粮商品率为 $\frac{29}{50}$ = 58%。但这类农户所占比重更小。占地 13 亩的农户余粮为 12.5 石，售余粮商品率为 $\frac{12.5}{32.5}$ = 38.46%。占地 4—5 亩的农户不但无余粮可卖，还要借贷买粮而食。

完全按余粮估算农家售粮率是不确切的。黄河流域，如前所述，农民种植小麦主要为了出售，有的农民甚至出售小麦买粗粮而食，严重影响农民经济商品率的增长。前述山东寿光、巨鹿等

---

① 《清朝续文献通考》卷 60，章谦：《积贮论》。

县,"十亩之田必种小麦五亩。"兹按此对农民经济商品率作一粗略估计。鸦片战争以前,山东各县单位面积产量不详,即有记载也不甚可据。兹按1931年关于各省亩产统计作一大略估计。这时小麦单产为146斤,玉米单产为186斤,高粱为165斤。[1] 鸦片战争前的明清时代,单产较低,亩产按八折估计,小麦为117斤,玉米为149斤,高粱为132斤。小麦和玉米一般行复种制,两季合计为266斤。占地10亩的农户,以5亩种小麦玉米,两季共收1330斤;以5亩种高粱,共收660斤。这类农户全年共收粮1990斤。其中小麦主要出售,而且价格较高,但无法估算。出售部分兹按产量计,扣除家庭食用约50斤外,出售小麦约为535斤,占总产量的 $\frac{535}{1990}$ = 26.9%。其占地6—7亩的农户。为了出售弥补家庭生计,也会种小麦3—4亩。就全年粮食总产而言,这类农户小麦出售率就更高,[2] 如按余粮额计算商品率,这类农户显然要被排除在外。又按余粮额估算,一般佃农很少余粮出售,乃至买粮而食,但一般佃农也种植小麦出售,并不受余粮的限制。

谈到农民余粮问题,有一问题须附带谈一下,即农民这项余粮是否具有商品生产的性质。无容否认,进入流通领域的食粮有些不是作为商品而生产的,如一些贫穷户因丰收而食粮有余,如佃农所交实物租等,这类食粮是由于投向市场而才变成商品的。但交纳货币租的佃农,会考虑种植什么容易出售而且产值较高的问题;经济较好的自耕农,在赋税货币化的条件下,为了交纳赋

---

[1] 严中平主编:《中国近代经济史统计资料选辑》,第361页。
[2] 1953—1954年,我们从事中国近代农业资料收集整理工作。在涉及农民经济同市场联系时,我们发现:富裕农户农产商品率较高,中农较低,而贫农对市场程度最高。所以出现这种现象,乃由于农产不足供给家庭食用,需要购置的生活必需品较多。

税也会逐渐萌生商品生产的朦胧意识，只是由于出售部分和自家食用部分在种植和收获之时很难分开，这是粮产区农户的正常现象，不能因此完全忽视农民所售余粮含有商品生产的内涵，只是这种内涵被掩盖住罢了。①

第三种根据农民每年的货币支出诸如购置生产资料、购买生活必需品及货币租税支出估计农民出售食粮的商品率。这是一个更为复杂的问题，据以所作出的估算其可靠性又不如前者，一是农家这种支出不一定全靠出卖食粮，二是各种货币支出多少具有极大伸缩性。

农民上述各项支出，对自耕农而言，一是货币税，一般约占亩产的10%；关于购置生产资料和生活必需品的支出，一般约占农产总值的20%，两者合计约为30%。这是根据农家经济生活的大致估计。为了论证这种关系下面列举几个事例。如河南嵩县，据乾隆县志，"农食其田所出，无他生业也"；其完纳赋税，供宾客，修六礼，以及日用购买菜盐之类，"岁需钱十之五六"。② 所说"十之五六"，系指农家各项货币支出每年需要制钱15千至16千文，约相当于10石粮食的代价。③ 县志所说显然指占田较多的富裕农民。如农民有田30亩，产粮39石，各项货币

---

① 在农民完全靠出卖余粮购买生产资料和生活必需品的条件下，萌生商品生产的意识是很自然的。如江西赣县情形，"赣无他产，颇饶稻谷"，农家恃为生计，"口粮之余尽以上粜"（同治《赣县志》卷9，《物产》）。如福建将乐县之圩市，据乾隆县志，农民赖以"贸迁有无"，"乃无余粜余布之患"。像这类农民以粮食生产为主的地区，一切用费都靠卖粮换取货币，在他们开始播种时就会考虑到，一年全家吃用食粮若干，吃用外尚有余粮若干；同时还会考虑货币税和货币租税需银钱若干，购买农具需钱若干，对以上各类收支会有一个粗略估算。

② 乾隆《嵩县志》卷15。

③ "岁需钱十之五六"，也可理解为各项货币支出占到农家田场总产值的50%—60%。如这样理解，则农家各项支出过多，不妥。

支出折粮 10 石，约占总产值的 25%—26%。此例可供参考。若田场面积较少经济困难的农户，以上各项开支大可压低，不会占到总产的 25%。

关于农家的货币支出，前述章谦所论也可以作一大致估计，他说租地 20 亩的农户属于"上户"，章氏谓这种上户，"一亩之田耒耜有费，子种有费，罱斛有费〔积肥〕，雇劳有费，祈赛牛力有费，约而计之率需千钱"；农户"则口食之外，耗于田者二十千"。① 章氏还谈到每石米卖钱"千余文"。兹按每石价以 1500 文计，20 千文则是 13.33 石的米价，这就是该农从事农业生产购置生产资料和购买部分生活必需品方面的支出，平均每亩需支付各项支出 0.67 石。如前所述，这类地区亩产包括春花在内为 2.75 石。据此，农家各项货币支出占亩产值的 $\frac{0.67}{2.75} = 24.36\%$。

如把章氏所论改成自耕农则大不相同。种田 20 亩的农户，购置生产资料和购买部分生活必需品支出仍折米 13.33 石，再完纳货币税折米 5 石，共支出 18.33 石。家庭人口以 5 人计需米 18 石，余粮 18.67 石可以出售，商品率为 $\frac{18.67}{55} = 33.95\%$。种田 13 亩的自耕农，总产量为 32.5 石，扣除家庭食用米 18 石，饲料粮 2 石，余粮 12.5 石可以出售，商品率为 $\frac{12.5}{32.5} = 38.64\%$。占田 5 亩的下户，所产之粮不足供家庭食用，更无余粮出售。

以上是关于粮产区农民经济商品率的大致估计。但关于后两种以各类农户余粮百分比或农家各项货币支出进行估算，如前所述，都有欠确切之处，从第一种农民为出售进行的商品生产部分估算比较可靠。如以第一种为主，而参酌二三两种酌加均衡，所

---

① 关于农家货币支出，货币租的发展也需要考虑进去。清代中叶，在租佃案件中，货租案件占到 29%。交货租农民主要靠出售食粮交纳。

作估算可能更接近实际。

三、以粮食作物为主买布而衣
类型区农民经济商品率

  中国各省区，有相当广大地区，农民或多种谷禾，或多种豆类，而植棉很少，或不植棉纺织，而以北方边境地区尤为突出。直隶、山西北部某些州县厅属，东北广大地区，西北若陕西北部及甘肃等地大抵皆然。西南的云贵，东南的闽广，或植棉很少，或不事纺织。其间不产棉及产棉少不事纺织买布而衣地区州县厅数，据郑昌淦教授所接触到的1600多部方志，其中无棉纺织记载的在540部以上，约占33.3%。① 又据刘秀生教授关于1059个州县纺织情形所作论断，谓其中生产棉布的有685个，即无产棉布记载的有376个，占35.5%。② 当然，其无产布记载的，也可能有棉布生产而未写入志书，但从中国志书修纂体制考察，这种情形不会很多。也有地区在种棉刚开始时期，只种棉而不纺织，如明天启间徐光启说："近来北方多吉贝，而不便纺织"。③ 但后来这些地区也多从事纺织了，在清代方志中有大量记载。但是，无论如何，郑、刘两教授所论很可供研究参考，全国不事纺织买布而衣州县大致在30%左右或30%以上。

  关于农家不事纺织州县，下面列举几个具体事例。直隶若顺义县，据康熙县志，物产有棉无布，即只种棉花而不事纺织。若承德、龙门、静海等府县都有关于"不事纺织""女不织纴"之

---

① 郑昌淦：《明清农村商品经济》。
② 刘秀生：《清代棉布市场的变迁与江南棉布市场的衰落》。
③ 《农政全书》卷35，《木棉》。

类记载。① 山西若云中、朔平诸郡，若保德、灵邱、石楼、天镇、五寨、崞县等州县；都有关于妇女"不知织纴绩""不事纺织"之类记载。② 陕西若乾州、绥德、淳化、米脂、府谷等州县，或"女无纺织"或"女不纺纴"或"女少纺织"。③ 西北的甘肃，东北的奉天，情形相同。④

即当时产棉较多的河南、山东两省也有州县不植棉纺织或植棉而不事纺织。如河南省，据明万历间记载，农民虽多种木棉，但"民间衣服率从贸易"。⑤ 这种情形后来虽然发生变化，但直到清乾隆间，"民间有机杼者〔百〕不得一"。⑥ 若山东省邹县、观城、费县等县，也有妇女"不勤纺绩""男耕而不织"之类记载。⑦ 当时长江流域产棉区若江、浙、湖北、湖南等省，也有些州县民户，或不种植棉花，或不从事纺织。

不事纺织地区农户，所需布匹向其他省州县购买。直隶如永清县，据乾隆县志，农民所用布匹出自固安、雄县。山西如朔州，民户所需布匹，"皆仰给于他邦"，应州民户所需棉布则买之于直隶行唐和山东恩县；五台县农民"虽尺布亦取于市肆"等。⑧ 陕西省如延长县民户所需布匹系自同州、平阳、绛州贩

---

① 光绪《畿辅通志》卷74，海忠：《劝民纺织说》、康熙《龙门县志》、康熙《静海县志》。

② 乾隆《大同府志》卷26，周凌云：《兴织织论》、乾隆《保德州志》、康熙《灵邱县志》、雍正《石楼县志》、乾隆《五寨县志》、乾隆《崞县志》。

③ 雍正《乾州志》、乾隆《绥德州志》、顺治《淳化县志》、康熙《米脂县志》、乾隆《府谷县志》、康熙《延安府志》。

④ 东北如奉天，据《清高宗实录》卷243，乾隆十年六月甲子记载，地方民户犹不植棉纺织，"岁有买布之费"。

⑤ 《荒政丛书》卷5，《钟忠惠公赈豫纪略》。

⑥ 光绪《畿辅通志》卷231，《河南巡抚尹会一奏》。

⑦ 康熙《邹县志》、通光《观城县志》、光绪《费县志》。

⑧ 雍正《朔州志》、乾隆《应州志》、乾隆《五台县志》。

来，葭州"市中布匹悉贩之晋地"，三水县农民所需布匹"皆出市买"。直到清代后期，沔县、宁羌、略阳等地民户所用布匹犹靠购买，每年由湖北水运之布至40万至50万匹。① 其他米脂、神木等县情形大致皆然。甘肃各州县，直至同治年间，民间所用棉布仍"全恃商贩"。②

西南云贵地区，因产棉及纺织户过少，不足当地民户需求，靠布商从外省贩运供应。贵州如息烽县民户所用嘴布"来自湖北"；云南如昭通府、姚安州等地民户所用布匹来自楚蜀。③ 广西、广东、福建等省民户用布靠外省供应者也为数不少，如广西民户用布来自湖南耒阳县，广东北部民户用布运自江西，福建光泽、永安等县民户用布也皆从江西贩运。④

以上不事纺织买布而衣地区户口数，明代限于资料无法估计，清代嘉庆十七年全国人口为361693379口，无植棉纺织地区人口数从低估计约7千多万，占全国总人口的19%以上。⑤ 这部分人口均需买布而衣，从而促成布匹长距离运销。据吴承明同志估计，在明代主要是江南产布运销北方和东南闽、粤；到清代，除江南布外销外，直隶、山东、河南、湖北、湖南等省直皆有大

---

① 乾隆《延长县志》、嘉庆《葭州志》、卢坤：《秦疆治略》、光绪《城固乡土志》。
② 左宗棠：《左文襄公全集》，《札陕甘各州县试种稻谷桑棉》。
③ 民国《息烽县志·食货志》、民国《昭通县志·实业志》、光绪《姚安州志·物产志》。
④ 光绪《耒阳县志·风俗志》、民国《始兴县志》卷4、光绪《光泽县乡土志》、嘉庆《南平县志·艺文·请弥盗议》。
⑤ 嘉庆年间，其无植棉纺织或纺织很少地区，若直隶宣化、承德等府，山西中北部广大地区，陕西延安、榆林等府，甘肃某些地区，东北奉天吉林等地，闽、粤、云、贵以及四川某些地区。这些地区人口，参酌梁方仲：《中国历代户口田地田赋统计》第273页；《清嘉庆二十五年各府州人口密度》，合计约在5—6千万或7—8千万左右，兹按7000万计。

量棉布外销。布匹长距离运销数额之大，明代每年为2000万匹，清代到鸦片战争前达4500万匹。①明清时代棉布长距离运销额的扩增主要是由于上述地区不事植棉纺织买布而衣民户的增加，以清代而论，将这时所运4500万匹布和买布而衣的7000万人口折算，每人约合0.64匹。从当时农家每人用布匹考察，这个数字偏低。②买布而衣地区对布匹的消费量偏低，是可以理解的。

买布而衣地区民户，购买棉布主要靠出售食粮。直隶北部如宣化府，农民靠卖粮"易布棉御寒冻"。③山西若云中、朔平诸郡，农民所用棉布"亦以粟易"。④陕西不事纺织地区民户主要也是卖粮买布，据乾隆兴平县志，"秦人岁岁衣被冠履皆取给于外省，而卖谷以易之"。甘肃如灵台县，据顺治县志，该地所需布匹丝绵"俱出别境，灵民以粟易之"。宁夏如中卫县，据道光县志，农民所需布匹"俱以粟易"等等。

由于农民卖粮买布要经受粮商和布商双重剥削，影响粮价低廉与布价昂贵，如直隶成安县，据康熙县志，农民买布"价倍他方"。如山西云中、朔平二府，据康熙间记载，农民须"以二三亩之所获仅供一布之费"。⑤农民为买布所支付的货币，如山西忻州，据万历州志，全州合计每年需"万余金"，按明

---

① 参考吴承明：《中国资本主义与国内市场》。当时布匹是国内广大人户必需品。其买布而衣的除占35.5%农户外，还有广大城市工商户和国家供养的大批军兵等，从而促成商品布的大量流转。

② 1937年以前，河北省容城县农家纺织，每匹布约用棉4斤，布长50尺，宽1.2尺，每匹布可制单衣4件或棉夹衣各两件。每人穿用，以单衣穿1年，夹衣穿5年，棉衣穿5年计，每人每年用布，单衣为1/2匹，夹衣为1/5匹，棉衣为1/5匹，合计为0.9匹。再加上被褥之类，一人一年用布约为1匹。容城县农家织布主要为出售，春、秋、冬集市即有外地布贩前来收购。其他地区匹布尺寸大致相同。

③ 《古今图书集成·职方典》卷165，引康熙《宣化县志》。

④⑤ 乾隆《大同府志》卷26，周凌云：《兴纺织论》。

代中叶忻州凡 6930 户，买布按银 15000 两计，每户均银 2.16 两，① 约相当于 4.32 石的粮价。忻州亩产不详，如按 0.6 石计，则系 7.2 亩的产量。又万历六年，山西每户均田 61.74 亩，每口均田 6.92 亩。② 忻州如按此统计，7.2 亩则相当于 1.04 口的土地。如此，则农家买布支出占总产值的 11.66%，此估算偏低。

下面试就山西云中、朔平二府农民买布支出和田亩收获加以对比，以两府 2—3 亩收获"供一布之费"而论，这时山西每丁均 27 亩，③ 如按每丁均人 5 口计，实际每口均地 5.4 亩。④ 又按每人制衣之费以 2 亩农产计，则农家制衣之费占农产总值的 $\frac{2}{5.4}$ = 37%。如按每丁人 4 口计，则每人均地 6.75 亩，制衣之费则占总产值的 29.62%，上述百分比都有些偏高。

---

① 忻州户数参考梁方仲：《中国历代户口田地田赋统计》甲表 73，《明天顺初年及嘉靖、隆庆年间各司府县的里数及估计户数》。

② 《中国历代户口田地田赋统计》乙表 32，《明洪武、弘治、万历三朝每户每口平均田地数》。

③ 梁方仲：《中国历代户口田地田赋统计》，第 392 页，《清康熙二十四年各直省人丁田地田赋及其平均数》。这里的"丁"代表二户。

④ 据梁方仲：《中国历代户口田地田赋统计》第 258 页，甲表 78，《清顺治、康熙、雍正、乾隆四朝各直省人口数》：雍正二年，山西人丁 1 768 657 丁，乾隆十四年人丁 9 509 266 丁〔口〕。前后 25 年间变动如此之大，盖前者为负担赋役的壮丁，后者为包括男女老幼的户口。据《乾隆会典》卷 9《户部户口》条，这时"丁"、"口"二字通用，可相印证。按雍正、乾隆丁口通算，以丁均口，每丁为 5 940 口。据此，一家有 5.9 口才有一丁。此数不甚可靠，雍正丁数可能有隐漏。以该表所记陕西省数字相较，雍正二年为 2 164 656 丁，乾隆十四年为 6 784 158 丁〔口〕，以丁均口，每丁为 3.18 口；据此估算，如 1 户有 1 丁，则男女老幼为 3.18 口；有 2 丁则为 6.76 口，似比较接近实际。关于山西云中、朔平两府情形，参酌陕西省丁口比例，暂按 1 丁 4 口折算，27 亩系 1 丁 4 口人的土地，每口均地 6.75 亩。每人每年用布一匹，系 2 亩的产值，则制衣之费为总产值的 2/6.75 = 29.6%。

陕西省延安府农家买布支出，据嘉庆府志"每制一衣必粜数石"。① 所说"一衣"内含不太明确。兹按全家5口每年制衣之费计，所说"数石"以粮4石计，试据此估算制衣费在农家总产值中所占比重。乾隆后期，陕西省人均地12.2亩，② 延安地旷人稀，人均地暂按15亩计。又延安生产落后，亩产粮以0.5石计，则每年农田总产为地15亩×人5口×粮0.5石＝37.5石。制衣之费所占比重为4石÷37.5石＝10.66%。如将所说"每制一衣必出数石"作另一种理解，按全家5口每人制衣之费计，所说数石仍按4石计，又每人每过三年制一次衣服，则每年买布之费对农田总产所占比重为{(4石×5人)÷37.5}÷3＝17.78%。这就是该地农户平均每年买布支出对总产值所占比重。农家这项支出主要靠出售所产食粮，可据以考察农民出售食粮的商品率。

又杨屾记述陕西省淳化一带情形："诸凡之费莫不取给于一耕"，即靠出售农产品购买其他生产资料和生活必需品。其间买布制衣之费所占比重最大，"因衣之费而食已减其半"。③ 杨氏所记未免过于夸张。当然，布匹由外省运入，布商为谋取利润提高布价，是可以理解的，但无论如何，农家衣着之费也占不到农产总值的一半。如将杨氏所说改按农民每3年一次更新计，买布之费占总产值的一半用3年平均，则每年买衣支出占总产值的50÷3＝16.67%。这样估算可能比较接近于实际。参酌前述云中、延安等府情形，西北买布而衣广大地区，农家买布支出占到总产值的15%左右比较符合实际。

明清时代，西北地区地权相对分散，自耕农小土地所有制占居

---

① 嘉庆《延安府志》卷35。
② 梁方仲：《中国历代户口田地田赋统计》第399页，乙表76，《乾隆四十九年各直省人口田地及额征田赋数》。
③ 杨屾：《豳风广义》。

一定比重。这部分农民须交纳货币税，税率一般占总产值10%。①如此，这类地区自耕农买布和完税两项支出约占总产值的25%。西北地区生产相对落后，农民购置生产资料和购买生活必需品的支出较少，可按占农田总产值的10%估计。如此各种货币支出总计约占农产总产值的35%。关于租佃农，除免交10%货币税外，商品率约为25%。如交纳货币租，商品率还要高于自耕农，商品率要在50%以上。在西北地区，货币租占居一定比重。乾隆年间，山西省47件租佃案件中，货币租24件，占51.10%；陕西省17件租佃案件中，货币租6件，占35.29%。②嘉庆年间，山西省4件租佃案件中货币租2件，占50%；陕西省17件租佃案件中，货币租7件，占41%。③其他买布而衣粮产区可以类推。

研究以粮食作物为主地区农民经济商品率还有一个问题需要考虑，即农民在种植方面兼事经济作物的经营，在西北地区如烟草种植的扩大，东北地区如大豆种植的发展等。经济作物的种植在改变部分农民经济商品率方面曾起着一定作用，这种关系俟详下节。

四、以粮食作物为主兼事植棉纺织及蚕桑类型区农民经济商品率

关于蚕棉专业区下面拟进行专节讨论，这里专就以种植粮食

---

① 据梁方仲：《中国历代户口田地田赋统计》第393页，乙表72，《清雍正二年各直省人丁田地田赋及其平均数》，这时山西省人均地24.17亩。这个数字可能由于人丁隐漏失报，按妇女老幼平均计不会到27.14亩。这里即按每人占地24.14亩计，全家5口该地120.85亩。平均亩产以5斗计，共产粮60.325石。以每石值银一两计，总产值为60.425两。田赋每亩银0.53钱，120.85亩为银6.4两，占总产值的 $\frac{6.4}{60.425}$ = 10.59%，可供参考。

② 刘永成：《清代前期的农业租佃关系》，《清史论丛》第2辑。

③ 《中国近代农业史资料》，第70页。

作物为主而兼事棉纺织或兼蚕桑类型农民经济商品率问题进行论述。这类农户将田场的大部分种植粮食作物，小部分种植棉花，农民所收棉花部分投向市场，部分留供家庭妇女纺织出售。其兼事蚕桑的更将所收蚕丝全部出售。

关于植棉，江浙地区除专业植棉区外，其他州县农户则多以种稻禾之类为主而兼植棉纺织或兼事蚕桑。即植棉纺织专业区松、太两府州所属各县，也有少数地区农户以粮食作物为主而以植棉为副的，如松江府之金泽镇即属此种情形。

关于以种植粮食作物为主而兼事植棉纺织类型区，为了便于进行论证，下面试按省别列举数县作为示例。在长江流域，江苏如常熟县，只东乡高田种棉，其他乡多种稻。① 这里有植棉专业户，也有以种稻禾为主而兼事植棉的农户。浙江如平湖县，高阜地多种棉，低洼地多种稻禾。② 江西如彭泽县，乾嘉之际，"木棉可抵粱之半"。③ 如上饶县，木棉"邑人多种之"。④ 湖北如襄阳府枣阳、新化两县农家多种木棉。⑤ 湖南如巴陵县，部分地区农民种棉。如临湘县，"泽民以取鱼种棉为生"。⑥ 四川如威远县，以山多水少，农民多种棉花。⑦ 以上这类地区虽然不排除植棉专业户，但农民主要以稻禾之类为主而兼植棉花。

黄河流域兼植棉花的地区，山东如兖州府，"地多木棉……

---

① 乾隆《苏州府志》卷12。
② 光绪《平湖县志》卷8。
③ 同治《九江府志》卷8，引旧志。
④ 同治《上饶县志》卷10，引旧志。
⑤ 乾隆《襄阳府志》卷6。
⑥ 嘉庆《巴陵县志·风俗志》，同治《临湘县志·风俗志》。
⑦ 嘉庆《威远县志》卷1。

转鬻四方"。① 如平原县，县民"谷属之外惟恃棉花"。② 河南如光山县，"亢爽之地入夏尽艺木棉"。③ 如内黄县东西两乡，"沙土多种棉花"。④ 直隶如沧州，"东西多沃壤，木棉称盛"。⑤ 陕西如富平县，属民"兼木棉布丝之利"。⑥ 以上这类地区也不排除种棉专业户，但基本以种植谷禾之类为主而兼事植棉。

此外以种植谷类为主而兼事植棉地区尚多，不一一列举。⑦ 在明清时代尤其是清代，这种类型区当不下数百州县。

这类地区兼事植棉户，棉花产值在农家总产值所占比重，可因地区因农户而不同，为了便于估算，兹作一设想，棉田占农家耕地10%计，其占田10亩的农户，以9亩种禾谷之类，其余1亩种棉。⑧ 又参酌各种记载，以种棉单位面积产值按禾谷二倍计。⑨ 这类农户棉产值约占农田总产值的18%。扣除农家穿用部分，投向市场的部分约占总产值的10%乃至15%以上。这类以粮食作物为主

---

① 万历《兖州府志》卷4。
② 乾隆《平原县志》卷3。
③ 乾隆《光山县志·风俗志》。
④ 王凤生：《河北采风录》卷2。
⑤ 万历《沧州志》卷3。
⑥ 嘉靖《耀州志》卷4。
⑦ 东北如辽阳、盖平、海城等地，据乾隆《盛京通志》卷27，有植棉花记载。西北如新疆布古尔、库勒尔两城，据《清仁宗实录》卷184，嘉庆十二年八月戊寅条，出现了植棉记录。东南的福建、广东，西南的云贵，都有少数地区种棉，但产量不大，一般不足本地穿用，还靠外省棉布输入。西北的陕西富平县，据嘉靖《耀州志》卷4，居民亦"兼木棉布丝之利"。
⑧ 各地棉田百分比缺载。棉占20%系根据当时记载所作大致推测。又据卜凯：《中国土地利用》，1904—1909年，全国15省102个地区调查统计，在14种农作物中棉田占11%，这个统计系就全国而言。其中有些地区不植棉。参酌各种记载，把清前期黄河、长江中下游植棉区估计为10%，比较接近实际。明中叶棉田当在10%以下。
⑨ 棉田单位面积产值，如直隶安肃县，据乾隆县志，种棉之利"倍于五谷"。如山东利津县，据光绪县志，较之禾谷，"岁收利三倍"。如陕西韩城县，据乾隆县志，种棉较禾谷之利以一倍计。

的地区农民兼售食粮,其商品率因地区因农户而不同,就植麦区而论,按前述农民出售小麦占总产值20%计,则植棉兼种小麦地区,一般农户出售棉麦部分对田场总产值所占比重约30%至35%之间。当然,也有少数农户不种棉麦,但也有农户所种棉麦面积远超过估计,不能一概而论。

在这类地区,农家兼事纺织极为普遍。农家纺织,一是供自家穿用,二是为了出售换取货币,甚至主要是为了出售,商品生产目的极为明确,这和农民出卖余粮性质不完全相同。

长期以来,史学界存在一种错误理解,认为农家耕织结合在织的方面只是使用价值形态自给自足。其实不然,农家织布供自己穿用的只是一小部分,大部分出售。其完全实现使用价值形态自给自足的纺织户所占比重不大,如郑昌淦教授根据大量资料所作的估计,这类农户"为数极小"。这种论断很可供我们研究参考。

粮产区各省州县农民兼植棉纺织进行商品生产的,在黄河流域,直隶如宝坻县,"贫者多织粗布以易粟";如乐亭县,民户"以布易粟,实穷民餬口之一助云";如巨鹿县,"土瘠民贫,而抱布贸丝皆足自给"。① 河南如兰阳县,早在明嘉靖年间已有"纺织才成更鬻市"之诗句。② 如光山县,农家种棉纺织,"差役之费率多赖之";如孟县,"通邑男妇惟赖纺织营生餬口";如温县,农民植棉纺织,"贫民赋役全赖于是";如沈邱县,农家纺织,"至粮税所需尤多藉以供办"。③ 山东如齐东县,农妇纺织,"一切公赋,终岁经费,多取办于棉布",论者谓乃"民生衣食之

---

① 乾隆《宝坻县志·风俗志》;乾隆《乐亭县志·风俗志》;光绪《巨鹿县志·风俗志》。
② 嘉靖《兰阳县志》卷2。
③ 嘉靖《老山县志·风俗志》;乾隆《孟县志》卷45;顺治《温县志·市集志》;乾隆《沈邱县志·物产志》。

源"。如荣城县农家，"妇女纺织营生"，如肥城县，妇女勤纺织，"贫者得以赡家"。① 农家藉纺织完纳赋税者，这项收入约占农家田场总产值的10%。其藉以购置生产资料和购买生活必需品者，棉纺织收入约占农产总值的20%。如以上二者均由出售纺织品收入开支，合计约占30%。但一般农户或仅赖以支付田赋，或仅赖以购买生活必需品，农家棉纺织收入可估为占农家总产值的10%。其从事植棉纺织之户，售棉将相应减少，这类农户商品率，售麦棉布三者合计，一般中产之家约为35%。这是从高估计。其中不售麦或不售棉、布之户，商品率大约在20%—30%之间。以上是黄河流域中下游直鲁豫大部分地区情形。

  陕、晋两省，也有些地区民户赖纺织收入营生餬口，或藉以完纳赋税，惟是否植棉则不甚清楚。这类靠纺织完纳赋税的民户，商品率也当占一定比重。②

  长江流域各省农户兼事纺织进行商品生产记载也多，兹按省列举数例。江苏如吴江县黎里镇，据嘉庆里志，妇女纺织出售，"衣食皆赖之"。如无锡县农民，或全家纺织，"抱布贸米以食"。③ 浙江如乌程县，据明后期记载，"田家收获，输官偿息

---

  ① 康熙《齐东县志·风俗志》；嘉庆《齐东县续志·布市记》；道光《荣城县志·风俗志》；光绪《肥城县志·风俗志》引嘉庆志。

  ② 陕西山西两省，有的农户也从事纺织出售。陕西如西安府，据乾隆《陕西通志》卷18，引嘉靖志，"土人纺织为业"；如幸盩厔县，据乾隆《盩厔县志·风俗志》，农民从事蚕桑布帛，"以供正赋，以资日用"；如华州，据光绪《华州志·风俗志》，妇女勤纺织，以布易钱，"一年所出不无小补"。山西如绛州，据乾隆《直隶绛州志·风俗志》，农民"抱布贸易无虚日"；如徐沟县，据康熙《徐沟县志·物产志》，"闾阎勤纺织以供输将"；如虞乡县，据乾隆《虞乡县志·物产志》，妇女纺织，"折价贸易白银以供官赋"；如榆次县，据同治《榆次县志·物产志》，妇女纺织，"以供衣服赋税之用"。上述地区农民，很多系买棉纺织，从赖以完纳赋税一项而言，这项收入约占农家总产值的10%。

  ③ 黄卬：《锡金识小录》卷24，《力作之利》，乾隆。

外，未卒岁室庐已空，其衣食全赖此"。①如石门县，据光绪县志，农家纺织，"一岁衣食之资赖此最久"。如秀水县新城镇〔新胜镇〕，农家买棉纺纱，"田家收获，输官偿息外，其衣食全赖此"。②江西如德兴县，妇女纺织，"卒岁之谋常取具于是"；如万安县，"贫者勤于纺织，以供衣食"；永丰县则"家纺户织……有藉此以供朝夕者"。③湖南如攸县、耒阳等县，农家纺织收入可济"半年食用"。④如东安县，"妇女工纺绩，以赡衣食赋税"。⑤湖北如汉阳县南乡农民，除春作外"以此为生"。如孝感县，顺治年间，"数年谷残伤农又值凶旱"，农民"皆恃此为生"。⑥四川也有一些地区关于农民兼事纺织弥补家庭生计的记载，如新宁县农户，"单寒之家，以纺织为生，则男女并力"；如大竹县，民皆纺织，贫穷赖以"自给"；如仪陇县，农家从事蚕丝及棉纺织，一家虽"田不过半亩"，"昼夜纺织，衣食悉待得焉"。⑦

在这类地区兼事棉纺织户所占比重，下面列举湖北两县事例，一是江陵县，农家"以织为业者十居八九"，所说即指赖纺织收入弥补家庭生计。一是汉川县，农民兼事纺织者"十室而九"。⑧在一些植棉区，几乎所有农家均从事纺织。

---

① 同治《湖州府志·乌程县风俗志》，引朱国祯：《涌幢小品》。
② 天启《海盐县图经·风土记》，道光《新胜琐志》。
③ 同治《德兴县志·风俗志》；同治《万安县志·风俗志》；同治《永丰县志·物产志》。
④ 同治《攸县志·风俗志》；嘉庆《耒阳县志·风俗志》
⑤ 《古今图书集成·职方典》卷1277；《永川府风俗考》。
⑥ 乾隆《江陵县志·物产志》；乾隆《汉阳县志·物产志》；光绪《孝感县志·物产志》，引顺治张志。
⑦ 同治《新宁县志·风俗志》；道光《大竹县志·风俗志》；同治《仪陇县志·风俗志》。
⑧ 乾隆《江陵县志·物产志》；同治《汉川县志·风俗志》又·《物产志》。

由以上事例，反映出在有些地区，棉纺织收入在农家经济中的重要地位。若赖以"为生"为"恒业"者，若赖以"供衣食""供朝夕"者，指占田极少的农户，如所说有田"半亩"之户是。这种农户毕竟是少数。其赖以"赡衣食赋税"供"半年食用"的农户，出售纺织品所得货币在农家总产值中所占比重虽无法作确切估计，在30％以上可以肯定。在农户总体中，这类农户所占比重也不会太大。赖棉纺织收入完纳赋税或弥补部分生活费的农户较多，这项收入在农家总产值中可估为10％。以耕地12—13亩中等农户而论，在江南地区，如系佃农，无余粮可卖。商品率总和，其植棉地亩，除用以纺织者外，卖棉收入估计为产值的6％，卖布收入估计为10％，则卖棉布两者合计，商品率占总产值的16％。如系自耕农，除棉田外，种稻以10亩计，收粮25石，除食用及饲料外，余粮6石出售，商品率为24％，与卖棉卖布合计，商品率总计约为40％。

以上指粮产区兼植棉纺织区中等农户丰收年情况。一遇灾害，粮食减收，植棉纺织也不能正常进行，农民商品率将大为降低。一般年成，中农经济商品率，佃农当远在20％以上，自耕农可能在30％左右。

长江流域以南地区，农家兼蚕丝业也相当普遍，这是研究农民经济商品率必需考虑的又一问题。江苏如震泽县，民户"凡折色地丁之课，及夏秋日用，暂惟蚕丝是赖"。① 浙江如杭州府属西湖人家，"春时皆以养蚕缫丝为业"。② 如於潜县，嘉庆年间，"邑中户户养蚕⋯⋯乡人多资其利"。伴随养蚕的发展，栽桑日多，如海盐县，"比户以蚕桑为急务⋯⋯盖农家将养蚕以为耕耘

---

① 乾隆《震泽县志·物产志》。
② 光绪《杭州府志·物产志》，引西湖志。

资"，"蚕荒则田荒"。① 湖州府民更多务蚕桑，或谓"公家赋税，吉凶礼节，亲党酬酢，老幼衣着，惟蚕是赖"。② 湖北如郧阳县，妇女从事蚕桑，"以有易无，故地方无冻馁之民"。③ 安徽如建平县，农家"一意蚕桑，以故衣食还给，不忧冻馁，即不得岁亦无道殍者"。④ 四川如盐亭县，农户"一岁之需，公私支吾，总以蚕之丰啬为用之盈缩"。如峨眉县，农家蚕丝收入除交纳租税外，"有余尚可以济家私"。如苍溪县，"惟丝惟蜡，民藉以生"。⑤ 以上长江流域各省农民之兼事蚕桑农户，从这项收入所提供的各项开支考察，其赖以供赋税部分当在农家总产值的10%以上，如兼赖以买衣着及供"耕耘资"者当在20%以上。这个数字可供作研究这类地区农民经济商品率的参考。

  黄河流域蚕桑业虽不及长江、珠江两流域，但也有些州县种桑柘养蚕。山东如长山县农民"善绩山茧"，"而业之者颇多，男妇皆能为之"。⑥ 山西如汾阳县之万楼山园，乡民"饲蚕操茧，鬻输公赋"。⑦ 直隶如易州，农家从事蚕桑，"每年蚕忙不过四十天，亦可抵农田一岁所入之数"。⑧ 关于农家仰赖蚕桑收入弥补家庭生计之类记载甚多。从以上三例，尤其是易州事例，蚕丝收入在农家经济生活中占居一定比重。

  关于以粮食作物为主兼事植棉纺织及兼事蚕桑类型区农民经

---

① 光绪《海盐县志·风土志》，引乾隆《海盐县续图经》。
② 同治《湖州府志》，引费南辉：《西吴蚕略》。
③ 同治《郧阳县志·风俗志》。
④ 嘉靖《建平县志·风俗志》。
⑤ 乾隆《盐亭县志·风俗志》；乾隆《峨眉县志·货殖志》；乾隆《苍溪县志·土产志》。
⑥ 道光《济南府志·风俗志》。
⑦ 咸丰《汾阳县志·杂记志》，引《楼山园记》。
⑧ 吴大澂：《时务通考续编》卷13。

济商品率的估算，不能单纯考虑农民出售粮食和植棉纺织以及蚕丝等出售问题，还要把不同地区粮农兼事各种经济作物的种植，诸如有地区兼种烟草、甘蔗，有地区兼种植各种果树等收入计算在内，才能作出接近实际的答案。

五、以植棉及蚕桑为主兼事棉纺织类型区农民经济商品率

关于以植棉或蚕桑为主兼事纺织类型区，以江苏松江府和太仓州所属最为典型。①两府州植棉之广，如松江府上海县，明天启间，"官民军灶田凡二百万亩，大半植棉，当不下百万亩"。此后据清嘉庆间记载，上海县"植木棉多于粳稻"。松属南汇县，乾隆年间，"傍浦种木棉者十之七"。② 其余华亭、奉贤等县棉田都占很大比重。太仓州属，据明人记载，谓耕地之宜稻者十之六七种棉。③ 如嘉定县，在11684顷耕地中，"堪种花、豆田地一万零三百七十二顷五十亩"，占全部耕地的88.7%。④ 清代植棉续有发展，如崇明县，据乾隆间记载，农民种棉不种粮，食粮靠卖棉购买。⑤ 如宝山县，据光绪县志，"种稻之田十不及二"，该县民户所完10余万石漕粮靠购买交纳。⑥

松、太两府州各民户植棉多寡不尽相同，多者以七、三计，

---

① 植棉专业区也有个别村庄以粮食生产为主，如松江府之金泽镇，西乡不宜植棉，东乡棉田仅十之三。见周凤池：《金泽小志》卷1。这并不影响松江府植棉专业区的性质。
② 乾隆《南汇县志》卷35；同治《上海县志·风俗志》，引嘉庆志。
③ 崇祯《太仓州志》卷15。
④ 万历《嘉定县志》卷7。
⑤ 高晋：《奏请海疆禾棉兼种疏》，见《皇清奏议》卷61。
⑥ 光绪《宝山县志》卷3。

即农民占田 10 亩按 7 亩种棉 3 亩种稻估算,种棉每亩产籽棉 100 斤〔据乾隆二十年记载,"种棉一畦,岁获百斤",这里一畦指一亩〕,每 100 斤籽棉加工去子之后可得纯棉 35 斤,7 亩共得棉 245 斤。家庭人口以 5 口计,平均每人每年穿用以需棉 5 斤计,共 25 斤。该家作为商品棉出售的为 220 斤。明末每纯棉 1 斤售银 0.16 两,该农余棉共该售银 220×0.16 = 35.2 两,这就是这类农户投向市场的总份额。又这类农户种稻 3 亩,按每亩产稻米 2 石计,共为 6 石,明季每米 1 石约值银 1 两,共值银 6 两。① 据此这类农户农产出售部分占总产值的百分比如下:

$$\frac{出售棉（产棉 245 斤 - 家用 25 斤）\times 银 0.16 两}{总产值（产棉 245 斤 \times 0.16 两）+（产米 6 石 \times 银 1 两）}$$

$$= \frac{35.2}{43.7} = 80.55\%$$

以上估算是指植棉较多农户。种棉较少农户仍以耕地 10 亩计,其中 5 亩植棉 5 亩种稻,种稻 5 亩产米 10 石值银 10 两,棉 5 亩产棉 175 斤值银 28 两;米棉两者总产值为银 38 两。投向市场的商品棉,扣除全家穿用外尚余 150 斤,价银 24 两。这类农户出售棉占总产值的百分比为 $\frac{24}{38} = 63.16\%$。

又这时植棉区农户多从事棉纺织,松江、太仓两府州植棉户更不例外,这项收入在农家经济中也占居一定比重。据正德《松江府志·风俗志》:"田家收获,输官偿息外,未卒岁室庐已空,其衣食全赖此。"天启间(1621—1627)徐光启谓松江府民户"所由供百万之赋,三百年间尚存视息者,全赖此一机一杼而已"。② 清初叶梦珠说,民户"纺织成布,衣被天下,而民间赋

---

① 关于米价各地不同,衡量也不统一,其他地区有粮每石价银数钱之类记载。
② 徐光启:《农政全书》卷 35,木棉。

税公私之费亦赖以济"。① 叶氏所说包括江南但主要是松、太两府州。松江府如上海县，"贫家往往待纺织举火"。② 太仓州如嘉定县，农家从事纺织，"然后贸易钱米，以资食用"。③ 两府州其他各县农家赖纺织收入维持全家生计情形大致相同。农家棉纺织收入按供全家5口半年食粮计，共该米9石，折银9两。

以下即按此估算，其种田10亩之户以7亩种棉3亩种稻计，如前所述，售棉商品率原为80.55%。现在改按部分棉花纺织成布出售，售棉量虽然减少，售布值则较前售棉增加。这类农户出售布棉两者的商品率虽然无法作详细估算，至少要高到84%—85%。

再以种田10亩之户5亩种棉5亩种稻者计，原来售棉商品率估算为63.16%。现在因部分棉花织布出售，商品率可能增至70%左右。

计算农民经济商品率还要考虑其他因素。如系自耕农，食粮每人每年以3.6石计，一家5口共该18石，其7亩种棉3亩种稻农户，除自家生产米6石外，尚须购买12石。自耕农还须完纳赋税，明万历年间每亩平均0.243石，10亩应为2.43石，折银2.43两。（参考梁方仲《中国历代户口田地田赋统计》第435页，附表6）如此该户则须买米12+2.43=14.43石。如系租佃农，每亩地租以米1石计，租地10亩须交租米10石，除所产6石外尚缺4石，再加上全家吃粮18石，共缺米22石，这22石米都需向市场购买。以上两类农户，再加上购买生产工具及其他生活必需品油盐之类，通过市场买卖的商品数额将更加增大。但

---

① 叶梦珠：《阅世编》卷7。
② 张春华：《沪城岁事衢歌》。
③ 乾隆《嘉定县志》卷3。

计算农民经济商品率主要看每户农民农副业产品出售部分对总产值所占比重，上述诸因素并不影响农民经济商品率。

　　长江流域其他地区，也出现以植棉为主类型专业区或专业户。江苏如江北如通州、如皋、宿迁等州县，江南昆山、常熟等县，有一些农村发展为植棉区。浙江如杭州府属，康熙年间，"钱塘、滨江沙地遍莳棉花"。如余姚县，乾隆年间，"沿海百四十余里皆植木棉"。① 像这类地区，有些农村发展为植棉区，或有些农民变成为植棉专业户，是不难理解的。还有一些植棉户兼事棉纺织出售棉布。这类农户如以耕地的一半种植木棉，参酌松、太两府州情形估算，商品率也当在60％—70％左右。

　　明代中叶后到清代前期黄河流域各省植棉发展尤速，有的发展成为植棉专业区。明万历年间，山东登州、莱州二府，"宜木棉，少五谷"。② 如临清县，农民有以种棉"致富"的专业户。③ 清代有关记载更多，如夏津县，五个乡中有三个乡以种棉为主，"年之丰歉率以此为验"。④ 如清平县，棉花"大约所种之地过于豆麦"。如胶州地区，植棉"与稼穑同"。如利津县，木棉最多，"与五谷等"。⑤ 河南植棉发展也较迅速。明万历间钟化民奏称：中州沃土"半植木棉"。⑥ 清代继续发展。据清后期记载，武安县东南及西北"二乡只种棉花"。⑦ 安阳县西乡、西南及西北各

---

①　宣统《杭州府志》卷81，光绪《余县志》卷6。
②　张翰：《松窗梦语》。
③　万历《东昌府志》卷2。
④　乾隆《夏津县志》卷2。
⑤　嘉庆《清平县志·户书》；道光《胶州志》卷14；光绪《利津县志·风俗志》；咸丰《滨州志·风俗志》。
⑥　《荒政丛书》卷5，《钱钟惠公赈豫纪略》。
⑦　王凤生：《河北采风录》，转据道光初武安知县报告。

乡,"种棉者十之六七,种麦者十之三"。① 直隶某些州县,早在明代已有关于种棉出售的记载,到清代有进一步发展。如宁津县,"种棉者几半县"。如栾城县,全县计地四千余顷,"稼十之四,……棉十之六"。② 据清后期记载,束鹿县西北各乡,植棉多者"种十之七八",少者"亦十之二三焉"。③

黄河流域以上三省直所列各县,有的棉田超过粮田,如种者"十之六七""十之七八"之类,有的约占耕之半,如"与五谷等""半植木棉"之类;或棉花收成好坏决定年岁之丰歉。像这类以植棉为主的地区,其间虽然有些以种植粮食作物为主的农户,但植棉专业户占居极大比重。这类专业户棉花收入在总产值中所占比重,参酌前述松、太两府州棉农经济状况估算,可能在50%以上。又这类地区民户多兼事纺织,其植棉专业户兼事织布出售者,商品率当在60%以上。

关于农民种桑养蚕收入也很值得重视。而以江浙太湖流域某些地区为最。或谓"环太湖诸山,乡人比户蚕桑为务"。④ 其间虽然有些以禾稻为主而兼事蚕桑的农业户,但也有以蚕桑为主的农业户。如海宁县全县33都中,"栽桑者多,种稻者少"。⑤ 如秀水县之王江泾,"近镇村坊,都以种桑养蚕缫丝织绸为业"。⑥ 如桐乡县,据明清之际张履祥记述:"吾里蚕桑之利厚于稼穑,公私赖焉,蚕不稔则公私俱困"。⑦ 如平湖县新塍镇,各乡民皆

---

① 王凤生:《河北采风录》卷2。
② 康熙《河间府志》卷4;道光《栾城县志·物产志》。
③ 光绪《束鹿县志》卷12。
④ 顾禄:《清嘉集》卷4,道光。
⑤ 嘉庆《於潜县志·食货志》,道光《海昌备志·都庄志》。
⑥ 万历《秀水县志》卷1。
⑦ 张履祥:《补农书》。

种桑售叶。① 如吴兴县，农民"田中所收，与蚕桑各具半年之资"。② 如长兴县，农家"一岁赋税、租债、衣食、日用皆取给焉"。③ 以上很多农户把蚕桑视成主业，有的地区蚕桑收入超过稻田，或赖以维持半年生计，或"衣食"取给于蚕桑，还有农户兼织绸出售。这类地区农民经济商品率虽然无法按占地面积及蚕丝价格进行确切估算，从农民经济生活考察，当在50%—60%之间。

广东珠江流域也出现了一些蚕桑区或专业户，如南海、顺德两县相毗邻地区，"周回百余里，居民数十万户，田地一千数百余顷，种植桑树以饲春蚕"。④ 据清代后期记载，顺德县"岁出蚕丝，男女皆自食其力"；南海县之平洲堡，"遍地皆种桑麻"，傍海之民"多业蚕桑"。⑤ 其间有以禾稻为主而兼事蚕桑的农户，但也有一些以蚕桑为主的专业户，这类蚕桑专业户的商品率因限于资料，无法作出接近实际的准确估算，在50%以上是可以肯定的。

六、其他经济作物同粮食作物混合生产类型区农民经济商品率

这种混合类型区就生产而言可以分成两类，一是以经济作物为主而兼事部分粮食生产，其间有的农户产粮不足，需要购买部分食粮；有的粮食可以自给。一是以粮食作物为主，而兼种植一

---

① 民国《新胜镇志·物产志》。
② 徐献忠：《吴兴掌故集》卷12，嘉靖。
③ 同治《长兴县志·物产志》，引嘉靖顾志。
④ 张鉴等：《雷塘庵主弟子记》。
⑤ 咸丰《顺德县志·风俗志》、宣统《南海县志·风俗志》。

些经济作物，藉以弥补家计。关于这类地区，根据目前所掌握的资料，很难从农民出售余粮方面估算商品率，因此把经济作物收益产值作为中心线索进行论述。又有关这方面的记载过多，下面只选择少数有代表性并能据以考察农民经济商品率的资料加以论列。

关于种茶，长江流域相当普遍。浙江如於潜县，山区农民"仰食于茶者十之七"。① 江西如义宁州，"最上腴土栽茶最多"，致粮田日减。如莲河厅山区，"民多种蓄之以为利"。② 安徽如太湖县，种茶农产，收入"不减稼穑"。③ 湖南如平江县，"向种红薯之处悉以种茶"。④ 湖北如鹤峰州，有些农户"赖此以为生计"。⑤ 四川如永川县某些地区，农民"赖此为衣食者甚众"；⑥ 如丹稜县西部山区，"蜿蜒数十里，种植成园"。⑦ 东南福建、广东种植尤盛。福建若崇德县五夷山下居民数百家，"皆以种茶为业"；南平县部分农村，居民"以茶为业"。⑧ 广东如南海县西樵山，"居民多以茶为业"。如鹤山县，由海口至附城广大地区，居民"多以茶为业"。⑨ 广西也有些地区产茶，如岑溪县山区农民多种茶，"为利颇饶"。西南地区如云南普洱府，农民"衣食仰给茶"；如思茅厅，农民"不产米谷，惟茶叶养生"。⑩

---

① 光绪《杭州县志》，引嘉庆《於潜县志》。
② 龚溥庆：《师竹斋笔记》卷37；乾隆《莲花厅志·土产志》。
③ 顺治《太湖县志·风俗志》。
④ 同治《平江县志》卷20。
⑤ 光绪《鹤峰州志》卷7。
⑥ 光绪《永川县志》卷2。
⑦ 光绪《丹稜县志》卷14。
⑧ 《古今图书集成·山川典》卷184；嘉庆《南平县志·生业志》
⑨ 宣统《南海县志》卷4；道光《鹤山县志》卷2下。
⑩ 乾隆《云南通志》卷8、卷29。

由以上种茶事例，这类地区靠种茶为生的民户所占比重很大，从赖以"为业""不减稼穑"说明种茶收入在农民经济生活占居一定比重。种茶的产值远高于米谷，如福建宁德县，产茶区种茶之利"倍于桑麻"。① 如广东珠江河南地区产茶，一亩产值"岁可给二人之食"。② 据此，种茶每亩产值约为禾稻的 3—4 倍。关于这类地区农户的种植面积，我们可以作一假设。其种茶"不减稼穑"、"赖以为衣食"者，茶田从低估计，农民有田 10 亩，以 1 亩种茶 9 亩种禾，售茶约占农田总产值 25%—30%；如以 2 亩种茶 8 亩种禾，售茶约占农田总产值 43%—50% 乃至 50% 以上。其"不产米谷"靠买粮而食的产茶区，农民经济商品率当在 80% 以上。

关于种蔗，长江流域以南也比较普遍。江西省属，由赣州至南安"两岸尽为蔗田"。其间南康县属，由嘉庆至道光数十年间，农民纷将膏田改种甘蔗，种蔗之多"埒于禾稻"。③ 四川如内江县属，沿江自西至东，农家"尤以芒蔗为务"。④ 福建如泉州府，农民纷将稻田改种甘蔗，致"稻米益乏"。⑤ 如晋江县，以农民多种蔗，致食粮不敷，"仰给于外地"。⑥ 如台湾府属，据康熙三十三年记载，种蔗面积扩大，"竟十倍于旧年"。⑦ 云南顺宁府，有农民种蔗"熬糖易米"。⑧

种蔗单位面积产值较高，如四川内江县，据道光县志，农家

---

① 乾隆《宁德县志·物产志》。
② 《广东新语》卷 14，《食语》。
③ 晏端书：《粤游纪程》第 9—10 页；同治《南康县志》卷 1。
④ 道光《内江县志》卷 1。
⑤ 陈懋仁：《泉南杂志》卷 3。
⑥ 乾隆《晋江县志》卷 1。
⑦ 康熙《台湾府志》卷 10；高拱乾：《禁饬释蔗并力种田禾》。
⑧ 《古今图书集成·职方典》顺宁府部。

种蔗制糖,"利厚倍称"。如福建永福县,种蔗之利"倍于田";如广西郁林州,农户种蔗制糖,"利颇厚"。①

由以上事例可以作出如下论断:一是甘蔗多由粮农兼种,乃至将部分粮田改为蔗田;二是有些地区蔗田面积占居一定比重;三是种蔗的单位面积产值远高于禾田。兹按蔗田单位面积产值高于禾田一倍计,其种蔗较少的农户,10亩之中以2亩种蔗,出售蔗或糖所得货币约占总产值33%。其种蔗较多地区,参酌蔗田"垺于种稻",种田10亩农户按4亩种蔗6亩种稻计,农民出售蔗或卖糖所得约占总产值57%。其靠买粮而食的蔗农,商品率将更高。

中国种烟出现较晚,系在明清之际。但发展较速,种植地区远较种茶种蔗广泛,南北皆植。全国各地种植情形,清代乾隆年间屡有人论及。如乾隆八年大学士等议复禁烟时奏报:直隶、山东、江西、湖广、福建等省"种烟尤多,陇亩相望,谷土日耗"。②黄河流域种植情形,据乾隆年间方苞奏报,直隶、山西、陕西、河南、山东等五省直酿酒所耗之谷约为一千数百万石,而种烟所占地亩相当于酿酒所耗"十之六七"。③即约相当于生产千万石左右粮食的土地。方氏所说虽未免过于夸张,但反映出烟田发展之迅速和种植之普遍。

中国种烟是从东南沿海地区开始的,而以福建最盛。据乾隆间郭起元论述,谓全省二千余里,"今则烟草之植耗地十之六七"。④郭氏所论更加夸张。但福建烟田所占比重确实较大,如永定县,据道光县志,民间膏田种烟者"十居其四"。如南

---

① 道光《内江县志》卷1;乾隆《福州府志·物俗志》;光绪《郁林州志》卷4。
② 《清高宗实录》卷124,乾隆八年六月癸丑。
③ 光绪《畿辅通志》卷107,方苞:《请定经制札子》。
④ 郭起元:《论闽省务丰节用书》,《清朝经世文编》卷36。

平县，嘉庆年间栽烟日多，"且有植于稻田者"。① 广东如新兴县天堂阳春各村镇，种烟之地"几敌种稻"。而且有的地区粮农兼种烟户数所占比重很大，如广西平安县，"种烟家十居其半"。②

长江流域各省都有关于种烟的记载。江苏如通州，据乾隆州志，附郭原田之近濠河处，农家种烟之风"相沿日甚"。浙江如嘉兴府，城乡种烟，"布种森立"。③ 江西如赣州府属，农民种烟，"甚者改良田为烟畲"。④ 瑞金县是著名烟产区，或谓烟田占耕地之半。⑤ 安徽如凤台县，近城诸坊多种烟，由于农民贪利，"终不能止"。⑥ 湖北如石道县，乡民"多种烟草"。⑦ 如汉川县，"民有田地十亩之家，必栽烟数亩"。农民出售烟叶，以供家庭用度。⑧ 湖南如善化县，由于种烟利厚，农民"废田与园而为之"。⑨ 四川如合江县，嘉庆年间，河坦山谷以至低峰高原，"树已遍矣"。⑩ 由以上事例，可以作如下论断：一是烟的种植迅速发展，基本是由粮农兼种；二是农民种烟比较普遍，有较多数农户兼种；三是有些地区发展为种烟专业区，烟田和粮田几乎相等。

黄河流域各省，直隶如磁州，雍正年间，民多种烟，"稻田

---

① 嘉庆《南平县志》卷8。
② 《清代文字狱档》第5辑，《吴英拦舆献策案》。
③ 光绪《嘉兴府志》卷33。
④ 乾隆《赣州府志》卷2。
⑤ 乾隆《瑞金县志》卷7。
⑥ 嘉庆《凤台县志》卷2。
⑦ 乾隆《石首县志》卷4。
⑧ 严如煜：《三省边防备览》卷8。
⑨ 光绪《善化县志》卷19。
⑩ 嘉庆《四川通志》卷75，《食货》。

渐减"。① 山西如保德州，"凡河边淤土，不以之种禾黍，而悉种烟草"。② 河南如鹿邑县，乾隆年间，民多种烟，"遍地栽之"。如卢氏县，嘉庆年间，民户"多种烟叶，户乏盖藏"。③ 甘肃如兰州，"四周尽栽烟叶"。④ 陕西种烟之盛，或谓农民将膏腴土地"广种烟草以图利，耗废农业"。⑤ 如城固县，渭水以北广大地区，"沃土腴田尽植烟苗"。⑥ 山东如济宁州，"大约膏腴尽为烟所占，而五谷反皆瘠土也"。⑦ 如寿光县，种烟利厚，"居人辗转效慕，不数年而乡村遍植"。⑧ 由以上事例，说明在清代中叶以前，黄河流域烟田迅速扩大，有少数地区并且发展成为专业种植区。

关于烟农经济商品率，决定于烟田所占比重和烟田单位面积产值。关于烟田和粮田产值对比，据崇祯间记载，"一亩之收可以敌田十亩"。⑨ 河南如鹿邑县，农民种烟，"以收获之利数倍于谷也"。⑩ 甘肃兰州，"居民业此利三倍"。⑪ 浙江桐乡县，南乡有种烟者，"收值数倍于谷"。⑫ 湖南善化县，"一亩之烟可获利数倍"。⑬ 四川县，种烟之利"过稻麦三倍"。⑭ 福建漳州府，农民

① 吴邦庆：《畿辅河道水利丛书·水利营田图说》。
② 陆耀：《烟谱》卷46。
③ 光绪《鹿邑县志》卷9；吴熊光：《伊江笔录》上编，第22页，嘉庆事。
④ 德人福克：《西行琐录》，小方壶斋丛钞本，第6帙。
⑤ 《清高宗实录》卷397，乾隆十六年八月壬。
⑥ 岳震川：《安康府食货论》，系嘉庆事，见《清朝经世文编补》。
⑦ 乾隆《济宁直隶州志》卷3，臧咸：《种蜀秋记》。
⑧ 嘉庆《寿光县志》卷9。
⑨ 杨士聪：《玉堂荟记》。
⑩ 光绪《鹿邑县志》卷9。
⑪ 褚逢春、顾禄：《烟草录》第8页，嘉庆事。
⑫ 光绪《桐乡县志》卷7。
⑬ 光绪《善化县志》卷16。
⑭ 嘉庆《四川通志》卷75，食货。

种烟，获利"较田数倍"。① 关于烟田所占比重，如前所述，或谓烟田面积"几敌种稻"、"十居其四"或占耕地之半，或谓有田十亩之家必"栽烟数亩"。以上所说不免夸张。其种烟较多地区，按占田 10 亩农户以 2 亩种烟 8 亩种禾谷计；又关于单位面积产值按烟田为禾谷 3 倍计，这类农民卖烟所得对农田总产值所占比重为 $\frac{2\times 3}{(2\times 3)+(8\times 1)}=42.86\%$。关于江西瑞金县和甘肃兰州种烟专业区，这类地区有很多专业户。这类专业户以占田 10 亩计，又按 5 亩种烟 5 亩种禾计，卖烟产值约占总产值的 75%。其烟田超过耕地一半之户，商品率当在 80% 以上。

这时在有些地区还出现了租田种烟户，如江西赣县、安远、新城等县都有关于农民租地种烟的记载。以新城县而论，嘉庆年间，有农民"专靠赁田栽烟"。② 如福建永安县佃农，"种平洋腴田种蔗种烟"。③ 福建农民租地种烟相当普遍，嘉庆前期，张凤翔有"种烟还获十倍租"之句。④ 四川郫县也出现了租田种烟的记载，清前期彭遵泗有"烟田一亩课十金"之说。⑤ 这类种烟佃农基本是种烟专业户，所产烟叶在农家总产值所占比重较大，商品率较高，参酌前列事例，当在 50%—60% 左右，乃至 80% 以上。

明清时代，民间种蓝制靛的发展也比较突出，这是同植棉纺织业的发展联系在一起的。江苏如兴化县，民多种蓝出售。⑥ 浙

---

① 康熙《漳州府志》卷 26。
② 同治《新城县志》卷 1。
③ 雍正《永成县志》卷 7。
④ 陈琮：《烟草谱》卷 5，转引。
⑤ 嘉庆《四川通志》卷 75，彭遵泗：《蜀中烟说》。
⑥ 咸丰《兴化县志》卷 3。

江如奉化县，先是农民垦山种蓝，后来"且多有种于田者"。① 湖南如黔阳县，农民种蓝，"今日东北太平里多种之"。② 安徽如休宁县，"近年圃中遍莳之"。③ 四川如郫县，土之肥者"邑人多种之"。④ 种蓝产值较高，如江苏上海县，农家种蓝靛，"获利数倍"。⑤ 浙江海盐县，民户种蓝制靛，获利"数倍于谷麦"。⑥ 四川仁寿县，民户种蓝，"一亩可得靛十斤，其利倍于种谷"。⑦ 广西梧州府，"腴田种之，获利倍"。⑧ 贵州黄平州，种靛之利"较之种杂粮者不啻倍之"。⑨ 乾隆年间，河南嵩山县康某说：农民有地10亩，以2亩先种蓝后种菜，"可获缗钱二十四千文，与种八亩麦相等"。⑩

由以上事例反映出来，一是种蓝发展较速，二是主要由粮农兼种，三是产值高于谷类一至数倍。从而种蓝农户的商品率要高于一般单纯粮农的商品率。兹按康氏所论，一个农户有田10亩，以2亩种蓝种菜，8亩种麦，种蓝菜同种麦的产值相等，售蓝菜的产值占农田总产值的50％。但同种烟相比，种蓝地区和农户数甚少。研究农民经济商品率还要考虑是否有余粮出售，条件都不具备，无法作进一步估算。

有不少地区居民多种植果树。广东如广州，"可耕之地甚

---

① 光绪《奉化县郊源乡志》卷23。
② 同治《黔阳县志》卷18。
③ 康熙《休宁县志》卷3。
④ 嘉庆《郫县志》卷40。
⑤ 叶梦珠：《阅世编》卷7。
⑥ 光绪《海盐县志》卷8，引乾隆《海盐续图经》。
⑦ 道光《仁寿县志》卷2。
⑧ 乾隆《梧州府志》卷3。
⑨ 嘉庆《黄平州志》卷4。
⑩ 乾隆《嵩山县志·物产志》。附知县康基润：《嵩民种田说》。

少，民多种柑桔以图利"。① 广州城西的荔枝湾，"居人以树荔为业者数十家"。② 如番禺县之鹿步都，三四十里间居民多以花果为业。如顺德县之陈村，周环四十余里，龙眼荔枝柑橙等树"约有数十万株"，"居人多以种龙眼为业"。如南海县东部某些地区，盛产龙眼荔枝，居民"争以为业，称曰龙荔之民"。③ 福建如福州兴化、漳州等府民户多种龙眼荔枝，兴化府之枫亭驿则"荔枝甲天下，弥山遍野"。④ 由以上论述，可见广东、福建某些地区柑桔龙眼荔枝种植之盛。从以果树"为业"及"龙荔之民"之类描述考察，不但从事这类经营的民户为数不少，且有不少专业户。关于这类农户的商品率因果树与粮田所占比重而不同。参酌前述各种经济作物区农民经济商品率事例，这类地区农民出售果品所得，高者可达总产值的80%以上，少者也要超过一般粮农。

长江流域，若江苏之洞庭山区，在明代成化间，"山人以种桔为业"。⑤ 据崇祯《吴县志》，太湖诸山民，富者"多至千树"，"贫者亦无不种"。⑥ 浙江如衢州府属，至康熙间，柑桔之类"遍地皆栽"。⑦ 江西若星子县，居民多种柑桔。星子县之黄埠，居民则以"种桔为业"。⑧ 南丰县尤以柑桔著称，有些民户，"不事农功，专以为业"。⑨ 从贫者"亦无不种"说明系粮农兼种；从

---

① 吴震方：《岭南杂记》卷下。
② 道光《南海县志》卷8。
③ 屈大均：《广东新语》卷2、卷25。
④ 王世懋：《闽部疏》卷2、卷6，又吴其浚：《植物名实图考长编》。
⑤ 陆蓉：《菽园杂记》卷13。
⑥ 崇祯《吴县志》卷10。
⑦ 康熙《衢州府志》卷23。
⑧ 黄宗羲：《匡庐游录》，光绪《江西通志》卷49。
⑨ 鲁琪光：《南丰风俗·物产志》，见《小方壶斋舆地丛钞》。

种桔"为业"之类说明果树收入是农家主要生活来源；从种者"不事农功"说明这类农户不从事粮食生产或所种谷禾类很少，还要买粮而食。上述果树种植区，农民经济商品率无法作详细估算，参酌粮农兼事植棉纺织类农户考察，低者也当在30%以上。其"不事农功"的专业户，一般也都于果树空隙处所兼种少量粮食作物，但仍购买部分食粮，商品率当至60%—70%，乃至80%以上。

黄河流域各省所种以各种干果为主，直隶如永平府属，"其民多种枣栗，所在成林"。① 山西如蒲州府，民多种柿，"多者千树，少犹数百株"。② 陕西如朝邑县，有些农户"植果倍于树谷"。③ 河南如林县，农家"多收果核，即属有年，不以黍稷丰歉为利病也"。④ 山东如堂邑县，有些农民种植梨枣之类，运销江南，这种果农靠出售果品购买衣食和完纳赋税。⑤ 明清时代尤其是清代，此类记载甚多，以上只是就每省列举几个事例。有的果树系由粮农兼植；有的把种果树作为专业，粮食作物的种植处于次要地位。这类地区农民经济商品率和长江流域柑桔区大致相同，超过一般单纯粮农，最低者也当在30%以上，其"植果倍于树谷"及赖以购买衣食并完纳赋税的农户，售卖果类商品率当在50%，乃至60%—70%以上。

还有一种进行多种经营的农户，这类农户北方较少，江南可能比较普遍，是经济作物和粮食作物混合生产的又一类

---

① 《畿辅河道水利丛书·怡贤亲王疏钞》。
② 乾隆《蒲州府志》卷3。
③ 万历《朝邑县志》卷4。
④ 乾隆《林县志》卷5。
⑤ 康熙《堂邑县志》卷16。

型。下面列举浙江桐乡县张履祥设想的一个农家事例。该农有田11亩，其中以3亩种豆麦，3亩种桑养蚕，2亩种竹摘笋，2亩种植果树，1亩池塘养鱼出售，在各项产品及产值如下表：

经营类别	田场面积（亩）	产量	产值（银两）	原文
豆麦	3	粮9石	9.0①	麦收四石半，豆约相等，可供2人之食。〔每人每年吃4.5石〕
蚕桑	3	丝棉30斤	20.0	一家衣食已不苦乏。〔按指买布买粮〕
种竹采笋	2	可供3人食=10.8石	10.8	每亩可养一、二人，可供三、四人之食。〔以笋易米〕②
果树	2	可供5人食=18石	18.0	每亩可养二、三人，可供五、六人之食。〔以梅、李、枣、桔易米〕
池塘养鱼	1	可供2.5人食=9.0石	9.0	每亩可供二、三人。〔出卖鱼易米〕
共计	11		66.8③	

资料来源：《补农书》附录。

说明：① 麦、豆和米价略等，此处每石按价银1两计。
② 所说"可供三、四人之食"指主食，即可供三、四人一年所吃的粮食。本表按每人每年吃粮3.6石计，并按每石折价银1两入表。又此处全家以6人计，每人每年吃粮以36石计，每年共须21.6石。按该户只产粮9石，尚需购买12.6石，所谓"以笋易米"之类指此。
③ 该农又养羊5—6头"作树桑之农本"；桑树、果树下种蔬菜、豆芋等以自给，均未入表。

据上表，该农田总产值为银66.8两，其作为商品生产的若果品、蚕丝、竹笋和鱼类等共值银57.8两，其中竹笋和鱼类自家食用部分从宽估计以银10两计，其投向市场部分则为银47.8

两。据此这类农家经济的商品率则为 47.8/66.8＝71.5％，此例可供作研究经济作物同粮食作物混同生产类型区农家经济商品率的参考。①

以上所列关于经济作物与粮食作物混合生产类型农户商品率，或出于大致估计，或只限于设想的个别事例，说服力不强。下面参酌杜修昌先生在 1936 年所作四处调查统计作为辅助说明。其中三处属于以粮食作物为主而以经济作物为副的混合生产类型区。各区农产品出售部分对总产值所占比重，定县 20 户平均为 64.4％，南京上下伍旗 61 户平均为 62.04％，肖山县湘湖区 66 户平均为 66.96％。又南京余粮庄 30 户系以经济作物为主的混合类型区，出售部分对总产值所占比重平均为 61.18％。四区农民都有余粮出售，前 3 处售粮并占极大比重。调查者所作结论是："农业经营之成果，其大多数已投入货币交换关系之中"。②当然，这时的农家经济和两三百年前相比已经发生了较大变化，但可供研究明清时代经济作物和粮食作物混合生产类型农民经济商品率的参考。

以上是根据部分材料关于各种类型农民经济商品率所作的粗略概括。所引用文献资料，有的概括一个广大地区，但记载多欠具体；有的系个别地区个别事例，记载虽然具体，但很难代表一般。加以单位面积产量、各种产品的产值等，多缺乏明确记载，有的只有大致估计，因此所作论断只能供研究参

---

① 清代后期花生的种植迅速发展。如台湾澎湖厅，据光绪《澎湖厅志》卷9："凡有地百亩者，仅种地瓜二、三十亩，取供一家终岁之食。其余悉种花生，因是物可作油与糖，易于出售。"种花生及地瓜单位面积产值不详，如按相同计算，则出售部分占总产值的 70％—80％。从行文语气，种花生似系一般情况。其占地较少农户，种花生地要相对减少，农民经济商品率要相对降低。

② 杜修昌：《农家经济分析》，副标题《1936 年我国四个地区 177 个农家记账研究报告》，1985 年版。

考。关于商品率的估算尽管存在不少问题，但能反映出农村经济发展的大趋势。

最后还仍补充说明，研究农民经济商品率问题，还有一些因素需要考虑，如有些地区，经济条件较差农民，春季出当棉衣，入冬回赎；秋收出当粮谷，翌春回赎，这是一种变相出售，商品率问题可暂不计。但也有这种情形，贫穷农户，秋收需款时卖粮还债，春季缺粮又买粮而食，从而增加了商品粮周转。对这类农户经济而言，也应该计入商品率之内，但这是一种变相商品率，因此而扩大的商品率本文未计算在内，因它和棉纺织区农户卖布买粮而食的性质有所不同。

结 束 语

由以上所论，关于各个地区各种类型农户的商品率，以中等户计，从农家出售农副产品数额考察：（一）买布而衣地区农户，出售产品约占农副产品总产值的 30%—35%；（二）以粮产为主兼事植棉纺织类型农户，黄河流域中下游自耕农，其种麦出售兼事棉纺织进行商品生产农户，售麦售棉售布三者合计，约占总产值的 35%—40%，其只出售麦类或只出售棉布之类农户，出售部分约占总产值的 20%—30%。租佃农，交纳实物租农户，出售农副产品所占比重酌减。其交纳货币租农户，出售部分当在 30% 以上。长江流域各省农户，出售农副产品合计，自耕农约为 30% 或 30% 以上；租佃农约为 20%，其交纳货币租的，出售部分要远超过 30%。（三）植棉纺织专业区和专业户，出售棉花和棉织品所占比重，视棉田多寡而定，棉田比重小者约占总产值约 60%—70%，比重大者可到 80% 以上。（四）棉、蚕外其他经济作物同粮食作物混合种植类型区，各类农户因种植经济作物所占比重而不同，一般在30%以上，50%—60%者占大多数，高者可达80%以上。

由以上事例，各类地区农民出售农副产品对总产值都占居一定比重毋庸置疑。这种现象很自然使人们联系到这样一个问题：学术界过去长期阐扬论述并认为是制约封建社会经济发展的自然经济问题到底应该如何理解。

过去学术界关于这个问题的看法，有的作者认为：一个个体农户，不论通过交换价值形态的自给自足或使用价值形态的自给自足，只要是在经济方面自给自足，就属于自然经济范畴。使用这种观点论证中国封建社会自然经济问题未见妥贴。在地主制经济制约下，农民经济状况在不断发生变化，富裕农民连年有余，贫穷农民更难以在经济上自给自足。有的作者遵照马克思关于自然经济的解说，着重于农家使用价值形态的自给自足的论述，但又过分强调"耕织结合"问题，据以论证中国封建社会经济的自然经济属性。但从前列大量事例，农家进行纺织只小部分自给，大部分是为了出售，单纯使用价值形态的耕织结合农户所占比重很小，用以论证中国封建社会尤其是明清时代自然经济问题也是不妥当的。因此关于这个问题的论证，需要另辟蹊径，如有的作者，把构成初级市场的一个小地区之内的众农户，彼此通过互相交换的自给自足，作为论证的依据。所论颇具创见。可成一家之言。有的作者认为，中国地主制经济，须把每一个生产单位，即个体农民在使用价值形态方面的自给自足作为论证的依据。我同意这种观点，我认为这种看法更符合中国历史实际。

如把个体农民每一个独立经济实体作为论证依据，则又涉及对中国封建社会经济看法问题，主要是关于自然经济的概念，如马克思所论：在真正的自然经济内，"农业生产物全然不加入流通过程，或只有极小的部分加入流通过程……"①。在中国封建社会时期，尤其是明清时代，农民农副产品已有相当大部分作为商品出售。这时以地主制经济为核心的封建社会本质虽未发生变化，但是否仍可沿用自然经济这一术语进行概括，值得进一步讨论。关于这个问题如何进行论述，这里从略。

还有一个问题需要加以说明，即关于这个问题的研究，一要注意纵向研究商品经济向农民经济生活浸润渗透问题，总是在伴随农业生产的发展，一代超越一代，越是到封建社会后期，农民和商品经济的联系更加密切；一是要进行横向探索，中国地广人多，同时由于自然条件的影响，各个地区社会经济状况很不平衡，在边远地区有的还停留在奴隶制时代；即黄河长江两大流域比较先进地区，发展也不平衡，有的地区生产发展比较迅速，尤其经济作物区商品经济渗透较深；有些地区生产发展一般，商品经济的浸润处于中间状态。以任何一个地区特殊的发展状况对整个中国社会经济形态进行概括都是不妥当的。本文限于资料，关于各个地区的对比显然不够。

最后加以补充说明。关于这个问题的探索，诚如章有义同志生前所言，封建社会时期农民经济商品率的研究是一个极为重要的课题，但有关文献资料记载过少，各类农户经济状况又很复杂，作数字统计比较困难。经过两年的探索，确如所言，因此所作关于各地区农民经济商品率只能做粗略估计。在近两年写作过程中，与章公曾数次往返商讨，吸取了他不少宝贵意见。初稿即成，兹就农业专辑面世之际，公布于众，以供学术界研究参考。

（原载《中国经济史研究》1993年第1期）

---

① 《资本论》47章，《资本主义地租的发展、导论》。并谓"甚至代表地主的所得的那部分生产，也只有比较很小的一部分加入流通过程"。

论李自成的"均田"纲领口号的时代意义

一、中国封建社会后期等级及阶级关系的变化

下面先阐明两个问题，以正确理解李自成提出的"均田"纲领口号的时代意义，一个是如何坚持马克思主义的历史唯物主义基本观点问题，一个是如何科学的理解中国地主经济封建所有制问题。

众所周知，社会经济发展的阶段性，使人类社会划分成为不同的历史时期；又由于不同的历史时期赋予当时农民革命以不同的历史使命。也就是说，历史上的农民起义，始终为当时社会经济发展状况所制约，脱离一定物质条件的阶级斗争是不存在的。在每一历史时期，农民阶级能提出什么样的纲领口号，决定于社会经济发展的实际情况与客观要求。因此研究明末农民起义的"均田"纲领口号的时代意义，首先要分析明代社会经济发展变化的客观进程。而封建所有制是封建社会经济关系的基础，土地问题是农民革命的中心问题，李自成的"均田"纲领口号的提出，正表明农民阶级在土地问题上的认识与实践。这样分析比较符合马克思主义历史唯物主义基本观点。

结合中国地主制经济，中国封建所有制两个最基本的组成部分，一是封建地权。封建地租是封建地权的体现形式。我们把地权的集中与分散称之为阶级关系的变化。一是封建依附关系，即通常所说的人身依附及超经济强制。这种关系，在中国地主经济下体现为尊卑贵贱①及隶属关系。我们把这种关系的消长称之为等级关系的变化。关于封建地权——地主对土地的垄断，可因时期而不同，但只是集中与分散的一再重复，地主经济两千年都不例外。关于封建依附关系——尊卑贵贱等级关系的变化也因时期而不同。在中国地主经济下，尊卑贵贱关系不是地权的固有属性，因而这种变化不是一再重复，而是有一个形成、发展、强化、削弱和松解的发展过程。

李自成所处的时代属于中国封建社会后期，这时封建依附关系趋向松解；而由地权所体现的阶级关系——土地兼并与集中却更加突出。正是封建所有制的这种等级及阶级关系的不同的发展变化，在影响着农民起义斗争性质的变化，李自成提出了"均田"的纲领口号。

为了便于论证明末农民起义"均田"纲领口号的性质和时代意义，兹从地主经济形成时期的秦汉谈起。这时是地权因分散渐集中的开始时期。与此相适应，封建依附关系也处在开始形成期，这时农民起义所反对的主要是封建徭役，人身依附关系问题还没有被提到日程上来。

由东汉后期至魏晋南北朝三四个世纪情形不同。虽然有的王朝和地区实行均田制，但在世族地主及九品中正制的影响下，尊卑贵贱等级森严，地权趋向僵化，封建依附关系呈现强化趋势。

---

① 尊卑贵贱原系封建习俗，属上层建筑范畴，当与地权相结合时，则构成为封建土地所有制的一个组成部分。

由隋唐至宋元，尤其是中唐以后，伴随庶族地主的出现与土地买卖关系发展，封建依附关系趋向削弱，但佃农对地主仍然具有严格的人身依附关系。以唐代而论，佃农包括在"部曲"之内，被束缚在土地上，丧失了人身自由。佃户逃亡，地方政权有义务协助追捕。由佃农和地主所形成的封建等级关系，在唐律上有明确规定。诸如部曲詈骂旧主者"徒二年"，殴旧主者"流二千里"，"伤者绞"。① 反过来，主人殴部曲死者"徒一年"，部曲"其有愆犯决罚致死及过失杀者，各勿论"。② 主佃关系等级森严可以想见。宋元时代，主佃间等级关系虽稍有改变，佃农人身自由仍然受到极大限制。仁宗天圣三年（1025）以前"旧例""私下分田客，非时不得起移，如主人发遣，给予田凭，方许别往"。这时佃农是否可以迁徙，权在地主。天圣三年开始改变旧例，制定新例，一度取消地主的"凭由"权。此后 27 年，据皇祐四年（1052）记载，施黔地区佃客逃往外界，"委县司画时差人，计会所属州县追回"。此后 132 年，南宋孝宗淳熙十一年（1184），关于夔州路佃户有这类规定：在淳熙八年以前逃移三年以上者承认既成事实，逃移不到三年及以后逃移者，"一并追归旧主"。至宁宗开禧元年（1205）夔州路转运判官范荪校定新法有这类规定：一、地主只准役使佃客本人，不得强迫其家属供役；二、佃客死亡妻子愿改嫁的"听其自便"，佃客之女可以"自行聘嫁"。这类限制规定实际是租佃实际生活的具体反映，说明这里的地主可以任意役使佃客及其家属，并有权干预佃户的嫁娶。在淮南路（包括长江以北西起庐州东至泰州广大地区）则禁止佃客自由迁徙，有迁移者以"无故逃窜"论，地主得凭契券告官，令"经所属自

---

① 《唐律》卷 23。
② 《唐律》卷 22。

陈收捕，所在州县不得容隐。"孝宗朝（1163—1189）徽州婺源朱熹建议，凡佃客返回原籍，经地主向所属州县诉理，由官府追捕判罪，仍发落交还原主。南宋时代，荆湖路（湖南湖北）佃客得随田买卖，在地契上写明雇佃姓名，地权转移佃客无权退佃，买主得强迫佃客继续承佃。湖北之峡州尤为落后，对佃客"计其口数立契，或典或卖"。这时浙东、浙西、江东（金陵太平宁国广德）、淮西（淮水上游）、福建等路盛行佃仆制，身份近似为仆。与此相适应，宋代佃户在法律上也是不平等的，北宋哲宗元祐年间（1086—1093）定：地主打死佃客减罪一等，发配邻州。此前法权关系缺载，从以上对佃客迁徙限制规定等方面考察，双方显然也非对等关系。南宋高宗绍兴元年（1131），地主打死佃客减罪二等，发配本州；光宗绍熙元年（1190），禁佃客不得控告地主，佃户的法律地位更加降低。大概就在这个时候，朱熹力图把"主仆名分"加在佃户身上，说什么凡系讼狱，首先"论其尊卑上下长幼亲疏之分"，然后"听其曲直之词"，如果"以下犯上，以卑凌尊"，"虽直不佑"。① 宋代佃户的实际生活状况和法律地位是一致的，或谓地主"鞭笞驱役，视以为仆"；或谓地主"役属佃客，有同仆隶"；或谓四川佃农累世为佃，地主"使之为奴隶"。② 南宋时代，佃农地位并没有改善，佃客"人命轻，富人敢于专杀"。元代建国，前朝主佃间的贵贱等级制基本延续下来。这时江南地区，地主对佃户任意科派，封建奴役关系有增无已，"若地客生男，便供奴役；若有女子，便为婢使，或为妻妾"。峡州路地主对佃客可任意典卖，对佃客婚姻肆行干预。湖北地区，地主"生杀

---

① 关于宋代佃客身份问题参考蔡美彪主编《中国通史》第五册。
② 《宋会要·刑法二》，《宋史》卷304，《刘师道传》。

佃户，视若草芥"。地主打死佃客可不抵命，只判罚烧埋银若干两。宋元以前农民起义为什么把反封建等级制作为主要内容，由以上事例就很清楚了。

我们所以不惮繁地介绍宋元以前尤其是宋元时代主佃间的封建等级关系，是为了论证明代封建依附关系的变化及李自成等人提出"均田"纲领口号的时代意义。

经过元末农民大起义，官绅地主受到一定程度打击，农民小土地所有制有所增长，佃农和地主的关系发生一系列变化。这种变化不仅反映于实际生活，也反映于朱元璋制定的《大明律》。在这部律例上，关于佃农和地主的关系没有明确规定，一无关于佃农迁徙的规定，说明在法权关系方面佃农可以自由离开地主土地了；二无关于佃农詈骂、殴打地主的规定，地主打死佃户要依法判处死刑，佃农殴打地主也无加等治罪之条，说明双方在法律面前至少在形式上是平等的。明律因袭唐律，很多条文类似，唯独在主佃关系方面作了大幅度修改，这是一次划时代的变革。明代只在"乡饮酒礼"上写明佃农对地主要行"以少事长"之礼。礼节的约束毕竟不同于律例的规定。明代雇佣关系也在发生变化，万历十六年（1588）在法律上明确了短工的"凡人"地位，至于长工，明律只将"立有文契、议有年限"的长工列入"雇工人"范畴，其未书立雇约文契的长工地位如何，律无明文。到天启年间，其未写立雇约文契的长工的刑事案件，已有的按"凡人"判处了。在实际生活方面，地主对佃农不像宋元那样"鞭笞驱役""敢于专杀"及干预佃户的婚姻了。

总之，研究明代农民战争问题，要掌握这一时期封建土地关系的松解趋势，这是社会经济发展的主流，但也看到明代中叶后，在某些地区伴随地主绅权嚣张所形成的租佃关系的逆转。尽管如此,和宋元以前毕竟不同。①

  明代封建依附关系的变化更重要的是实际生活方面的变化,如封建习俗的变化。关于封建习俗的变化当时有不少人论及过。万历年间(1573—1620)管志道说:"开国以来之纪纲,唯有日摇一日而已。纪纲摇于上,风俗安得不摇于下!于是民间之卑胁尊,少凌长,后生侮前辈,奴婢叛家长之变态百出,盖其所由来渐矣"。这种变化是从明代中叶开始的。或谓成化(1465—1487)弘治(1488—1505)年间,"民风转厚",那时"少者习于事长","贱者亦习于事贱"。嘉靖(1522—1566)隆庆(1567—1572)两朝开始发生变化,万历朝更加显著,如管志道所说,少长尊卑及贵贱等级两者,"盖至于今二义俱不讲矣"。②如江苏金坛县,隆庆年间,"以卑凌尊、以奴叛主"之案层出不穷。③如福建福宁州,万历年间,"尊卑无别,良贱不分",如浙江嘉兴府,或谓嘉靖以前农卑主尊,至崇祯年间骄惰成习。④以上长幼尊卑贵贱等级关系的变化,不能单纯地看成为封建习俗的变化,要和土地关系联系起来考察,才能透过现象看到这种变化的本质。在封建社会时期,主佃关系和主雇关系,不仅是以贵贱关系出现的,也是以尊卑关系出现的,尊卑贵贱等级关系的变化是封建所有制发展变化的一个组成部分,是封建依附关系趋向松解的具体反映。

---

  ① 关于明代后期租佃关系逆转,据王士性《广志绎》卷13记述河南光山情形,人们一考中进士,"则奴仆十百辈,皆带田而来"。据顾炎武《日知录》卷13《奴仆》,每户官绅接受的投靠户有的多至千人,有的一县一乡"挂名僮仆者什有二三"。农民投靠的目的是为了逃避赋役,并非真正雇仆或奴仆,他们的社会地位和宋元佃客不同。
  ② 管志道:《从先维俗议》卷2。
  ③ 《郁冈斋笔尘》,第三册,转录。
  ④ 《沈氏农书》。

土地关系中封建等级关系削弱了，在地权分配方面却没有发生相应变化，从而由以构成的地主与农民的阶级矛盾更加突出了。正是在这种条件下，明末农民起义明确提出"均田"纲领口号的。

二、农民起义由反人身压迫到反封建地权

为了论证明代农民起义所提出的反封建地权的划时代意义，这里从宋元以前农民起义反人身压迫谈起。

在中国地主经济体制的制约下，自耕农小土地所有制始终广泛存在，因此农民反对赋役繁重的斗争贯串于整个封建历史时期，关于这个问题这里不拟进行论述。中国地主经济时代，地主与农民两大阶级的矛盾对立贯彻始终，因而任何时代爆发的农民起义都反对封建所有制。如前所述，封建地权和人身依附是封建所有制的两个主要方面，也是封建所有制最基本的东西，两者的结合及相互关系则因时期而不同，农民起义反对的重点遂显示出阶段性。大致说来，宋元以前农民起义主要反人身压迫，明清时代的农民起义主要反封建地权。

南北朝时期，起义者有利用佛教某些教义作为口号的，如"是法平等，无有高下"。① 可见这时农民斗争的目的是消灭等级差别，要求众生平等。唐末农民起义领袖王仙芝称"天补平均大将军"，黄巢称"冲天太保均平大将军"，"均平"二字可理解为财产上的平均和人身平等。北宋农民领袖王小波、李顺以"均贫富"相号召，② 方腊袭用南北朝起义者"如是法平等无有高下"

---

① 《金刚经》语，转见侯外庐：《中国封建社会史论》，第289页。
② 《渑水燕谈录》卷8。

的口号，① 一个强调平均财富，一个反对贵贱等级关系。南宋农民领袖钟相杨么则将"等贵贱"与"均贫富"并提。② 两宋农民起义的"等贵贱"实际是南北朝以来农民阶级要求人身平等斗争的延续。

宋元以前所有农民起义多提出均分财富的问题。在进行斗争的实际行动上多采行劫富济贫措施，由黄巢到方腊都不例外。李顺并号召乡中富家大姓，各呈献财富和存粮分给农民，这就是"均贫富"口号的实践。钟相杨么对所提"均贫富"加以解释，"谓劫财为均平"。③ 宋元以前农民起义所提出的"均平""均贫富"之类口号，从他们对部分地主土地的剥夺，及将一些祠寺之田授予贫者耕种，也可能包括土地问题在内，但在口号中没有明确提出来，而且从他们的斗争实践看主要是分浮财和粮食。这时农民起义以各种形式表达他们反人身压迫争平等的要求特别突出，这是时代给他们打上的思想烙印，农民的斗争活动不可能超越他们所处的时代界限。

明代农民起义不同了。崇祯十三年（1641）李自成进据河南，接受李岩建议，以"均田免粮"相号召。④ 崇祯十七年（1645）进据山西，更提"贵贱均田"口号。⑤ 李自成这个革命口号在当时产生了一定影响，但没有付诸实践。从农民军的具体实践，他们曾经没收勋贵庄田进行屯种，如崇祯十六年（1644）驻扎河南南阳的农民军，占种庄田。⑥ 山西宗藩土地皆多为农民

---

① 庄季裕：《鸡肋编》，卷上。
② 《三朝北盟会编》卷137。
③ 同上。
④ （查继佐：《罪惟录》，卷31，李自成传）
⑤ 《罪惟录》卷17，《帝纪》。
⑥ 李永茂：《枢垣初刻》，《襄阳再陷疏》。

军占据，地凡 1370 余顷。① 当时李自成所派遣的地方官，有的对土地问题进行了一些改革措施。如当时诸城县士绅丁耀亢有这类记载：大概在万启之际，兄弟二人析产时各分地六百亩。崇祯初，"弟举于乡，治有远近庄产十余处"，耀亢亦置产二十余顷。李自成县官莅任，"以割富济贫之说明示通衢，产不论远近，许业主认耕，故有百年之宅，千金之产，忽有一二穷棍认为祖产者"。这时耀亢弟兄皆不在原籍，"巨室膏田，一无主人，任其侵占而谁何，故前此所积不可问矣"。耀亢接着记述土地被占领情形："于是有楼子庄之占，草桥庄之占，草泊庄之占，东藩旺之占，石埠庄之占，解留之占，石桥石齐沟之占，其不为占据者，惟焚掠后之荒田耳"。② 诸诚县地方农民发动的夺田活动。虽然是在自成这类夺田活动地方官打击官绅地主的措施下爆发的，但是自成地方官并没有把地主土地对农民进行平均分配，就这一点而言，他们仍未摆脱自发的要求土地的范围。尽管如此，农民的夺田斗争，总和新政府的政策有一些联系。

李自成等"均田"纲领口号，是在地权高度集中的情况下提出的。明代后期，官绅地主或依势强买"吝不与值"，奸民或投献人田致农民"哭天无路"。地权集中虽然通过买卖，但每和地主阶级的封建权势相联系。地权转移之频繁。嘉靖隆庆之际，湖南湘乡县洪懋德说："今之湘非昔之湘矣，田十年而五六易其主"。③ 嘉靖年间，浙江长兴县归有光说："豪民侵凌，分田劫假，莫甚于今时"。江苏上元县，正嘉以后，官绅地主兼并农田，

---

① 顺治启本，55 号，《姜襄为恭报故宗遗产并议征课》，转见柳义南《李自成纪年附考》。

② 丁耀亢：《出劫纪略》，第 30—31 页。按丁原日照县人，后移居诸城县，所记当系诸城日照一带情形。

③ 道光《湘乡县志》卷 2，第 72—75 页。

农民苦于徭役繁重，"民田减价出鬻者日益多，而差役之并于佃户者日益甚"。① 江苏昆山县，嘉靖年间仍"人有恒产"，② 万历以后，农民"每以贫富不均，睊睊疾视"，"各佃含怨"，"不无穷叹"。③ 地权集中程度，或谓"丁多有田之家共在一甲，往往占有十甲之田。"福建福州府属，"郡多士大夫，其士大夫又多田产，民有产者无几耳"。④ 福建永安县某些村镇，田多系富户之产，"田家所有二三而已"。⑤ 江南各郡县，据嘉靖年间记载，"富家豪民兼百室之产"。⑥ 明代后期，苏松一带，"有田者什一，为人佃作者什九"。⑦ 江北如兴化府，势家大户"多有田盈万亩者，税粮不过十余石；有占买二三千亩者，并无升合税粮"。⑧ 淮安府属，膏腴之产多系富家之业。⑨ 湖南湘潭县，万历年间，"有田者皆巨室富人"。⑩ 山东历城县，崇祯年间，有恒户之家"百无一二"。⑪ 以上虽然只是某些地区的几个事例，但反映了这一时期官绅地主兼并土地及地权集中的趋势。就在这一时期，朱明勋贵庄田地主迅速扩大。有诸王庄田，每王由数千顷至数万顷不等。亲王以下郡王、将军中尉多有庄田，公主驸马有庄田，外戚有庄田，各数十顷数百顷不等，到晚明时期，全国庄田合计，可能多至35万顷左右。

---

① 顾炎武：《天下郡国利病书》卷14，应天府上元县。
② 嘉靖《昆山县志》卷1，第4页。
③ 康熙《昆山县志》，文艺上，王志庆：《赡乡民议》。
④ 《明史》卷203，欧阳铎传，正德。
⑤ 万历《永安百志》卷20，第10页。
⑥ 归有光：《归震川全集》卷11，第182页，商务版。
⑦ 顾炎武：《日知录》卷20，《苏松二府赋之重》。
⑧ 万历《兴化府志》卷3，第55—56页。
⑨ 天启《淮安府志》，《四民》。
⑩ 乾隆《湘潭县志》，卷10，第35页。
⑪ 崇祯《历乘》卷14，第2页。

明代后期，各类地主占有绝大部分土地，广大农民很少土地或没有土地，地主凭藉对土地的垄断，对农民进行苛重的地租剥削。正是在这种条件下，李自成等人提出"均田"纲领口号的。不管"均田"主张是否能够实现，它毕竟反映了农民反对封建地权要求土地的革命愿望。相对过去历次农民起义的"均贫富""等贵贱"纲领口号而言，均田纲领口号的提出标志着农民战争史进入了一个新的历史发展阶段，这时农民起义之所以能出现一次飞跃，乃是社会历史发展的必然结果。在人身依附关系趋向松解之后，地权分配问题变成一个更为突出的问题了。

三、李自成"均田"纲领口号的历史意义

李自成等人所提出的"均田免粮"纲领口号，在当时曾经得到广大农民的拥护。当时农民苦于"加派"，自成于"免粮"问题一再宣传。崇祯十六年（1644）克黄州，发布檄文，"三年免征"。① 当农民军占领北京之后，明官凌驷还说过，李自成所以获得农民拥护，"无过假义虚声，假义则预免民粮"。② 明官高弘图则建议蠲免江北河南山东"田租"以"勿使贼徒藉口"为言，③ 就是要明政府免粮以对抗李自成的免粮。与此同时，明官僚还有的建议"均田""限田"时间那么巧合，可能也是为对抗李自成的"均田"而提出来的。

就在李自成提"均田免粮"的崇祯十三年（1641），明工部主事李振声向政府建议限田。据李奏议："一品官四十顷，屋百

---

① 计六奇：《明季北略》卷19，《李自成屠黄陂》。
② 计六奇：《明季南略》。
③ 《明史》卷274，《高弘图传》。

间；二品官九顷，屋九十间；以是为差。逾限者房屋入官变价，田地入官为公田"。① 同年江南武生李琎建议令江南富户填报自己财产，籍没之而捐输公家。他们的建议在明政府内引起轩然大波，针对李振声建议，吏部侍郎蒋德璟上奏说："三代时有井田，故田可限，至秦而经界废矣……惟王莽、王安石、贾似道力任以为可行，而皆以扰致乱，由是思之，法非不善，而井田既陻，势固不能行也"。蒋德璟列举历史掌故失实可不论，但他歪曲了李振声"限田"原意，李振声根本没有提出解决农民土地问题，而是主张按官阶品级加以限制，品官仍不失为占田数百亩的地主。就是这种主张也行不通。李琎的建议远较李振声"限田"为急切。据《明史·钱士升传》，李琎原奏内容，一是地权集中，谓"缙绅豪右之家，大者千百万〔亩〕，中者百十万〔亩〕，以万〔亩〕计者不能枚举"；二是"以兵荒归罪于富家朘削"；三是"请括江南富户，报名输官"。李琎的建议招致大学士钱士升反对，他一方面拟旨将李琎下刑部提问，同时上疏驳奏。钱士升驳奏的主要内容：一、江南富户占田不像李琎所奏那么集中，占田万亩者不过"千百中之一二"，占田千亩者，"什三四"，占田百亩者"什六七"；二、"郡邑有富家"乃"贫民衣食之源"，地方水旱赖"均粜计饥"，地方有"寇警"赖"助城堡守御"；三、"李琎此议一倡，无赖亡命相率而与富家为难，不驱天下之民胥为流寇不止"。最后钱士升谓李琎不只企图"借端倖进"，"或疑此辈乃流寇心腹，倡横议以摇人心"。② 李琎注意到地权集中问题，意识到地主的苛重剥削是激发农民参加起义的原因，但他只谈到没收地主土地问题，没谈论如何解决农民耕地问题。仍在崇

---

① 严有僖：《漱华随笔》卷1。
② 《明史》卷251，《钱士升传》。

祯十三年，曲阜举人孔尚钺上疏建议行均田。据孔氏原奏：第一，地权集中，"不均之叹处处有之，富者田连阡陌，贫者地鲜立锥，饥寒切身，乱之生也职此之由"；其次，行均田以杜乱源，"均田土，夫民不饥寒则不思乱，人人有土则不饥寒"；第三，解决土地问题办法，令各地方官吏"以理劝谕本地乡官，于地之太多者，或放其赎还，或容其佃种而量收其子粒"。孔氏的设想是，"所谓均无贫，乱萌其少息乎。"①

以上三人关于解决地权集中问题的建议，李振声所主张的按官阶品级限田没什么意义。值得注意的是李琏和孔尚钺的奏议，他们都认为地权集中是农民参加起义的原因，看法相同，至于解决办法，李琏主张籍没富室土地，而没谈以何解决农民耕地问题。孔尚钺谈到农民土地问题，解决办法是要地主准农民回赎或令农民佃种纳租，实际是徒托空言而不务实际。针对孔氏建议，崇祯帝曾经下令兵部酌议具奏，兵部研究结果认为："若夫均富之有以予贫，彻多之藏以给寡，人情之不安莫为此为甚"。他们还引古证今："井田不可行于春秋战国，而欲行于今日，臣有以知其必不能也"。

和李自成所倡"均田"相比，明代官僚建议"限田""均田"的时代背景没有什么区别，他们建议的动机和目的却不大相同。李自成是作为一个革命纲领口号提出来的，当时虽有宣传目的，为了争取民众参加斗争，但出发点乃是为了解决农民耕地问题，藉以改善农民的经济生活，朱明官僚则不然，他们动机在于抵制农民革命，维护封建统治，这种关系从他们建议书中反映的十分清楚。从而如何实现"均田"也会有很大差异。李自成"均田"纲领口号虽然没有付诸实践，他对官绅地主却进行了暴力打击。

---

① 《明清史料》，第10本，《兵部题曲阜圣裔举人孔尚钺奏行稿》。

自成克洛阳，诛杀贵族，向农民宣传说："王侯贵人，剥穷人视其冻馁，吾故杀之，以为若曹。"如果自成实践"均田"诺言，很可能也是通过暴力。

朱明官僚的"限田""均田"之议，不触及封建所有制，应该说是比较容易办到的，却遭到中央大吏的反对。道理很简单，由于触及了地主阶级的经济权益，从大学士钱士升对李琎建议的驳奏，兵部关于孔尚钺建议的议复，都表达的很清楚。这种关系如清初人计六奇所论："限田之议，犹有井田遗意，亦终不能行者，以利于贫贱而不便于富贵耳"。① 归根结底，封建国家是地主阶级利益的政治代表，任何违反官僚地主阶级利益的改革主张都是行不通的。至于李自成的"均田"主张，既然在河南在山西一再提出，他们可能议论过如何付之实施。最后李自成起义以失败而告终，在历史上只留下一个"均田"纲领口号。其实即使起义成功了，也只能建立另一个封建王朝，由于社会经济条件的限制，"均田"主张不可能实现。

最后，关于中国封建社会时期的农民起义问题，试结合李自成所提出的"均田"主张谈一谈自己的看法。

第一，在封建社会时期，所有农民起义都涉及土地问题。到晚明时期，李自成等人提出"均田"主张，斗争目标更加明确罢了。秦汉以来，封建地主为榨取地租而垄断土地，又为实现地租而炮制尊卑贵贱等级制，如前所述，这是封建所有制两个最基本的方面。历代农民起义所反对的，虽然也涉及封建赋役问题，但主要是封建所有制。宋元以前的农民起义，所反对的主要是贵贱等级制，因为这时地主和农民两大阶级的矛盾对立集中在由贵贱等级关系所形成的人身压迫问题。明代后期，在贵贱等级关系相

---

① 计六奇：《明季北略》卷16，《李振声请限田》。

对削弱而地权仍然集中的情况下,地权分配问题变成了地主与农民阶级之间的主要矛盾,因而这时农民起义特别提出地权问题。李自成提出的"均田"口号,很清楚地反映了他们的斗争意图,他们反对地主的土地垄断,主张农民对土地平分。

其次,从明末农民起义提出的"均田"口号,说明农民阶级对封建社会有不同程度的认识,有自己的看法,能提出自己的主张。其实这并不难理解,农民基于所处的受压迫的屈辱等级和受剥削的阶级地位,在他们身上必然会产生不自觉的朦胧的阶级意识。农民起义提出的纲领口号,如"法平等"、"等贵贱"等口号,如"均田免赋"、"天朝田亩制度"等口号,都是基于自己对封建社会的认识所作出的抽象概括。农民起义的这种认识,是基于当时所处的社会地位及斗争实践提出来的。从所提出的纲领口号可以看出,他们憧憬一个平等平均社会。但是封建社会的农民阶级由于本身的及时代的限制,不可能认识封建制度的本质,不会了解他们所遭受的压迫剥削来源于封建社会制度。

第三,从李自成等人提出的"均田"主张看,反对封建所有制的性质十分明确,其实以前的农民起义都不例外。农民与地主两大阶级矛盾对立,在封建社会开始形成期就已存在,这种社会存在决定了农民起义的性质必然反对封建所有制。历史事实也是如此。只是在各个历史时期导致矛盾激化的具体状况不同,农民起义提出的纲领口号遂也不同。后期提出的反地权集中的"均田",及以前所提出的反人身压迫的"法平等"、"等贵贱"都应该看做是封建土地关系的不同组成部分。当然,我们一方面承认农民起义的反封建性质,同时也要看到他们所受到的农民阶级本身的及时代的局限性。在马克思主义出现以前,人们对于社会历史的发展只能限于片面的了解,而不可能达到科学的认识,因而农民阶级的要求和期望具有极大盲目性,他们不但不能建立自己的政权，也没能力把"等贵贱"及"均田"纲领口号彻底实践。总之，农民起义反对封建所有制是农民阶级的期望要求与本能意识，但在当时历史条件下，他们不可能解决这个历史任务。这是两个截然不同的问题。我们不能因为他们不能解决这个历史任务而否认其革命实践的反封建性质。

最后，中国封建社会的农民起义史，从"法平等"、"等贵贱"到"均田"纲领口号的演变，说明它不是停止不前，而是不断向前发展。在宋元以前，农民起义在反封建所有制的斗争中，"平等"思想是最革命的思想，它反映出农民阶级反人身压迫及封建依附关系的斗争。在封建社会后期的明清时代，农民起义在反封建所有制的斗争中，"均田"思想是最革命的思想，它反映出农民阶级争取土地摆脱封建剥削的斗争。"等贵贱"和"均田"纲领口号，都反映了农民群众的历史主动性和革命创造性。农民革命虽然不能根本改变旧的生产关系，建立自己的政权，农民起义失败之后，广大农民虽仍处于受压迫剥削的地位，但他们的政治经济状况毕竟有所改变。就明代农民战争而言，使地主阶级遭受一次严重打击，猖狂一时的官绅权势没落下去，农民小土地所有制有所增长，为封建土地关系的进一步松解和农业生产的进一步发展创造新的条件，农民战争的历史功绩是永不磨灭的。

（原载《河北师范学院学报》1985年第1期）

明末农民领袖李自成归宿问题考实

明末农民战争，有不少重大事件，在文献史料中，或记载不够具体，或互相矛盾。我们虽然不能把历史科学搞成考据，但有些重大问题仍然需要考证。考证主要靠掌握能反映实际情况的文献和文物资料，根据资料进行论断。经过考证，最后可以作出比较符合实际的论断，李自成的"归宿"问题的研究就是一个很好的例证。关于明末农民战争问题，我在40年代初曾经摸了一下，有些问题迄今也没有搞清楚。关于李自成"归宿"问题，在《晚明民变》中，如李自成殉难通山县九宫山，为僧之说绝非事实等，只寥寥数语，"过嫌简略"。现为此文并无其他新见，只是对旧说加以补充。

一、夹山奉天和尚非李自成考

1941年，我随机关离开昆明搬迁四川南溪县李庄，有一个时期在历史语言研究所，查阅有关明末农民起义文献资料，其中有的涉及李自成夹山为僧问题。我以《明史》已有定论，初未介意。以后看到《广虞初新志》所载《李自成墓》条，记述乾隆年间澧州知州何璘亲赴石门县夹山寺，谓寺旁有塔，塔书《奉天玉和尚》，"和尚顺治初入寺，事律门，不言来自何处，其声似西人"；又谓寺中藏有和尚遗像，状貌与《明史》所记相同等等，何璘即据此进行推论：自成曾称"奉天倡义大元帅"，继称"新顺王"，此僧实即李自成。他又对"奉天玉"加上自己的注解："其曰奉天和尚盖自寓，加点以讳之"。①

关于何璘这种论说，我当时即抱怀疑态度。最近《从文物天地》杂志看到有关奉天与野拂二僧塔之铭文，有的作者据以论断李自成出家为僧。其实事实刚刚相反。以下试将碑铭文摘录有关段落加以论述。据康熙《奉天大和尚塔铭》，谓"师（奉天和尚）于大清壬辰年（顺治九年，1652）六月，受石邑魏侯请书，领导开山，历尽清要，风水二十年，丛林大举，门弟子数千众。殁于甲寅（康熙十三年，1674）三月"。又据康熙四十四年（1705）《重兴夹山灵泉禅院功德碑》，谓"独赖奉天老人从西蜀南游，恐祖庭之芜没，于焉驻锡，思复旧观……时顺治壬辰夏月也……是年（壬辰）冬，则野拂和尚从鼎州（常德）而来，投老人披剃，更不惮勤劬，趺足超化者三年，稍为修葺"。碑尾列立碑者姓名，第一名即石门知县黄清。距奉天和尚墓约十米处有野拂和尚塔，塔建于康熙壬午年（四十一年）。由顺治至康熙数十年间所有碑文塔铭，都看不出奉天和尚和自成有什么关系，只反映出奉天与野拂两僧私人关系密切，何璘关于奉天和尚即李自成的判断完全出自主观臆测。我是这样考虑的，如奉天和尚确系李自成，正是清朝所要缉捕之人，石门魏县令绝对不敢对他下"请书"，黄知县也不敢为之树碑立传，因为这不仅有欺君之罪，乃至有竖身灭门之

---

① 《广虞初新志》卷13，《李自成墓》，此条转据乾隆《澧州志林》记载如此生动具体，在我脑中打上深刻的印象，及今40多年记忆犹新。

祸。但是我曾有过这种"设想",奉天和野拂有可能是李自成所部臣将。自成既死,不愿归清,乃出家为僧。我以"奉天玉"法号比较特殊,曾一度设想为大顺臣将怀念李自成的"自寓"。

去冬自黄山回京,查寻《文物天地》所载野拂和尚墓碑文,发现我的上述"设想"也是错误的。据野拂碑文,老禅师(野拂)武夫也,生于明,终于清……抱经天纬地之才,久恨权阉;乘揭海翻江之势,敢逐寇林;枕戈待旦,方期恢复中原;拔剑登坛,定欲扫平寰宇。战吴王于桂州,追李闯于澧水。无如戎马屡乘,莫展风云之路;是以逐鹿不事,竟甘泉石之栖。"此碑立于咸丰十一年(1861),墓碑在湖北慈利县。碑文把野拂和尚的历史作了粗略的描述,他原是一位效忠明王朝久历沙场的武将,他不仅和清兵打过仗,也同李自成农民交过锋。此碑虽然建立较晚,从野拂活动考察,事实是可以信据的。根据碑文,我们可以作如此推论:顺治九年(1653)天下大势已定,明朝恢复无望,他才到夹山投奉天和尚披剃的。这时奉天和尚来此不久,而两人关系都很深。如果奉天和尚是李自成,乃是逼死崇祯皇帝的"首恶",对忠于明室的野拂和尚来说,君父之仇不共戴天,野拂不会投拜他为师,更不会对他如此毕恭毕敬。从二僧的亲密关系倒可作如下推论:奉天和尚很可能是忠于明王朝的臣将。两僧均系明朝遗老,有共同遭遇,不愿折节事情,才隐瞒姓氏,到石门县夹山寺为僧以终的。①

当初我写《晚明民变》,所作李自成"为僧之说,绝非事实"的论断。② 即针对何麟臆测而作。当时我之所以否定李自成削发为僧而坚持战斗以殉之说,除尊重明清双方负责长官奏报之外,

---

① 碑文铭文见《文物天地》,1982年第5—6期,1983年第1期。
② 《晚明民变》,第158页。

也有自己的主观推论：第一，这时自成所部数十万农民军尚在，跟随多年共同战斗的将官尚在，夫人高氏尚在，在这种情况下，自成一人逃遁为僧难以设想；其次，在农民起义众首领中，自成战斗意志最为坚强，在将近20年斗争中，遇到不少挫折困难，但从来没有屈服动摇过，从这方面考虑，他遁入空门苟且偷生的可能性也不大。最后，如自成不死，战斗多年的农民军不会迅即分裂溃散。当然，我之所以作出否认自成为僧的论断，最主要的还是证据，主要是总督何腾蛟关于李自成殉难的奏报。关于李自成归宿问题，近几年来有人提出种种设想或不同看法，或进一步阐明"逃遁为僧"之说，或创为"设疑代毙"之论，但我仍持自成殉难旧说，我倒不是从对农民领袖评价问题出发，我认为殉难说更符合实际，更具说服力。

二、李自成殉难通山九宫山考

李自成既然没有到石门县夹山遁入空门，那么，他死在什么地方呢？这是我写《晚明民变》时遇到的又一个难题。这时我采了《明史》和《清史稿》，还读了一些专记述明清之际有关农民战争的文献。最后我把各种不同记载作了比较。采取了殉难通山县九宫山之说。①

关于李自成殉难地点，清初文献诸多异说。几部比较流行的书如《明史纪事本末》、《平寇志》、《后鉴录》、《明季遗闻》等书皆作罗公山。按罗公山在湖南黔阳县，李自成本人似从未至此，显系互相转抄，以讹传讹。当时诸作者未曾详究，致说流传颇广。更多文献记为九宫山，但又有两说。《明史·李自成传》、《绥

---

① 《晚明民变》，第158—159页。

寇纪略》、《南明野史》、《明亡述略》等书皆作通城县九宫山，《烈皇小识》、《荒书》则作通山县九宫山，《清史稿·阿济格传》作通山而不言九宫山，《清史稿·尚可喜传》则书九宫山不言通山县。因为直接和农民军接触的何腾蛟的《逆闯伏诛疏》明确指出自成死在通山县九宫山，我对何的奏疏比较重视。但九宫山到底在何县仍有进一步推敲的必要。我曾对李自成、刘宗敏、田见秀这路农民军向河南、湖北、江西进军路线进行考察，路经通城、通山都有可能，从行军路线很难作出准确判断。最后只有求助于明代志书了。据《明一统志》卷五十九，"九宫山在通山县东南八十里"。据《明史·地理志》，谓通山县境"东南有九宫山"。两书记载相同，九宫山确属通山县，足纠《明史·李自成传》、《缓寇纪略》诸书之误。我写《晚明民变》是据此将李自成殉难处写为通山九宫山的。遗憾的是，当时避山乡，没法参考康熙《通山县志》和康熙《武昌府志》，这两书都有这方面的记实。

解放以后，关于农民战争问题的研究进入了一个新的历史阶段，发掘出更多的文物和文献，如早期的地方志书，族谱史料，更具体地记录下自成在通山县九宫山殉难情节，这都是毋庸置疑的信史。通山县文化馆收藏的鎏金马镫，和尚未寻找到的闯王宝剑，也可作为论断自成殉难通山县的辅助文物。

据最近看到其他同志转引康熙《通山县志》：顺治二年五月四日，李自成农民军数万进入通山县境，在这里约驻扎三个月。更参酌自成死后农民军"满营聚哭"等情节，大顺军将兵大概就在自成殉难处举行了葬礼，掩埋了尸体，然后才转入湖南省境的。

三、殉难经过及年月考

关于李自成死亡过程及情节也有异说。清方追击李自成农民军的主要负责人是英亲王阿济格,据他奏报:自成窜走时随身步卒仅二十人,为(九宫山)村民所困,不能脱,遂自缢死。①《明史·李自成传》则"缢死"与"脑中锄死"两说并存,仍未摆脱阿济格奏报的影响。阿济格奏报系破据大顺"降卒及就擒贼兵"。阿济格奏报自成之死可据,"自缢"说则是错误的。自成久经沙场,果毅刚强,即在被围困的情况下也会奋勇战斗,不会自杀。继阿济格奏报之后,地方大吏也纷向清廷上疏祝贺。李自成原为明方团练乡兵所杀,清军旋即占领通山。清总督军门佟岱出于政治的目的,对杀戮李自成的程九伯特给奖赏,扎委得安府经历。

记述李自成殉难经过最详实而可靠的,是明方总督湖广四川云贵两广军务的何腾蛟。自成死时,南京明王朝已面临崩溃。闰六月,明唐王聿键称帝于福州,号隆武,这时何腾蛟一再奏李自成死事。大概朝内有人对李自成死事有所怀疑,一是李自成既已被杀,为什么不见他的首级?二是自成势众力强,怎么会死于乡兵之手?隆武帝下令要何氏详细回奏。于是何腾蛟奏上众所周知的《逆闯伏诛疏》。为了有助于对李自成殉难过程的理解,兹抄录要点如下:"闯死确有实据,闯级未敢扶同,谨据实回奏事:……然闯势实强,闯伙实众,何以死于九宫山团练之手?诚有其故:闯逆既死,则宜留首级示信,何以首级竟不可得?亦有其故,请为皇上陈之……臣揣闯逆知左兵南遁,势必窥楚,既飞檄道臣傅上瑞、章旷,推官赵廷璧、姚继舜,咸宁知县陈鹤龄等,联络乡勇以待。闯果为清所逼,以二十八骑登九宫山,为窥伺计,不意伏兵四起,截杀于乱刃之下。相随伪参将张双喜,系闯逆义男,仅得驰马先逸。而闯逆之刘伴当飞骑追呼曰:'李万

---

① 《清世祖实录》卷18,顺治二年闰六月甲申。

岁爷被乡民杀死马下!'二十八骑无一存者。一时贼党闻之，满营聚哭。及臣刘体仁、郝摇旗于湘阴，抚袁宗第、蔺养臣于长沙，抚王进才、牛有勇于新墙，无不众口同辞；营内有臣晋豫旧治之子衿氓隶，亦无不众口同辞也。张参将久驻湘阴，郝摇旗现在臣标，时时道臣逆闯之死状。嗣后大行剿抚，道阻音绝，无复得其首级报验。"时值夏日炎热，自成的首级"已化为异物"。以上是何氏陈明没有获得自成首级以献的原因。但从归降南明的自成旧日部将和士卒"无不众口同辞"的口供考察，自成殉难过程是可信的。何腾蛟接着解释自成死于乡兵之手的经过，他说："今日逆首已误死乡兵，而乡兵初不知也。使乡兵知其为闯，气反不壮，未必遂能剪灭，而致弩刃之交加，为千古大快也。"最后，何腾蛟奏陈农民军归明的转变过程："自逆闯死，而闯二十余万之众，初为闯逆悲号，既而自悔自艾，亦自失，遂就戎索于臣。逆闯不死，此二十余万之众，伪侯伪伯不相上下，臣亦安能以空拳徒手操纵自如乎！"①

何腾蛟这封奏疏上于隆武元年，日月不详。按自成战殉后，农民军顿失领袖，陷于混乱。是年六月，诸将田见秀、吴汝义等由江西宁州进入湖南、浏阳、平江等县，刘体纯也率兵由武昌至平江。大概在是年七月，以上诸将陆续归明，在何腾蛟直接统率之下，何氏才得从这些人的言谈中详知李自成殉难具体情况。何这封奏疏是最可靠的信史。他上这封奏疏的日期大概在隆武元年七月下旬或八月上旬。这时明清双方兵力对比，清强而明弱。何腾蛟身为五省总督，实际兵力有限。农民军之投明，显系出于当时的民族观，从而加强了抗清的力量。

杀害李自成的团练乡兵，即明朝部署的地方上的地主武装。

---

① 文秉：《烈皇小识》附录：何腾蛟：《逆闯伏诛疏》。

前面所说亲手杀死自成的程九伯大概就是地主武装的一个头目。李自成并非死于清兵之手，阿济格愿杀自成之"功"归于明方，而捏造一个被"村民"围困"自缢"身死。何腾蛟所奏"团练""乡兵""截杀"等情更符合实际情况。

自成殉难年月，诸书记载分歧。《明史·李自成》系于顺治二年（1645）九月，《所知录》系于顺治二年八月，和实际情况都有距离。《明季遗闻》、《后鉴录》、《鹿樵纪闻》、《平寇志》等书皆系于顺治三年，尤不可据。按清英亲王阿济格奏报自成死事疏上于顺治二年闰六月初三日，自成殉难当在此前。《小腆纪年》卷十《附考》，谓自成之死在顺治二年四、五月之间。徐鼒所说经过一番考证，所记与事实比较接近。前据康熙县志，自成农民军于顺治二年五月四日进入县境，在县停留三个月。此志修于康熙四年，上距自成入境相距仅只20年，当地人记当地事，当最为可靠。另据何腾蛟奏疏，自成"每行军，大队在前，已率数十骑在后"。① 自成进军通山县当也不例外。五月四日乃农民军进入通山县境的日期。据此，自成殉难当在五月四日之后。综合各方记载，自成遇难日期当在五月中下旬，最晚不迟于六月上旬，自成生于明万历三十四年（1606），死于大顺永昌二年（1645），享年三十九岁。

——文治脱稿于北京三里河，时1986年2月12日
[原载：通山县李自成学术研究会主办《小月山》（创刊号），1995年5月出版]

---

① 《烈皇小识》卷8。

关于明末农民领袖李自成殉难通山县九宫山的一点补充说明

关于李自成殉难于通山县九宫山问题，我在1940年着手《晚明民变》写作时即开始注意，在1944年定稿时并申明自己的看法。大概在1987年，由于当时文物方面的需要，我又撰写《明代农民领袖李自成归宿问题考实》，对过去的看法作了进一步说明。以后通山县博物馆编辑《闯王陵志》，把初稿送我审查，通过该稿，关于李自成殉难通山县九宫山问题补充了更多的文物，如《程氏宗谱》所记更为具体。可以说自成殉难地点已确凿无疑。但在这种情况下，关于李自成归宿问题仍有争议，我认为关于这个问题有进一步加以说明的必要。现在湖北省和通山县政府为纪念李自成殉难150周年，进行学术讨论会，我就这个机会再作一点补充说明。

关于李自成归宿问题，古文献记载分歧。我在1940年开始从事明末农民战争问题的研究，一开始就遇到这个问题。一是自成到湖南石门县入寺为僧论，如《虞初新志》、《甲申朝事小记》、《米脂县志》等书皆遵从此说。一是自成在战争中遇害或自缢死，主要是被杀说，如《明史》、《罪惟录》及何腾蛟奏报等皆谓自成战败死亡。关于有关自成战败死亡记载甚多，不一一列举。关于自成死亡地点也有二说,《明史记事本末》、《平寇志》、《明季北略》、《明季遗闻》谓自成死于罗公山,按罗公山属湖北通城县境,但当时负责作战的领导人何腾蛟、阿济格皆谓自成死于九宫山,九宫山属湖北通山县境。

1940年我从事明末农民战争一开始即遇这个极为复杂的问题。为解决这个问题我曾多方搜集资料,经这几年探索,问题逐渐明朗,最后采取了自成殉难于通山县九宫山之说。1944年完成《晚明民变》一书,把我的探索的结果写入书内。

一、李自成脱离队伍入寺为僧之说乃属虚构

当时经过多方考虑,认为李自成离开部队入寺为僧之说乃属虚构。当时我是这样考虑的:李自成出生于明朝末年,于崇祯二年(1629)参加农民起义,在漫长岁月里历经挫折,在当时几个主要农民军领导人中是惟一的一个不曾屈服于各种压力始终坚持战斗的一员。

如崇祯六年(1633),这时李自成在农民军中才是一个小的首领,一度被围困于陕南车箱峡,局势甚危,人心惶惶,自成建议以伪降法脱险,李自成出峡后马上又投入战斗。

崇祯九年,李自成因屡战屡败,长期处于被动局面,有时潜伏陕鄂交界丛山中。崇祯十一年,其时农民军中的其他两个重要首领张献忠、罗汝才以寡不敌众,相继投降明军。独李自成继续在陕南坚持战斗,身边甚至仅余刘宗敏、田见秀等几位将领,妻子也被冲散。在这种情况下也不曾屈服。

崇祯十三年(1640),李自成被围困在巴西鱼腹山中,所率部众多降明朝,明督师杨嗣昌乘机招降。李自成对杨嗣昌的投降令"出漫语"。李自成不但不屈服,并且对招降令进行了讥讽。

这时部下将领刘宗敏因形势危迫，发生动摇，李自成设法把他安抚住，继续进行战斗。在这方面，李自成同当时其他农民军领袖相比大不相同。这样一个斗争意志十分坚强的人，中途变节隐蔽是决不可能的。

李自成坚持战斗的精神，还可从他的思想意识方面进行考察。李自成经过十几年斗争，和封建文人接触机会渐多，逐渐形成一系列进步思想，如接受李岩"均田免赋""贵贱均田"之说，在崇祯十三至十四年间占领河南时期没收贵族庄田分给农民，在洛阳时打开官仓赈济饥民；大概在同一时期提出"割富济贫"之类口号等。当然，"均田"之说并未付诸实践，在当时条件下，也不可能实行；但在赋税负担方面，相对明朝各种加派而言大为减轻，土地兼并之风暂时停止，从而农民军得到广大农民拥护。

李自成为维护农民利益，对部队约束比较严格，如令部队不得私藏金银，行军过程中不得强住民房，除妻子外不得携其他妇女。即使进北京之后仍发布命令："敢有擅掠民财者凌迟处死"。对明朝官僚贪污腐化暴行一再进行制裁，如发布檄文，指责明朝官吏"贪税敛""掳掠民财""吸髓剥肤"等等。李自成对自己要求则很严格，布衣蔬食，生活朴素，不贪财色，以身作则（至于农民军进北京后，一些将官趋于腐化，是另一个问题）。这样一个舍己为人的农民军领袖，中途为保全自己性命脱离部队，也是不可设想的。

李自成在所领导的部队中，深得将官和士卒的爱戴，如他的部队听到自成在九宫山遇害的消息时，"满营痛哭"。自成死后，部队分成几大股，盘踞在洞庭湖南北。清朝派人招抚，郝摇旗、田见秀及李锦、高一功等一再拒绝，最后投明抗清。人数众多，或谓"高、李部号二十万，刘体纯、袁宗第、张光翠、牛万才、塌天豹部各数万，不下数十万"。不仅人数众多，而且又衷心拥护李自成，在这种条件下，如果李自成尚在，有足够的力量割据一方以图再起，抛弃部队入寺为僧也是不可能的，况且这时李自成原配高夫人尚在，其子李来亨尚在。

总之，无论从李自成不屈不挠、坚持战斗的传统，舍己为人、艰苦奋斗的革命精神，以及军事力量还相当强大等方面考虑，为了保存自己的性命，脱离开自己的队伍并抛弃自己的妻子是决不可能的。

至于农民军中有的人到石门县入寺为僧事我不完全否认，他乃是李自成原来统率下的将吏，而绝非李自成本人。显然，李自成到石门县入寺为僧之说乃属虚构。

二、从李自成进军路线考查，他生前从未到过石门县

以上是从李自成一生为人处事和当时客观条件等方面进行考查，所谓李自成入寺为僧乃属虚构。更重要的是历史事实，在他生前从未到过石门县。

我从1940年从事明代农民战争研究工作，在1940—1943年从事农民战争史长编的编辑，李自成、张献忠各为一编，其他起义群雄另为一编。长编按年月日编排，对各路农民军攻占地点、战绩、提出纲领口号等都分别列入。关于攻占路线，在我写《晚明民变》时并绘制成图表，一目了然。这时在四川筑庄，长期住中央研究院历史语言研究所，该所图书馆馆藏甚多，所制图表基本可靠。

按李自成于崇祯十七年（1644）三月十九日攻占北京城。四月二十六日放弃北京。当时李自成所统义军系分兵南下。当时分成几路，一路由陕西经四川东部南下；一路由李自成亲自统率，

由陕西辗转至襄阳武昌。我根据当时所编辑的《李自成纪事编年》绘制了图表，据表可以看出，李自成自武昌南下，所经湖北省各地，有咸宁、蒲圻、保安、金牛、崇阳、通山等县镇，最后到通山县九宫山。李自成在九宫山与地方乡勇相遭遇，战斗牺牲。

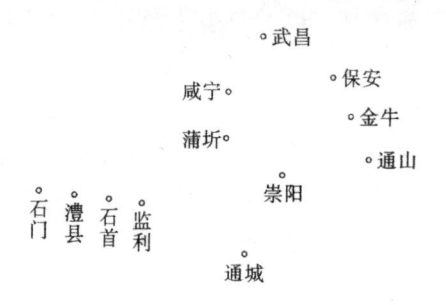

```
                    ○武昌
           咸宁○        ○保安
           蒲圻○         ○金牛
                          ○通山
                    ○
                    崇阳
   石 澧 石 监
   门 县 首 利
                    ○
                    通城
```

李自成死后，部将刘体仁、王进才等经过通城县向西南进军，到湖南巴陵、平江、湘阴、浏阳、宁州等地。

三、关于李自成死亡事，何腾蛟、阿济格的奏报是最有凭藉的文献资料

明朝湖广总督何腾蛟、清朝督师英亲王阿济格是当时双方指挥军队同李自成进行战争的主持人，他们关于李自成死亡的奏报属于第一手资料，应该把他们的奏报作为主要依据，其他文献记载只能提供参考。何、阿二人关于李自成死亡的记载虽不尽相同，但殉难于九宫山之说是一致的。

李自成死后不久，他的部下即援明抗清，何腾蛟奏报所说皆得自成将兵，最为可靠。据何所奏《逆闯伏诛疏》：

> 为闯死确有证据，闯级未敢扶同，谨据实回奏事：……

臣揣闻逆知左兵南遁，势必窥楚，即飞檄道臣傅上瑞、章旷，推管赵庭璧、姚继舜，咸宁知县陈鹤龄等，联络乡勇以待。闯果为清兵所逼，自秦豫奔楚……以二十八骑登九宫山为窥伺计。不意伏兵四起，截杀于乱刃之下。相随将军张双喜，仅得驰马先逸。而闯逆之刘伴当飞骑追呼曰："李万岁爷被乡民杀死马下，二十八骑无一存者。"一时贼党闻之，满营聚哭。及臣抚刘体仁、郝摇旗于湖阴，抚袁宗弟、蔺养臣于长沙，抚王进才、牛有勇于新墙，无不众口同辞；营内有晋豫旧治之子衿氓隶，亦无不众口同辞也。张参将久驻湘阴，郝摇旗现在臣标，时时道臣逆闯之死状。

何腾蛟是南明负责堵截李自成的重要领导，他预测李自成在北方失利，势必率兵南下湖北，他以最高长官的身份下令各级地方官作好迎敌准备；二是呈报李自成在九宫山遇害详情；三是李自成部下报告李自成死事，而且众口一辞。这是当事人第一手资料，最为可据。

清方阿济格的奏报稍有不同，谓李自成为村民所困自缢死。但所说死于九宫山同。阿济格也是当时人，所说也较可据。

与两人所奏相比，若《虞初新志》、《甲申朝事小纪》以及《米脂县志》皆系传闻之辞，不可为据。《平寇志》、《明季北略》两书记事多错误，只能供参考，不可尽信。

关于李自成殉难地址，就过去所接触的文献资料而言，何腾蛟和阿济格的奏报最为可据，而以直接当事人何腾蛟的奏报最为真实而具体，湖北当时是他们的驻防地。

这几年在通山县新发现的《程氏宗谱》所记正相符合，这是更有力的物证。

总之，无论从李自成生前进军路线考察，或当时负责官吏奏报考察，更参酌当地《程氏宗谱》所记，李自成殉难于通山县九宫山已毫无疑义。更从李自成顽强坚定的斗争精神及当时所处的客观条件考察，入寺为僧说绝非事实。因此我还坚持1944年我写《晚明民变》时所作论断，李自成在南明弘光元年（1645）四月下旬殉难，死亡地点是湖北省通山县九宫山。

编者按：这是前辈史学家、明末农民战争史研究奠基人李文治先生于1995年5月在《光明日报》纪念李自成殉难350周年座谈会上的发言稿。

（原载《明史》论丛，中国社会科学出版社1997年出版。）

《水浒传》与晚明社会

一、说《水浒传》

　　文艺是社会的产儿，在某特定社会条件之下一定产生与他相适应的文艺作品；至于这种作品对于此后社会影响的大小，则由社会本身对此作品的感受力来决定。假如某一社会与产生该作品本身的原来社会情况相同则此另一社会对该作品的感受力必然伟大，不仅使该作品广博的流传，就他本身的社会价值方面来讲对于社会的某一部分促起了变质的功效，发生更大的影响。《水浒传》便是一个最好的例证。他虽产生在异族劫夺下的元代，但是叙述的事实是北宋末年的群盗，描述的对象是北宋末年的社会情况，这部小说可说是北宋末年黑暗腐败社会之下的产儿。到了与北宋末年社会情况相同的晚明，水浒复活了，不仅是普遍的流行，更影响到流寇的兴起。
　　《水浒传》这一部小说用一种极通俗的笔法，暴露政界的龌龊和社会的不平。仗义疏财，劫富济贫，是"梁山泊"这一集团的特质；特别是打抱不平，杀戮贪官，抓住了被压迫群众的同情；他所以能在中国下层社会发生偌大的影响者在此。明朝晚年，政治的贪污，仕绅的淫奢和农民的痛苦，正是一部《水浒传》的写照。

二、晚明黑暗的社会

说到政治的腐败，明神宗、熹宗的恶政较诸北宋的徽、钦宗时代绝无减色。宋徽宗崇奉道教，讲求仙术，忘息政事；明神宗则宠贵妃，好财货，深居二十余年，不理朝政。徽宗喜奢靡，诸臣倡为"丰享豫大"之说，广事营造，挥财如土；神宗亦大兴土木，动辄几百万，国库荡然无遗。徽宗时有蔡京、童贯、王黼的贪污为奸；神宗、熹宗则有魏忠贤的结党营私。宋徽宗时新旧党争才告结束，诸贤废斥，群小专政；明神宗、熹宗则正当党争激烈之秋，明枪暗箭闹个不休，大僚争于朝，小吏贪于野，精神智术为私不为公。

说到外患，宋朝对外族有大批的赔款，称为"岁币"，从真宗景德元年起，向辽纳岁币银十万两，绢二十万匹；到仁宗时，银增为二十万两，绢增为三十万匹。徽宗宣和间，宋联金攻辽，此后岁币乃转输于金，银二十万两，绢二十万匹，更加上燕京代税钱一百万缗。此外对辽对夏的军费当也相当的浩大。徽宗年间，对农民增了不少的苛捐杂税，正是为此。晚明最大的外患也是东北族，由于大规模的战役，军费的不足而有田赋的加派；从万历四十六年起到崇祯元年，凡十年间，加派的总数字约达四千四百余万。这是流寇兴起以前的情形。崇祯朝加派的数字就更加庞大了，加以吏胥的额外勒索，民众实际的支出当不止此数。

宋徽宗以朱勔领花石纲事，搜岩剔薮，扰动乡里，于是叛乱四起，方腊斗兵于睦州，宋江横行于河朔。明神宗则有大批矿监税的派遣，不论贫富，搜刮无遗，较诸宋朝花石纲的骚扰，有过之无不及，是明朝早就应该有"方腊、宋江"的出现了。

晚明政界的贪污似乎也胜过北宋的晚年，贪风大起，贿赂公行。万历间钱一本论相谓："以远臣为近臣府库，又合远近之臣为内阁府库，开门受赂，自执政始。"① 这种宝塔式层层贿赂的政治，大僚小吏的勾结为奸，造成了明代由盛而衰转变的关键。贪污的结果，"国与民俱贫，而官独富。"他们既然发了官财，又拿这批赃私来贿买更大的官。② 钱越多的官运也更亨通，官场几乎成了市场。天启时，魏党太监李永贞家私二十七万，魏忠贤的家私虽无确文，当为李永贞的若干倍。崔呈秀巡按淮扬时，透支公费一万四千余两。③ 崇祯时，史堃一次就侵匿监课二十多万。④ 李自成陷京师时，或云拷掠诸臣，得银不下七千万。⑤ 方震孺、赵南星都曾大声疾呼，请求政府严惩贪污。⑥

在朝的官僚，在野的乡官，以及吏胥皂隶，他们以搜刮的钱财广置田园，大筑楼阁，奴仆三群，金玉满堂，娇妻美妾，笙歌软舞，大过其穷奢极欲的生活，这是晚明极普遍的事实。他们成天价讲敲诈，讲勒索，讲奢淫。说到农民，在贪吏豪绅和田赋加派剥夺之下，真个是民不堪命了。加以万历一朝四十八年内普遍的天灾，造成米贵民饥、卖妻鬻儿的现象。"赤日炎炎似火烧，田间禾稻半枯焦。农夫心内如汤煮，公子王孙把扇摇，"用《水浒传》上这个歌谣来形容晚明的社会情景，却是最恰当不过的。

---

① 《明史》卷231 钱一本传。
② 《明史》卷226 邱榆传。
③ 《三朝野记》卷2。
④ 《烈皇心识》卷5。
⑤ 《平寇志》卷10。
⑥ 《方孩未全集》卷一，《复社纪略》卷3。

三、《水浒传》的广播

　　《水浒传》专是描述社会的黑暗和不平，所以越是在黑暗不平的社会里，水浒的故事也就越易取得民众的同情，越易普遍的流行，把《水浒传》一段段的故事分别择出来说书扮戏和绘画，成了晚明社会间极普遍的习俗。张岱记述南京柳敬亭说书，谓一日说书一回，定价一两，武松景阳岗打虎一段描写刻画，微入毫发，说到筋节处，吒咤叫喊，房屋都震动起来。①是专有以说《水浒传》谋生的了。胡应麟于万历间至徽州歙县访汪道昆，巧遇道昆弟仲嘉说唱水浒故事，奚童弹筝佐之，听客为倾，胡氏为之赋诗赞美，有"象版牙筹说宋江"的语句，②流行之盛况可知。崇祯五年七月，山阴旱灾，村村祷雨，里中有演戏之举，到处寻找演员，"寻黑倭汉，寻稍长大汉，寻头陀，寻胖大和尚，寻苗壮妇人，寻姣长妇人，寻青面，寻歪头，寻赤须，寻黑大汉，寻赤脸长须，"大索城中，城中不得则纷往乡村山僻处寻找，或出重价到邻近府州县聘请，得三十六人，扮成梁山泊好汉，观者壅塞道路。③扮演水浒戏之哄动一时可以概见。再则张岱谓章侯画水浒人物四十名，"古貌、古服、古兜鍪、古铠胄、古器械，……以英雄忠义之气郁郁芊芊于笔墨间也"。④张岱、章侯诸人，以明朝遗老，当异族革命，心怀故国，不胜郁郁之情，张岱所谓"遂使宋江兄弟复睹汉官威仪"，⑤正是此意。是又以祖国沦亡画水浒人物以发泄其国家民族思想者。说水浒书，扮水浒戏，

---

　　①　《陶庵梦忆》卷5。
　　②　《少室山房类稿》卷75。
　　③　《陶庵梦忆》卷7。
　　④⑤　《陶庵梦忆》卷6。

画水浒画,面不止江南为然,观流寇之崛起西北,多取水浒诸贼诨号,可为左证。其影响社会民心之势由此可见。

除上述戏画之外,则有由水浒脱胎之赌具——麻雀牌。先是有明中叶陆容(成化进士)记其事云:"制一钱至九各一叶,一百至九百各一叶,自万贯以上皆图人形,万万贯呼保义宋江,千万贯行者武松,百万贯阮小五,九十万贯活阎罗阮小七,八十万贯混江龙李俊,七十万贯病尉迟孙立,六十万贯铁鞭呼延绰,五十万贯花和尚鲁智深,四十万贯赛关索王雄,三十万贯青面兽杨志,二十万贯一丈青张横,九万贯插翅虎雷横,八万贯急先锋索超,七万贯霹雳火秦明,六万贯混江龙李海,五万贯黑旋风李逵,四万贯小旋风柴进,三万贯大刀关胜,二万贯小李广花荣,一万贯浪子燕青"。①其中诨号姓名与今日通行之《水浒传》虽有出入,要之为同一故事的辗转传说。因此书在当时最通行,故为创叶子戏者所采取。此种赌博明成化间已盛行于江南,陆容记崑山事,谓上自士大夫下至僮竖,无不能之。②至万历末年,流行益广。③天启间并又创有马吊之戏④,绘画雕印皆仿诸叶子戏,⑤当为今日麻雀牌之滥觞。此后叶子与马吊并行,⑥至崇祯时,此风大盛。影响所至,有赌输货财,鬻卖田宅穷为盗贼者。⑦时党争方烈,有怀怨复社托名徐怀丹者,作十大罪檄文,声讨复社人员,十罪之一谓"社中游博马吊

---

① ③ ④ 《陆容菽园杂记》。

② 《绥寇纪略》卷12。

⑤ 同②。万历末年,民间好叶子戏,图赵宋时山东群盗姓名于牌而斗,至崇祯时大盛。

⑥ 顾炎武日知录,天启时,始行马吊之戏。而今朝士若江南山东,几无人不为此。有如韦昭论所云,穷日尽明,继以脂蜡人事旷而不修,宾旅缺而不接。

⑦ 《野获编补遗》3。

之戏，老传而童习"①，可见流行之广。先是流行于官僚士大夫之间，再则流氓地痞，渐及于平民。社会风俗日趋奢靡，由于叶子戏马吊赌者不少。

天启间，魏党势张，韩敬作东林点将录，选与魏党不合作者一百八人，分为三十六天罡星七十二地煞星之数，以《水浒传》一百单八将之天罡地煞及原诨号冠之，如"开山元帅托天王南京户部尚书李三才，""天奎星及时雨大学士叶向高，""天罡星玉麒麟吏部尚书赵南星"之类，谄媚魏党以为黜陟的标准。② 是《水浒传》与当时政治发生关系者。天启初徐鸿儒之效法梁山泊，崇祯初年"流寇"中之水浒成分，是《水浒传》与下层社会发生关系，且又产生重大影响者。

四、流寇和《水浒传》

万历末年，郓城县徐鸿儒用白莲教，诱聚群众，先后与闻香教的首领王森、王好贤父子（山东钜野人，后迁郓城）和景州棒箠团的首领于弘志等会合。"鸿儒误信梁山泊演义故事，巢于梁家楼"。③ 可见徐鸿儒钦慕《水浒传》侠义的群雄，直欲重演一回梁山泊聚义的故事。到天启二年五月，鸿儒连结曹州张世佩，起兵反官府，自号兴中福烈帝，称大乘兴胜元年，后教党内讧，始被杀。这个憧憬于梁山泊的宗教团体虽然暂告结束，白莲教的余党已遍布各地，为此后山东、直隶、山西、陕西、四川教变的张本。

---

① 《复社纪略》4。
② 《梦书一·东林点将录》。
③ 《罪惟录传三十一·徐鸿儒传》。

案西北流寇初起,名目繁多,然彼此间尚无密切的联系。到崇祯四年五月,群盗魁在山西举行第一次的聚会,大小头目共分为三十六营,公推王自用为最高首领。到八年正月,在河南荥阳举行第二次聚议,此时大小头目则分为七十二营,最强大的首领是高迎祥。前后两次的会议,其营制正合于《水浒传》三十六天罡七十二地煞之数,两次合计亦正为一百零八之数(一百零八之数为一般人所熟知者当以水浒之一百单八将为最普遍)。①

流寇多有诨号,且甚多与水浒相同者,如宋江、燕青则直取《水浒传》中之原来姓名,一丈青、黑旋风、混江龙、险道神、托天王、关索之类则袭取《水浒传》中之诨号而一字不易。余如过天星、满天星、混天星、九条龙、托塔王、跳山虎、掠地虎、飞天虎、白蛟龙、紫金龙、龙江水、金翅鹏、云里手、草上飞、黑煞神、黑蝎子诸名,是亦皆取法水浒而略有差异者。②《水浒传》中之诨号以"某某虎"者为最多,晚明流寇之诨号亦然。流寇之与水浒的关系,这是明证。盖流寇与梁山泊集团之性质相同,其处境相同,其分子出身也大致相同,其独取《水浒传》群雄之诨号为诨号,不是奇怪的事情。流寇所表现在劫富济贫打抱不平的行为上者,或掠富家粟,或打劫县狱,或杀贪官污吏,对有名望或廉洁的官宦则设法诱降或尊崇不犯。李自成还告诫他的部下说过"杀贤令者死无赦"的话。打抱不平和劫富济贫也许是盗寇中一般的倾向,但晚明流寇表现得特别显著。

流寇之兴盛,由于《水浒传》之刺激究竟占了多大的成分,这种心理上的作用难以有正确的论断。在贪暴政治下生活着的民众想重演几出"林冲夜奔"、"拳打镇关西"、"刀斩西门庆"的武

---

① 《荒书·客滇述二》书所记略同。
② 诸诨号据书过繁不录。

剧，和贪污土劣作一个殊死的斗争，并非什么意外。查继佐论施耐庵作出《水浒传》，贻祸凡三："一则崇祯中流寇初起，□为指名，亦辄如传中各立诨号，如托天王、一丈青等，勇出相作梁山泊好汉，其为数十倍于天罡地煞不止"。① 是《水浒传》之影响流寇，当时业已有人论及。过嫌简略，因补述如此。

社会问题，政府不想办法来求解决，处处违反了民众的要求，贪官污吏又大肆其劫夺，在这种情况之下，要想禁止住民众愤怨的情绪，不是一件容易的事。黑暗龌龊的社会促使《水浒传》广播的流行，又回转来反映到、影响到社会的本身。明代的"宋江们"就这样出现了，覆亡了朱明的江山。

(原载《文史杂志》第2卷第3期)

---

① 《罪惟录传三十一·王嘉流高迎祥诸部贼》。

清代粮船水手与罗教之发展

一

清代漕粮的运输,每年约需六、七千只船,每船佥卫所军一名领运,谓之旗丁,另由旗丁雇募水手九名,协同挽运。[①] 按此估计,领运旗丁需六、七千人,舵工水手需五、六万人。此外,沿河另有专以拉纤为职业的人,谓之短纤,遇有浅滞,临时雇募,和水手的性质大致相同,大概有十万人左右。

水手长途挽运,往返通州一趟需时八、九月,多或经年。他们失弃家庭安慰,长期过着离乡背井的流浪生活,这样年复一年。但是他们的收入是可怜的,虽然得顺路带运免税的土宜,为数极少。雍正八年(1730)定:旗丁得带土宜一百石,而舵工水手只准带二十六石。此外有身工银,雍正年间(1723—1735),舵工每运可得银三、四两,水手不过一、二两。后以物价日昂,身工银酌予增加,道光年间(1821—1850)渐增为十两左右。饭食一项,船上仅供食米,其余花费全由自己设法。以十两银子的

[①] 见雍正《大清会典》卷40,此制系康熙三十年定。清初原沿明制,每船由十丁管驾。

收入，维持一年的生计，是相当困苦的。

水手舵工，虽然是五方杂处，籍贯不同，出身的情形大致是相同的，在经济逼迫之下，具有无家可归身世凄凉的同感。且千百成群，聚集一起，过着共同生活，由于需求一致，遂因地域或船帮关系而互相结合。开始是粮帮的组合，据陈一帆《清门考源》①所述，康熙十五年（1676），清廷征发民夫，怨声载道，漕运夫役，感受一切有形无形之苦，清江民夫首组粮米帮；山东、河南及江苏之扬州各埠船夫民丁起而效之，帮的组织逐渐普遍。由此知帮的组织原是一种职业组合，目的在保护自己的利益，抵抗暴力。

水手舵工，经济需求满足，心灵需求安慰，这种企求，只有寄托在宗教方面了。恰好江南有漕诸省有一个佛教支派在流行，谓之罗教，水手聚居的杭州，漕粮最多的苏州，都发现这种组织，水手和罗教早已发生接触机会。杭州的罗教，后来更和另一种秘密结社天地会融会为一，谓之清门。清门所持道义，如扶危济困，患难相助，以及英雄侠义之思想，与穷苦水手之脾胃正相适合；其师徒如父子，信士如兄弟之义，使整个组织有如一大家庭，更使此无亲无友无归之人衷心向往，清门在粮船水手方面遂获得特殊之发展。试申述之。

罗教源于禅宗之临济派，供奉罗祖。据《清门考源》：罗祖名清，甘肃渭源人，明嘉靖朝官户部侍郎，后辞官隐修，皈依碧峰禅师，法名净清，为清门第二代祖师。碧峰禅师名金纯，应天人，为清门始祖。案罗清并非创始清门之人，因清门杂糅罗教教义，遂远托为教祖。

罗教之传播，渐分宗派，其流传江西者又名大成教、三成

---

① 陈一帆：《清门考源》。

教，其流传江苏者又名大乘教、无为教，罗教以佛教为本，而杂糅道教教义，故其经卷如《净心》、《苦工》、《去疑》、《泰山》、《破邪》均系杂引释道言语凑集成文。① 据乾隆三十三年（1768）浙江巡抚永德查报杭州庵堂情形，谓系不僧不俗之庙宇，徒众有吃素念经者，有不吃素不念经者；② 同年江苏巡抚彰宝呈报苏州查获教堂十一处，谓主管之人非僧非道，③ 此前雍正七年江西巡抚谢旻文更有请令罗教徒改崇佛教之议；④ 由上诸奏，知罗教非纯粹之佛教甚明，其世俗之程度亦至深。永德又谓《罗经》内容大率轮回地狱劝人为善修行之俚语，盖系适应下层社会之读物。

至罗教和粮船水手发生关系，当在清朝初期，其有明晰记述可供参考者如苏杭二府。二府为漕运重地，水手最多，罗教之发展最速，为政府所注意，这种违禁的组织遂得在时人奏章上保存下来。杭州罗教传播情形，并见于闽浙总督崔应阶、浙江巡抚永德奏摺中。永德之奏上于乾隆三十三年九月十日，摘录如下：

> 旋于（乾隆三十三年）九月初三日据王庄（仁和知县）禀称：访问北新关外拱宸桥地方有不僧不俗庙宇十余处，俱系供奉罗教《罗经》之所……讯据李庵之刘天元、刘庵之丁天佑等供称：尚有老庵即钱庵，万庵即翁庵，王庵即潘庵，及清凉庵等十余处，俱系奉依罗教……俱不悉始自何时。从前共

---

① 故宫博物院文献馆《史料旬刊》1930年6月第2期，江西巡抚谢旻摺（雍正七年十二月六日），又第15期江苏巡抚彰宝摺（乾隆三十三年十月一日）。

② 《史料旬刊》1930年12月第12期，浙江巡抚永德摺（乾隆三十三年九月十日）。

③ 《史料旬刊》1931年1月第15期彰宝摺。

④ 故宫博物院文献馆《史料旬刊》第2期，江西巡抚谢旻摺（雍正七年十二月六日），又1931年1月第15期，江苏巡抚彰宝摺（乾隆三十三年十月一日）。

有七十余庵，闻昔年有密云人钱翁二姓及松江人潘姓先创钱、翁、潘三庵，为粮船水手回空居住之所，因粮船水手俱系山东、北直各处人氏，回空之时无处住歇、疾病身死亦无处掩埋，故创设各庵；俾生者可以托足，死者有地掩埋。在庵俱习罗教，嗣因水手众多，绩又分为七十余庵。自雍正年间前任李抚院禁止之后，现在止存剩二十余庵。①

崔应阶之奏上于三十四年五月二十二日，摘录如下：

杭州府北新关外拱宸桥地方，向为粮船停泊之所。明季有密云人钱姓、翁姓，松江人潘姓，三人流寓杭州，共兴罗教，即于该地各建一庵，供奉佛像，吃素念经，于是有钱庵、翁庵、潘庵三名。因该处逼近粮船水次，有水手人等借居其中，以致日久相率皈教，该庵遂为水手己业。后因不敷居住，醵资分建至数十庵之多，外各置余地，以为看守人日用，并为水手身故义冢。每粮船回空，其闲散水手皆寄寓各庵，积习相沿，视为常事，此水手皈教之由来也。②

同时苏州府的粮船水手也和罗教发生关系，但和杭州罗教之宗派不同，乾隆三十三年十月一日江苏巡抚彰宝奏：③

窃照苏州城外访出久经奉禁之大乘、无为二教经堂十一处，……该管堂之人，非僧非道，藉称各有宗派，开堂施

---

① 《史料旬刊》1930年12月第12期浙江巡抚永德摺（乾隆三十三年九月十日）。
② 《史料旬刊》第12期闽浙总督崔应阶摺（乾隆三十四年五月二十二日）。
③ 《史料旬刊》1931年1月第15期彰宝摺："究其立教之始，据称起于前明人罗孟洪，以清净无为创教劝人，修证来世，称为罗祖。"

教，平日茹素诵经，招徒传授，……该犯等坚供：伊等原系驾船出身，年老无依，赴堂入教。现在所传徒弟及招接入教人等，仍系粮船水手及内河驾船之人……伊等止是修斋念经，并寓歇帮船水手取资过活等语。

在苏州查获之十一庵堂，系分建于康熙、乾隆两朝，和粮船水手之关系，至乾隆中叶已极密切。

和粮船水手发生最密切关系的，实为清门。清门之创始人为钱坚、翁岩和潘清，为清门三祖。据《清门考源》：钱是江苏武进人，翁是常熟人，潘是杭州人，《考源》所记三人籍贯与崔应阶等奏摺不同。又谓三人为异姓手足，同隶天地会，后以一部天地会会员及一部罗教徒为基础，组织清门教。是清门虽出于罗教，其内容已参杂新的成分。又因兴于杭州，浙帮水手中信徒最多，在八省粮船中占着领导地位。至清门教（即本文概称罗教）之内容，《考源》一书极为详尽，可补崔摺之不足。

按天地会又名洪门，创始于清康熙间，较罗教为晚。陈氏《考源》：翁、钱、潘三祖融天地会与罗教所创之清门，即崔摺中之罗教。清门由天地会脱出，与天地会之宗旨遂多相同。至清门名称，或源于教祖罗清之名，或源于清门创始者潘清之名，则不甚可考。至天地会之性质，原是一反清的秘密组织，洪门红帮各书保存反清复明之史料极多；清门中此种史料亦偶有发现，如《请牵绳》词中有"七盘梅山亡国恨，八盘勤王郑成功"之句。①天地会具有《水浒传》式的集团思想，指天地为父母，众徒如兄弟，标忠义为人生行为之轨范；此种宗旨，在清门歌词鲁言中犹处处可见。清门传道，尤重师徒关系，师如父、徒犹子，诸徒如

---

① 《清门考源》第13章《香堂歌集》，上海联谊出版社1946年版。

兄弟，因旨在互助合作，故门内兄弟最重义气，兄宽弟忍诗云："凡我同参为兄弟，友爱当效手足情，宽忍和睦真铭训，安清义气美名存。"对于世人则抱扶弱济贫之旨，济老怜贫诗云："老弱饥寒与贫苦，孤独鳏寡身无主，济老怜贫功德重，转生来世必报补。"① 门内之人称"光棍"，似是英雄好汉之意，从清门流传成语中，尤可窥见其重气节及侠义之风尚，兹举数条，如："穷安清，富道情，"即重仁义不重富贵；"光棍赚钱大家用"，有钱大家共用，为互助合作之极至；"光棍有四得"，即苦得、受得、穷得、富得；"光棍有三让"，即让老、让小、让妇女，不与争斗；"光棍要名不要命"，轻生命而重名誉。② 这些，把侠义二字充分表现出来，和天地会之宗旨甚相契合。

关于潘清等融会罗教、天地会创立清门教之目的，据《清门考源》谓在反清；藉教为号召，以避世人耳目。考此说颇近事实。后复将此义灌输于粮帮船夫民丁，以清门之教义组织之，为之立帮，各埠粮米帮尽行归并，清门子弟日增。③ 官书中则仍以罗教称之。

清门崇拜罗祖而具有天地会之性质，为融合二者另创之新组织甚明。至清门和粮帮之关系，亦与崔应阶所奏暗合。盖清门和粮帮原为各自独立之二团体，清门为一带有种族思想宗教性质之秘密结社；粮帮则为一同业之经济组合。帮粮水手运毕回杭，栖息庵堂，和罗教素多接触；且粮帮和罗教同系下层社会组织，基本质大同小异，故易受感染，遂纷纷入教。于是罗教藉粮帮而获发展，粮帮因罗教而益团结，二者之糅合为一，相辅益彰，固非偶然。

---

① 二诗见《清门考源》第11章《清门法规》，上海联谊出版社1946年版。
② 《清门考源》第17章《刍言》。
③ 《清门考源》初版及再版。

二

罗教创立较早，故潘清等融会天地会及罗教创立清门之后，世人仍以罗教称之，清门之名不显。至其发展情形，康熙以前不得而详，至雍正元年（1723），有一道禁教上谕，可供参考：

> 闻尤有不法之事，凡各省漕船多崇尚邪教，聚众行凶，一呼百应，……嗣后粮船务于本军择其能撑驾者，不许雇募无籍之人，更严禁邪教，谕令归业，务为良民；如仍怙恶不悛，该地方官不时查拿，从重治罪。①

上谕所说邪教，即指罗教而言。据此谕推断，最迟在康熙年间，罗教已开始在水手中传播。水手藉宗教结合团体，所谓违法犯禁，是对于统治者的反抗，所以下谕严禁。

罗教在粮船水手方面之发展至速。案粮船水手之组织，以帮作单位，上辖以卫。每帮有船数十只，如浙江杭州卫有头、二、三、四等四帮，头帮有船五十只，二帮船四十九只，三帮船五十四只，四帮船六十只。道光年间，江苏、安徽、浙江、江西、湖北、湖南、山东等省，共辖三十八卫一百一十八帮，六千三百二十六船。罗教在粮船上之组织，每帮有一首领，谓之老官，因入教皆拜老官为师，故亦谓之师傅。② 每帮皆特设老官船一只，供

---

① 雍正《大清会典》卷40。
② 或谓分潘安、老安、新安三教，每教内各有主教，名曰老官。据陶澍《陶云汀先生奏疏》卷11《覆奏粮船水手敛钱恃众大概情形摺子》："至老官之称，则凡丁舵水手之年长者，彼此相呼，均称某老官，乃指年老之意，非谓头目也。"

设罗祖。一帮水手数百人，都听其指挥。至一切用费，由各船水手联名资助。水手滋事，送老官处治，私刑极重，轻则责杖，重则处死。官书率以罗教称之，至有清末叶，民间始渐弃罗教之名而称清门。清门发展全赖粮帮，清帮之名即导源于此。

雍正年间，国内太平无事，对罗教的传播虽下令禁止，并不十分严厉，故雍正五年（1727）杭州仍有庵堂、神像、罗经存在，经查出后，仅销毁神像、罗经，仍留庵堂为水手栖息之所。① 此后继续发展，至雍正七年，直隶、山东、江南、浙江、江西各省也都有教徒的足迹，并开始建立庵堂。② 在江西省，南安、赣州、吉安、瑞州、南昌、抚州各府州县教徒最多，或在城习手艺，或居乡务耕作。江苏省以苏州教徒最多。乾隆三十三年（1768）查出庵堂十一处，教徒七十余人，都是年老无依的水手，并谓所传徒弟及招接之人，皆系粮船水手及内河驾船之人。浙江省则集中于杭州，前文业已述及，在有漕诸省，以浙江教徒最多，当雍正五年，浙帮水手已全体皈依，或谓因水手中多山东及北直人，驾船回杭无亲友投奔，以庵堂为寄身之所，遂成了罗教的大本营，庵堂日增，乾隆年间增至数十庵。据乾隆三十三年浙江巡抚永德奏：原只钱、翁、潘三庵，至是钱庵因年久改称老庵，翁庵因经万姓改建改称万庵，潘庵经王姓改建改称王庵。以

---

① 故宫博物院文献馆《史料旬刊》12期载，浙江巡抚永德乾隆三十三年九月十日查获罗教人犯摺："查雍正五年间前抚臣李卫曾访问浙帮水手皆信罗教，杭州北新关外有庵堂三十余处，各船水手于冬月回空时在内安歇，因恐尽行拆毁，则此辈水手皆各省异籍之人，饭铺不敢容留，回空之日无所依归，止毁去经像，不许仍称罗教。"

② 《史料旬刊》第2期雍正七年十二月六日谢旻摺：南安、赣州、吉安、瑞州、南昌、抚州等府查出罗教徒王耀圣等123人，僧人海照等六十八名。时福建罗教亦盛，雍正七年十月二十一日，福建总督史贻直摺，汀州、泉州、漳州三府均有很多罗教徒。

三庵为总汇,分建数十庵,兹将可考者列下:①

一　由钱庵分出诸庵

庵　名	主　持　人	庵　名	主　持　人
李　庵	刘　天　元	陆云庵	缪　世　选
刘　庵	丁　天　佑	八仙珠庵	仲　寿　成
周　庵	韩　德　山	滚盘庵	陈　起　凤
阎　庵	沈　世　荣	刘　庵	宋　起　文
石　庵	吴　吉　士	李　庵	李　　　文

二　由翁庵分出诸庵

庵　名	主　持　人	庵　名	主　持　人
刘　庵	杨　　　钦	黄　庵	黄　裔　祠
李　庵	李　应　选	虞　庵	虞　少　亭
王　庵	周　成　龙	彭　庵	彭　应　葵
章　庵	戴　成　武		

三　由潘庵分出诸庵

庵　名	主　持　人	庵　名	主　持　人
清凉庵	高　万　成	刘　庵	张　国　柱
王　庵	丁　文　学		

时钱庵主持人为朱光辉,翁庵为唐湘,潘庵为王世洪,他们都是上年纪的水手。以上共二十二庵,主持人二十二名,于乾隆三十三年被查获,并搜出《罗经》一百二十七卷,罗像二轴,一并销毁。至于庵堂房屋,因系回空水手托足容留之处,不便拆毁,浙江巡抚永德请毁去庵名,改为公所,以供水手栖息。上谕谓所议办法欠妥,如留为公所,数年之后查察稍疏,伊等势必故智复萌,再事活动,非正本清源之道,令从重办理,遂概行拆除,并拿获为首之人分别治罪。在罗教发展上,这是一次大的厄运。

罗教既不能公开存在,遂改变为秘密方式,在下层社会传

---

① 《史料旬刊》第12期永德摺(乾隆三十三年九月十日)。

播。至乾隆后期，卫所官兵也有入教的，乾隆五十二年，遂有"武职所属营卫人等，有犯邪教案件者，仍照文职例议处"① 的法令。

嘉庆年间（1796—1820）白莲教起事反清，他们以种族革命为号召，因此政府对于秘密宗教团体更加注意，罗教无法活动，故终嘉庆之世，其发展不速。

道光之后，政治败坏，农村凋敝，罗教的传播转盛，尤以老庵、潘庵二支为最；这时又新兴新庵一支，人数众多，号称武勇，遇有斗争，以红箸为号，人即立集。庵或改称安，如老安、潘安、新安是。② 罗教的组织日益扩大，分子亦渐复杂，据道光五年（1825）之估计，水手有四、五万人，游帮数倍之，合计当在十余万至二十万之间。③ 后且发展到捕快方面，道光八年漕督奏筹备江浙等帮水手章程八款，其第七款云：

> 沿河捕快，多有老安、潘安等教之人混迹充当，暗为粮船水手护符，勾串渔利。④

此外，沿途拉纤以及赖水上为生的人也多入教，如自山东闸河至北霸，河道长数百里，短纤短橛在岸上随行觅食的，恒数倍于水手，总曰游帮，都是罗教徒，⑤ 并推曾经械斗受伤者为头目。罗教传播既广，沿运河村镇亦纷建庵堂。

---

① 《漕运全书》卷86。
② 陶澍：《覆奏粮船水手欵恃众大概情形摺子》（道光五年七月）谓："粮船舵水设有三数，一曰潘安、一曰老安、一曰新安。"
③ 《东华录》卷11，道光五年六月壬戌上谕。
④ 《漕运全书》卷86。
⑤ 林则徐：《林文忠公江苏奏稿》卷8，《稽查防范回空粮船摺》。

道光年间，苏北、皖北、豫东之地教徒渐多，淮、徐、凤、颖、扬州各属，尤为罗教传播之区。道光五年（1825），安徽的宿州、亳州，河南的永城、颖上，都发现异姓结盟的秘密组织，并率众携刀和官兵对抗；① 这些人很可能是罗教徒。道光八年，在淮、徐一带捕获贩卖私盐之徒三百多名，皆与粮船往来，其中并有在永城传教之人。② 直至咸丰、同治间，淮河下游仍为罗教徒聚集的地方。

三

水手之所以能有坚强的组织，能在政府严禁之下继续发展，乃基于共同利害关系所致。他们没有可倚恃的家产，正项收入有限，不足以资衣食；为谋求生存，不能不加强组织，赖以合作互助。所以说罗教的兴起，除掉宗教和民族性质之外，其经济的意义尤属重要。③ 先从庵堂和水手之关系观察，罗教纯系一互助团体，兹以最早的杭州庵堂为例，在水手方面全把它当作栖息之所庵堂之营建遂多由水手集款，乾隆前期所建数十庵即由水手捐造。年老水手，不能出运，留庵看守。为维持生计，并置买地亩，种植蔬菜谷类，从事耕作。回杭水手至各庵寓歇，由守庵之人供给饭食；俟粮船开船北上之时，水手拿到雇价，计日偿还饭费。如闽浙总督崔应阶乾隆三十四年（1769）奏云：

---

① 《陶云汀先生奏疏》卷10，《拿获结盟匪犯摺》。
② 前书卷21，《奏续获凶匪办理摺片》。
③ 陶澍：《覆奏粮船水手歙钱恃众大概情形摺子》："此辈有利则趋，闻拿则散，非如教匪之迷溺邪经至死而不悟者也。"罗教徒之经济性质重于宗教性质，由此数语甚明。

> 尚存二十二庵……（看守人）共计二十二人，均系向为水手皈依罗教之人，因年老有病，逐各进庵看守，……皆赖耕种余地以资糊口。每年粮船回空水手人等，内有无处佣趁者，即赴各庵寓歇，守庵之人垫给饭食，俟重运将开，水手得有雇价，即计日偿钱，藉沾微利。其各庵借寓之水手，亦不尽归教之人，而每年平安回次，则各出银五分，置备香烛素供，在庵酬神。①

此外更置有义冢，为水手病故葬埋之所。对无家可归的人，都是极必需的。

至水手平日出钱捐献教首，也是储蓄互助的意思，道光五年（1825）江苏巡抚陶澍奏云：

> 闻老管所司每水手所得雇值，按名提出若干收存生息，遇水手患病医药，或身故买棺，即于此项内酌量资助。其平时未经出钱者，即无人为之照管，是以顽蠢之辈，利其缓急有恃，乐于从事，当角力斗狠时，执箸传呼，挺身相助。②

水手赖庵堂养病防老，这是属于消极方面的，仅这个条件是不够的，最基本的乃在如何维持他们的生活。

由于正项收入不敷开支，有赖额外收入以为补足，而开源之道，则为利用集团组织从事走私，其中最大的一笔收入是贩运私盐。考水手夹带私盐，起源很早，康熙年间（1662—1772）已屡次下令严禁，凡有回空船只，至德州柘园一带加以搜查。雍正三

---

① 《史料旬刊》第12期闽浙总督崔应阶摺（乾隆三十四年五月二十二日）。
② 陶澍：《覆奏粮船水手欽钱恃众大概情形摺子》。

年（1725）并严定法令，灶丁卖私盐给粮船的，杖一百，流二千里；回空船夹带私盐的，照贩卖私盐人等例加一等治罪，亦杖一百，流二千里。然仍不止，此雍正七年特降上谕云：

前又有人奏称，贩卖私盐之弊，在粮船为尤甚。有一种积枭巨棍，名为风客，惯与粮船串通，搭有货物运至淮、扬，托与本地奸徒，令其卖货买盐，预囤水次，待至回空之时，一路装载，其所售之价，则风客与水手丁舵三七朋分。粮船贪风客之余利，风客恃粮船为护符，于是累万盈千，直达江、广，私贩日多，而官引日滞。①

所谓风客，多是本地有钱有势的人。水手素极穷困，有赖风客之资本，风客则恃粮船为护符。在南则装载木植纸张磁器杂货，抵津易盐。在津专有人预先将大批食盐窝囤河边，以备装载过往粮船。乾隆元年（1736），下令沿途文武官弁，严加查缉，查出盐斤，除留食用外，余皆没收入宫。至嘉庆朝（1796—1820），此风益炽，江、广船只所带尤多，如湖北运船有夹带私盐二千多斤的，私盐充斥，淮纲滞销至数百万引。政府以私盐影响税课，一再令沿途稽查；帮船以利益攸关，或不服查验，或殴伤公差。②船上押运官弁，为从中分肥计，包揽纵容；即使因此革职，粮船每以私盐余利按股摊资，代为捐复。③ 地方文武以及沿途催攒各

---

① 《漕运全书》卷83。
② 《漕运全书》卷88嘉庆十五年上谕，粮船过扬州，不服查验，拒捕伤差，又卷86，二十二年，浙江海宁所旗丁林茂森，舵工钱万中等，夹带私盐，停船销卖，泛弁捕拿，拒伤弁兵。
③ 《陶云汀先生奏疏》卷32，《筹议粮船夹带私盐请扼要稽查摺子》）。

官员，也有"得规卖放"情事。① 因此私盐之事愈演愈烈，至道光年间已闹得不像样子，道光十一年（1831）江督陶澍奏之甚详：

> 窃照江西、湖南、湖北、安徽等省回空军船，夹带私盐，日有甚焉。……天津商人利于鬻私，甚至在于公埠，明目张胆而为之，其弊一；公埠虽有印票，限以斤数，而带私者并不请票，鬻私者并不填票，徒法难行，其弊二；青县、静海、沧州、交河、南皮各州县，临河商店，存盐过多，并不按应领应销实数，率付粮艘，以邻为壑，其弊三；私盐窝囤存积河干，专候粮船经过，千夫运送，万人共见，兵役巡查翻无知觉，其弊四；粮船装私，均用小船载送天津，河下私船如织，围绕粮艘，白书上载，地方文武熟视无睹，其弊五。②

粮船明目张胆贩运私盐，为数之多，或云几及淮引全纲之数。

其次，为私贩硝磺。硝磺产于山东、山西、河南诸省，因可制造火药，政府早经严令禁运，这完全是一种猜防政策。但禁令愈严，则私利愈厚，水利私贩事件越多。据雍正十一年（1733）上谕，山东沿河镇集之人预先收囤，俟粮船经过，即暗运入船。清中叶以后，私运的案件更层出不穷。

第三为贩运私钱。康熙年间（1662—1722），京师私钱充斥，皆系粮船由各处收买运京发卖所致，盖南方铜贱，私钱较小（故又称小钱），贩钱之利极厚，卫所旗丁也有私铸的，湖广尤为小

---

① 《漕运全书》卷88。
② 《陶云汀先生奏疏》卷32，《筹议粮船夹带私盐请扼要稽查摺子》。

钱聚集之所。运船携带制钱，每以押船为藉口，故查禁困难。乾隆六十年（1795），曾下令仓场于湖广各帮船到杨村时须严加抽查，① 盖由于此。

第四为带运各种私货。漕船揽载客货，倚势闯越关卡，不纳关税。沿河各关津查缉官员，畏其船多人众，又怕延误漕运期限，致罹催攒不力处分，都不敢认真稽查。②

此外，粮船水手更利用组织力量，和领运旗丁以及运河商船争夺利益。

领运漕粮的旗丁是一船的主人，而舵工水手是他花钱雇募来的船夫，水手和旗丁两者间的关系，是处于对立地位。旗丁是官差，气势凌人，非平民可比；而水手是平民，没有权势可以凭藉，为维持自己的利益，不能不团结来和旗丁抗争。水手对旗丁的要求，一是增加雇值，谓之身工。清朝初年，每名水手原定雇值银一两有零，后屡向旗丁要求，递年增加，渐至十数两。据道光九年（1829）御史陆祖煊奏：浙江等帮素称穷困，办运竭蹶，近年以来，水手于应发身工等项外，在途中屡次额外勒索，一经增加，永为定例，年复一年，竟有加至十万文以上者，约折合银数十两。奏又云：

> 向来帮船沿途发给水手钱文，由各帮头船开写一单，递交在后各船照发，谓之溜子，水手一遇水浅停滞，或催赶闸坝、辄加索钱文，逼写溜子，溜子一出，即须挨船给付。倘头船溜子未遂所欲，一二次后怀怨即深，每于停泊旷野处所

---

① 《漕运全书》卷83、86。
② 《陶云汀先生奏疏》卷28，《严查回空粮船夹带私盐摺》，谓水手或聚众拒捕，弃船走散，一船停搁，众船室不能行。

聚众滋闹，以泄其忿，打船进舱；持刀恐吓，无所不为。不但旗丁畏之如虎，甘心隐忍，即该管之丞卒运弁亦以人役无多，莫敢过问，间有能知大义出而弹压者，仓猝之间，声援莫及，往往受其欺凌。①

浙江帮船水手，向多招募无业贫民充当，性情勇悍，恃众滋事的案子最多。至逼写溜子之事，则是各省帮船水手普遍的现象。

此外向旗丁要求款项名目尚多，旗丁带运土宜，致船重难行，水手请增给钱文，谓之"窝子钱"。浙江帮船，如遇徒阳河水浅，绕行江面数里，请旗丁增加脚费，谓之"性命钱"。逆水过闸，又请添绞关钱文。②

航行运河的商船民船，也须向粮船水手送致财物。因运河是官修的运粮河，漕船所载是政府官粮，漕船在航行方面获有优越权，遇有浅阻地方，船重难行，水手每强截商船起驳，商船为航行顺利，不免花钱贿赂，否则强迫执行，将商船货物抛置河边，或为风雨所损伤，或为人民所抢夺，商民损失反而更大。③ 水手向商船敛钱之法，道光十三年（1833）御史金应麟奏云：

> 江浙两省漕船，较他省为多，而水手之强悍亦较别帮为甚。……或将漕船横截河中，而往来船只非给钱不能放行，名曰买渡钱。或择河道浅窄之处，两船直长并泊，使南北船只俱不能行，必积至千百号之多，阻滞至三、四日之久，有

---

① 中央研究院社会研究所藏：《议漕摺抄》卷6，漕督朱桂祯：《通筹漕务利弊疏》。

② 《议漕摺抄》卷3，御史费丙章摺，《林文忠公江苏奏稿》卷8，《稽查防范回空粮船摺》。《漕运全书》卷86。

③ 乾隆《大清会典·则例》卷42。

沿河地棍，名曰河快，向各船科敛钱文，给付漕船，命其抽单分泊，以便各船行走，名曰排帮钱。迨至受兑开行以后，前项讹诈无处不有。又曾以捉船驳米为名，如遇重载商船，该水手用米一斗倾入舱内，非给费不能前行，否则加以抢米名目，入船并锁，藉称送船究治，即可得钱。设遇无货船只，虽给费亦不放走，缘漕船揽载货物甚多，即留作分载私货之用。①

受损害的商民，以州县不肯查拿，未敢上控；州县兑粮畏其排斥，置若罔闻。此外，还有手持武器公开抢掠的，政府虽屡次下谕严禁，并无效果。

总之，水手们由于本身利益关系，需要有一个严密的组织，罗教便成了团结他们的核心。罗教庵堂是公共栖息养老养病之所，有如变相的家庭，同时又是聚议公事的地方。至贩运盐硝茶钱，闯关抗税，全赖强有力的组织，以对抗官府；向雇主旗丁要求雇值，向商船要各项花费，都需要团结，才能发生力量。所以我们对于罗教的认识，与其以宗教来衡量它，不如说它是一个经济团体。

四

成千成万的水手，有共同信仰的神，有相同的宗旨和意向，因而组织严密，势力庞大。在雍正年间，政府即引为忧患。据雍正十三年（1735）的上谕，是时不但沿河人民不敢和他们争执，即领运的官弁也不敢加约束。政府为预防罗教势力继续增长，首

---

① 《荐华堂文钞》卷7，《漕船讹诈摺》。

先是加重运官查禁约束的责任，有放纵的，严加议处。并令沿途文武地方官员于漕船经过之时多派兵役监视，水手有违政府禁令的，严加查缉。其苏州、常州、镇江、扬州各府，因城河狭窄时常发生拦阻商船要索财物的地方，于河边驻兵弹压。

其次是在雇募水手方面注意。各省帮船水手，原定在本军内选择谙练驾船的人充当；后来法令松弛，多雇用无籍游民。道光四年（1824），责成头舵雇用确知姓名籍贯之人，保结存案，然后由运弁将头舵水手年貌籍贯造册送呈上司，按名发给腰牌，十家中有一家犯法，诸家连坐。水手犯法，头舵能查明禀报的，酌给奖赏；十家连保有联名禀报的，免其连坐，仍给奖赏。其能将重犯缚送运官究办的，奖赏更优。知情徇隐的，加倍治罪。

第三是查缉罗教首领。道光八年（1828），责成粮道督同运弁及地方官，按名查缉各帮老官师傅，解交原籍地方官，以"水手老官"，四字刺面，然后取具乡约地方保结，严加约束，不准外出。以后帮船再有老官师傅把持一帮水手入教听从指挥的，即捕获解送官府，以教首论罪。①

道光咸丰年间，罗教之发展最速，违法犯禁的案件最多，政府对他们的预防和惩罚也更加严厉。罗教崇尚武侠，水手多挟带武器，道光十五年（1835），江苏巡抚林则徐仅在镇江前后两帮即搜获大小刀械数百件。

道光之后，运道梗阻，由运河运输漕粮之制势难持续，因有改行海运之议。兴议之始，时人一种最大的顾虑，是水手失业和安插问题。道光五年（1815），江苏巡抚陶澍奏云："惟来岁暂行海运，歇业甚多，难保不流为匪类，自当事先绸缪，设法防范，

---

① 《漕运全书》卷86。

免致稍酿事端。"① 道光六年，实行海运，对于停运水手，因先筹口食，陆续遣散，没有发生意外。七年仍拟行海运，反对的人仍以水手失业为口实，魏源上书江苏巡抚陆建瀛陈安插之法，令各水手仍照常将漕船开抵兑粮码头，事先守秘，不露出停运解散的形迹，如此使江苏一千多只漕船分泊于二十几处，势力分散，容易弹压，再由各地方官设法善后，分别安插，水手问题可无顾虑。② 可见政府对这个勇武好斗的团体，时刻在注意提防中。

道光后期至咸丰（1851—1861）同治（1862—1874）年间，漕粮海运渐为长制，漕船水手失掉职业。这时以民族为号召的太平军占领长江下游，接着捻军崛起徐淮，正是罗教传播之区，政府极为忧虑，恐怕他们参加反清的阵营。果然，后来有不少罗教徒参加捻军，在和异族的统治作激烈的斗争。③

（原载《社会科学杂志》1948年，第10卷第1期）

---

① 《陶云汀先生奏疏》卷11《覆奏粮船水手敛钱恃众大概情形摺子》。
② 魏源：《古微堂集》，《上江苏巡抚陆公论海漕疏》，案是年海运之议旋又作罢。
③ 《新辑时务汇通》卷67载黄临甫《海运河运议论》云："自停运以来，漕卒无所得食，河南山东诸省盗贼蜂起，十数年而始灭，中原之元气日伤。"即指粮船水手抗清而言。

高尚情操　卓越贡献

——对梁方仲教授的怀念与回忆

1988年7月19日是梁方仲教授八十岁诞辰，1988年12月5—6日，广州中山大学拟召开他的学术讨论会，写信通知我。这时我身体虽然不太好，但不能不参加。回忆1940年我由中华文化教育基金会补助，分到昆明前中央研究院社会科学研究所从事研究工作，陶孟和所长指令由梁先生协助，当时我听后非常高兴，我早已知道他的大名，有幸在他手下工作，真是喜出望外。一直跟他在一起工作数十年，受益匪浅，对梁先生各方面认识较深，对他的高尚品德和在学术方面的贡献进行了详细思考，在会上作了较长的发言。下面是我的发言稿。

一、不断追求进步的思想情操

梁先生原籍广东番禺。在清朝，先祖世代读书，应举入仕。民国时期，父亲在大学、中学执教30多年。梁先生自幼生长在这样一个家庭，对他精通古书具有一定影响。

梁先生于1921年到北京读书，入汇文小学三年级。1922年跳级进萃文中学，1923年，转入北京崇实中学。1925年在北京崇实中学读书时，发生"五卅"惨案，全国掀起反帝高潮，崇实中学也不例外。但该校系由美国教会创办，对学生实行压制，梁先生毅然离该校转入天津南开中学以示抗议，表现了一个爱国青年的义愤。

1926年，梁先生以高中一年级学籍跳级报考北京清华大学农学系，最后转入经济系。1930年毕业，继入清华研究院。1931年爆发"九·一八"事变，日军侵略东北，梁先生即参加由曹禺先生带领的清华大学抗日宣传队，前往保定、定县、石家庄一带宣传抗日，爱国主义思想进一步发展。

1. 由爱国主义到倾向共产主义

1939年，即梁先生三十一岁的那一年，他开始和共产党接触。是年到西北考察，在延安住了一个半月，亲聆毛泽东同志讲话，并和其他领导同志接触。我于1940年到社会科学研究所，因工作关系接触较多，犹常道及此事。从谈话中，他对延安共产党人廉洁奉公、上下平等、生活朴素、工作认真和艰苦奋斗的生活作风，倍加称颂；他认为在某些方面仍有待改进之处并提了建议。他对共产党的热忱溢于言表。相反，对国民党贪污腐化则深致不满。大概就在此前后，他设法营救被捕的地下党员，为前往延安参加革命的同志进行联系，体现了一个爱国知识分子对党的企望。

1944年，他接受美国哈佛燕京学社研究奖金到美国进行学术考察。当时国民党政府规定，出国须先经国民党中央训练团受训，受训须参加国民党。当时中央研究院各所有三人准备出国，一同到重庆受训，在动员他们参加国民党时，梁先生冒着被取消出国资格的危险首先提出抗议。这种反对同流合污的精神在当时是难能可贵的，在同事之间传为美谈。

1948年，他以高级研究员的资格参加了反搬迁斗争。这时解放战争进展迅速，国民党见大势已去，是年四五月间一再下令中央研究院搬迁台湾，有的所奉令迁台，社会研究所在陶孟和所长主持下，坚主留南京以待解放，其间梁先生起了很好的作用。1948年冬梁先生一度代理所务，在这青黄不接之时他做了不少工作。

由以上诸事例，反映出一个爱国知识分子由爱国主义到共产主义的向往，梁先生在不断紧跟着时代潮流前进。

2. 随时代进步的史学观

梁先生不仅在政治方面紧跟着时代潮流前进，在治学方面也不例外。这反映在他随时代进步的史学观，在社会科学研究方面力求作到联系实际。

梁先生这种思想早在高中一年级时即已萌生。他认为农业经济是国家根本，中国历史上一切变化都与农业经济有着密切联系，所以报考了清华大学农学系。后来转入经济系，也怀着同样目的，是为了掌握农业经济方面的知识，以实现其学术为现实为祖国服务的宿愿。

对实现学术为现实服务，他在1934年同当时青年史学工作者吴晗、罗尔纲、汤象龙、谷霁光等先生创立《史学研究会》。他们反对当时风行的颂扬帝王将相以及少数英雄人物的历史传统，他们认为这已不适应时代要求。他们提出要"随时代的进步"，要撰写"适合时代要求"的作品，主张治史应该"叙述社会变迁、经济变化和文化的进步"，同时提出历史研究应以"整个民族和民族的发展为主体"。这类主张反映了当时历史学界要求进步的思潮。他们为实践这种愿望，并以该会名义在天津《益世报》、南京《中央日报》创办史学副刊，由梁先生担任主编。

梁先生的这种思想使我身受其惠。1940年，我接受中华文化教育基金会的补助分派到社会科学研究所工作，从事晚期农民战争的研究，由梁先生指导。工作刚一开始，他就提出一个具有重要历史意义的问题。即以什么为主体的问题。他说：像李自成张献忠所领导的如此大规模农民军，占领大半个中国，以后并建制称王，如仍旧沿袭旧史以明朝为主体而称李张为流寇，是否妥当需要考虑。1944年梁先生布置我从事清代漕运史的研究，他首先要我看冀朝鼎先生所写《从公共水利工程的发展考察中国历史上的关键地区》(Key Economic Areas in Chinese History as Revealed in the Development of Public Works for Water-Control. London, 1936) 一书。这本书主要论述水利开发和经济发展的关系、经济重心南移和漕运的关系等，是一本力图运用唯物史观分析中国社会经济发展的论著。我的英语程度很差，还是尊重梁先生意图利用业余时间把它翻译出来（当时简译为《中国历史上的经济键区》）梁先生介绍我看这本书的目的，无非要我的研究工作不要局限于漕运制度本身的考察，要放开眼界，联系整个社会经济的发展变化进行分析研究。

1952年梁先生到中山大学执教，这时更加注意史论结合，努力钻研经典著作，他经常查阅马克思列宁有关原著，他还重译过《资本论》第一卷第24章，目的是为了运用历史唯物主义指导青年从事中国经济史的研究。

由以上梁先生在各个历史时期对待历史研究工作的态度，反映出一个科学工作者由一般进步史学观到坚持历史唯物主义的成长过程。

二、科学的治学方法

梁先生以毕生精力致力于中国经济史的研究，发表了大量学术著作，不仅对所专研的某些具体历史问题提出了不少精辟创见，而且对人们很少涉及的某些领域做了艰辛的开创工作，这同他坚持实事求是的科学态度是分不开的。他的治学方法，从他几十年具体工作和平日言传身教中有以下几点体会。

1. 从编年着手，进行纵向联系

为了弄清楚某一历史事件或一种制度，梁先生主张从编年着手。梁先生常说：任何一桩历史事件，从开始萌生直到结束，都有一个发展过程，这是每一历史事物本身的发展变化。从事历史课题的研究，首先弄清楚该课题的整个发展过程非常重要。如何掌握每一事物的发展过程，最好的办法是进行编年排比。梁先生很多论著都经过了这一步骤，然后据以写作，有的就以编年的形式发表，如所著《明代一条鞭法年表》。通过这个年表，可以考察各不同地区推行一条鞭法在时间上的差异，内容的差异，一条鞭法发展变化的原委，然后可据以作出完整而比较接近历史实际的论述。

梁先生的治学方法我没有学好，但可以联系我的工作做些说明。1940年我刚一到所，他就提出先对农民战争事迹进行编年。他说晚明史籍浩繁，不下千家，而且多有伪讹谬误，通过编年，可以发现诸种记载异同，经过考证以定取舍然后入表，有助于弄清楚农民战争的发展历程。我按照他的意图做了《李自成编年》《张献忠编年》，把他们的战争活动，如某年月日攻占某地，战争策略，以及政策措施等统收入编年，就是对历史事件进行纵向联系和探索。

通过工作实践，深感梁先生意见的正确。有关农民战争事迹，历史文献记载时有分歧，同记一事，不同史书对每一次战争发生时间、参加人数和农民军领导者等，每互相歧异。如当前争论的李自成归宿问题，李岩有无其人问题等，文献记载也不例外。如何取舍，哪种记载比较可靠，何者系以讹传讹，通过写编年和考证，问题才逐渐明朗，其间梁先生提供了不少宝贵意见。

作编年并非简单排比，首先要掌握大量文献资料，考证其异同，辨别真伪，然后入表。梁先生为了弄清一条鞭法及粮长制原委，参考了数百部乃至千余种历史文献，经过详细考订，作成长编，从长编弄清历史事物的发展变化，然后作出科学论断。中国古史研究中早已存在编年体例，梁先生的贡献在于对互相歧异的记载进行详细校勘，并把纵向联系和横向探索结合在一起，将纵向联系向前推进一步。

2. 从大处着眼，进行横向探索

梁先生认为，对每一历史事件或一种制度不能孤立地进行研究，要同整个社会经济的发展变化联系起来进行考察（梁先生这种思想早在三四十年代已反映于他的学术活动和著作中，解放以后更加明确）。梁先生常说：各学科间本来存在着互相联系互相渗透关系，研究经济史离不开政治史和文化史，甚至同其他学科也有着密切联系。梁先生所说也就是对研究课题要作横向探索。梁先生指出：只有这样，才能对历史事物作出整体的规律性的概括。按照梁先生的意图，专细精深的研究不能局限于狭小天地，要具有多学科的广博知识和高瞻远瞩的眼光，要对历史作多学科的综合研究。

纵向联系是考察一个问题本身的内在联系，横向探索是考察一个问题的外部联系。从事一项课题研究，只要这个课题涉及的时间较长，就需要进行纵向联系究其原委。从事一项课题研究，尽管问题的面涉及范围很狭，也需要进行横向考察，必如此才能掌握问题的实质。梁先生不仅只这样引导旁人，他所从事的专题研究莫不如此。在梁先生影响下，解放以后，对所涉及的几个研究课题也曾力图使用这种方法，同时也就想到梁先生的殷勤指导。

3. 纠正谬误，去伪存真

古书记事用语每多含混，有的互相歧异，需要细加推敲，否则人云亦云，每易以讹传讹，掩盖了事实真相。梁先生遇到这种情形从不轻易放过，要详加考订，力求作出准确答案而后已。梁先生常说：治史不但要掌握大量资料，还要善于发现文献记载之异同；同记一事，互相歧异之处固然不能放过，即记载相同有时也需要考订。如明代史书关于粮长制度的记载，据《明会典》：洪武四年，"今天下有司度民田以万石为率，设粮长一名，专督其乡赋税"。《太祖实录》所记略同。有人即根据上述记载，论断每粮赋万石设粮长一名乃天下通制。其实不然。除东南的福建外，设置粮长主要通行于长江流域征漕各省，此外很多省分不设粮长；又很多粮区每征粮数千石、数百石乃至百余石即设粮长，史书所记"以万石为率"也不确切。梁先生为弄清这个问题查阅了大量地方志书，纠正了长期以来在历史学界广为流传的讹误。

梁先生也重视考据，但不单纯为了考据，而是为了解决所要研究的课题，将论断建立在丰富而确实可靠的资料基础之上。他曾对考据学提出过自己的看法，他说考据学的要求，是在错综复杂的文献资料中，寻求出符合于历史真相的记载，以便探索事物的本质，不能为考据而考据。他所涉及的若干重大研究课题，其中有不少问题都通过考据。兹举一例：同在四川李庄工作时，他发现一条资料可以作两种解释，他不是随心所欲地选择合乎自己主观需要的一种，而是查阅大量文献，并和同事进行研讨，然后作出选择。此外，梁先生凡涉及有关财经的典章制度，名物术语，为求准确，必遍查群书，详加考订，弄清其真实含义。他反对望文生义。对一些可疑的历史记载，他必详加考订，防止谬误。

考证工作之重要，诚如梁先生所说：中国古籍，同记一事，时有分歧，有的作者不直接接触历史实际，有的得之传闻；在传闻之中，有的接近事实，有的以讹传讹；从事历史研究，必须做到去伪存真；能否作到，全凭功力。总之，必须以专精细密地掌握历史资料为基础，才能作出符合历史实际的科学论断。梁先生的研究工作，始终贯串着这种精神。

4．重视数量统计，加强论证的科学性

中国古史作者在涉及数量时每多用概括之辞，如谈到地权时每使用"田连阡陌"、"地无立锥"之类，关于一般论述动辄"数百"、"数千"、"百万"，或用"十之七八"、"十之二三"进行概括。古史研究在数量统计方面长期处于落后状态。诚如梁先生所说：古人除财政税收外，数量观念过差，用文字概括时，不是夸张就是缩小，不甚可据。为此，梁先生注意数量统计法在史古研究中的应用，并为此作了大量基础工作。

历史统计资料有两种：一是古文献已有的数字，如户口田赋之类，可据以对各个不同历史时期进行对比，梁先生的《中国历代户口、田地、田赋统计》属于这类，他这部巨著为统计学与历史学的结合研究作了艰巨的奠基工作，为使用数量统计研究中国户口田赋史及其他有关问题打下了坚实基础；二是古书缺乏数量记载，可据事物事件加以统计对比，凡事物属于同一性质的，计算件数加以统计，从大量统计中进行对比，考察事物的发展变化，梁先生有不少文章就采行这种研究法。单纯靠数量统计是不够的，还须用文字史料互相印证。所以梁先生一方面对所钻研的课题进行数量统计，而且对每一个数据都进行考察校勘，务求准确；同时重视文字资料。因此在他的著作中，一反当时史学界的旧传统，而把统计学与历史学融为一体，由于成功地运用了统计学，丰富了历史研究的方法，加强了论证的科学性，将历史研究向前推进一步。

数量统计法的重要性,一是便于进行比较,可以化繁为简,使复杂的事物明朗化;二是数量统计具有精确的特点,作出论断更有说服力;三是可据以考察事物乃至社会经济发展趋势。传统史学主要靠文字记载,靠直觉进行论断;若数量统计法则不然,除文字资料外,并辅之以数量统计,通过统计法使论断建立在更加确切的资料基础之上。梁先生这种研究法,对我国经济史研究的发展具有一定促进作用。

5. 详细占有资料

历史研究者要对所研究的课题作到纵向及横向探索以考察事物的发展趋势和本质,必须详细占有资料。梁先生所写《一条鞭法》《明代粮长制度》《中国历代户口、田地、田赋统计》等书文,查阅图书少者数百种,多者千余种。梁先生经常以掌握翔实而丰富的资料引导从事科学研究的同事和同学。梁先生对当时有些文章离开资料而作想当然的推论是持批评态度的。他所写书文和论断,都是在详细占有资料的基础上作出的,他从不脱离资料而作漫无边际的推论和臆测。

梁先生不只注意正史和文集札记,还注意原档和原始文物以补充文献的不足。如关于明代户帖的研究,根据所搜集到的实物论证户帖的作用,指出户帖"不单是户籍的根据,而且也是征收粮赋的根据"。用户帖实物补充了因史籍忽略而给人们造成的某些错觉。如关于易知由单的研究,梁先生搜集顺治康熙两朝易知由单原件三百余份,又从明地方志书中寻找到明代易知由单格式,结合有关记载,把明清两朝易知由单历史沿革的论证向前推进了一步。如关于明代黄册的研究,利用档案资料丰富了黄册制的内容,正确地论证了黄册在明代整个社会经济中的作用。

梁先生为了掌握更多资料还到国外广为搜集。1936年6月到日本考察,在很短时间内,查阅了宫内省图书馆、上野图书馆、东洋文库、静嘉堂文库等机关藏书，查阅田侯家尊经阁私人藏书，还分赴足利、金泽二地参观足利学校遗迹图书馆和金泽文库，抄录了不少罕见的明代方志和明人文集中的资料。1944年10月梁先生到美国进行考察研究时，查阅美国博物馆图书馆贮藏的中国文物和图书。1946年离美赴英进行考察研究，也注意搜索资料。在美英将近三载，集录了不少有关中外经济史资料。

为了进行前后对比，梁先生还特别重视社会调查，多次到农村调查土地关系和农民田赋负担问题。1939年，为了相同的目的，曾往川陕甘三省从事社会调查，不辞辛劳，深入农村，搜集有关资料，为期凡八阅月。

总之，梁先生治学方法，从详细占有资料，重视数量统计，对资料力求去伪存真，到对研究课题进行纵向联系及横向探索，做了极其艰巨的工作。他不像有些人那样急功近利、东抄西拚；而是实事求是、锲而不舍。对资料问题：他继承了乾嘉学派的优长，而又突破旧考据学的局限；在行文方面，他一反唯心主义藩篱，向唯物主义方向迈进。解放以后，更自觉地运用辩证唯物主义与历史唯物主义，力求掌握马克思主义精髓。正是在这种思想指导下，在经济史研究方面作出卓越贡献的。

三、卓越的学术贡献

梁先生的研究工作涉及方面较广，突出贡献是明代赋役制度方面的研究，如一条鞭法、粮长制度、黄册、鱼鳞图册、里甲制度、易知由单、户帖等问题，以及历代户口田地田赋统计综合研究等。他对中国赋役史的研究所取得的成就早已为国内外历史学者所推重。计从1933年至1970年，已发表及未发表的专著五本又文章近60篇，每本专著和很多论文都有其特长，作出了贡献。

限于篇幅，这里只就《一条鞭法》《明代粮长制》《中国历代户口、田地、田赋统计》三者进行简略介绍。

1.《一条鞭法》

《一条鞭法》于1936年发表于《中国近代经济史研究集刊》。该文对明代田赋制度作了总结性研究。梁先生以锐利眼光，考察了明代田赋制度的变革及其对社会经济发展的影响，指出一条鞭法"是现代田赋制度的开始"，"打破了二三千年的实物田赋制度"，标志着中国货币经济的抬头，显示出十六世纪中国社会内部历史发展的趋向。梁先生这一科学论断，在国内史学界乃系首创。此项研究搜集了大量资料，从分歧复杂的记载中抽象出规律性的内涵，进行综合和概括，使读者有一个完整而清晰的概念。这是一项了不起的重大贡献。

按照梁先生论断，一条鞭法主要是徭役制的改革，由这种改革改变了农民的赋役负担，这是一条鞭法改革的实质内涵。梁先生把这种改革归纳成四种形式，一是以丁为主以田为辅，二是以田为主以丁为辅，三是按丁田二者平均分摊，四是徭役完全分摊于田亩。这种归纳看起来很简单，实际是经历了一个艰辛的钻研过程。因为各省州县实行的时间和具体作法不同，如不经过经年累月广泛积累资料，把各地区各历史时期的资料进行综合对比，是难以作出这一科学论断的。

据梁先生论述，一条鞭法已具有户丁税向土地税过渡的内涵，但又不同于此后清代"摊丁入地"，因为明代除按田摊派徭役之外，人丁基本还须承担部分徭役，这是一条鞭制和清代地丁制仅存的一点界限。所以梁先生又作出如下论断：一条鞭法是现代田赋制的"开始"。梁先生的意思很清楚，它已具有"摊丁入地"因素，也即开始向地丁制过渡。

梁先生关于一条鞭法研究的贡献，还反映于对一条鞭法推行原因和作用的分析。一条鞭法推行原因，梁先生除指出商品货币经济发展因素之外，着重指出土地兼并和人口流动问题，即阶级矛盾激化的产物。一条鞭法推行结果，封建国家对农民的人身奴役关系削弱，如梁先生一再指出的，一条鞭法出现以前，推行的黄册制度、里甲制度、征派徭役的三等九则等都是以暴力强制为条件的，实行一条鞭法以后，逐渐把征派徭役的重心转向地产，国家逐渐放松对农民人身的控制，这标志着农民某种程度的解放。

梁先生《一条鞭法》一文发表以后，不仅在国内历史学界产生巨大影响，国际学者也很重视，在学术界只要提到明代一条鞭问题，很自然地就联想到梁先生，这正反映了他在这项课题研究方面的巨大贡献。这是一项开创性工作。

2.《明代粮长制度》

梁先生在粮长制的研究方面同样作出了重大贡献，集中在1957年出版的《明代粮长制度》一书。

经梁先生考证，粮长制主要推行于长江流域征漕各省，并不如正史所说通行于"天下"，这在前面已经谈到。在明代二百多年间，粮长的地位性质也在发生变化，这是过去人很少涉及的。

明中叶以前，充当粮长职务的主要是当地"首富"，实际是绅衿地主。他们权势显赫，横霸一方，具有"半官"性质。这时粮长职责，除对所辖粮区赋税进行催征解运之外，还负责丈量土地、经造鱼鳞图册，劝诫农民耕种，有的在地方上兼听讼狱，起着地方基层政权作用。在有的地区，粮长还有权检举地方官吏诸不法事宜。

明中叶以后，伴随政治经济的变化，粮长一职逐渐改为由农民充当，由地主永充改为农民轮充或朋充；与此相适应，粮长职务的地位性质也发生变化，由"半官"性质变成为对农民的封建徭役，充当粮长变成为农民的沉重负担。在梁先生此书未发表以前，人们对粮长职务及地位性质的变化不甚了了，每多错觉。梁先生这种论断是在掌握大量文献资料并经过详细考证之后而作出的。他对互相歧异互相矛盾的记载条分缕析，掌握了它的发展变化，澄清了长期以来由于记载含混而在人们头脑中形成的某些错觉。

与此同时，还阐明了粮长制和里甲制的关系，粮长制发展变化和整个社会经济的联系，及推行粮长制给劳动人民带来的严重后果。这是一本高水平的学术专著。

3.《中国历代户口、田地、田赋统计》

《中国历代户口、田地、田赋统计》一书，脱稿于1962年，是梁先生生前完成的最后一部巨著。此书时间断限，上起西汉，下至清末，前后历两千一百多年，对历代户口土地田赋分门别类，综合编辑，制成各种统计表格，全书包括正编、附编、别编三部分，共计235表，后附有度量衡之变迁、历代户口田地升降比较统计图，每表之后除附资料来源外，很多附有详细注释。全书将百万字。征引书目325种，其中很多大部头线装书，合计当不下数千卷。这部巨著有些图表大概早在30年代即已开始着手编制。40年代初同在四川李庄工作时，已见他在查阅古籍制表，到1962年脱稿，前后共经历20多个春秋。书中每个图表都经过精心设计和计算。同一表格的数据，在古籍中常有几种不同记载，遇到这种情形，梁先生必详加分析，探微索隐，务求详实。就我所曾接触过的辽饷加派而论，书中所列《明万历四十八年分区加派银数》表，梁先生根据《皇明世法录》所记数字和《明史·食货志》所记互相对照，并参考后人关于辽饷加派问题的研究统计，将几种古书记载和后人研究成果进行对比，然后作出自己的论断，认为《皇明世法录》所记比较可信。梁先生并经过同其他记载互校，谓此书所载实收银数也有出入。对于数字的考订其认真如此。

完成这样一部巨著，不但需要学识渊博，更需要几十年如一日的坚毅不挠的精神，梁先生为这部著作付出了极其繁重而艰巨的劳动。这是一部有关历史研究的基本建设的学术专著，具有很高的学术价值。

　　除以上三书文外，其余若关于明代鱼鳞图册、黄册、户帖、易知由单、里甲制等问题的研究都具有自己的创见。通过梁先生对各个具体经济制度的研究，使我们加深了对整个明代社会经济发展变化的认识和了解，他的艰巨工作在整个经济史学领域具有深刻影响。

　　梁先生的学术成就不仅受到国内学者的传颂，在国外学术界也享有崇高威望。在30年代《一条鞭法》发表以后，日本就有一个史学杂志连载。梁先生关于明代田赋史的学术论文，在日本历史学界产生了重大影响，特称梁先生为"少壮学者"。此后日本著名学者，如早稻田大学教授清水泰次，东方文化研究所研究员仁井田陞等人，在讨论明代田赋制度时都曾致函梁先生征询意见。美国以研究中国史著名学者费正清教授，在《一条鞭法》英译本《序言》中说："这篇专著是论及明朝后期赋税和徭役，系统地改换为以银折纳制度迄今最深入的研究，它对于近代中国货币经济的任何研究，有着奠基作用"。美籍华人学者何炳棣说："梁方仲教授是明代赋役制度的世界权威"。他们并非过誉。梁先生是中国经济史学科主要奠基人之一。解放以前，他在经济研究所前身——社会研究所工作15年，经济研究所在经济史研究方面所作出的成绩，是和过去梁先生的辛勤劳动分不开的。

四、高尚的道德品质

　　梁先生不仅只在科学研究方面作出了巨大贡献，他高尚的道德品质尤为人所钦仰。

一是奖掖后进。人才的成长，靠青年学者自己辛勤努力，也靠名师的奖励指导，对青年学者，他是一位循循善诱、热情相助、诲人不倦的良师益友。在抗战时期社会科学研究所搬迁四川李庄，梁先生积极推动学术活动，按期举办读书会，除所内同事轮流介绍读书心得外，梁先生并邀请所外专家作学术报告，交流经验，启迪后学。此后在中山大学执教时，继续倡导这种学术活动，在同学间，根据当前学术界的动态和专业课教学的需要，组织小型学术讨论会，引导同学注意当前学术界发展动向，活跃学术气氛。又在社会研究所时，同事们向他请教，他无论多忙，即放下其他工作，指点门径，热情相助；对引证资料有可疑之处，辄代为查书校勘。这种认真负责精神实感人肺腑。我写的《晚明民变》，他在病榻上审阅，提出了不少宝贵意见。他在中山大学执教时，对受业弟子从严要求。在行文方面，要求同学对于经济史所使用的理论范畴、概念、术语等尽量弄懂它的真实涵义，领会其精神实质，避免生搬硬套；在搜集资料方面，他要求同学真正掌握资料，要对古文献记载真伪进行甄审，不要断章取义，对史料的运用不要主观臆测。梁先生要求同学，不论理论概括或对史料阐述，都要坚持实事求是的科学态度。同时鼓励同学要有奋发攀登的精神，他多次指出，在科研道路上不可能一帆风顺，只有奋发努力，刻苦钻研，勤奋探索，才会有所成就。他对青年教师和研究生精心培育，爱护备至。其奖掖后进的满腔热忱，常为人所乐道。梁先生在史学方面自成一家，他以自己的学风和治学模式为国家培育出一批史学工作者。他培养的研究生全部成为正副教授。

二是一心为公。梁先生遇事很少考虑个人，而是更多地考虑公益事业，这种精神首先反映于对工作的态度。在我熟习的友人中，梁先生对古文献资料最熟悉，掌握资料最多，但从不把自己辛勤收集的资料据为己有。1944年我开始从事清代漕运史的研究，他即把自己所掌握的有关漕运资料卡片交我使用。1952年他到中山大学执教，当青年师生向他求教时，也辄即把多年积累的资料倾匣相助，和那种垄断资料居为奇货密不示人的市侩作风大相径庭。这不只出于对青年师生的爱护，也是对工作认真负责的一种表现。梁先生一心为公也反映了他不计较个人经济利益。如1944年至1947年在美英留学考察期间，他逐年领取的哈佛燕京学会的奖金相当优厚，在国外他省吃俭用，把省下来的钱购买图书，回国后交社会研究所图书馆，自己不留分文。

三是勤奋朴素，努力工作。梁先生工作不分昼夜，在四川李庄时白天工作八小时，每天晚上工作到深夜，一年四季如此。我每次找他聆教，我已走到他的办公桌前站立很久，他还未发觉，他精神贯注之专如此。一般我星期天必到他办公室讨论问题，有时他会忽然发问："今天是星期几？"他一心工作，完全忘记了疲劳，很少休息，因此也多少影响了他的健康。他自己生活朴素，从不讲求吃穿，在经济上却乐于助人。早在清华大学读书时，与吴晗同志同学，吴晗家境困难，梁先生对他全力支援，尝谓"一人学费，两人使用"。

四是明辨是非、坚持正义。这种精神，早在青年时代就有所表现，如前述上中学时反对教会学校的压迫，在日本侵占东北时参加抗日宣传队。在参加工作后，如前述1940年前后设法营救被捕的共产党人，1944年出国时拒绝参加国民党等，这在当时政治条件下是难能可贵的。在十年动乱期间表现也很突出，1965年11月10日，反动文痞姚文元炮制《评新编历史剧"海瑞罢官"》，诬陷吴晗同志，这时梁先生正在武汉大学讲学，他在学术讨论会上批驳姚文元，义愤填膺。1966年初在中山大学历史系教工会上再次为吴晗申辩，义正辞严。梁先生也因此备受迫害，积郁成疾。1970年病情恶化，与世长辞。

以上就是梁先生一心为公热爱祖国，把自己的光和热奉献给党和人民的实录。梁先生永向前进追求光明的思想情操，明辨是非坚持正义的刚毅精神，不计个人名利专心作出贡献的纯真心愿，公而忘私朴素无瑕的高贵品德，永远鼓舞着我们。梁先生严谨求实的科学态度，系统严密的治学方法，勤奋好学永不懈怠的蓬勃朝气，是我们学习的光辉榜样。他的高贵品德和治学态度，集中地表现了老一辈科学家的良好风范，堪称道德文章第一流，在社会主义时期，很值得新一代人认真学习和继承发扬。梁先生早逝，使他想从事的许多工作，诸如《中国经济史》、《明代田赋史》等书的写作未能如愿完成，是史学界一大损失。但梁先生高尚品质和学术成就，作为一份精神财富和文化遗产将留在人间永世长存。九泉有知，梁先生可以无憾矣。文治谨述。

1988年11月定稿

（原载《中国经济史研究》1989年第1期）

李文治写作小传

李文治先生河北省容城县人。1909年10月生，是中国社会科学院经济研究所研究员，中国社会科学院研究生院博士生导师。1933年就读于北平师范大学历史系，1937年师大毕业后，先后从事抗日宣传及教学工作。1940年7月接受中华文化教育基金会及中英庚款董事会补助，到昆明中央研究院社会科学研究所工作，该所1941年春迁四川李庄。解放后，李文治先生一直在中国科学院经济研究所和中国社会科学院经济研究所工作，迄今为止，整整走过了65年学术研究生涯。

李先生学术著作十分丰厚。早在上学期间就开始从事研究工作。1934年在《食货》发表《隋炀帝大业间农民暴动的社会背景》一文后，就不断有文章、著作问世。如《南宋土地问题》、《南宋平均地权的几种理论》发表于《大公报·史地周刊》，《黄巢暴动的社会背景》发表于《师范大学学报》，《隋朝大业民变的经济动力》及《北宋民变之经济的动力》发表于《食货》杂志，《长城考》发表于《长城杂志》。这些文章着重于揭露封建社会的黑暗面。1945年完成《晚明民变》一书，约30多万字。建国初期发表《晚明封建地主掠夺土地的几种方式》、《晚明统治阶级投降清室与起义农民的抗清斗争》、《晚明官僚一笔贪污账》,《晚明农民领袖李自成》等论文。1952年起参加《中国近代经济统计资料选辑》的编写工作,负责"农业"中的"地租"部分。从1954年开始编辑《中国近代农业史资料》第一辑,1956年完成,由三联书店出版。由三联书店出版。

从60年代开始,李先生在研究工作中开始注意理论与实际相结合的问题。经过长时间的探索,在学术上逐渐形成了自己的观点,即把中国地主制经济作为研究中国封建社会经济史的中心线索。地主制经济的发展变化,制约着两千多年来中国整个社会经济乃至政治和意识形态的发展变化。在五六十年代,历史学界相继提出了一系列问题,如中国资本主义萌芽问题、封建所有制问题、地主阶级阶层划分问题、中国封建社会长期延续问题、中国历史分期问题以及其他问题。李先生即把地主制经济体制作为中心线索对其中有些问题进行了考察,提出了自己的看法。这时期李先生发表的重要文章有:《论清代前期的土地占有关系》,发表于《历史研究》,《明清时代的封建土地所有制》,发表于《经济研究》。

八九十年代,是李文治先生经过长期耕耘之后迎来的大丰收时期。除了发表大量论文外,还出版了一批著作。他参与写作的《中国近代经济史1840—1894》于1989年由人民出版社出版,与魏金玉、经君健合著《明清时代的农业资本主义问题》于1983年由中国社会科学出版社出版,他独著的《明清时代封建土地关系的松解》于1993年由中国社会科学出版社出版,与江太新合著《清代漕运》于1995年由中华书局出版。

李先生的学术成就主要在于多角度、多层次论证中国封建社会与西欧封建社会不同,是属于地主制经济体制封建社会。王亚南先生虽然提出中国封建社会是地主制经济,但未进行论证,经过李先生几十年的不断努力，为中国封建地主制经济论奠定了坚实的基础。由于李先生的不懈努力，中国封建社会是地主制经济这一命题已为学术界普遍接受。开创了中国封建经济研究的新纪元。

从具体问题考察，李先生贡献在于如下几个方面：

一、关于中国农业资本主义萌芽问题。这个问题，学术界讨论十分热烈，五六十年代、80年代，乃至90年代，人们都在议论这个问题，出版的讨论文集就有好几部，但众说纷纭，莫衷一是。之所以出现这种局面，李先生认为乃基于对某些问题的看法和对某些文献记载理解的不同，关键是方法论问题。所有作者对此问题进行讨论时都涉及到商品经济问题。商品经济发展是资本主义经济发生发展的必要条件，但商品流通必须从属于生产，商业资本必须从属于产业资本。这里有一个关键问题，即对资本主义经济关系中的"资本"这一概念如何理解。李先生认为货币转化为资本，最根本的条件是劳动力变成商品。所谓资本就是用于剥削自由雇工而带来剩余价值的价值，它体现着资本家同自由雇工之间的剥削和被剥削的生产关系。因此，李先生把自由雇工的出现作为论证资本主义萌芽产生的一个关键性问题。明代中叶，同工农业生产发展相适应，农业雇工经营有所发展，雇工队伍进一步扩大，就在这时出现了封建雇佣向自由雇佣的过渡。明万历十六年（1588）雇工律例的修订，具有"立有文卷、议有年限"两个条件才能构成身份性"雇工人"，其未"立有文卷"的长工有的也可以摆脱"雇工人"的身份地位，即可以按自由雇工判处。遵循历史唯物主义基本原则，先有实际生活的变化，然后才有法权关系的变革。法权关系的变革乃系对当时既成事实的追认。据此，部分长工身份义务的解放应在万历十六年以前，即在明中叶就已开始了。在明代中叶，可以找到大量雇工经营的事例。此后到乾隆年间,"立有文契"的长工也逐渐解除了法律上的身份义务关系。李先生认为:由明代中叶至清代鸦片战争前出现的农业大经营,在使用货币购买劳动力榨取自由工人剩余劳动并进行扩大再生产的条件下,实现剩余价值的增值,经营者投入的货币已变成为资本,已具有资本主义萌芽的特质。同时,李先生并不否认,这时农业资本主义萌芽仍带有严重封建性。但这时事物性质已经发生根本变化,封建性乃是它的残余形态。他还指出:农业资本主义萌芽的进展不仅十分缓慢,在地主制经济制约下甚至经常夭折,但就萌芽整体而言,总在日益增长,后来居上,清前期超过明中叶,清后期又超过清前期。他还认为:既然是萌芽,就不能要求雇工人数及雇工是否完全丧失土地"自由到一无所有",关键问题要看货币是否变成资本。李先生这一观点早在1958年就已写成《中国农业资本主义萌芽》一文,在其中作了全面论述。1980年在明代经济史国际学术讨论会上,他将该文提交给大会,并以《论中国地主制经济与农业资本主义萌芽》为题,发表于1981年《中国社会科学》杂志上。1993年由中国社会科学出版社出版的《明清时代封建土地关系的松解》一书中,又以专门一章讨论此问题。在国内,李文治先生较早提出把自由劳动作为资本主义萌芽标志的问题,并经过他不懈努力,这一观点已得到中国经济史学界广泛注意,并为一些学者所接受。

二、关于所有制问题。在五六十年代,中国历史学界对所有制问题,即土地国有或私有问题进行过激烈的争论,出版讨论文集上下两册,在这问题讨论中出现了各种说法,有的简单地根据马克思所说"东方没有土地私有权"、"国家是最高土地所有主",论断中国封建所有制属国有制;有的单纯从土地买卖、遗产继承权、土地契券等人对自然的法权关系论私有或国有;还有的把国家主权和所有权等同起来。李文治先生认为，人们在这一问题上所出现的意见分歧，关键在于没有正确掌握方法论。为此，他提出把经济关系即生产关系作为论断土地私有或国有的标志。封建所有制包括两个组成部分：一是封建地租，即生产劳动者农民所生产大部分或全部剩余产品归谁所有，这是判别土地产权的基本标志；一是人身依附关系及超经济强制，即劳动生产者对谁具有人身依附关系，谁对农民具有超经济强制特权，这是判断土地产权的次要标志。离开剥削深度和剥削关系，就看不出剥削的性质。他据此作出如下论断：官僚地主和庶民地主占有的土地固然是私有制，由国家分配而不准买卖的贵族庄田也属私有制，因为佃农所创造的大部分乃至全部剩余劳动都以地租的形式缴纳各类地主。佃农同各类地主发生封建依附关系及超经济强制关系。国家屯田，屯军的剩余劳动以地租形式上交国家，屯军人身隶属于国家，属国有制。其余各类型土地，属私有或国有，可以类推。至于自耕农所占有的土地，农民所创造的剩余劳动，不是以产品1/2的地租，而是以约占1/10形式的田赋上交国家，田赋以外的剩余劳动归农民自己所有。农民同国家的关系，不是基于土地关系而发生人身依附关系，而是国家同国民的关系。根据这个原则，不只历代农民通过开垦、购买和继承所获得的土地是农民私有制，即南北朝和隋唐时代实行均田制地区分配给农民的土地也属农民私有制。李先生为阐明这一观点，1963年在《经济研究》发表了《关于研究中国封建土地所有制形式方法论问题》和《明清时代的封建土地所有制》。在国内，李文治先生是把经济关系作为论证私有或国有的标志的首创者。

三、关于地主阶级的阶层划分问题。解放以后，史学工作者在论述地主时总习惯用"豪绅地主"，对地主阶级进行划分时总习惯用"大中小"等。李文治先生认为中国封建社会的地主不都是豪绅地主，用"大中小"对地主阶级进行阶层划分不能突出封建时代特征。中国地主制经济不是等级所有制，一开始就出现庶民地主和官僚地主的区别，而且官僚地主和庶民地主又有大中小区别，一直到封建社会后期的明清时代，两类地主的等级差别仍在延续。明太祖朱元璋说："食禄之家与庶民贵贱有等"；庶民对乡官要"以礼相见"，"凌辱者论如律"。这里的"庶民"包括庶民地主。封建社会既是阶级社会，又是等级社会，庶民和品官是两个不同等级，是等级性的阶级，用"大中小"对地主阶级进行阶层划分，会模糊等级关系的界限，用庶民和贵族官僚对地主阶级进行阶层划分，才更能突出封建社会的特点。他还认为到封建社会后期的明清时代，用庶民和贵族官僚对地主阶级进行划分尤有必要，这时，很多庶民地主是由自耕农发展起来的，庶民地主不只有进一步发展，而且促成经营形式的变化，即有不少庶民地主进行雇工经营。这时的官僚地主主要采行土地出租形式，虽然也有进行直接经营的，但所形成的雇佣关系仍是过去封建雇佣的延续。由庶民地主所形成的雇佣关系则在向自由雇佣过渡，产生农业资本主义萌芽。他在1963年写成《论清代前期的土地占有关系》一文发表于《历史研究》。率先提出关于庶民地主发展的历史意义，1993年出版的《明清时代封建土地关系的松解》一书中，又以一章的篇幅详细论及此问题。李先生这一观点，推进了本课题研究的深入，并在经济史学界产生了良好的效果。

四、关于中国封建社会长期延续问题。这个问题，国内曾进行长期讨论，提出过种种看法，诸如耕织结合的自然经济问题，地理条件的制约问题，生产停滞问题，超稳定论及中央集权等。关于这个问题，李文治先生曾于1983年和1992年先后发表过《地主制经济与中国封建社会长期延续问题论纲》、《再论地主制经济与封建社会长期延续》两文进行论证。他认为，首先是地主制经济体制在一定程度上能进行自动调节，以适应农业生产的发展。社会经济的发展，归根结底是生产力和生产关系的发展，相对中古欧洲领主制经济而言，中国地主经济具有一定优越性。第一，由地主制经济所形成的小农租佃制度在伴随社会经济的发展不断发生变化，一开始就实行了较领主制劳役地租较为先进的实物租，宋元以后，又出现了永佃制，明清时代又出现分成租向定额租的过渡。这类实物租佃制，尤其是改行定额租后，农民有较大的独立自主权。又由于地主制经济所形成的封建依附关系，相对封建领主制而言相对松弛。先由严格人身隶属变成一般人身隶属关系，后来又过渡到自由租佃关系，使佃农生产积极性更能得到发挥。第三，在地主制经济制约下，自耕农始终广泛存在，在农业生产方面，他们更具有生命力。

李先生认为，中国地主制经济长期延续的主要原因，在于它有较强的适应性。一是能适应地权的分散；二是地主所有制可一再重建；三是能适应封建依附关系的削弱和松解；四是地主制经济能较大限度的适应商品经济的发展。

在看到地主制经济对中国封建社会时期的社会经济发展产生过积极作用的同时，李先生又指出它对社会经济发展的阻碍的另一方面。他认为最严重的是社会财富向地产的转移。不仅地主通过收租积累的财富转向地产，富商大贾也每将所控制的货币转向地产，很少转向手工业生产。明清时期出现的具有资本主义性质的手工业者，有的也将部分工业利润转向地产收租。总之，这时封建地产顽强的吸引力，在严重阻碍着资本主义经济顺利发展，从而使封建经济得以长期延续，也正因为这样，到封建社会后期，成了阻碍社会经济发展的桎梏。

五、农民生产积极性是社会历史发展的动力问题。长时间以来，李文治先生一直在思考这样的一个问题，即在封建社会里，社会经济发展的动力是什么？在过去一个相当长的时期，关于农业生产发展动力问题有种种看法，如阶级斗争说，国家维护农民土地产权、实行轻徭薄赋说。李先生认为以上这些都为农业生产发展起过有利或辅助作用。但直接促进社会历史发展主要靠广大农民生产积极性的发挥。他追述各个历史时期社会经济发展变化后说：在封建社会时期，社会经济的繁荣，决定于农业生产的发展，农业生产能否发展又决定于农民生产的积极性。农民能否充分发挥其生产积极性以及生产积极性发挥到什么程度，又为当时地主制经济发展状况所制约。这种制约表现在：当地主制经济正常发展条件下，有利于农民发挥其生产积极性；地主制经济呈现畸形状态，农民在生活和生产方面丧失了较多的自由，生产积极性就会受到挫折，社会经济发展就会出现倒退或停滞不前情况。由此可见，在现代高科技未出现之前，农民生产积极性问题至关重要，它是推动社会历史发展的主要动力。李先生这一观点充分体现在《论中国封建社会历史时期地主制经济的制约作用》一文中，他这一提法为国内学术界首创。对重新认识中国封建经济的发展与变化具有重要指导意义。

六、关于农民运动口号发展和变化问题。中国封建社会时期，爆发过多次反封建的农民运动，但每次运动所反对的具体内容有所差别，所提出的纲领口号也有不同。但为什么要出现这样区别呢？很少有人对这个问题进行深究，大多数作者仅就事论事，不问其所以然，对农民运动作过长期研究的李先生却从中悟出个道理来。他认为：封建所有制主要包括两个组成部分，一个是土地产权，一个是封建依附关系。农民运动所反对的，有时以地主的土地产权为主，有时以封建依附关系为主，有时两者并提。这种差别的产生，决定于当时封建土地关系的状况。关于土地产权集中或分散，因历史时期而不同，一般情况是，在每一个封建王朝前期，经过前期农民战争的冲击，或由于长期战乱，地主阶级遭到打击，地权趋向分散，经过一个时期稳定发展，官僚及富商进行兼并，地权又趋向集中，这时地权问题即阶级关系变成社会主要矛盾，农民运动把反对地主土地产权作为斗争的主要对象。

关于封建依附关系决定于封建等级关系，具体体现为地主对农民阶级的人身压迫。这种人身压迫有时削弱，有时强化，因时期而不同。当人身压迫过于强化时，封建等级关系变成为当时社会主要矛盾。这时农民运动把争取人身自由作为主要斗争目标。

但在整个封建社会历史时期，封建依附关系问题和地权问题，两者的消长有所区别。地权问题有集中，有分散，而封建依附关系，发展的总趋势是先有一个由形成、发展到强化的过程，然后再由削弱趋向松解。其间有时由削弱趋向强化，但这种逆转趋势非地主制经济发展正常现象，乃是一个畸形状态。李先生概括说：从封建依附关系的正常变化考察地主制经济的发展，把它作为一个中心线索，有利于论证历代农民运动反封建性质。为此，李先生概述了从秦汉到明清各个时期农民运动纲领口号演变的历史原因。从地主制经济角度去考察农民运动的反封建性质，是李先生对中国社会经济史的又一大贡献。为人们解开了认识中国农民运动之所以呈现出阶段性提供了一把钥匙。

此外，李文治先生对封建社会历史分期问题，各个历史时期宗法宗族制发展变化问题，商品经济与地主制经济的密切联系问题等，都有独到的见解。

由于李先生具有广博知识和对问题高深的见解，其著作多次获奖。如李先生参加写作的《中国近代经济史1840—1894》先后获中国社会科学优秀成果奖、孙冶方奖、吴玉章奖、首届国家社科基金一等奖、郭沫若奖金二等奖；与魏金玉、经君健合著

《明清时代的农业资本主义萌芽问题》获中国社会科学优秀成果奖；与江太新合著《清代漕运》获孙冶方奖、吴玉章奖、首届国家社科基金二等奖；独著《明清时代封建土地关系的松解》获中国社会科学优秀成果奖。

年届90高龄的李先生，目前正在与江太新一起写《中国地主经济论》，此外《中国封建宗法宗族制及族田义庄》一书稿也正在出版之中。

李先生在中国经济史研究中作出的贡献，赢得学术界的尊敬和赞誉，无论在国内或在国外，都享有崇高的威望。国内有学者称李先生为"史席"，也有的称之为"泰斗"，而国外学者称他为"大师"。这些称号对李先生来说都是当之无愧的。

我们衷心祝愿李先生健康长寿，为中国经济史研究事业作出更多的贡献。

江太新

李文治主要著作及论文目录

一、主要著作目录

1.《晚明民变》,中华书局,1947年出版。

2.《中国近代经济史统计资料选辑》(地租部分),(合编)(北京)科学出版社,1955年出版。

3.《中国近代农业史资料》第1集(1840—1894),三联书店,1957年出版。

4.《明清时代的农业资本主义萌芽问题》(合著),中国社会科学出版社,1983年出版。

5.《中国近代经济史(1840—1894)》(合著),人民出版社,1989年出版。

6.《明清时代封建土地关系的松解》,中国社会科学出版社,1993年出版。

7.《清代漕运》(合著),中华书局,1995年出版。

8.《中国封建社会中后期宗法宗族制及族田义庄》(合著),社会科学文献出版社,2000年出版。

二、主要论文目录

1.《唐黄巢暴动的社会背景》,《师大月刊》22卷6期,1935年。

2.《隋大业民变的经济动力》,《食货》4卷4期,1936年。

3.《北宋民变的经济动力》,《食货》4卷11期,1936年。

4.《南宋土地问题》,《大公报》史地周刊,1936年10月9日。

5.《南宋平均地权的几种理论》,《大公报》史地周刊,1936年12月11日。

6.《长城考》,《长城》杂志,1937年。

7.《水浒传与晚明社会》,《文史》杂志,1943年。

8.《晚明土地分配问题》,《学原》杂志1卷6期,1947年。

9.《清代屯田与漕运》,《学原》杂志2卷2期,1947年。

10.《晚明官僚地主与捐派》,《新中华》杂志6卷21期,1948年。

11.《历代水利之发展和漕运的关系》,《学原》杂志2卷8期,1948年。

12.《清代粮船水手与罗教之发展》,《社会科学》杂志10卷1期,1948年。

13.《晚明封建地主掠夺土地的几种方式》,《大公报》史地周刊,1952年2月10日。

14.《晚明统治阶级投降清室与起义农民的抗清斗争》,《进步日报·史地周刊》,1952年。

15.《晚明农民领袖李自成》,《中国历史人物论集》,三联,1957年。

16.《太平天国革命对变革封建生产关系的作用》,《光明日报》,1961年1月16日。

17.《关于研究封建土地所有制形式的方法论问题》,《经济研究》,1963年5期。

18.《明清时代的封建土地所有制》,《经济研究》,1963年8—9期。

19.《论清代前期的土地占有关系》,《历史研究》,1963年第5期。

20.《论中国地主经济与农业资本主义萌芽》,《中国社会科学》,1981年1期。

21.《论清代后期江浙皖三省原太平天国占领土地关系的变化》,《历史研究》,1981年6期。

22.《地主制经济与中国封建社会长期延续问题说明》,《中国史研究》,1983年1期。

23.《论明清时代的宗族制》,《经济研究所集刊》,1983年第4集。

24.《清代后期各种类型农业经营的发展及其社会性质》,《经济研究所集刊》,1983年第5期。

25.《论清代后期强化封建土地关系的政策措施》,《中国社会经济史研究》,1984年1期。

26.《论李自成的"均田"纲领口号的时代意义》,《河北师范学院学报》,1985年1期。

27.《论明清时代的地租》,《历史研究》,1986年1期。

28.《论中国封建社会后期的划分标志》,《中国经济史研究》,1986年4期。

29.《明清时代的地租》,《中国经济史论文集》,1985年(1984年在人大讲)。

30.《论徽州府地租由分成租向定额租过渡及剥削率增长》,《徽州社会科学》,1987年2期。

31.《明末农民领袖李自成归宿问题考察》,通山县李自成学术研究会主办《小月山》(创刊号),1995年5月出版。

32.《明代宗族制的体现形式及其基层政权作用》,《中国经济史研究》,1988年1期。

33.《辛勤耕耘,卓越贡献：追忆梁先生的思想情操和学术成就》,《中国经济史研究》,1989年1期。

34.《清道光后改革漕制议》,《中国经济史研究》,1989年1期。

35.《论清代鸦片战争前地价的购买年》,《中国社会经济史研究》,1989年2期。

36.《中国封建社会土地关系与宗法宗族制》,《历史研究》,1989年5期。

37.《从经济关系探索史学界讨论的几个问题》,《中国经济史研究》,1989年4期。

38.《中国地主经济与历史分期》,《平准学刊》,1989年5期上。

39.《从地权形式的变化看明清时代地主制经济的发展》,《中国经济史研究》,1991年1期。

40.《论明代封建土地关系》,《明史研究》,1991年第1辑。

41.《再论地主制经济与封建社会长期延续》,《中国经济史研究》,1992年2期。

42.《明清时代农民经济商品率》,《中国经济史研究》,1993年1期。

43.《一部完整的清代等级制度史——〈清代社会的贱民等级〉评介》,《经济研究》,1993年4期。

44.《西周封建论》,《中国经

济史研究》,1994年4期。
45.《西周宗法制释义——论西周典型宗法制从属于西周领主制》,《谱牒研究》第1辑,1989年。

(江太新整理)